法治护航北斗

孙家栋
2021年3月23日

卫星导航法治文库

顾　问｜杨长风
主　编｜杨君琳

俄罗斯卫星导航政策法规要览

杨君琳／编译

法律出版社
LAW PRESS · CHINA
北京

图书在版编目(CIP)数据

俄罗斯卫星导航政策法规要览 / 杨君琳编译. -- 北京 : 法律出版社, 2024

(卫星导航法治文库)

ISBN 978-7-5197-9003-5

Ⅰ. ①俄… Ⅱ. ①杨… Ⅲ. ①卫星导航－导航系统－法规－研究－俄罗斯 Ⅳ. ①D951.221.7

中国国家版本馆 CIP 数据核字(2024)第 070940 号

俄罗斯卫星导航政策法规要览
ELUOSI WEIXING DAOHANG ZHENGCE FAGUI YAOLAN

杨君琳 编译

责任编辑 慕雪丹 章 雯
装帧设计 汪奇峰 鲍龙卉

出版发行 法律出版社
编辑统筹 法商出版分社
责任校对 赵明霞
责任印制 胡晓雅
经 销 新华书店

开本 710 毫米×1000 毫米 1/16
印张 29.5 **字数** 506 千
版本 2024 年 6 月第 1 版
印次 2024 年 6 月第 1 次印刷
印刷 北京建宏印刷有限公司

地址:北京市丰台区莲花池西里 7 号(100073)
网址:www.lawpress.com.cn
投稿邮箱:info@lawpress.com.cn
举报盗版邮箱:jbwq@lawpress.com.cn
销售电话:010-83938349
客服电话:010-83938350
咨询电话:010-63939796

书号:ISBN 978-7-5197-9003-5
定价:149.00 元
凡购买本社图书,如有印装错误,我社负责退换。电话:010-83938349

卫星导航法治文库

序

“法者,治之端也”。一流的科技发展离不开一流的法治保障。卫星导航系统建设应用是一项庞大的复杂系统工程,涉及科技、国防、网络等诸多领域,关联国内国际两个大局,这为构建中国卫星导航法治体系赋予了大战略意义。

自1994年北斗系统立项启动以来,相关法规制度建设不断加强,特别是围绕《中华人民共和国卫星导航条例》的起草,北斗法治建设与理论研究从无到有,取得重大进展。但我们也要看到,北斗法治建设与科技进步相比,治理理念的嬗变、法规制度的健全、运维模式的变革则是一个更加漫长的过程。随着北斗迈入服务全球的新时代,迫切需要中国北斗人补足法治短板,推动北斗循法而行、依法而治,有效应对挑战、化解风险,促进北斗在法治轨道上向更高层次发展。

他山之石,可以攻玉。美、俄、欧制定了一系列规范卫星导航活动的法律法规。美国不仅有全球最早的卫星导航系统,也早已配套建立了比较完善的卫星导航法律制度。俄罗斯格洛纳斯系统、欧盟伽利略系统,也有较为完备的政策制度体系支撑,并依据发展战略的调整不断更新。规则与技术同行,为促进美、俄、欧全球卫星导航系统安全建设、高效发展和全球推广,为维护卫星导航活动中的国家安全、公共利益和各类主体合法权益提供了不可替代的法律保障。借鉴国外卫星导航法律制度的成功经验,对于推动北斗系统更好发展,进一步夯实法治北斗的制度之基,具有十分重要的意义。

呈现在读者面前的这套卫星导航法治文库,正是力图解决上述问题的有益探索。北京航空航天大学北斗政策法规研究中心杨君琳研究团队历时四年完成的这套文库是中国卫星导航法治领域的重要成果,对于推动法治实践和学术研究具有重要意义。该套文库顺应世界多极化、经济全球化趋势,通过对美、俄、欧盟卫星导航系统法规与政策的研究分析,为我们立足本国国情,更好地推动构建科学完备中国卫星导航法治体系具有重要的参考价值。

一方面,该套文库把握法治建设时代潮流,洞察卫星导航法律制度发展规律。

我国卫星导航系统的发展既要坚持独立自主，又要在应用、技术、后续发展等方面积极开展对外合作，相关法治保障需求极大，也更加需要在把握卫星导航法律制度发展规律的基础上，形成有中国特色的卫星导航法治体系。该套文库资料翔实，系统研究了卫星导航的管理体制机制，建设运维、应用发展、国际合作、安全保护法律制度等，比较分析美、俄、欧卫星导航政策法规的各自特色，在此基础上探讨卫星导航未来立法工作的总体思路和工作要点，以期为构建科学合理的卫星导航法治体系提供理论支撑。

另一方面，该套文库坚持全球视野和开放思维，从战略层面把握卫星导航立法特点，为完善卫星导航国际规则提供中国方案。当前，百年变局与世纪疫情叠加，大国竞争日趋激烈，越来越体现为制度、规则、法律之争。从建设伊始，北斗系统就把向全球提供更好的服务作为追求目标。与之配套，我们应当也必然要为世界卫星导航规则的重塑和变革贡献中国智慧。目前，卫星导航国际规则尚不完善，卫星导航技术的快速发展和应用，与现行国际法规则之间存在一定脱节。该套文库为我们在构建人类命运共同体理念下提出卫星导航国际规则的中国方案，积极探索构建公正合理的卫星导航国际秩序提供了研究基础。

目前，国内关于卫星导航和法治两方面的研究成果均非常丰富，但是围绕卫星导航法治的研究却非常欠缺，研究成果甚少。自承担《中华人民共和国卫星导航条例》研究起草工作以来，杨君琳研究团队在中国卫星导航系统管理办公室的支持指导下，一直致力于卫星导航法律专题问题研究，不断开拓中国卫星导航法治研究的新领域。对他们积极倡导法治北斗、推动中国卫星导航法治建设所取得的成绩，我表示由衷赞赏。当下正是中国卫星导航产业转型的关键时期，政策制度研究任重道远。在此，我愿杨老师团队“情系北斗，胸怀家国”，在推动法治北斗的道路上不断前行、勇攀高峰。

是为序。

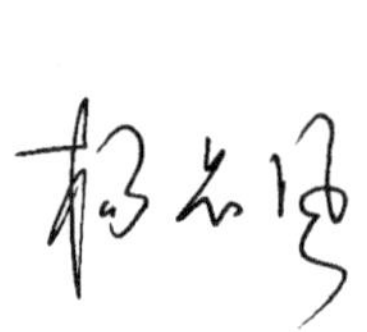

2022 年 6 月

目 录
Contents

第一部分　俄罗斯卫星导航相关联邦法律要览

第二部分　俄罗斯卫星导航相关联邦总统令要览

第三部分　俄罗斯卫星导航相关联邦政府决议要览

第四部分 俄罗斯卫星导航相关部门令要览

第一部分　俄罗斯卫星导航相关联邦法律要览

俄罗斯联邦法律的立法机关是俄罗斯联邦议会，俄罗斯联邦议会分为国家杜马和联邦委员会，联邦法律由国家杜马根据俄罗斯联邦宪法通过，而后经由联邦委员会的批准后由总统签署发布。所有最终由总统签署发布的法律会通过《俄罗斯报》、法律信息官方门户网站公布，并收入《俄罗斯联邦法律汇编》。在联邦法律层面，俄罗斯主要通过 1993 年《俄罗斯联邦航天活动法》对包括月球和其他天体在内的外层空间活动进行规制，《俄罗斯联邦航天活动法》也成为包括卫星导航在内的所有航天活动的基本法。俄罗斯航天活动管理体制经历多次改革，最终由俄罗斯国家航天集团公司主要负责俄罗斯航天活动管理，为适应改革的需要，2015 年俄罗斯通过《俄罗斯联邦国家航天集团公司法》，对国家航天集团公司的职权作出法律规定。为了保障俄罗斯自主研制格洛纳斯系统的发展，促进其在相关领域的利用，俄罗斯相继出台了《俄罗斯联邦导航活动法》和《俄罗斯联邦“格洛纳斯—时代”国家自动化信息系统法》。

一、《俄罗斯联邦航天活动法》

《俄罗斯联邦航天活动法》是俄罗斯联邦管理航天活动的基本法律规范。该法于 1993 年 8 月 20 日颁布，之后历经多次修订，最近一次修订是 2021 年 6 月 11 日。该法旨在规范俄罗斯航天领域活动，促进科技和经济发展，保障国防安全，推动国际合作。该法共 8 章 33 条，明确了以下内容：

一是航天活动的概念、目标和原则。航天活动是指研究和利用月球和其他星体在内的航天空间的活动。该法对于航天活动的主要发展方向进行了详细的列举。开展航天活动旨在促进科技进步、经济发展和保障国家安全，并应当遵循以下原则：促进维护和平和国际安全；在受国家控制并且保护国家利益的前提下积极吸引投资；确保航天活动安全、保护生态环境；在平等互利的基础上开展国际合作并积极承担国际责任；积极推进航天活动领域军民两用品的应用；保守国家秘密、官方和商业秘密,保护智力活动成果及其专有权。

二是航天活动组织管理机构和各参与方及其职责。航天活动由俄罗斯联邦负责管理,俄罗斯联邦总统统一领导,俄罗斯联邦政府负责组织协调,并由国家航天集团公司负责具体实施。该法对以上各机构的具体职责进行详细的规定,还对航天活动计划的制订、航天设备的必要性认证和申报程序进行了规定。

三是航天活动的经费保障。该法对航天活动的经费来源、管理、使用进行了详细的规定,并对航天设备及相关智力活动成果的使用及保护进行了规定。

四是航天器、航天基础设施的概念、特点以及航天活动工作人员的选拔管理和保障。该法对航天器、航天基础设施的概念和内涵进行了详细的列举,并表明其归俄罗斯联邦所有,俄罗斯联邦享有司法管辖权,并对其使用程序进行了规定。航天活动工作人员包括宇航员和机组人员以及航天基础设施内的工作人员。该法对以上人员的选拔条件、管理方式、工作要求进行了规定。

五是航天活动的安全保障。开展任何航天活动均应遵守俄罗斯联邦法律和其他规范性法律文件所规定的安全要求。该法对开展航天活动的安全保障要求、事故调查程序、搜救与事后处理工作程序和内容以及航天活动保险进行了规定。

六是国际合作的规范。该法明确了国外组织和公民参与俄罗斯联邦航天活动的法律地位,并对其参与的程序、要求和管理方法进行了规定。同时该法还特别规定了开展国际合作时,优先适用俄罗斯联邦法律;国际条约与俄罗斯联邦宪法抵触时,不得执行。

七是开展航天活动的责任。该法规定参加航天活动的公职人员、组织和公民违反本法和其他法律法规或者造成财产损失时应当承担相应的法律责任。

八是联邦对地遥感数据库的用途和内容。联邦对地遥感数据库主要指储存安装在航天器上的地球遥感设备直接获取的原始数据。该法对数据库中包含的数据内容进行了详细的规定。该法还规定了数据库由国家航天集团公司统一管理,并对获取其数据的程序和方式进行了规定。

二、《俄罗斯联邦导航活动法》

《俄罗斯联邦导航活动法》是俄罗斯规范导航活动的基本法律。该法于2009年2月4日颁布,历经两次修订,最近一次修订是2015年7月13日。该法旨在规范导航活动,促进导航领域的不断发展以满足国家安全需要和经济社会发展需求。该法共12条,主要明确了以下内容:

一是导航活动的相关概念、相关的法律主体。导航活动是指测定和使用客体的时间–坐标参数的相关活动。该法还对导航设备和导航活动客体、导航活动领域的服务、公开访问的导航信号和导航信息等相关的概念进行了界定，并规定了导航活动的法律主体。

二是导航活动的实施特点。该法对开展导航活动的主要领域进行了规定。为了确保俄罗斯联邦国防与安全，提高交通运输工具的管理效率，以及保障运送旅客、特殊货物（用于大地测绘和自然灾害救援的设备）和危险品的安全，该法规定在运输、技术设备和系统中（包括武器装备和特种设备）必须安装相关导航设备。

三是导航设备和设施的所有权。该法对导航设备和设施的所有权人进行了界定，并且特别提到国家预算基金建造的卫星导航系统的航天地面基础设施归俄罗斯联邦所有，禁止流通并不得转让。

四是导航活动的财政保障。该法对导航活动的资金来源和具体承担机构进行了规定。

五是导航活动的管理。俄罗斯联邦总统负责确定导航活动领域的国家基本政策，俄罗斯联邦政府负责具体的组织实施和管理。该法规定除法律明令禁止之外，自然人和法人可以就俄罗斯境内的客体开展导航活动以满足自身需要。

六是对相关导航活动服务保障进行了详细规定。该法规定对合法的导航活动客体提供无偿和持续的公开导航信号，并依据国家标准在相关官方网站发布有关导航活动的数据、信息和服务标准。同时，法律禁止对有关导航设备和导航活动客体的信息未经授权的访问、破坏、篡改、阻止、复制、共享、传播。

七是国家导航图和道路导航图。该法对国家导航图和道路导航图的概念、内容进行了详细的规定，并确立了负责管理机关、使用途径。

三、《俄罗斯联邦“格洛纳斯—时代”国家自动化信息系统法》

《俄罗斯联邦“格洛纳斯—时代”国家自动化信息系统法》是俄罗斯联邦专门调整“格洛纳斯—时代”国家自动化信息系统创建和运行中所发生的各种法律关系的法律。该法于2013年12月25日公布。2015年进行了第一次修订，增设了关于系统运营商、为建立其他国家信息系统而使用本系统和系统软硬件设备和技术基础设施的法律制度。最近一次修订在2020年，在2020年《俄罗斯联邦“112”统一号码紧急服务呼叫保障法及部分联邦法规修正案》中，对某一联邦主体内尚未建立“112”紧急服务呼叫系统这种情况的解决方案作出了规定，结合这一变动对本法中相关内容进行了修订。

该法旨在确立“格洛纳斯—时代”国家自动化信息系统的地位，规范其具体应用领域和应用方法，明确在该系统使用过程中各方参与人的权利与义务，促进该系统的推广应用。该法共 15 条，主要明确了以下内容：

一是对“格洛纳斯—时代”国家自动化信息系统及其相关软硬件设施的概念进行了界定并明确了其创建和运行的目标和原则。该法对“格洛纳斯—时代”国家自动化信息系统以及与该系统相连接的紧急呼叫设备和车况监测传感器的概念进行了界定。“格洛纳斯—时代”国家自动化信息系统是基于格洛纳斯信号接收并传递交通事故信息的应急响应系统，该系统包括为实现其目的而涉及的软硬件设施和技术基础设施。紧急呼叫设备则是安装在交通工具上，利用格洛纳斯信号确定车辆位置、速度和移动方向并在事故发生时及时呼叫应急处置部门并传递相关信息的设备或者系统。车况监测传感器则是安装在交通工具上，实时记录车辆状况的技术设备，以便事故发生后及时查明事故事实。该法旨在推动俄罗斯及独联体国家境内交通工具强制安装连接“格洛纳斯—时代”国家自动化信息系统的紧急呼叫设备，确保通过该系统及时有效处置交通事故，并预防交通事故发生。

该法还规定了该系统运行的原则：及时提供完整、可靠、原始的信息；开放共享、免费使用；尊重公民个人隐私。

二是对“格洛纳斯—时代”国家自动化信息系统运行的程序及主要任务作出了规定。该系统获取相关道路交通事故信息后，通过比对系统中已经录入的车辆信息，对获取的信息进行分析处理，将处理后的信息发送至“112”紧急服务呼叫系统，而后由相关部门作出响应，及时实施救助。并且该系统还应向社会公众提供相关事故的信息及后续处理情况。

三是明确了“格洛纳斯—时代”国家自动化信息系统创建和运行中的相关方及其权利和义务。根据该法规定，该系统由俄罗斯联邦政府和其授权的政府部门进行管理。实践中，具体管理部门为俄罗斯联邦交通部。该系统的具体运营商是格洛纳斯股份公司，负责确保系统按照本法和俄罗斯联邦其他法律法规确立的用途和程序运行。此外，还规定了向系统提供信息的信息所有者以及系统中的信息用户作为系统运行参与方的权利和义务。

四是对“格洛纳斯—时代”国家自动化信息系统运行中使用和产生的信息资源进行了明确，并规定了各种信息的负责单位。

五是对“格洛纳斯—时代”国家自动化信息系统软硬件设备与技术基础设施的财产权和专有权及在系统运行过程中由系统软硬件设备和技术设施产生的智力活动成果的财产权和专有权的归属和行使进行了规定。

六是明确法律责任。该法对违反与“格洛纳斯—时代”国家自动化信息系统创建运行的相关法律法规的行为的法律责任进行了规定。

四、《俄罗斯联邦国家航天集团公司法》

《俄罗斯联邦国家航天集团公司法》是俄罗斯联邦规范国家航天集团公司(本部分以下简称集团公司)法律地位、活动目标、权力和职能、治理规则以及重组和清算程序的专门法律。该法于2015年7月13日公布,2017年、2018年、2019年、2020年、2021年分别进行了修订,最近一次修订是2022年4月1日。该法确定集团公司作为研究、开发和使用宇宙空间领域的授权管理机构,代表俄罗斯联邦对航天活动实施国家管理和领导,并对其行使职能中涉及的各种法律问题进行了规范。

该法共10章44条,主要明确了以下内容:

一是集团公司的法律地位。该法对集团公司的性质、组成方式、主要任务等基本信息进行了规定。该集团公司是以国家集团公司形式创立的法人实体,接受俄罗斯联邦总统和联邦政府的组织领导,有独立的法人财产,享有法人财产权,以其全部财产对其债务承担责任,对外在航天活动领域代表国家执行相关政策、提供公共服务、组织航空航天研发建设、开展国际合作。

二是集团公司活动范围、权力和职能。集团公司是在继承了俄罗斯航天局、俄罗斯联邦航天局、苏联通用机器制造工业部的基础上成立的,是这些组织财产的法定继承者,也继承了这些组织的权力和职能。集团公司主要负责运载火箭、人造卫星、载人航天飞船等宇航产品和战略、战术等军用航天火箭技术装备的研究、设计、生产、试验和发射服务,并在相关领域配合政府起草、制定和落实相关国家政策、国家计划,以及向社会公众提供国家服务。同时该法对集团公司在以上领域行使国家权力,进行法律监管、选拔和培训宇航员、保守国家秘密、确保航天活动安全、参与国际合作等方面的权力和职能进行了详细的规定。该法还对集团公司为实现其主要职能开展的各种活动进行了详细的列举。

三是集团公司的财产关系和财政保障。集团公司的财产主要由俄罗斯联邦政府出资、集团公司经营活动收入、联邦预算补贴、专项储备金、捐款和捐赠资产构成。其中该法对俄罗斯联邦政府出资、联邦预算补贴的程序和形式,以及专项储备金设立的程序也进行了单独的规定。该法还对集团公司行使财产权和非财产权的方式进行了规定,特别提到了集团公司部分财产需要经俄罗斯联邦政府批准才可交易。

四是集团公司的成立程序和过渡时期的权力和职能。如前文所述,集团公司是联邦航天局等机构的继承者,该法对于集团公司的成立程序和联邦航天局、相关国有单一制企业、国家机关的财产移交集团公司的程序进行了详细的规定。并对相关财产移交程序期间的过渡时期集团公司的权力和职能进行了详细的规定,在过渡时期,集团公司代表俄罗斯联邦行使本法规定的各种权力和职能。

五是集团公司的治理规则。该法对集团公司的管理机构、咨询机构、财务监管机构的组建程序和具体职能进行了详细的规定。集团公司的管理机构是集团公司监事会、总经理和董事会,财务监管机构是审计委员会,咨询机构是科学技术委员会。

六是集团公司重组和清算的程序。该法规定了集团公司可以按照规定的程序进行重组或清算,并排除了《俄罗斯联邦民法典》第60条第1项和第2项的适用,即集团公司在重组和清算时无须经债权人同意即可转移其债权,债权人无权要求集团公司终止或者提前履行债务并赔偿损失。

俄罗斯卫星导航相关联邦法律

- 《俄罗斯联邦航天活动法》
- 《俄罗斯联邦导航活动法》
- 《俄罗斯联邦“格洛纳斯—时代”国家自动化信息系统法》
- 《俄罗斯联邦国家航天集团公司法》

《俄罗斯联邦航天活动法》

《俄罗斯联邦航天活动法》*

(1993年8月20日第5663-1号联邦法律)

(2021年6月11日修订版)

序　　言①

本法用于保障航天活动法律管理，旨在发展经济、科学和技术，加强俄罗斯联邦国防安全，进一步深化俄罗斯联邦的国际合作。

在俄罗斯联邦，对包括月球和其他天体在内的外层空间的研究和利用，是国家利益的重中之重。

第一编　总　　则

第一条　【调整航天活动领域关系的法律规范】

航天活动领域的各类关系受俄罗斯联邦宪法、公认的国际法原则和规范、俄罗斯联邦缔结的国际条约、本法、其他联邦法律和俄罗斯联邦规范性法律文件调整。

第二条　【航天活动的概念】

1. 本法所指航天活动是指任何涉及直接开展研究和利用包括月球和其他天体在内的航天空间的工作活动。

航天活动的主要方向包括：科学的航天研究；利用航天设备，用于通信、电视和无线电广播；对地遥感，包括国家生态监测和气象；利用卫星导航和地形测量系统；

---

* 1993年8月20日第5663-1号联邦法律颁布，该法自颁布以来，分别于1996年11月29日第147-FZ号联邦法律、2003年1月10日第15-FZ号联邦法律、2004年3月5日第8-FZ号联邦法律、2004年8月22日第122-FZ号联邦法律、2006年2月2日第9-FZ号联邦法律、2006年12月18日第231-FZ号联邦法律、2008年12月30日第309-FZ号联邦法律、2008年12月30日第313-FZ号联邦法律、2011年11月21日第331-FZ号联邦法律、2015年7月13日第216-FZ号联邦法律、2018年3月7日第46-FZ号联邦法律、2019年4月15日第54-FZ号联邦法律、2020年12月8日第429-FZ号联邦法律、2021年第170-FZ号联邦法律进行修订。

① 1996年11月29日的第147-Ф3号联邦法律进行了修订，自1996年12月10日起生效。

载人航天飞行；利用航天设备、航天材料和航天技术，保障俄罗斯联邦国防安全；观测外层空间中的物体和现象；在航天条件下对设备进行测试；在太空中制造材料和其他产品；其他形式的借助航天设备实施的活动。

2. 航天活动包括建造（包括开发、制造和测试）和使用航天设备、航天材料、航天技术、为航天活动提供的服务、使用航天活动的成果、俄罗斯联邦在研究和利用航天空间领域开展的国际合作。

第三条 【航天活动的目标】

航天活动的目标是：通过合理有效利用航天设备、航天材料和航天技术以及扩大其使用规模，促进国家经济发展，提升俄罗斯联邦居民生活水平；增强和开发航天产业及其基础设施的科技和知识潜力；促进巩固国防和保障俄罗斯联邦安全；进一步完善和积累对地球、外层空间和天体的科学知识；发展、深化俄罗斯联邦国际合作，进一步融入世界经济体系、保障国际安全。

第四条 【航天活动的原则】

1. 航天活动的实施遵循如下原则：

利用航天科技成果，促进维护和平和国际安全；在国家控制航天活动资金使用并遵守俄罗斯联邦国家利益的前提下鼓励吸引国家预算外的资金投入到航天活动；保障航天活动安全、保护环境；在平等互利的基础上进行航天领域的俄罗斯联邦国际合作；实施航天活动中，俄罗斯联邦应承担国际责任；为保障俄罗斯联邦国防安全，理性融合和平衡发展以科学和社会经济为目的的航天设备和航天技术的应用（以下简称航天设备两用品）。

违反俄罗斯联邦缔结的国际条约的航天活动，应予以禁止。

2. 航天活动以及有关航天活动的信息的传播均需按照法律规定的要求进行，以保护国家机密、官方和商业机密，以及智力活动成果及其专有权。

第二编 航天活动的组织

第五条 【航天活动各方的职责】

1. 航天活动由俄罗斯联邦管理。

2. 俄罗斯联邦总统对航天活动实施统一领导。

俄罗斯联邦总统：

审批航天活动领域国家政策；

赋予特别重要的航天项目和规划以总统级的地位；

解决航天活动领域国家政策最重要的问题。

3. 俄罗斯联邦政府：

落实航天活动领域国家政策，促进俄罗斯联邦科技、不同经济产业的发展和国际合作；

协调在参与实施航天活动中的联邦权力执行机构和组织；

保障火箭航天产业和航天基础设施的正常运作和发展；

审批联邦航天计划、俄罗斯联邦长期航天计划、用于航天设备和航天基础设施的研制生产和供货的国家采购、用于航天武器装备和军用设备的研制生产和供货的国家国防采购；

按规定程序提出关于联邦航天计划的财政拨款建议；

保障便利的条件，用于研制具有前景的航天设备和航天技术，实施支持火箭航天产业的国家政策；

协调航天活动领域的俄罗斯联邦国际合作问题，开展对俄罗斯联邦参与的国际航天项目的立项和实施的监管；

批准在其职权范围内的规范性法律文件，用于规范研制、建造、测试和使用航天设备的程序；

任命国家航天设备测试委员会；

确定对地遥感联邦数据库（以下简称联邦数据库）运营商及其职权；

确立联邦数据库建立和管理的程序；建议联邦权力执行机构及其下属单位递交对地遥感数据（以下简称数据）副本接入联邦数据库的程序；

确立联邦数据库同其他国家数据库的合作程序；

确立由航天器获取的数据的提供程序和特点。

第六条 【航天活动全权机构的权限】

国家航天集团公司是航天活动的全权机构，实施对航天活动的领导，保障科技和不同经济产业的发展；

组织建设科学和社会经济用途的航天设备的研制；联合国防权力执行机构在联邦航天计划和航天活动有关联邦计划框架下组织建设航天设备两用品。

以此为目标，该机构应当：

连同联邦国防权力执行机构、参与建设和使用航天设备的有关联邦权力执行机构和组织，保障落实航天领域的国家政策；

编制联邦航天计划草案和航天活动领域的其他联邦计划草案；

落实安排以科学和社会经济为目标的航天设备和航天基础设施的研制生产和供货的国家采购，其中包括俄罗斯联邦国际航天项目的工作；

按照规定程序，组织使用航天设备，保障实施联邦航天计划和航天活动领域其他联邦计划；

连同联邦国防权力执行机构，落实安排航天武器装备和军用设备的研制生产和供货的国家国防采购；

组织系统研究论证科学和社会经济用途的航天设备发展的主要方向，以及连同联邦国防权力执行机构研究论证航天设备两用品；

连同联邦其他权力执行机构，保障实施建设科学和社会经济用途航天设备的科研和试验设计工作，批量采购航天设备，联合联邦国防权力执行机构保障其使用。

组织和协调商业航天项目，促进其实施；

联合联邦国防权力执行机构和联邦其他权力执行机构，保障发展航天基础设施；

连同其他有关联邦权力执行机构，组织和实施航天设备的国家飞行试验，保障科学和社会经济发展。

组织符合科学和社会经济用途的航天设备的必要性确认；

连同有关国家部门，保障航天活动安全；

同其他国家和国际组织就航天活动问题开展合作，按照规定的程序签订相关国际条约；

组织建立和管理联邦数据库；

审核发放航天活动许可证；

行使联邦法律、俄罗斯联邦总统或俄罗斯联邦政府的规范性法律文件规定的其他职权。

第七条 【联邦国防权力执行机构在航天领域的权限】

联邦国防权力执行机构落实以保障俄罗斯联邦国防安全为目标的国家政策，组织建设军用航天设备。连同航天活动全权机构，在国家武器装备规划航天部分和航天活动联邦计划框架下，组织建设航天设备两用品。

以此为目标，该机构应当：

编制研制和生产武器装备和军用设备的联邦计划航天部分的草案；

落实安排航天武器装备和军用设备的研制生产和供货的国家国防采购；

计划和实施使用航天设备,保障俄罗斯联邦国防和安全利益;

保障和协调完成军用航天设备的科研和试验设计工作,以及联合航天活动全权机构共同完成航天设备两用品的科研和试验设计工作;

组织协调开展军用航天设备主要方向和发展前景的系统研究,以及连同航天活动全权机构,组织协调航天设备两用品主要方向和发展前景的系统研究;

按照规定的程序,组织实施使用军用航天设备;

连同航天活动全权机构和有关联邦权力执行机构,组织实施军用航天设备的国家实验工作;

实施起草航天活动领域的国家政策建议,保障俄罗斯联邦国防和安全利益;

连同航天活动全权机构和有关联邦权力执行机构,参与实施俄罗斯联邦国际航天项目和计划;

协调航天设备和航天技术领域具有前景的研究活动,保障俄罗斯联邦国防和安全利益;

组织符合军用航天设备的必要性确认;

履行俄罗斯联邦政府赋予的其他职能;

在法律规定的一些情况下,联邦国防权力执行机构有权调用航天基础设施和航天设备;

联邦国防权力执行机构有权按照规定的程序,为保障科学和社会经济发展,在实施航天活动过程中,将临时备用的航天基础设备转交给航天活动全权机构使用。

第八条　【俄罗斯联邦航天计划】

1. 俄罗斯联邦航天计划是长期的规划文件。在此文件基础上,为保障科学和社会经济发展,制定研制、生产和使用航天设备的国家订单。

俄罗斯联邦与联邦专项计划有关的法律规定了编制和实施俄罗斯联邦航天计划的程序。

2. 编制俄罗斯联邦航天计划,需考虑到:

航天活动的目标、任务和原则;

俄罗斯联邦各主体的利益;

国家的经济状态;

航天科学和工业的状态;

航天基础设施空间段和地面段综合发展的必要性;

航天设备和航天技术用户和研制方的利益；

航天发展的状态和趋势；

世界航天市场行情；

俄罗斯联邦承担的国际义务和深化国际合作的任务。

第九条 【航天活动的许可】

根据2011年5月4日第99－FZ号联邦法律《关于部分类型活动的许可法》，为航天活动发放许可。

第十条 【航天设备的必要性认证和申报】

1. 航天设备，包括以科学和社会经济为目的的航天器和航天基础设施，应根据俄罗斯联邦法律（相适应的必要性认证和申报）的相关要求，接受检查。

用于研制和使用航天设备的仪器，也应进行相关必要性认证和申报。

2. 应根据俄罗斯联邦关于设备管理的法律规定的程序，开展实施航天设备的必要性认证和申报。

3. 违反航天设备必要性认证和申报的认证机构、航天设备研制单位和相关责任人，应承担俄罗斯联邦法律所规定的责任。

第十一条 【对航天活动问题的鉴定】

1. 基于鉴定结果，有关实施航天活动采纳以下问题的解决方案：

将项目纳入俄罗斯联邦航天计划；

对航天设备的送样、用于研制和使用航天设备的仪器发放认证书；

将航天设备和航天器列为禁止或限制出口产品；

对航天项目的竞标情况进行总结；

确定在实施航天活动中发生事故的原因；

俄罗斯联邦政府确定的其他问题。

2. 为开展鉴定，俄罗斯联邦政府、航天活动的全权机构或者联邦国防权力执行机构组建专家鉴定委员会，鉴定委员会专家不应与鉴定结果有利害关系。

3. 鉴定委员会的组建程序和工作应依据俄罗斯联邦规范性法律文件确认。

4. 专家委员会的结论对实施航天活动采纳解决方案的机构不具有强制效力。

采纳解决方案的机构的领导应对采纳的解决方案承担责任，包括采纳与鉴定委员会相悖的解决方案。

鉴定委员会成员对其所作出的判断和论证承担责任。

第三编　航天活动的经济条件

第十二条　【航天活动的经费拨款】

1. 航天活动的经费拨款总额由联邦年度预算确定。

航天活动的经费拨款，根据国家国防采购的程序开展实施，分配联邦预算给国家采购人，遵照国家合同再将经费拨款分配至工作执行人。

2. 国家采购人组织使用各单位的预算外资金，用于完成相关工作（服务），同时还将根据航天活动全权机构的采购或联邦国防权力执行机构的采购，额外承担俄罗斯联邦的支出义务。

工作的主要执行人有权将预算外的资金用于工作经费，按照俄罗斯联邦政府确定的程序和条件，额外承担俄罗斯联邦支出义务。相关工作是指按照国家合同规定，完成联邦航天计划和航天活动领域其他联邦计划的工作。

3. 参与实施航天项目的单位和公民，可按照规定的程序，享有俄罗斯联邦法律赋予的保证和优待。

4. 国外投资，参与完成联邦航天计划的航天活动，可获得联邦预算资金以及俄罗斯联邦法律规定的俄罗斯联邦所属资产担保。

国外投资俄罗斯联邦各组织和公民参与的航天活动，可获得这些组织和公民的资金保障，或者是知识产权或其他财产的保障。

第十三条　【俄罗斯航天基金】

本条自 2005 年 1 月 1 日起失效。

第十四条　【用于研制、生产和供货航天设备和航天基础设施的国家采购】

按照国家国防采购程序规定，在联邦航天计划基础上制定并分配用于研制、生产和供货不同用途的航天设备和航天基础设施的国家采购。

第十五条　【航天设备的使用】

1. 航天设备的使用由其所有者实施，或是按照法律规定的程序使用航天设备的权利由所有者或授权所有人赋予的个体实施。

属于国家所有的航天设备的部件，在不破坏该设备的工作技术规范的情况下，可以由一个或是多个企业经营或运营。

根据俄罗斯联邦民法典的规定程序，可以禁止对航天设备部件的经营管理或运营管理。

2. 可按既定方式将退役的航天设备转让给旨在将航天活动的成果用于教育、科学和文化的机构、组织。

第十六条 【智力活动成果的法律保护】

根据俄罗斯联邦民法典的规定，对在研制航天设备和航天技术中取得的智力活动成果提供法律保护。

第四编 航天器、航天基础设施

第十七条 【航天器】

1. 俄罗斯联邦的航天器应登记注册和标注，以证明其归俄罗斯联邦所有。

2. 俄罗斯联邦对登记在册的航天器拥有司法管辖权和监管权，包括航天器在地面、在飞行的任何阶段或是在太空中、在其他天体、返回地球落入司法管辖权以外的任何国家。

3. 除非俄罗斯联邦的国际条约另有规定，否则航天器无论在地面、在飞行的任何阶段或是在太空中、在其他天体、还是返回地面之后，其财产所有权仍属俄罗斯联邦。

4. 如果航天器是由俄罗斯的组织和公民同其他国家、国外的组织和公民或者与国际组织共同建造，则该航天器的注册登记、司法权、对其监管以及该航天器的所有权等问题，应基于相应的国际条约解决。

5. 航天器的司法管辖权和监管权、航天器的所属权不应损害其所占的航天空间区域、天体表面或内核的法律地位。

在俄罗斯联邦航天器附近，保障航天活动安全所需的最低限度区域内，可制定对俄罗斯和国外的组织和公民具有强制性的规则。

第十八条 【航天基础设施】

1. 俄罗斯联邦的航天基础设施包括：

发射场；

启动设施和发射装置；

指挥测量设施；

航天器飞控中心和站点；

信息接收、存储和处理站；

航天设备存储基地；

航天器分离部分的降落区；

航天器着陆试验场和起降跑道；

用于开发航天设备的试验基地的设施；

训练航天员的中心和设备；

用于开展航天活动使用的其他地面设施和设备；

为保障或开展航天活动使用的包括移动设施在内的航天基础设施。

2. 航天基础设施归联邦所有，由相关使用的国立组织负责航天设施的经营管理和运营管理。

转让联邦所属的航天基础设施给其他组织，包括使用当前设施的，应根据俄罗斯联邦规定的程序开展。

3. 用于航天基础设施的土地的划分和使用，包括紧邻周边的征用地带，应根据俄罗斯联邦法律实施。

4. 俄罗斯联邦的组织在俄罗斯联邦司法管辖范围外开展使用航天基础设施的活动，应根据俄罗斯联邦缔结的国际条约和本法实施。

第十九条 【航天器的管理】

1. 俄罗斯联邦航天器的管理，从发射到完成飞行的所有阶段，由负责其使用的组织实施。

2. 俄罗斯联邦航天器的着陆应在航天器着陆试验场进行。

发生事故和灾难事件的情况下，在实施航天活动中，俄罗斯联邦航天器的着陆可在通知相关国家权力机构后在其他区域进行。

3. 根据俄罗斯联邦空域法规要求，对俄罗斯联邦空域的航天器实施操作。

4. 国外航天器可实施单次跨俄罗斯联邦空域飞行，将飞行器发射到地球轨道或太空以及返回地球，须在事先通知俄罗斯联邦相关部门关于时间、地点、轨道和其他飞行条件的情况下进行。

5. 航天活动全权机构和联邦国防权力执行机构通报关于俄罗斯联邦航天器发射和着陆信息给相应的俄罗斯联邦国家权力机构，在必要的情况下，通报有关国家和国际组织。

如俄罗斯联邦航天器发射、着陆或终止发生在国外，俄罗斯联邦有关部门需协调国外相关主管机构。

第二十条 【载人航天器上的航天员和机组人员】

1. 愿意参加航天飞行，并符合专业及医学要求的俄罗斯公民，可在遴选的基础上被选拔进行培训和航天飞行。

遴选的程序和条件由航天活动全权机构根据俄罗斯联邦民法典确定。

2. 载人航天器的航天员培训及机组人员的组成程序、飞行规划的确定、航天员的权利和义务、其劳动报酬以及其他专业活动的条件都应按照俄罗斯联邦规范性法律文件确定。

3. 俄罗斯联邦载人航天器上的指挥员由俄罗斯籍航天员担任。

俄罗斯联邦载人航天器机组指挥员全权负责开展航天飞行、领导机组及参与飞行的其他人员。

俄罗斯联邦载人航天器指挥员在自己权限范围内负责完成飞行大纲、保障机组人员和其他参加飞行的人员安全、保护航天器及其内部的财产。

4. 俄罗斯联邦对载人航天器上登记注册的机组人员拥有司法权和监管权，包括在地面、飞行的任何阶段或是外层空间停留，包括在航天器外的天体上，以及返回地面，直到完成飞行任务，俄罗斯联邦缔结的国际条约另有规定的除外。

5. 在俄罗斯联邦进行航天员培训的外国公民，又或是参加俄罗斯联邦载人航天器飞行的外国公民，须遵守俄罗斯联邦法律，俄罗斯联邦缔结的国际条约另有规定的除外。

6. 航天员的法律地位由俄罗斯联邦政府确定。

第二十一条　【航天基础设施的工作人员】

1. 航天基础设施的工作人员指的是有义务完成试验、保护和使用航天设备，以及保障航天基础设施工作技术规范的专家。

2. 航天基础设施工作人员的工作职责由使用这些设施的机构确定。

航天基础设施工作人员应持有相应的专业要求证书。

3. 航天基础设施工作人员的工资额度和额外的物质奖励，根据与航天基础设施所属机构签订的劳动合同条款确定。

4. 航天基础设施工作人员中如有从事危险和有害工种，将按俄罗斯联邦法律和相应的劳工合同条件，给予社会保障。

第五编　航天活动的安全

第二十二条　【航天活动的安全保障】

1. 开展任何航天活动均应遵守俄罗斯联邦法律和其他规范性法律文件所规定的安全要求。

保障航天活动安全工作的责任和总体领导委托给俄罗斯联邦航天活动全权机构和联邦国防权力执行机构。

实施航天活动,应考虑保障人造载荷在周围环境和近地空间的所能承受的水平。

2. 根据有关机构和公民的要求,联邦航天活动全权机构和联邦国防权力执行机构有义务提供关于实施航天活动产生的危害信息。

对居民和周围环境的安全产生威胁时,联邦航天活动全权机构和联邦国防权力执行机构应及时通知相关国家权力机构、组织和公民。

第二十三条 【实施航天活动中的事故调查】

1. 实施航天活动中,应对包括事故和灾难等事件开展调查,调查程序由俄罗斯联邦法律和其他规范性法律文件确定。

2. 对于事故、灾难调查的开展程序和结果的论证,可向法院申诉。

第二十四条 【搜寻和事故救援工作,事故后果的处理】

1. 航天活动中事故的搜寻和事故救援工作及事故后果的处理,应由相应的联邦权力执行机构和航天活动全权机构开展,必要时,应请俄罗斯联邦各主体国家权力机构、地方自治机构以及有关的组织和公民参与。

2. 实施航天活动中,事故后果的处理工作包括复原和重建事故受损害的工业和其他设施、必要的环保措施和赔偿俄罗斯联邦主体、机构和公民损失。

3. 实施航天活动中,在国外领土上进行的搜寻和事故救援工作及事故后果的处理,应与该国主管部门协商后开展,支出经费来自实施当前活动的组织和公民以及联邦预算。

第二十五条 【航天活动的保险】

1. 使用航天设备的组织和公民,或按其采购开展航天设备研制和使用的组织和公民,应按照法律规定的程序和条件,对航天员、航天基础设施的人员的生命健康投保,并对损害生命、安全和他人财产负有责任。

2. 从事航天活动的组织和公民可自愿对航天设备投保。(航天设备丢失、短缺或损坏的风险)

第六编 国 际 合 作

第二十六条 【俄罗斯联邦在航天领域的国际条约】

本条自 2004 年 3 月 10 日起失效。

第二十七条 【国外组织和公民的法律规范】

1. 国外机构和公民在俄罗斯联邦司法管辖范围内实施航天活动时,应使用俄罗斯联邦为本国公民和机构规定的法律规范，同样，这种规范应由相应国家提供给俄罗斯联邦组织和公民。

2. 俄罗斯联邦司法管辖范围内实施航天活动的国外组织和公民的技术和商业秘密，由俄罗斯联邦依据俄罗斯联邦法律予以保护。

对国外组织和公民在俄罗斯联邦司法管辖范围内实施航天活动中的技术和商业秘密予以必要的保护，应在对等原则的基础上进行。

3. 俄罗斯联邦司法管辖范围内从事航天活动的国外组织和公民，应根据俄罗斯联邦民法典和本法规定的程序，为航天设备和航天活动相关的风险投保。

第二十八条　【国际合作的法律管理】

1. 俄罗斯联邦的组织和公民，在参与实施航天活动领域的国际项目时，应根据俄罗斯联邦法律同国外组织和公民签订合同，这些合同另有规定的情况除外。

2. 俄罗斯联邦组织和公民参与航天活动时，俄罗斯联邦法律规范和国外法律规范冲突时，应遵照俄罗斯联邦法律执行，俄罗斯联邦缔结的国际条约另有规定的除外。

3. 国家间机构根据俄罗斯联邦缔结的国际条约的规定作出的与俄罗斯联邦宪法相抵触的解释在俄罗斯联邦不得执行。这种矛盾可以按照联邦宪法规定的方式确立。

第七编　责　　任

第二十九条　【公职人员、组织和公民的责任】

国有组织及其所属的公职人员、其他机构及其人员、公民，违法破坏了本法和管理航天活动其他规范性法律文件的，应根据俄罗斯联邦法律承担责任。

第三十条　【对实施航天活动中所造成损害应负的责任】

1. 俄罗斯联邦航天器在实施航天活动中，在俄罗斯联邦境内或境外（在太空除外）发生意外而造成的损害，不论损害责任人是否有过错，均应承担赔偿责任。

2. 如在地表以外的任何地方，从事航天活动的俄罗斯联邦的其他航天器对俄罗斯联邦航天器或者是航天器上的财物造成损害，应由造成损害的航天器的机构或公民拥有者按照俄罗斯联邦民法典规定的程序对受害的航天器及受损财物给予全部赔偿。

3. 俄罗斯联邦境内或境外的俄罗斯联邦航天器在实施航天活动时，对公民的人身及财产以及对法人的财产造成损害时，由造成损害的航天器的组织或者公民拥有者按照俄罗斯联邦民法典规定的程序进行赔偿。

第八编 联邦对地遥感数据库

第三十一条 【联邦对地遥感数据库的用途和内容】

1. 为有效利用由联邦预算出资制造的航天器(以下简称国家航天器)获取的数据、自然人和法人主体出资制造的不属于国家航天器(以下简称非国家航天器)获取的数据以及联邦预算购买的数据,俄罗斯联邦应保障建立和管理联邦数据储备库。

2. 对地遥感数据是通过安装在航天器上的地球遥感设备直接获取的原始数据,通过电磁信号、光感胶片、磁带或其他方式由太空向地球转发或提供的原始数据,以及为保障原始数据使用可能性而对其进行处理后获得的材料。

空间数据不属于对地遥感数据。

根据 2020 年 7 月 31 日第 248 – FZ 号联邦法律“关于国家控制(监督)和俄罗斯联邦的市政控制”,从国家航天器接收的地球遥感数据可用于监测是否符合强制性要求(安全监测)。

3. 联邦数据库包括:

从国家航天器获取的数据;

联邦权力执行机构及其下属机构通过联邦预算购买的从非国家航天器获取的,并转发到联邦数据库的复制数据;

从非国家航天器获取的由其权利享有者无偿捐赠的,并转发到联邦数据库的复制数据;

联邦数据库包含的关于数据和复制数据的信息(以下简称源数据);

关于环境及其污染状态的统一国立数据库中的由水文气象类、海洋监测类和日地物理类航天器接收的数据和数据副本信息。

4. 联邦数据库中的信息是国家的信息资源。

5. 非国家航天器获取的数据副本应由购买该数据的联邦权力执行机构及其下属的机关单位转入到联邦数据库,但联邦国防权力执行机构及其下属单位以及安全领域的联邦权力执行机构及其下属单位除外。

6. 联邦数据储备库由航天活动全权机构负责管理。

7. 联邦数据储备库运营商负责数据库的运营管理,包括将数据和数据副本接入到联邦数据储备库,对其登记、存储和向有关方提供,以及建立和存储源数据并将其发布在互联网官方网站。

8. 由水文气象类、海洋监测类和日地物理类航天器获取的数据，存储到联邦数据库与关于环境及其污染状态的统一国立数据库中。

联邦数据库与关于环境及其污染状况的国家数据库的信息合作条例，应由航天活动全权机构连同水文气象及相关领域的联邦权力执行机构确认。

9. 联邦数据库与联邦空间数据库的信息合作条例由俄罗斯联邦政府确认。

第三十二条　【提供联邦数据库的数据和数据副本】

1. 应国家机构、地方自治机构以及其下属的国家级和地市级机构、自治机构和国家级、地市单一制企业和其他法人和自然人的要求，应当在申请之日起 10 个工作日内提供联邦数据库中的数据和数据副本。

2. 以收费的方式提供联邦数据库中的数据和数据副本。

以下情况以免费的方式提供联邦数据库的数据和数据副本：

联邦国家权力机构、俄罗斯联邦主体国家权力机构和地方自治机构在行使职能或行使权力使用数据和数据副本；

法人主体（不论其组织法律形式、所有权形式、地点和资本来源地）或自然人（包括注册为个体工商户的自然人），为保障国家或市政需要，因履行合同需要仅向其提供用于执行当前合同需要数据和数据副本。

3. 确定提供联邦数据库的数据和数据副本收费标准的程序，应由俄罗斯联邦政府规定。

联邦数据库的数据和数据副本的收款，应划入联邦预算收入。

4. 联邦数据库的数据和数据副本提供程序，应由航天活动全权机构规定，包括申请提供数据和数据副本的申请方式、发送的程序和方法、提供数据和数据副本的付费程序。

第三十三条　【联邦数据库存储的数据和数据副本信息】

1. 为简化数据和数据副本的识别程序，在联邦数据库生成包括数据和数据副本主要特征的源数据。

2. 源数据由联邦数据库运营商生成、存储和提供。

3. 对源数据的格式和内容的要求，包括识别数据和数据副本所需的基本特征的组成，应由航天活动全权机构规定。

《俄罗斯联邦导航活动法》

《俄罗斯联邦导航活动法》*

（2009 年 2 月 4 日第 22 – FZ 号联邦法律）

（2015 年 7 月 13 日修订版）

第一条 【本法的适用范围】

1. 本法规定了导航活动的法律原则，并为满足导航领域对定位设备和服务的需求创造条件。

2. 本法适用于各类导航活动及其服务，其中包括建立国家导航图和道路导航图，以及为保障俄罗斯联邦的国防与安全所进行的相关导航活动。①

第二条 【本法使用的基本概念】

在本法中使用以下基本概念：

1. 导航活动是指测定和使用客体的时间 – 坐标参数的相关活动。

2. 导航设备是指用于形成导航信号以及用于发送、接收、处理、存储和显示导航活动信息的技术设备、装置和系统。

3. 导航活动客体是指为实现导航活动而安装导航设备以及使用导航设备的客观对象，其中包括为保障导航设备正常使用的客观对象。

4. 导航活动领域的服务是指为满足消费者对导航设备及其运营，以及导航信息方面需求的活动。

5. 公开访问的导航信号是指无访问权限限制、能够解决时空基准保障相关问题的信号。

6. 导航信息是指有关物体位置的信息，包括其地域位置、形状和特征；导航活动客体的导航坐标信息；导航活动客体在水域中的动态导航信息。此类信息以时

---

* 2009 年 2 月 14 日颁布，分别依据 2014 年 4 月 2 日第 60 – FZ 号联邦法律、2015 年 7 月 13 日第 216 – FZ 号联邦法律修订。

① 根据 2014 年 4 月 2 日颁布的第 60 – FZ 号决议规定，修订部分于 2014 年 4 月 13 日起生效。

间 – 坐标参数形式呈现并用于导航活动。①

7. 国家导航图是指作为国家信息资源组成部分的、包含客体地理位置的导航信息的地图。②

第三条 【导航活动的法律主体】

导航领域的法律主体是指国家权力机构、地方自治机构、制造和使用导航设备与设施的自然人和法人，以及依据民法规定在导航领域提供服务的自然人和法人。

第四条 【导航活动的实施特点】

1. 为了确保俄罗斯联邦国防与安全，提高交通运输工具管理效率，以及保障运送旅客、特殊货物（用于大地测绘和自然灾害救援的设备）和危险品的安全，本法规定在运输、技术设备和系统中（包括武器装备和特种设备）必须安装俄罗斯导航系统保障的相关设备。需要安装导航设备的物体清单由联邦权力执行机构、联邦主体权力执行机构以及地方自治机构依据各自权限予以明确。

2. 在国家动员期间、军事管制期间以及战争期间，由俄罗斯联邦政府明确和实施具有特殊要求的导航活动。

第五条 【导航设备和设施的所有权】

1. 导航设备和设施归俄罗斯联邦、俄罗斯联邦主体、地方自治机构、自然人或法人所有。

2. 属于卫星导航系统的，以及利用俄罗斯联邦预算资金建造的航天器和航天系统的地面基础设施归俄罗斯联邦国家所有，禁止流通并不得转让。

第六条 【导航活动的财政保障】

1. 导航活动的财政保障是以专项拨款和多样化财政来源为基础的，导航活动主要依靠联邦预算拨款、联邦主体的预算拨款、地方预算的拨款、法人和自然人自筹资金，以及其他符合俄罗斯联邦法律规定的资金予以保障。

2. 俄罗斯联邦权力执行机构，俄罗斯国家航天集团公司（Roscosmos），俄罗斯联邦主体权力执行机构、地方自治机构根据俄罗斯联邦法律所完成的导航任务，其财政支出分别由俄罗斯联邦政府、俄罗斯联邦主体和市级地区承担。③

---

① 根据 2014 年 4 月 2 日颁布的第 60 – FZ 号决议规定，此条款自 2014 年 4 月 13 日起补充纳入本法。

② 根据 2014 年 4 月 2 日颁布的第 60 – FZ 号决议规定，此条款自 2014 年 4 月 13 日起补充纳入本法。

③ 根据 2015 年 7 月 13 日颁布的第 216 – Φ3 号决议，修订后的本条款即日生效。

第七条　【导航活动的管理】

1. 俄罗斯联邦总统确定导航活动领域的国家基本政策。

2. 俄罗斯联邦政府负责：

(1)为保障俄罗斯联邦的国防与安全，以及公民经济各行业的利益，并为保障俄罗斯联邦的国际合作，在导航活动领域组织实施国家政策；

(2)保证所建造、运行和开发的导航系统能够保障俄罗斯联邦国防与安全；

(3)为保障俄罗斯联邦国防与安全、提高交通运输工具的管理效率，以及确保乘客、特殊品和危险品的安全运送，拟定安装卫星导航设备的规范程序；

(4)必要时建立联邦网络管理机构(规定其职能范围、任务和责任)以保障导航领域统一的技术管理，并为国家提供所需要相关服务。

3. 俄罗斯联邦主体国家权力机构和地方自治机构可按规定程序获得导航领域的相关服务。

第八条　【自然人和法人参与导航活动的规定】

自然人和法人可就俄罗斯境内的客体进行无定位精度限制的导航活动以满足自身需要，但俄罗斯联邦政府批准的、列入依法实施特殊管理清单的区域和客体除外。

第九条　【提供公开导航信号的条件】

对合法的导航活动客体提供无偿和持续的公开导航信号，且没有任何限制。

第十条　【导航活动的信息保障】

为保障导航活动，俄罗斯联邦授权的权力执行机构依据国家标准，在其官方国际互联网站点上发布有关导航活动的数据、信息和服务标准。

第十条之一　【国家导航图】

1. 国家导航图分为：

(1)国家航空导航图；

(2)国家海洋导航图；

(3)国家内河航道导航图；

(4)其他用于保障俄联邦国防和安全的国家导航图。

2. 国家导航图的所有权属于俄罗斯联邦，俄罗斯联邦法律另有规定的情况除外。

3. 由俄罗斯联邦政府指定的权力执行机构负责创建和更新国家导航图。

4. 绘制国家导航图的各要素，包括制图依据、使用的坐标系统、高度以及导航信息的组成，均由俄罗斯联邦政府指定的权力执行机构确定。

5. 国家导航图的使用：

(1)由俄罗斯联邦政府规定个人和(或)法人使用国家导航图所需支付的费用及支付程序；

(2)国家权力机构、地方自治部门免费使用国家导航图。

6. 拟以俄罗斯联邦名义使用国家导航图的，由俄罗斯联邦政府指定的权力执行机构授权、或者权力执行机构根据俄罗斯联邦法律确定的程序作出相关授权决定。①

第十条之二 【道路导航图】

1. 道路导航图指包含客体地理位置的导航信息，旨在解决汽车运输中的导航问题，是基于个人和(或)法人的自有设备而创建的。

2. 为创建道路导航图，允许使用联邦级国家道路导航信息系统(以下称为道路导航信息系统)。

3. 道路导航信息系统旨在为个人和(或)法人提供创建道路导航图所必需的，同时作为国家和公共信息资源组成部分的或处于私有公路所有者管理的信息。

4. 道路导航信息系统旨在保障对如下信息的访问：

(1)客体对象的位置；

(2)各类注册的国家医疗系统、市级医疗系统和授权从事医疗活动的私人医疗机构的位置、名称以及该医疗机构开展的医疗活动类型；

(3)内务机构固定检查站的位置；

(4)俄罗斯联邦边境检查站的位置；

(5)海关检查站的位置；

(6)授权从事消防安全工作的国家权力执行机构所属的消防和救援单位的位置；

(7)交通工具在联邦级公路、区域级公路或跨地域公路，市级及私有公路上的行驶轨迹；

(8)有关交通工具在本部分第7项所规定的道路上的限行和取消限行的信息；

(9)有关本部分第7项所规定的道路上来往交通工具的位置，包括道路建筑物的位置；

---

① 根据2014年4月2日颁布的第60－FZ号决议，本条款自2014年4月13日起列入本法。

(10)有关本部分第7项规定的允许使用的道路类别、等级、路面覆盖物等信息;

(11)俄罗斯联邦各主体之间边界、市级公共设施边界,居民定居点边界的位置信息;

(12)有关道路服务点、驾驶员休息区,车辆停车场的位置信息。

5. 道路导航信息系统的运营商(以下简称运营商)由俄罗斯联邦政府确定。运营商根据2006年7月27日第149－FZ号联邦法律《关于信息、信息技术和信息保护法》创建道路导航信息系统并保障其运行。

6. 除本条第7、8、9款规定的情况外,联邦权力执行机构和(或)其下属单位应保证运营商访问本条第4款所指信息。

7. 访问本条第4款第2项所规定的、有关各类注册的国家医疗系统、市级医疗系统和授权从事医疗活动的私人医疗机构的位置信息,由俄罗斯联邦主体授权的权力执行机构负责保障,联邦权力执行机构签发的、可从事医疗活动的单位和组织除外。

8. 访问本条第4款第8、9、12项所规定的、有关联邦级公路、区域级公路或跨地域公路,市级及私有公路信息,由相应的俄罗斯联邦主体权力执行机构和(或)其授权的下属组织,地方自治管理机构和(或)其授权的下属组织以及私有公路所有者负责保障。

9. 依据2009年7月17日颁布的第145－FZ号《俄罗斯联邦公路国营公司法》及其相关联邦修订决议的规定,俄罗斯联邦公路国营公司负责保障运营商访问由联邦政府所确定的有关公路信息。

10. 运营商访问本条第4款规定的,需要使用跨部门以及与之相连接的区域跨部门的统一电子协作网获得的信息,由国家权力机构、地方自治机构、自然人和(或)法人负责保障。

11. 运营商访问本条第4款所指信息的程序、内容、数量,包括本条第10款所指的、负责保障信息访问的国家权力机构、地方自治机构、自然人和(或)法人等,均由俄罗斯联邦政府作出规定。

12. 访问本条第4款规定的、需要使用电子数据传输的信息,其格式要求由俄罗斯联邦政府授权的权力执行机构制定。

13. 当国家权力机构、地方自治机构、自然人和(或)法人未建立包含本条第4款规定内容的信息系统时,上述部门及人员有义务依据俄罗斯联邦政府规定的方式程序和期限,向运营商及兴趣方的导航信息系统提供相关公路信息。

14. 自然人或法人需要访问本条第 4 款的信息,由运营商通过使用统一的标识和认证系统,并借助其互联网官方网站以及统一的国家和公共服务平台负责保障落实。

15. 个人或法人访问本条第 4 款规定的信息的程序由俄罗斯联邦政府授权的权力执行机构制定。

16. 个人和(或)法人使用道路导航信息系统访问本条第 4 款规定的信息(包括复制)需要支付的最高数额,由俄罗斯联邦政府作出规定。

17. 除联邦法律另有规定外,国家权力机构、地方自治机构使用道路导航信息系统访问(包括复制)本条第 4 款规定的信息时,完全免费。①

第十一条 【关于导航设备和导航活动客体的信息保护】

有关导航设备和导航活动客体的信息应依据俄罗斯联邦法律予以保护,防止未经授权的访问、破坏、篡改、阻止、复制、共享、传播,以及其他与此类信息有关的非法行为。

第十二条 【本法的生效】

1. 本法应自其正式发布之日起生效,但本法第 4 条第 1 款除外。

2. 本法第 4 条第 1 款于 2011 年 1 月 1 日生效。

俄罗斯联邦总统
梅德韦杰夫
莫斯科,克里姆林宫
2009 年 2 月 14 日
第 22 – FZ 号令

---

① 根据 2014 年 4 月 2 日颁布第 60 – FZ 号联邦法规定,本条款自 2014 年 4 月 13 日起补充列入本法。

《俄罗斯联邦“格洛纳斯—时代”国家自动化信息系统法》

《俄罗斯联邦“格洛纳斯—时代”国家自动化信息系统法》*

（2013 年 12 月 25 日第 395 – FZ 号发布）

（2020 年 12 月 30 日修订版）**

第一条　【本法的调整对象】

本法调整的是与“格洛纳斯—时代”国家自动化信息系统的创建和运行有关的各种关系。

第二条　【本法中使用的基本概念】

在本法中，将使用以下基本概念：

（1）“格洛纳斯—时代”国家自动化信息系统（以下简称系统），是指分布在联邦国家区域内的事故应急处置响应自动化信息系统，该系统旨在确保及时有效地接收基于俄罗斯联邦全球卫星导航系统信号（以下简称格洛纳斯信号）生成的未经校正的在俄罗斯联邦道路上发生的道路交通事故和其他事故的信息，对这些信息进行处理、储存并向应急处置部门进行推送。同时，国家机构、地方自治机构、执法人员公职人员、法人以及自然人通过访问这些信息，解决在接收、处理、储存和传输与俄罗斯联邦道路交通和其他道路交通事故无关的信息领域的其他任务①。

（2）紧急呼叫设备是指安装在交通工具上的设备或系统，该设备通过使用格洛纳斯信号来确定车辆的位置、速度和移动方向，当俄罗斯联邦道路上发生交通事故或其他事故时，确保能生成并以未经校正的方式传输关于交通工具的信息，同时利用移动无线电通信实现交通工具与应急处置部门之间的双向语音通信。

（3）车况监测传感器是指加速度传感器（加速度计）或安装在交通工具上的其他技术设备，这些设备可以查明道路交通事故的事实并将相关信息传输给紧急呼叫设备。

---

* 2013 年 12 月 25 日被联邦委员会批准，修订版本自 2016 年 1 月 1 日起生效。

** 2020 年 12 月 30 日第 488 – FZ 号联邦法律修订，修订版本自 2022 年 1 月 1 日起生效。

① 2015 年 7 月 13 日第 235 – FZ 号联邦法律中进行了修订，自 2016 年 1 月 1 日起生效。

第三条 【系统创建和运行的原则】

系统的创建和运行基于以下原则：

(1)确保使用该系统接收和传输的信息的完整性、可靠性、未被篡改性，以及信息提供的及时性；

(2)通过交通工具上安装的紧急呼叫设备传输的关于俄罗斯联邦道路交通和其他事故的信息应当开放共享、免费使用；

(3)在自动化处理信息时，应遵守个人隐私不受侵犯的公民宪法权利；

(4)系统技术设备运行应当连续顺畅。

第四条 【对涉及系统创建和运行的关系的法律规范】

以《俄罗斯联邦宪法》为基础，结合俄罗斯联邦签订的国际条约、本法、俄罗斯联邦技术法规、其他联邦法律和根据这些法律通过的其他规范性法律文件，对该系统的建立和运行过程中产生的关系进行法律调整。

第五条 【系统的结构和用途】

1. 系统的用途在于：

(1)及时获取基于格洛纳斯信号的俄罗斯联邦道路交通信息以及其他道路交通事故信息；通过比对系统中已经录入的车辆信息，对获取的信息进行分析处理；将处理后的信息发送至俄罗斯“112”紧急服务呼叫系统。如果该系统在某一联邦主体内尚未投入运行，则将处理后的信息发送至该联邦主体内有权集中处理紧急服务呼叫的国家机构或组织；在该联邦主体未设立紧急服务呼叫国家机构或组织的情况下，同强制性保险自动化信息系统进行交互(该系统基于 2002 年 4 月 25 日第 40 – FZ 号联邦法律《关于机动车所有人强制性责任保险》第 30 条创建)(以下简称强制性保险自动化信息系统)。①

(2)提供系统内已经过处理的关于俄罗斯联邦道路上发生的道路交通事故和其他事故信息；关于采取应急措施的信息；关于国家机构、地方自治机构、公职人员、法人以及自然人执行以上应急措施及时性和有效性的信息。

(3)完成其他任务，主要包括接收、处理、存储和传输与俄罗斯联邦道路上发生的道路交通事故和其他事故无关的信息，也包括出于商业目的的信息②。

① 根据 2020 年 12 月 30 日的联邦法律第 488 – FZ 于对段落进行修订，自 2022 年 1 月 1 日起生效。

② 该条款自 2016 年 1 月 1 日起附加至 2015 年 7 月 13 日第 235 – FZ 号联邦法律。

2. 系统包括：

(1)信息资源，含本法第 10 条规定的相关信息。

(2)为以下目的设计的软硬件设施。

①收集、处理和存储俄罗斯联邦道路上发生的道路交通事故和其他事故的信息，以及车辆上的紧急呼叫设备发出的关于车辆的信息；

②收集、处理和存储关于紧急呼叫设备的信息；

③向强制性保险自动化信息系统和其他国家信息系统，以及国家机构、地方自治机构、公职人员、法人以及自然人传输信息。

(3)技术基础设施，主要用于接收来自紧急呼叫设备的信息，并将该信息传送至应急处置部门。

第五条之一　【将系统用于创建其他信息系统】

1. 在遵循俄罗斯联邦法律的前提下，在使用信息资源、软硬件设施和(或)系统技术基础设施(以下简称系统组件)的基础上，在存在技术可行性的条件下，创建运输领域和俄罗斯联邦政府规定的其他领域内的国家信息系统，以及特许协定中需要使用导航信息的信息系统(以下简称信息系统)。

2. 本条第 1 款中指出的相关信息系统运营商，如存在技术可行性，有权在相关信息系统的运行中使用系统组件。

3. 本法中，相关各方指的是《俄罗斯联邦国家和市政府货物、劳务和服务采购领域合同系统法》《俄罗斯联邦特许协议法》《俄罗斯联邦公私伙伴关系联邦法》中涵盖的机构和组织。

4. 在根据俄罗斯联邦法律创建本条第 1 款指定的信息系统时，或者在需要使用系统组件维护运行维护本条第 1 款指定的信息系统时，相关各方可以向系统运营商，就信息系统创建或运行维护过程中使用系统组件提出可行性咨询。

5. 系统运营商在收到本条第 4 款中规定的咨询请求 40 天内，通过邮寄方式向相关各方发送附件清单和在创建或运行信息系统中使用系统组件的技术可行性结论接收通知单(以下简称系统运营商结论)。咨询的审核和送达程序，包括对本条第 1 款中规定的信息系统的要求，与系统交互相关方面的要求，以及系统运营商结论的形式和准备程序，都由系统运营商规定，并通过系统运营商网站在互联网上发布。

6. 自系统运营商收到本条第 4 款中规定的咨询之日起 40 天内，如未向相关各方发送结论，相关各方有权在创建本条第 1 款规定的系统时，不强制使用系统组件。

7. 如在系统运营商结论中，没有涉及在运行本条第 1 款规定的信息系统中使用系统组件的技术可行性，则认为系统运营商反对使用系统组件。

8. 在本条第 1 款规定的信息系统创建和（或）运行过程中，只有在使用系统组件确无技术可能性的情况下，才能拒绝使用系统运营商系统组件。

9. 在本条第 1 款规定的信息系统创建和运行过程中，系统组件的使用是有偿的。

10. 系统组件的使用费用须符合国家法规，由系统运营商设定，并按照由俄罗斯联邦政府授权的联邦权力执行机构批准的税费计算方法执行。①

11. 如果在本条第 1 款规定的信息系统创建和运行维护过程中使用的系统组件包含智力成果，则需要系统运营商根据许可协议对此类智力成果的使用权进行确认。②

第六条　【俄罗斯联邦政府和经授权的联邦权力执行机构在系统创建和运行中的权力】

1. 俄罗斯联邦政府在系统创建和运行方面行使以下权力，即规定：

（1）系统创建和运行的程序；

（2）信息所有者向系统提供的信息内容；系统运营商与信息所有者及信息用户进行信息交互的程序；

（3）紧急呼叫设备的操作程序；

（4）保证法人、自然人访问本法第 9 条第 1 款第 2 项和第 10 条第 7 款中规定的信息的程序；

（5）保证国家机构、地方自治机构、公职人员访问本法第 10 条第 7 款规定的信息的程序；

（6）本系统与强制性保险自动化信息系统进行交互的程序。

1.1　俄罗斯联邦政府行使本法规定的其他权利，以及本条第 1 款规定的权力。③

2. 在系统创建和运行方面，俄罗斯联邦政府授权的联邦权力执行机构行使以下权力④：

---

① 本款于 2015 年 7 月 13 日起生效。

② 该款自 2016 年 1 月 1 日起附加至 2015 年 7 月 13 日第 235 – FZ 号联邦法律。

③ 该款自 2016 年 1 月 1 日起附加至 2015 年 7 月 13 日第 235 – FZ 号联邦法律。

④ 本段在 2015 年 7 月 13 日第 235 – FZ 号联邦法律中进行了修订，于 2016 年 1 月 1 日起生效。

(1)本条款自2016年1月1日起失效。

(2)本条款自2016年1月1日起失效。

(3)确定对保障系统运行的软硬件设施、语言手段的要求。

(4)确定递送信息的形式。

(5)在其职权范围内,代表俄罗斯联邦行使系统中信息所有者的权力。

(6)根据本法,确定由系统运营商提交系统运行年度报告的形式和程序①。

第六条之一　【系统运营商】

1. 系统运营商指格洛纳斯股份公司。

2. 格洛纳斯股份公司的主营业务是确保系统按照本法和俄罗斯联邦其他规范性法律文件确立的用途和程序运行,包括:

(1)确保及时有效地接收基于格洛纳斯信号生成的未经校正的俄罗斯联邦道路上发生的道路交通事故和其他事故信息,对这些信息进行处理、储存并向应急处置部门进行推送。同时确保根据俄罗斯联邦法律可以访问这些信息。

(2)确保该系统应用和开发技术基础设施来收集和处理配备卫星导航设备的汽车的导航信息符合国家和其他信息系统的利益。

3. 格洛纳斯股份公司拥有以下权利义务:

(1)按照本法和其他俄罗斯联邦规范性法律文件规定的程序进行系统的开发、组织并确保其运行;

(2)确保收集、处理信息以将其输入系统并存储、提供、分发该信息;

(3)确保系统同其他信息系统的交互,以及系统之间在自动模式下使用经认证的增强型电子签名进行信息交流;

(4)拥有系统中使用的电子签名验证密钥证书;

(5)确定在系统中使用电子签名的程序,确定验证密钥证书的所有者是系统运营商。

4. 根据本法的规定,格洛纳斯股份公司应于每年第一季度,向系统的创建和运行方面的被授权联邦权力执行机构提交系统运行报告。②

第七条　【系统的创建和运行有关的参与方】

1. 系统的创建和运行有关的参与方是指系统运营商、向系统提供信息的信息所

---

① 该项自2016年1月1日起附加至2015年7月13日第235-FZ号联邦法律。

② 该款自2016年1月1日起附加至2015年7月13日第235-FZ号联邦法律。

有者以及系统中的信息用户。

2. 自2016年1月1日起，2015年7月13日第235-FZ号联邦法律中该款失效。

3. 向系统提供信息的信息所有者指的是：

(1)在俄罗斯联邦道路交通和其他交通事故中提供紧急援助的联邦执行机构以及俄罗斯联邦主体执行机构；

(2)系统运营商；

(3)进行车辆登记的联邦执行机构；

(4)管理联邦测绘资源的联邦国家机构①；

(5)负责俄罗斯联邦境内汽车市场准入的联邦执行机构和组织；

(6)在俄罗斯联邦境内运行，并装配紧急呼叫设备车辆的所有者。

4. 系统中信息用户指的是：

(1)在俄罗斯联邦道路交通事故和其他事故中提供紧急援助的联邦执行机构以及俄罗斯联邦主体的执行机构；

(2)在俄罗斯联邦境内运行，并装配紧急呼叫设备车辆的所有者；

(3)其他国家机构、地方自治机构、公职人员、法人、自然人。

第八条 【为车辆装配紧急呼叫设备】

1. 根据海关联盟关于轮式车辆安全性的技术法规要求，汽车制造商需要在这些法规规定的时间范围内对在俄罗斯联邦境内流通的"M"和"N"类车辆装配紧急呼叫设备。

2. 之前已经在俄罗斯联邦境内流通但没有安装紧急呼叫设备的车辆，可以根据俄罗斯联邦相关的技术法规，在车主主动申请后装配该设备。

3. 在俄罗斯联邦境内运行，经申请装配紧急呼叫设备车辆的车主，必须向系统提交本法第10条第2款中指定的信息②。

第九条 【与系统的创建和运行有关的参与者的权利和义务】

1. 本法第7条第3款第6项中规定的信息所有者的权利为：

(1)使用信息系统免费传输俄罗斯联邦道路上发生的交通事故信息以及其他事故信息，免费传送紧急呼叫设备发出的车辆信息；

---

① 本项在2015年7月13日第235-FZ号联邦法律中进行了修订，于2016年1月1日起生效。

② 本款在2015年7月13日第235-FZ号联邦法律中进行了修订，于2016年1月1日起生效。

(2)当俄罗斯联邦公路上发生道路交通事故和其他事故时,能够免费获取系统中车辆的坐标/时间参数及车主的可靠信息;

(3)能够接收应急处置部门俄罗斯联邦公路上发生的道路交通事故和其他事故的信息,并对其做出反应。[①]

2. 本法第7条第4款第1项所规定的系统信息用户,有义务在使用系统接收到关于俄罗斯联邦公路上发生的道路交通事故和其他事故信息后,按照既定程序对其做出响应,并在系统中录入开始进行响应及紧急响应措施的信息。

第十条　【系统的信息资源】

系统的信息资源包括:

(1)图像信息。

(2)装配紧急呼叫设备的车辆信息[紧急呼叫设备识别号、国家注册标识、识别码(VIN)(如有)、车身编号、品牌、型号、车辆颜色]。[②]

(3)车辆坐标时间参数,车辆紧急呼叫设备使用该参数发送俄罗斯联邦公路上发生的道路交通事故和其他事故信息。

(4)关于俄罗斯联邦公路上发生的道路交通事故和其他事故的补充信息(如有),这类信息通过车辆状态监测传感器获取。

(5)向应急处置部门发送的信息[本法第2条第1款所规定的人员、紧急呼叫设备传送的关于俄罗斯联邦公路上发生的道路交通事故和其他事故信息的车辆坐标/时间参数、国家注册标识、识别码(VIN)(如有)、车身编号、品牌、型号、车辆颜色、信息从紧急呼叫设备到紧急呼叫接收终端传输所用的时间]。

(6)对俄罗斯联邦公路上发生的道路交通事故和其他事故响应措施的信息(对俄罗斯联邦公路上发生的道路交通事故和其他事故做出响应的应急处置部门名称,向应急处置部门传输信息的具体时间,对俄罗斯联邦公路上发生的道路交通事故和其他事故作出响应的开始时间,分队抵达俄罗斯联邦公路上发生的道路交通事故和其他事故地点的时间)。

(7)关于已经在系统中处理过的道路交通事故和其他事故信息的统计和分析信息。这些信息是对公众公开的。

(8)关于系统使用电子签名工具的信息[③]。

---

① 本项在2015年7月13日第235－FZ号联邦法律中进行了修订,于2016年1月1日起生效。

② 本项在2015年7月13日第235－FZ号联邦法律中进行了修订,于2016年1月1日起生效。

③ 该项自2016年1月1日起附加至2015年7月13日第235－FZ号联邦法律。

(9)解决在接收、处理、储存和传输与俄罗斯联邦道路交通和其他道路交通事故无关的信息领域的其他任务的信息①。

第十一条 【信息在系统中的配置】

1. 本法第10条规定的信息在系统中的配置,由信息所有者按照俄罗斯联邦政府确定的程序进行。

2. 本法第10条第1项所规定的信息,由管理测绘资源的联邦国家机构负责配置②。

3. 本法第10条第3项所规定的信息,由系统运营商使用未经认证的增强型电子签名来编组签名。系统运营商是验证电子签名密钥证书的所有者。根据车辆上安装的紧急呼叫设备的类型,信息所有者可以使用自动模式或手动模式将信息发送至系统中。本法第10条第3项所规定的信息,从紧急呼叫设备发送至系统后,由系统运营商在系统中进行配置。③

4. 关于装配紧急呼叫设备车辆的识别码(VIN)(如有)、车身编号、品牌、型号、车辆颜色、紧急呼叫设备的标识号等信息,由负责车辆进入俄罗斯联邦境内市场流通的联邦权力执行机构和组织录入系统。

5. 车辆的国家注册标识的信息,由负责车辆注册的联邦权力执行机构录入系统。

6. 本法第10条第3项中所规定信息,由系统的软硬件设备自动生成。

7. 本法第10条第5、7和8项中所规定的信息,由系统运营商使用其软硬件设施生成④。

8. 本法第10条第6项中所规定的信息,由应急处置部门录入系统。

9. 其他国家信息系统中包含的信息,由系统所有者通过部门间电子交互系统将信息录入系统。

10. 将信息录入系统的信息所有者应当保证指定信息的可靠性和完整性。

第十二条 【系统创建和运行的拨款】

系统的创建和运行相关的费用,应根据下一财政年度和计划期的联邦预算法

---

① 该项自2016年1月1日起附加至2015年7月13日第235-FZ号联邦法律。

② 本款在2015年7月13日第235-FZ号联邦法律中进行了修订,于2016年1月1日起生效。

③ 本款在2015年7月13日第235-FZ号联邦法律中进行了修订,于2016年1月1日起生效。

④ 本款在2015年7月13日第235-FZ号联邦法律中进行了修订,于2016年1月1日起生效。

律，由联邦预算及预算外资金拨款①。

第十三条　【关于系统软硬件设备和技术基础设施的法律制度】

1. 不得从联邦财产中转让从联邦预算支持下创建或者取得的系统软硬件设备和技术基础设施的智力活动成果的财产权和专有权。但可以将以上财产权和专有权转化为格洛纳斯股份公司的注册资本。

2. 将系统软硬件设备和技术基础设施的智力活动成果转化为注册资本后，格洛纳斯股份公司应当根据本法，确保及时有效地接收格洛纳斯信号生成的未经校正的俄罗斯联邦道路交通信息以及其他道路交通事故信息，对这些信息进行处理、储存并向应急处置部门进行推送。并允许国家机构、地方自治机构、公职人员、法人和自然人能够获取这些信息。

3. 在系统向应急处置部门传输信息；存储并处理关于俄罗斯联邦道路交通信息以及其他道路交通事故的信息；以及确保国家机构、地方自治机构、公职人员、法人和自然人能够获取这些信息的过程中由系统软硬件设施和技术基础设施产生的智力活动成果的财产权和专有权，格洛纳斯股份公司无权转让。②

第十四条　【违反与系统创建和运行有关的俄罗斯联邦法律和其他俄罗斯联邦法规的法律责任】

如果违反与系统创建和运行有关的俄罗斯联邦法律和其他俄罗斯联邦法规，当事人应当根据相应的法规，承担纪律、民事、行政和刑事责任。

第十五条　【本法的效力】

本法自 2014 年 1 月 1 日起生效。

俄罗斯联邦总统
弗拉基米尔·普京
莫斯科，克里姆林宫
2013 年 12 月 28 日
第 395 – FZ 号

---

① 本条在 2015 年 7 月 13 日第 235 – FZ 号联邦法律中进行了修订，于 2016 年 1 月 1 日起生效。

② 本款在 2015 年 7 月 13 日第 235 – FZ 号联邦法律中进行了修订，于 2016 年 1 月 1 日起生效。

《俄罗斯联邦国家航天集团公司法》

《俄罗斯联邦国家航天集团公司法》*

（2015 年 7 月 13 日第 215－FZ 号发布）

（2022 年 4 月 1 日修订版）**

第一章 基本原则

第一条 【本法规范的关系】

1. 本法确定了国家航天集团公司（以下简称集团公司）的法律地位、活动目标、权力和职能、治理规则以及重组和清算程序。

2. 集团公司是研究、开发和使用外层空间领域的授权管理机构，有权依据 1993 年 8 月 20 日第 5663－Ⅰ号《俄罗斯联邦航天活动法》以及在这领域的规范性法律文件，代表俄罗斯联邦对航天活动实施国家管理和领导。

第二条 【本法中使用的基本概念】

为了本法的目标，使用以下基本概念：

（1）航天活动——任何与直接研究和利用外层空间（包括月球和其他天体）有关的活动，其中包括创造（开发、制造和试验）和使用（维护）航天技术装备、航天材料和航天技术工艺，提供与开展航天活动有关的服务，以及俄罗斯联邦利用这些活动的成果在和平探索和利用外层空间领域开展的国际合作。

（2）集团公司所属企业——根据本法第 5 条第 1 款第 1 项第 2 目和第 3 目被列入俄罗斯联邦总统批准的清单中的集团公司所属并拥有财产所有权的国有单一制

---

* 2015 年 7 月 8 日被联邦委员会批准，最新修订版本自 2022 年 4 月 12 日起生效。

** 该法律经过多次修订，历次修订法案如下：2022 年 4 月 1 日第 76－FZ 号联邦法律；2021 年 12 月 6 日第 399－FZ 号联邦法律；2021 年 6 月 11 日第 170－FZ 号联邦法律；2021 年 6 月 11 日第 208－FZ 号联邦法律；2020 年 7 月 20 日第 234－FZ 号联邦法律；2020 年 4 月 7 日第 115－FZ 号联邦法律；2019 年 12 月 27 日第 469－FZ 号联邦法律；2019 年 4 月 15 日第 61－FZ 号联邦法律；2019 年 4 月 15 日第 54－FZ 号联邦法律；2018 年 11 月 28 日第 452－FZ 号联邦法律；2018 年 4 月 23 日第 93－FZ 号联邦法律；2017 年 12 月 29 日第 470－FZ 号联邦法律；2017 年 7 月 29 日第 267－FZ 号联邦法律。相关法案可根据编号检索，具体修订内容详见后注。

企业。

(3)集团公司所属机构——由集团公司创建或根据本法第5条第2款第1项第3目列入俄罗斯联邦政府批准名单中的集团公司所属机构。

(4)集团公司所属股份公司——根据俄罗斯联邦法成立且股份归集团公司所有或由集团公司信托管理的股份公司,以及集团公司能够影响其决策的股份公司。

(5)集团公司所属组织——集团公司的企业、机构、股份公司及其子公司,以及其他集团公司通过持有多数注册资本、根据彼此之间签署的协议或者通过其他形式能够决定其决策的组织。①

(6)航天火箭工业组织——集团公司在规定的活动领域中执行国家政策的组织。

(7)集团公司专项储备金——集团公司集中现金、存款形式的资产,包括存款收入、已售出但未付款货物(工程、服务)的应收账款、贷款协议项下的债权、票据、债券、股份、注册资本出资份额、其他金融投资、集团公司和集团公司所属组织的金融投资收入,以在财务上确保集团公司及集团公司所属组织有效运行。②

第三条 【集团公司的法律地位】

1. 集团公司是俄罗斯联邦以国家集团公司这一法律组织形式创建的法人主体。集团公司的地位、活动目标、权力和职能由本法、1993年8月20日第5663-Ⅰ号联邦法律《俄罗斯联邦航天活动法》、1996年1月12日第7-FZ号联邦法律《俄罗斯联邦非营利组织法》、其他俄罗斯联邦法律和根据上述法律制定的俄罗斯联邦总统和俄罗斯联邦政府发布的规范性法律文件决议以及俄罗斯联邦作为缔约方之一的国际条约确定。

2. 集团公司的俄文全称是 Государственная корпорация по космической деятельности(国家航天集团公司)。俄文缩写名称是 Госкорпорация"Роскосмос"。

3. 集团公司的英文全称是"StateSpaceCorporation 'Roscosmos'"。英文缩写名称是 ROSCOSMOS。

---

① 此项系根据2019年4月15日第61-FZ号联邦法律第1条修订,增加了"以及其他集团公司通过持有多数注册资本、根据彼此之间签署的协议或者通过其他形式能够决定其决策的组织"这部分内容,自2019年4月26日起生效。

② 此项根据2022年4月1日第76-FZ号联邦法律第1条修订,原2015年7月13日第215-FZ号联邦法律此项内容为"集团公司专项储备金是由集团公司集中的财政资源,以从集团公司所属组织提存形成,旨在形成为集团公司所属组织有效运行提供财政支持的储备金",自2022年4月12日起生效。

4. 集团公司拥有带有俄罗斯联邦国徽图案和集团公司全称的印章和公文用纸。

5. 集团公司所在地——莫斯科市。

6. 自集团公司创建信息在统一的法人国家登记簿备案登记之日起,即视为集团公司成立。

7. 集团公司根据俄罗斯联邦预算法在联邦财政部开设记名账户。

8. 集团公司在俄罗斯联邦中央银行拥有账户,也有权按照俄罗斯联邦法规定的程序在俄罗斯联邦境内外的其他信贷机构开立账户。俄罗斯联邦政府对集团公司有权开立银行账户和其他账户、签订银行存款协议的俄罗斯境内信贷机构设置相关要求。俄罗斯联邦政府也规定了在俄罗斯境内信贷机构不再符合相关指定要求时,集团公司必须采取措施收回在其账户内资金或存款的期限。在对信贷机构设置要求时,俄罗斯联邦政府对一家俄罗斯信贷机构自有资金(资本)的规模以及一个或多个信贷评级机构对该信贷机构给予的信贷评级水平制定了要求。有关信贷评级的信息将由俄罗斯银行确认,符合 2015 年 7 月 13 日第 222 - FZ 号联邦法律《俄罗斯联邦信用评级机构活动法、〈俄罗斯联邦中央银行法〉第 72 条第 1 款修正案和确认部分俄罗斯联邦法规无效》第 12 条中要求的俄罗斯联邦国家评级标准后,录入信贷评级机构的登记册中。俄罗斯联邦政府有权根据信贷机构自有资金(资本)的规模和(或)按照俄罗斯联邦国家评级标准授予的信贷评级水平来设置集团公司存放在该信贷机构中资金的限额。集团公司按照俄罗斯联邦政府规定的程序,向被授权行使打击非法所得合法化(洗钱)、资助恐怖主义以及资助大规模杀伤性武器扩散职能的联邦权力执行机构通报关于在外国银行的每次开户、销户、账户要素变更以及与外国银行签订和废除银行账户协议、存款协议及其变更的信息。俄罗斯联邦政府有权对集团公司有权在其开设银行和其他账户、签订银行存款协议的外国银行设置相关要求。俄罗斯联邦政府也规定了在外国银行不再符合相关指定要求时,集团公司必须采取措施收回在其账户内资金或存款的期限。①

8.1 如果符合 2007 年 5 月 17 日第 82 - FZ 号联邦法律《国家发展集团公司法》规定的条件,集团公司有权在国家发展集团公司开设银行账户、签订银行存款

---

① 此款系根据 2017 年 7 月 29 日第 267 号联邦法律第 14 条第 1 款修订,第一句之后的内容都是新增的内容,自 2017 年 7 月 29 日起生效;于 2019 年 12 月 2 日根据 2019 年 12 月 2 日第 394 - FZ 号联邦法律第 26 条修订,增加了"以及资助大规模杀伤性武器扩散",自 2019 年 12 月 13 日起生效。

协议。①

8.2 集团公司有权在符合本条第 8 款规定要求的并被列入俄罗斯中央银行为此目的在其互联网官方网站上公布的信贷机构清单的信贷机构开设银行账户和其他账户，并与之签订银行存款协议。俄罗斯联邦政府另有规定的除外。

8.3 在俄罗斯银行董事会根据 2002 年 10 月 26 日第 127 - FZ 号联邦法律《破产法》批准俄罗斯银行对本条第 8.2 款规定的信贷机构清单内的银行采取破产预防措施计划期间内，自上述计划获得批准当日起，如果俄罗斯银行董事会决定为该信用机构持续营业提供担保，那么不论该银行是否符合本条第 8 款规定的要求，集团公司都有权在该信用机构开设银行账户和其他账户，并与其签订银行存款协议。同时，如果俄罗斯联邦政府根据本条第 8 款对集团公司存放在信贷机构中的资金设置限额，那么对这家银行的限额应在俄罗斯银行董事会批准俄罗斯银行对该银行采取破产预防措施的计划之前的最后一个季报报告日确定。②

8.4 在俄罗斯银行采取措施预防本条 8.2 款规定信贷机构清单内的银行破产的计划实施期间，自俄罗斯银行董事会批准该计划之日起，如果俄罗斯银行董事会决定为其持续营业提供担保，那么不应将其从信贷机构清单中移除。③

8.5 如果被列入本条 8.2 款规定的信贷机构清单内的银行面临破产，自俄罗斯银行参与实施措施预防该银行破产的计划获批之日，该银行将被排除在清单之外，直到俄罗斯银行董事会决定在落实该计划期间为其持续营业提供担保。在作出该决定起 5 个工作日内，由俄罗斯银行将该银行纳入上述清单。④

---

① 此条和下文的 8.2 条均为补充条款，系根据 2017 年 7 月 29 日第 267 号联邦法律第 14 条第 2 款新增，内容为："如果符合 2007 年 5 月 17 日第 82 - FZ 号第联邦法律《发展银行法》第 4 条第 3 款规定的条件，集团公司有权在国家对外经济发展银行集团公司开设银行账户、签订银行存款协议。"自 2017 年 7 月 29 日起生效；于 2017 年 12 月 29 日根据 2017 年 12 月 29 日第 470 - FZ 号联邦法律第 13 条删去了第 4 条第 3 款，自 2018 年 1 月 8 日起生效；另此条根据 2018 年 11 月 28 日第 452 - FZ 号联邦法律第 23 条进行了修订，将"发展银行法"改为"国家发展集团公司法'ВЭБ. РФ'（俄罗斯联邦对外经济银行）"，将"国家对外经济发展银行集团公司"改为"国家发展集团公司（ВЭБ. РФ）"，自 2018 年 12 月 9 日起生效。

② 此条和下文中 8.4 条、8.5 条均系补充条款，系依据 2019 年 12 月 27 日第 469 - FZ 号联邦法律第 12 条增加的。

③ 此条和下文中 8.4 条、8.5 条均系补充条款，系依据 2019 年 12 月 27 日第 469 - FZ 号联邦法律第 12 条增加的。

④ 此条和下文中 8.4 条、8.5 条均系补充条款，系依据 2019 年 12 月 27 日第 469 - FZ 号联邦法律第 12 条增加的。

9. 集团公司只有在为实现其创建目标时才有权开展符合这些目标的商业盈利活动。集团公司从其活动中获取的利润仅用于实现本法规定的目标。

10. 集团公司以其全部所属财产为限对自身债务承担责任，但不得进行追索的财产除外。不得进行追索财产的清单由俄罗斯联邦政府批准。

11. 俄罗斯联邦不对集团公司的债务承担责任，集团公司也不对俄罗斯联邦的债务承担责任，除非他们承担了此类义务。

12. 2002 年 10 月 26 日第 127 号联邦法律《破产法》不适用于集团公司。

13. 集团公司有权创建部门警卫队。

14. 当集团公司在规定的活动范围内行使本法规定的权力时，集团公司的负责人应根据俄罗斯联邦的法律承担责任。

15. 俄罗斯联邦国家权力机构、俄罗斯联邦主体国家权力机构、地方自治机构无权干预集团公司及其负责人旨在实现本法规定目标的活动，俄罗斯联邦法律另有规定的除外。

16. 俄罗斯联邦审计署和其他俄罗斯联邦国家机构根据俄罗斯联邦法律规定对集团公司的活动进行检查和监督。

17. 集团公司有权按照规定的程序设立集团公司徽章、部门奖章、拥有授予"劳动宿将"称号的权利以及设立其他集团公司奖章并将其授予集团公司工作人员、集团公司所属组织工作人员、航天火箭工业组织工作人员、其他联邦国家权力机构工作人员、俄罗斯联邦主体国家权力机构工作人员、地方自治机构工作人员以及其他国家机构的工作人员的权利。①

18. 集团公司有权按照规定的程序呈请授予集团公司工作人员、集团公司所属组织工作人员、航天火箭工业组织工作人员、其他联邦国家权力机构工作人员、俄罗斯联邦主体国家权力机构工作人员、地方自治机构工作人员以及其他国家机构的工作人员俄罗斯联邦荣誉称号和俄罗斯联邦国家奖。

第四条　【集团公司的活动目标】

1. 公司创建和运营的目标是：

（1）在航天活动领域落实国家政策并执行法律规范；

（2）在航天活动和国有财产管理领域提供公共服务；

---

① 该款系根据 2019 年 4 月 15 日第 61 – FZ 号联邦法律第 2 条修订，将原 2015 年 7 月 12 日第 215 – FZ 号联邦法律中的"奖章"替换为"部门奖章、拥有授予'劳动宿将'称号的权利以及设立其他集团公司奖章"。

(3)确保集团公司所属组织和航天火箭工业组织开展建造军用、军民两用、科学和社会经济用途的航天火箭技术装备以及军用战略火箭技术装备的工作；

(4)配合格洛纳斯全球卫星导航系统的支持、开发和使用工作以服务专业用户以及包括商业用户在内的民用用户和扩大俄罗斯联邦在卫星导航系统领域的国际合作；

(5)开展探索和利用外层空间的国际活动；

(6)履行对拜科努尔航天发射场和东方航天发射场内各项工作的全面协调和领导职能。

2. 集团公司的活动旨在为有效地开展航天活动并利用其成果、管理集团公司所属组织并促进其发展创造条件和机制，并协助强化国防和保障国家安全。

3. 集团公司在其所属组织的参与下，确保在航天活动领域完成国家军备计划和国防订单的任务。

4. 集团公司确保落实航天活动领域的俄罗斯联邦国家计划、总统计划、俄罗斯联邦航天计划、国家间专项计划和联邦专项计划、联盟国家计划以及国际合作计划，并监督集团公司所属组织对为满足国家需要而签订的货物采购合同、工程施工合同、服务合同的执行情况。

第五条 【俄罗斯联邦总统和俄罗斯联邦政府对集团公司的权力】

1. 俄罗斯联邦总统

(1)批准：

①股份归俄罗斯联邦所有并且应作为俄罗斯联邦财产出资移交给集团公司的股份公司清单；

②应改组为股份公司、股份应作为俄罗斯联邦财产出资移交给集团公司的国有单一制企业清单；

③财产综合体应作为俄罗斯联邦财产出资移交给集团公司的国有单一制企业清单。

(2)根据本法第22条之规定，任命集团公司监事会成员和集团公司监事会主席或终止其权力。

(3)根据本法第25条之规定，任命或免职集团公司总经理。

(4)根据本法和其他联邦法作出其他决定。

2. 俄罗斯联邦政府

(1)批准：

①在本法未作规定的范围内将俄罗斯联邦财产作为出资移交给集团公司的

程序；

②根据本法第 17 条第 2 款，作为俄罗斯联邦财产出资移交给集团公司的联邦财产清单；

③移交至集团公司的联邦国家机构的名单；

④由集团公司代表俄罗斯联邦行使所有权且经营权或经营管理权不归国有单一制企业或联邦国家机构所有的联邦财产清单；

⑤集团公司的国防订单；

⑥集团公司章程；

⑦形成集团公司特别储备金的程序。①

(2)根据本法、其他联邦法以及俄罗斯联邦总统颁布的规范性法律文件作出其他决定。

第二章　集团公司活动、权力、职能和经营活动种类的法律规范

第六条　【集团公司活动法律规范】

1. 集团公司的活动受本法、根据本法通过的俄罗斯联邦总统和俄罗斯联邦政府规范性法律文件、其他俄罗斯联邦法律、俄罗斯联邦参加的包含涉及集团公司规定活动领域条款的国际条约的约束。

2. 规范非营利组织活动监督程序的 1996 年 1 月 12 日第 7 – FZ 号联邦法律《俄罗斯联邦非营利组织法》第 32 条第 3、5、7、10、14 项，不适用于集团公司。

3. 在 1993 年 8 月 20 第 5663 – Ⅰ号联邦法律《俄罗斯联邦航天活动法》规定的范围内，集团公司对集团公司所属组织、航天火箭工业组织以及其他参与航天活动的法人行使本法规定的权力和职能。

4. 为实现本法规定的目标，集团公司在规定的活动领域内进行法律监管，按照俄罗斯联邦法规定的程序开展国际合作和对外经济活动，并协调开展航天活动成果利用工作，为构建航天活动成果市场创造条件。

5. 自按照既定程序通过联邦航天局清算决议之日起，此前规定由联邦航天局确定的国家订购商、国家订购协调方和执行责任人承担的预算资金主要调度者、预算

---

① 此项根据 2022 年 4 月 1 日第 76 – FZ 号联邦法律第 2 条修订，原 2015 年 7 月 13 日第 215 – FZ 号联邦法律此项内容为“提取资金形成集团公司特别储备金的程序”。

资金接收者、预算收入首要管理者、预算收入管理者、国家订购商、国家订购协调方在相同条件下的权利和义务，以及航天活动领域国家军备计划、俄罗斯联邦国家计划、总统计划、俄罗斯联邦航天计划、国家间专项计划和联邦专项计划、国防订购、联邦定向投资计划、联盟国家计划、国际合作计划执行责任人的权利和义务，和在规定活动领域履行国家职能和提供国家服务的权利和义务将移交给集团公司。

6. 自按照既定程序通过联邦航天局清算决议之日起，联邦航天局所缔结条约（合同、协议）的所有权利和义务均应移交给集团公司，包括与俄罗斯组织和外国组织签订的国家合同（条约）和条约（合同、协议）。

7. 集团公司按照俄罗斯联邦法规定的程序行使预算资金主要调度者、预算资金接收者、预算收入首要管理者、预算收入管理者、国家订购商、国家订购协调方，以及航天活动领域国家军备计划、俄罗斯联邦国家计划、总统计划、俄罗斯联邦航天计划、国家间专项计划和联邦专项计划、国防订购、联邦定向投资计划、联盟国家计划、国际合作计划执行责任人的权力（职能）。

8. 集团公司是苏联通用机器制造工业部、俄罗斯航天局、俄罗斯航空航天局、联邦航天局在俄罗斯联邦与外国机构和组织以及国际组织签订的航天领域国际条约（协议）（包括相关的条约义务）的法定继承者，也是俄罗斯航空航天局、联邦航天局在指定领域与俄罗斯联邦国家权力机构、联邦主体国家权力机构、地方自治机构以及组织签订的协议（条约）的法定继承者。

9. 集团公司继续全面履行俄罗斯联邦授权机构（俄罗斯联邦政府主管机构）的职能，负责执行航天活动领域的国家间（政府间）协议。

10. 自按照既定程序通过联邦航天局清算决议之日起，集团公司将成为联邦航天局在民事和刑事诉讼、仲裁法院诉讼以及行政违法程序等方面的诉讼程序法定继承者。

11. 自按照既定程序通过联邦航天局清算决议之日起，集团公司将成为俄罗斯联邦以俄罗斯航空航天局和联邦航天局名义拥有的知识产权客体、科技活动成果以及分配给联邦航天局的无线电频率或无线电频率信道的法定继承者。

12. 自按照既定程序通过联邦航天局清算决议之日起，联邦航天局与信贷机构签署的条约（协议）所产生的所有权利和义务、联邦航天局在信用机构开设账户中资金的支配权以及指定资金的债权将转交给集团公司。

13. 集团公司按照俄罗斯联邦法律规定的程序采购商品、工程、服务，在规定的活动领域签订为满足国家需求供应货物、完成工程以及提供服务的国家合同（合约)，以及签订其他民事法律合约。

14. 根据俄罗斯联邦政府的决定，集团公司有权代表俄罗斯联邦在规定的活动领域内行使联邦财产所有人的权利。此类联邦财产的清单以及集团公司行使上述权利的程序由俄罗斯联邦政府批准。

15. 集团公司根据俄罗斯联邦总统和俄罗斯联邦政府的决定，确保完成规定活动领域的任务。

16. 自按照既定程序通过联邦航天局清算决议之日起，联邦航天局所拥有的、1992 年 7 月 14 日第 3297 - Ⅰ号联邦法律《保密行政区法》赋予联邦权力执行机构的权力将移交给集团公司。这些权力机构负责管理企业和(或)设施，并为他们建立了关于运行安全和国家机密保护，以及公民特殊生活条件和法人活动特点的特殊制度。联邦航天局所拥有的、2003 年 12 月 8 日第 164 号联邦法律《对外贸易活动国家调节基本法》赋予外贸领域联邦权力执行机构的权力也将移交给集团公司。

17. 自按照既定程序通过联邦航天局清算决议之日起，按照俄罗斯联邦法律规定的程序将管理和使用俄罗斯联邦所拥有的在完成联邦航天局订单的过程中获得的智力活动成果权(包括空对地遥感数据)的权力移交给集团公司。

18. 集团公司代表俄罗斯联邦在公司经营中行使股东(参股人)权利。这些俄罗斯联邦所有的股份(注册资本出资份额)是俄罗斯联邦通过将其所有的智力活动成果专有权转交给集团公司管理支配作为注册资本出资而获得的。

19. 集团公司代表俄罗斯联邦行使被列入俄罗斯联邦总统根据本法第 5 条第 1 款第 1 项第 1 目批准的清单中的股份公司的股东权利。俄罗斯联邦所有的股份公司的股份应作为俄罗斯联邦财产出资移交至集团公司。

20. 在将股份公司的股份作为俄罗斯联邦财产出资移交给集团公司之前，集团公司代表俄罗斯联邦行使股份公司股东的权利。这些股份公司是由被列入俄罗斯联邦总统根据本法第 5 条第 1 款第 1 项第 2 目批准的清单中的国有单一制企业改制组建的。

21. 集团公司代表俄罗斯联邦行使由国有单一制企业改组成的股份公司的股东权利，直到指定的股份被移交给集团公司所属股份公司为止。根据俄罗斯总统的决定，这些股份应作为俄罗斯联邦出资转化为集团公司所属股份公司的注册资本。

22. 按照本法规定的程序并在其规定的范围内，对于俄罗斯联邦总统根据本法第 5 条第 1 款第 1 项第 2 目和第 3 目批准的清单中的国有单一制企业，集团公司代表俄罗斯联邦行使其财产所有人的权利，直至这些企业完成股份公司改制或将其财产综合体作为俄罗斯联邦财产出资移交给集团公司为止。

23. 依据本法，结合俄罗斯联邦关于私有化的法律规定，将集团公司所属企业改组为股份公司。

第七条 【集团公司在管理航天活动领域的权力和职能】

为实现本法的目标，集团公司在航天活动领域行使以下权力和职能：

(1) 筹备关于制定航天活动领域国家政策(包括科技和投资政策)的提案并提交俄罗斯联邦总统和俄罗斯联邦政府。

(2) 协同联邦国防权力执行机构及其他相关联邦权力执行机构和组织，保障航天活动领域国家政策的落实。

(3) 起草航天活动领域的俄罗斯联邦国家计划、总统计划、俄罗斯联邦航天计划、国家间专项计划和联邦专项计划、联盟国家计划、国际合作计划，并参与起草职权范围内的其他计划。

(4) 以科学和社会经济用途作为航天科技的主要发展方向组织开展系统的研究，并协同联邦国防权力执行机构研究军民两用航天技术。

(5) 履行作为国家订购商、国家订购协调方和作为航天活动领域俄罗斯联邦国家计划、总统计划、俄罗斯联邦航天计划、国家间专项计划和联邦专项计划、联盟国家计划、国际合作计划、动员准备事务国防订单以及退役战略导弹系统回收和销毁工作执行责任人的职能。

(6) 与相关的俄罗斯联邦权力执行机构一同组织和保障有关科学和社会经济用途航天技术装备的研发工作，批量购买航天技术装备，并协同联邦国防权力执行机构组织和保障航天技术装备的使用和维护。

(7) 按照俄罗斯联邦法律既定程序在规定的活动领域内购买货物、发包工程以及购买服务。

(8) 分配科学和社会经济用途航天技术装备与航天基础设施项目的开发、生产和供应方面的国家订单，以及完成与执行国际航天项目相关的工作和国际航天项目中运转的为完成航天活动领域任务的航空技术设备和其他技术设备。

(9) 协同联邦国防权力执行机构，分配军民两用航天技术装备和航天基础设施开发、生产和供应的国家订单。

(10) 按照既定程序组织使用和维护航天技术装备，以落实航天活动领域俄罗斯联邦国家计划、总统计划、俄罗斯联邦航天计划、国家间专项计划和联邦专项计划、联盟国家计划、国际合作计划。

(11)根据俄罗斯联邦法律实施航天活动许可证制度,管理登记已颁发的许可证并实施联邦国家对航天活动领域的许可监督检查。[①]

(12)协同联邦国防权力执行机构和其他相关权力执行机构保障空间基础设施的开发,协助管理拜科努尔航天发射场和“东方”航天发射场地面航天基础设施和保障基础设施。

(13)协同联邦国防权力执行机构、其他相关权力执行机构、俄罗斯科学院以及其他组织加强俄罗斯联邦监测近地空间物体和事件的能力,包括在这一领域的国际协作机制。

(14)协同相关的俄罗斯联邦权力执行机构、俄罗斯科学院以及其他组织研究、预测和确定小行星和彗星的危险,并在考虑该问题国际性质的情况下提出对策。

(15)为开展有关创建(开发、制造和试验)、使用(维护)航天综合系统的工作提供保障。

(16)对生产航天技术装备的项目以及为改善航天技术而进行的测试和研究的项目进行鉴定。

(17)组织和协调航天火箭技术、军用战略火箭技术产品的质量保证工作,并检查这些产品和技术设备的质量。

(18)协同相关的联邦权力执行机构,组织并实施科学和社会经济用途国家航天技术装备的飞行试验。

(19)按照既定程序批准进行航天综合系统飞行试验的计划、航天火箭技术产品投入运行使用证明书。

(20)协同联邦国防权力执行机构,批准科学、社会经济用途和军民两用航天器以及旨在落实国际和商业航天计划和项目的年度发射计划。

(21)协同联邦国防权力执行机构组织和保障科学、社会经济用途航天器的发射及其飞行中的管理。

(22)协同联邦国防权力执行机构保障军事航天器的发射。

(23)确定主要航天火箭工业研究组织的任务、职能和构成。

(24)在集团公司所属组织和航天火箭工业组织生产制造军用航天火箭技术装备(包括军用战略火箭技术装备)方面实施统一的国家政策,同时保留俄罗斯联邦

---

① 此条款系根据2021年6月11日第170－FZ号联邦法律第111条修订,增加了“联邦国家对航天活动领域的”,自2021年7月1日起生效。

国防权力执行机构作为上述技术装备国家订购商的职能。

(25)在制造现代航天火箭技术装备(包括军用战略火箭技术装备)、制造、使用和维护航天基础设施以及制造航天活动成果应用基础设施部件等方面制定并执行统一的技术政策。

(26)根据俄罗斯联邦反垄断法的要求,协调航天活动成果应用领域的工作。

(27)协同相关的联邦权力执行机构为维护、开发和使用格洛纳斯系统制定和执行统一的国家政策,以及使用工具箱确保该系统的用户可以出于专业、民用包括商用的目的使用额外的信息,并负责协调这方面的工作。

(28)组织和协调开展商业航天项目,并促进其实施。

(29)保障航天员的选拔和培训,开展与载人航天飞行相关的研发工作。

(30)在已发射航天器登记和国家注册领域行使国家机构权力,并负责履行集团公司职能所必需的登记、注册和汇编工作。

(31)为集团公司、集团公司所属组织的员工和储备干部组织专业培训和附加专业教育。

(32)分析集团公司所属组织的活动,并确定其活动的经济效率指标,对集团公司所属组织的财务经营活动以及集团公司所属组织的财产综合体的使用情况进行检查。

(33)评估航天火箭工业组织内国防订单和国家军备计划任务的可行性。

(34)参与对供应国防订单的航天火箭产品进行的国家价格调控,订购的产品清单由俄罗斯联邦政府确定。

(35)接待公民和社会组织代表,并按照俄罗斯联邦法律既定程序研究其请求。

(36)在规定的活动领域内,依据俄罗斯联邦法律并按既定程序对含国家机密的发明专利申请进行审议。

(37)根据俄罗斯联邦法律,在规定的活动领域内收集、保存、记录和使用归俄罗斯联邦所有的档案文件,并保管苏联通用机器制造工业部、俄罗斯航天局、俄罗斯航空航天局、联邦航天局的档案文件。

(38)就与规定活动领域有关的问题组织和举行代表大会、会议、研讨会、展览会和其他活动。

(39)按照相关规定对于联邦航天局和集团公司在使用联邦预算拨款完成相关订单过程中所获得和创造的科技活动成果和其他知识产权项目的权利进行管理。

(40)对在拜科努尔航天发射场和“东方”航天发射场开展的工作进行全面协调

和领导,并利用俄罗斯联邦从哈萨克斯坦共和国租借的拜科努尔航天发射场开展航天活动。

(41)在俄罗斯联邦从哈萨克斯坦共和国租借的拜科努尔发射场内属于集团公司所管辖的设施和土地上,履行俄罗斯联邦在国际条约下遵守生态安全要求、环境保护和合理使用自然资源相关规则的义务。包括:

①对保护环境和合理使用自然资源规则的遵守情况实施监督;

②制定向环境中排放污染物的最大排放量标准以及处理生产和生活废弃物的程序;

③确定在土地使用与土地规划用途相关的情况下使用土地的程序;

④与哈萨克斯坦共和国全权机构在土地使用与土地规划用途不相关的情况下就调整土地关系的决定进行协商;

⑤建立处理生产和生活废弃物的程序并监督其执行情况;

⑥与哈萨克斯坦共和国环境保护领域全权机构协商环境保护和自然资源利用方面的生态监测和统计报表的文件格式,确定其提交程序,协商生态护照的格式及其研制程序。

(42)组织集团公司所属组织在国家航空领域开展活动以完成航天活动领域任务和国防动员任务,确保对国家航空领域活动进行有效的管理,并根据联邦航空规则,组织国家航空人员(国家航空器机组人员、飞行控制负责人、伞兵、参与飞行任务的人员)的体检,并根据俄罗斯联邦政府批准的军事体检条例,由在联邦国防权力执行机构所属组织中设立的飞行医疗委员会对国家航空人员进行军事体检。①

(43)根据城市建设相关法律,为航天基础设施项目发放建设和投入使用许可证。②

(44)在规定的活动领域中签发证书以在需要时出示,并且根据公民的要求提供信息以确认其根据俄罗斯联邦规范性决议获得社会保障权利。

---

① 此条系根据 2021 年 6 月 11 日第 208 – FZ 号联邦法律第 2 条修订,增加了"并根据联邦航空规则,组织国家航空人员(国家航空器机组人员、飞行控制负责人、伞兵、参与飞行任务的人员)的体检,并根据俄罗斯联邦政府批准的军事体检条例,由在联邦国防权力执行机构所属组织中设立的飞行医疗委员会对国家航空人员进行军事体检"这部分内容,自 2021 年 6 月 11 日起生效。

② 此条系根据 2021 年 12 月 6 日第 399 – FZ 号联邦法律修订,原 2015 年 7 月 13 日第 215 – FZ 号联邦法律此条为"根据城市建设相关法律,为集团公司和集团公司所属组织管理的航天基础设施项目发放建设和投入使用许可证。"删去了"集团公司和集团公司所属组织管理的",自 2021 年 12 月 17 日起生效。

(45)与联邦国家权力机构、联邦主体国家权力机构、地方自治机构共同保障航天活动的安全。

(46)保障集团公司自身的动员训练,并且协助集团公司所属组织开展动员训练活动并进行监督。

(47)就有关规定活动领域的问题与联邦国家权力机构、联邦主体国家权力机构、地方自治机构互相合作。

(48)与外国国家权力机构和组织以及国际组织就航天活动的实施进行协作,并签订部门间的国际协定。

(49)在以和平为目的研究、开发和利用外层空间合作协议的框架内,对俄罗斯联邦与他国的合作进行协调。

(50)在集团公司的职权范围内,与相关联邦权力执行机构合作确立俄罗斯联邦在航天活动及其成果应用方面的立场。

(51)按规定的程序与他国组织签订协议(合同),其中包括与实施国际和商业航天计划和项目有关的协议。

(52)发放证明材料,证明将货物运入欧亚经济联盟关税地区是在俄罗斯联邦进行外层空间研究和利用领域国际合作(包括提供航天器发射服务)的框架内进行的。

(53)向在俄罗斯联邦与外国间军事技术合作方面行使监督和检查职能的联邦权力执行机构提交建议,授权作为军用产品开发商和制造商的集团公司所属组织开展与上述产品有关的外贸活动。

(54)根据既定程序,确定集团公司所属组织作为军用航天火箭产品开发商和制造商并参与履行供应上述产品的外贸合同。

(55)与相关的联邦权力执行机构合作,确保俄罗斯联邦参与国际出口管制制度。

(56)对航天火箭工业组织进行检查。

(57)根据俄罗斯联邦法律,在规定的活动领域中履行其他管理航天活动和提供公共服务的职能。

第八条 【集团公司在规定的活动领域内进行法律监管的权力】

1. 集团公司根据俄罗斯联邦宪法、联邦宪法性法律、联邦法律、俄罗斯联邦总统和俄罗斯联邦政府规范性法律文件,在规定的活动领域通过规范性法律文件。

2. 集团公司有权认定苏联通用机器制造工业部的决议在俄罗斯联邦境内无效,并有权认定俄罗斯航天局、俄罗斯航空航天局涉及航天活动的决议以及联邦航天局的决议无效。

3. 苏联通用机器制造工业部、俄罗斯航天局、俄罗斯航空航天局、联邦航天局的规范性法律文件和规范性技术文件，在集团公司通过与俄罗斯联邦法律不违背的有关文件之前一直有效。

4. 集团公司有权向俄罗斯联邦总统和俄罗斯联邦政府提交俄罗斯联邦法律、其他俄罗斯联邦规范性法律文件以及与规定的活动领域有关的其他文件的草案。

5. 集团公司起草规范性技术和组织管理文件，其中包括制定航天活动技术管理和标准化的规则以及确立创建（开发、制造、测试）、使用和维护航天火箭技术装备与航天基础设施工程（包括研究航天技术的实验基地设施）的程序等领域的文件，并按照既定程序批准（同意）这些文件。

6. 联邦权力执行机构涉及集团公司规定活动范围的规范性法律文件草案，应与集团公司进行协商。

7. 集团公司的规范性法律文件以命令、指令、指示和规程形式发布，对联邦国家权力机构、俄罗斯联邦主体国家权力机构、地方自治机构以及法人和自然人具有约束力。

8. 集团公司必须按照联邦权力执行机构规范性法律文件中关于规范性法律文件国家注册和颁布的规定程序注册和颁布规范性法律文件。

9. 根据俄罗斯联邦的法律，可以按照对联邦权力执行机构规范性法律文件提出异议的规定程序就集团公司规范性法律文件提出申诉。

10. 集团公司对俄罗斯联邦法在既定领域中的应用实践进行总结。

第九条　【集团公司在选拔和培训航天员方面的权力和职能】

1. 集团公司与相关联邦权力执行机构和组织合作，在选拔和培训航天员以及组建航天员分队及其活动保障（包括使用国家航空，创建、维护和开发航天员训练设施）方面发挥国家职能。集团公司通过集团公司相关部门组织开展航天员的选拔和培训，并保障航天员分队的活动。

2. 集团公司与相关联邦权力执行机构协作制定并批准有关规定航天员选拔和培训、体检、医务保障、航天飞行后康复的程序，成立和运行航天员分队、确定载人航天器机组人员（包括作为机组成员或航天飞行参与者的外国公民）的程序以及批准飞行计划程序的规范性法律文件。

3. 按照俄罗斯联邦预算法既定程序，由联邦预算拨款为行使本条规定的权力和职能提供财政保障。

第十条 【集团公司在保护属于国家秘密信息和其他限制访问信息方面的权力和职能】

为了达到本法规定的目标,集团公司:

(1)根据俄罗斯联邦的法律组织和实施(包括在集团公司组织内)保护属于国家秘密信息和其他限制访问的信息,并在反技术侦察和信息技术保护方面采取措施;

(2)行使联邦权力执行机构在保护国家秘密方面的职能,和按照俄罗斯联邦法律既定程序管理国家秘密信息的权力;

(3)根据俄罗斯联邦法律,在规定的活动领域内拟定应保密信息的清单;

(4)确保在其权限内对接触国家秘密的公民进行审查;

(5)向被授权的联邦权力执行机构就完善保护国家秘密信息的系统提交建议。

第十一条 【集团公司在保障航天活动安全方面的权力和职能】

集团公司履行以下旨在保障航天活动安全的权力和职能:

(1)根据俄罗斯联邦法律,协同相关联邦权力执行机构制定有关航天活动安全保障措施的建议并提交俄罗斯联邦政府,措施包括制定一系列在开发、制造、测试、使用和维护航天火箭技术装备、军用战略火箭技术装备、航天器以及空间基础设施项目过程中保障安全的工作清单。

(2)组织和协调集团公司所属组织在运用有效方法和手段保障航天安全方面开展科学研究和试验设计工作。

(3)组织和监督根据俄罗斯联邦国际条约、联合国和其他国际论坛主持制定的普遍监管规则以及国际航天项目框架开展的航天活动的安全保障措施的实施。

(4)对保障航天器、外层空间作业以及服务全体工作人员和居民的航天基础设施工程等安全的方式和方法的质量进行评估,并在自身职权范围内与相关的联邦权力执行机构一起在国家和国际层面上参与制定和商讨规范安全实施航天活动(包括在外层空间作业的技术安全)的标准。

(5)与被授权的联邦权力执行机构协作,在拜科努尔航天发射场和"东方"航天发射场组织制定反恐防护、警卫、通行制度和设施内部制度。

(6)组织开展包括国际航天火箭技术在内的标准化工作,按既定程序确定负责国防订购航天火箭技术装备标准化的主要组织,并批准相关规定。

(7)开展计量保障工作,确保航天火箭工业领域度量统一,并开展相关协调工作。

(8)组织开展有关航天火箭技术的目录编制工作。

(9)组织军民两用、科学和社会经济用途航天技术的认证。

(10)组织调查开展航天活动过程中发生的事故和灾难等事件的原因,协调开展消除航天活动过程中事故后果的工作。

第十二条　【集团公司在民防与保护居民和领土免遭自然和人为造成紧急情况影响等领域的职能】

1. 在规定的活动范围内,集团公司与被授权解决民防领域问题的联邦权力执行机构为一同保护居民和领土免遭自然和人为造成紧急情况影响,履行以下职能:

(1)按照既定程序批准对集团公司组织具有执行约束力的规范性法律文件,这些文件涉及保护居民和领土免遭自然和人为造成紧急情况影响以及航天基础设施目标的民防事务;

(2)开展集团公司内的民防组织工作,按既定程序制定和执行集团公司所属组织内的民防计划,组织实施民防措施,包括组建和准备必要的人员和物资;

(3)按既定程序实施旨在保护集团公司所属组织在战时稳定运行所必需的措施;

(4)按照既定程序落实各种措施,创建民防管理技术系统并维持其在可用状态,该系统用于提醒集团公司所属组织工作人员军事行动过程中出现的危险,以及发生自然和人为紧急情况风险的发生及其产生的威胁;

(5)按照既定程序在集团公司所属组织内创建和维护用于民防的技术设备、食品、医疗和其他物资的储备;

(6)在自身权限范围内,建造防护设施和其他民防设施,并使其维持可用状态。

2. 集团公司与被授权解决民防领域问题的联邦权力执行机构、其他联邦国家权力机构、俄罗斯联邦主体国家权力机构以及地方自治机构就开展搜寻和紧急救援行动(包括对导弹分离部件的搜索和疏散)、预防和消除集团公司所属组织内事故和紧急情况后果等事务方面进行协作。

3. 集团公司在国家统一紧急情况预防和灾后管理系统框架内组建功能子系统,以预防和消除集团公司活动领域内潜在危险目标和极端重要目标的紧急情况及后果。

第十三条　【集团公司在参加研究和利用外层空间国际活动方面的权力和职能】

1. 在自身职权范围内,集团公司应确保履行俄罗斯联邦在国际条约中的义务,并行使俄罗斯联邦在这些条约中的权利。

2. 根据 1995 年 7 月 15 日第 101 号联邦法《俄罗斯联邦缔结的国际条约法》规定，集团公司作为被授权机构，可在其职权范围内，根据相关俄罗斯联邦法在规定的活动领域签订俄罗斯联邦部门间国际条约。

3. 在自身职权范围内，集团公司协同相关联邦权力执行机构，就制定和实施航天活动领域的国家政策（主要指国际合作方面）提出意见建议，并在国际组织和专业国际论坛中代表俄罗斯联邦的利益。

4. 在自身职权范围内，按照俄罗斯联邦法律规定的程序，集团公司与外国国家权力机构、组织和国际组织开展合作，并根据俄罗斯联邦总统或俄罗斯联邦政府决议，在特定的航天活动领域代表俄罗斯联邦的利益。

5. 在自身职权范围内，集团公司协同相关联邦权力执行机构，为在航天活动领域有效实施国家政策创造有利的国际条件；对航天活动领域国际政治法律和技术标准规范的现状和发展趋势进行分析；并在该领域提出与俄罗斯联邦利益、国家政治任务和目的相关的意见建议。

6. 按照俄罗斯联邦总统批准的程序，集团公司向国外派遣代表（以及代表处工作人员），作为俄罗斯联邦外交代表团、领事机构以及俄罗斯联邦贸易代表团的一部分在国外工作，这些代表不纳入这些代表处和机构的人员编制之中。这些代表的经费由集团公司通过俄罗斯联邦外交代表团和领事机构、俄罗斯联邦贸易代表团的账户结算。

7. 集团公司参与提名联合国秘书处和其他国际组织专门机构中工作的俄罗斯代表。

第十四条 【集团公司活动类型】

1. 为实现本法的既定目标，集团公司组织开展以下活动：

（1）完成科学研究、实验设计、勘测设计和工艺试验工作，为既定领域活动提供服务；

（2）航天活动许可；

（3）对航天技术是否符合科学和社会经济目的进行强制性确认；

（4）为保障满足国家需求供应产品、完成工程、提供相关服务；

（5）负责军用、军民两用、用于科学和社会经济目的的航天火箭技术，以及战略军用火箭技术的研发、制造（生产）、测试、使用（维护）、供应、升级、销售、保修和维修服务；

（6）负责技术设备、专用基础电子元件和原材料的生产、技术线路的设计和建造以及用于航天地面基础设施的运行机制、设备和防护系统的研发和建造；

(7)负责航天地面基础设施和生产设施的重建、技术升级改造等投资项目的开发和实施；负责厂房和其他建筑物的设计和建造；履行客户开发商职能；完成联邦定向投资计划下的任务；

(8)组织与航天技术设备、航天综合系统的使用和维护有关的活动，这些航天技术设备和航天综合系统包括卫星导航系统和测绘系统、通信系统、电视和无线电广播；

(9)引进航天活动领域的新技术并对其成果进行应用；

(10)确定航天火箭技术设备生产所必需的基础电子元件和原材料名录并对其进行登记；

(11)对航天火箭技术设备进行分类；

(12)制定和实施用于科学和社会经济目的的航天火箭技术设备样本的统一定价方法；

(13)组织对航天活动领域内航天火箭技术研发项目、科学技术项目、投资项目以及其他项目、计划和提案进行专家审查；负责军用、军民两用、用于社会经济性质的航天火箭技术，以及战略军用火箭技术的研发工作；负责开展测试和研究，以推动航天火箭技术的发展；

(14)组织和保障航天员选拔及其载人航天飞行培训，确保航天员队伍发挥职能作用；

(15)组织对外层空间内的物体及事件进行监测；

(16)开展工作以减少人类活动在近地外层空间带来的污染；

(17)组织进行太空条件下的设备测试；

(18)组织进行太空条件下原材料及其他产品生产；

(19)组织并保障航天器发射，对其飞行过程进行管控；

(20)组织开展空对地遥感工作；

(21)组织实施与航天活动有关的商品进出口、工程、服务等活动；

(22)组织进行与组织航天火箭工业组织生产相关的货物(含特殊货物)的公路、铁路、航空和水上交通运输；

(23)组织通信信道的设计、创建和维护工作并提供通信服务，包括数据传输和远程信息通信服务、电信服务、通信信道租赁服务；

(24)研发能够使用密码信息保护手段传输访问受限信息的专用系统和综合

体，并将其作为航天基础设施和航天设备的组成部分；

(25)开展机密信息的技术防护工作；

(26)就国家机密信息的应用和防护开展相关工作；在国家机密防护方面提供服务（主要指信息技术防护）；

(27)组织实施保护公司所属组织设施的反恐安全防护措施；

(28)推广加密设备并对其进行技术维护；

(29)就航天活动及其成果应用问题，组织和举行代表大会、会议、研讨会、展览会和其他国内外活动；

(30)修复由于航天领域的人类活动而污染的区域和物体；

(31)在其职权范围内开展搜索和营救行动，包括对导弹分离部件的搜索和疏散；

(32)为集团公司所属组织培养干部。

2. 为实现本法的既定目标，集团公司享有以下权利：

(1)参加与高科技工业产品研发和出口有关的国家和商业方案和计划；

(2)根据1996年1月12日第7号联邦法《非商业组织法》第7.1条，集团公司利用闲置资金投资俄罗斯联邦国内外组织机构；

(3)签订包括商业合同在内的各类合同，开展商业盈利活动；

(4)独立完成本条第1款规定的活动，或按照既定要求将其委托给集团公司所属组织；

(5)完成本条第1款规定的其他类型活动。

3. 集团公司无须特许（许可证）即可完成本条第1款规定的活动。集团公司可根据俄罗斯联邦法律开展其他类型的活动。

第十五条　【集团公司对其所属机构的职能】

1. 集团公司是集团公司所属机构的创立者，是其财产的所有者。

2. 自联邦航天局清算决议通过之日起，集团公司应代表俄罗斯联邦，履行联邦航天局所属国家机构创立者职能和享有财产所有者权利，直至这些机构移交至集团公司为止。

3. 依据民法和本法，履行集团公司所属机构创始者职能和享有其财产所有者权利。

4. 履行以下集团公司所属机构创始者职能以及其财产所有者权利：

(1)批准集团公司所属机构章程，并对其进行修订；

(2)按照俄罗斯联邦法律规定的程序对集团公司所属机构进行重组和清算；

(3)将其对财产的业务管理权移交给集团公司所属机构；

(4)确定为集团公司所属机构经营活动编制、批准和设定计划(方案)指标的程序；

(5)根据劳动法及其他涉及劳动标准的规范性法律文件,任命和免职集团公司所属机构的负责人,并与其签订、修订和终止劳动合同；

(6)批准招聘和解雇集团公司所属机构的总会计师及其他会计负责人,并与其签订、修订和终止劳动合同；

(7)批准集团公司所属机构年度会计(财务)报表和经营活动报告；

(8)对集团公司所属机构运营管理和保管的财产的预期用途进行监管；

(9)没收集团公司所属机构未使用或者未按既定用途使用的财产,这些财产可能是原所有者转让的,也可能是集团公司所属机构通过资金从原所有者处购买的；

(10)批准集团公司所属机构开设代表处以及设立分支机构；

(11)批准集团公司所属机构参与其他法人主体；

(12)批准集团公司所属机构的财产交易；

(13)根据俄罗斯联邦法律履行其他职能。

5.若集团公司所属机构财产被他人非法占有,集团公司有权向他人索回财产。

第三章 财产关系

第十六条 【集团公司财产】

1.集团公司财产为集团公司所有。

2.集团公司财产由以下形式组成:俄罗斯联邦财产出资;集团公司经营活动收入;联邦预算补贴;集团公司特别储备金;捐款和捐赠资产;俄罗斯联邦法律未禁止的其他方式获得的财产。

3.俄罗斯联邦政府批准只有经俄罗斯联邦政府同意才能进行交易的集团公司财产清单,联邦法律另有规定的除外,以及批准不得进行追索的财产清单。

4.根据俄罗斯联邦法律规定,集团公司可以使用其财产行使以下权利:

(1)在俄罗斯联邦境内外开设代表处并设立分支机构；

(2)为达成集团公司设定的目标,可在必要时按照目标要求,在俄罗斯联邦境

内外创建商业和非商业性组织；[①]

(3)为达成集团公司设定的目标，可在必要时按照目标要求，加入俄罗斯联邦境内外的商业和非商业性组织；[②]

(4)为达成本法设定的目标，开展系列交易活动，包括买卖有价证券、获取并行使财产权和非财产权，以及为作为第三方的集团公司所属组织提供担保并向其贷款。

第十七条 【俄罗斯联邦的财产出资】

1. 作为俄罗斯联邦的财产出资向集团公司移交以下财产：

(1)在公司创建时期：

①联邦持有的联合火箭航天集团开放式股份公司(莫斯科)的股份。

②按照联邦航天局清算决议所规定的程序接收的联邦航天局运营管理或使用的联邦财产，包括位于以下地址的建筑，即莫斯科市谢普金大街42号1号楼和2号楼及所占土地。

(2)根据本法第5条第1款第1项第"①"子项，俄罗斯联邦总统批准的清单中，联邦政府在股份公司中持有的股份。

(3)根据本法第5条第1款第1项第"③"子项，俄罗斯联邦总统批准的清单中，国有单一制企业的财产综合体。

(4)根据本法第5条第2款第1项"③"子项，俄罗斯联邦政府批准的清单中，移交至集团公司的联邦国家机构所运营管理的财产。

(5)本条款自2018年5月4日起失效。[③]

(6)根据俄罗斯联邦预算法向集团公司提供的联邦预算补贴，该补贴用于实施集团公司活动计划所规定的措施。[④]

(7)其他由联邦航天局管理的联邦财产(包括土地)。但所有权非联邦所有的

---

① 此条系根据2019年4月15日第61－FZ号联邦法律第3条修订，原2015年7月12日第215－FZ号联邦法律中此条为"创建集团公司所属机构"。

② 此条系根据2019年4月15日第61－FZ号联邦法律第3条修订，原2015年7月12日第215－FZ号联邦法律中此条为"创建其他非商业组织，或者根据本法规定，参与商业公司或者其他组织"。

③ 本条款系根据2018年4月23日第93－FZ号联邦法律第6条第1款第1项，自2018年5月4日起失效。

④ 本条款系根据2018年4月23日第93－FZ号联邦法律第6条第1款第2项修改，原2015年7月13日第215－FZ号联邦法律此条内容为"联邦预算中分配给集团公司的预算拨款"，修改为"根据俄罗斯联邦预算法向集团公司提供的联邦预算补贴"，自2018年5月4日起生效。

财产除外。

2. 除了本条第 1 款规定的财产外，还包括俄罗斯联邦政府决议规定，作为俄罗斯联邦财产出资的俄罗斯联邦拥有的知识产权和其他联邦财产。

3. 集团公司所属组织移交集团公司已获取的、作为俄罗斯联邦财产出资的知识产权时，如该知识产权是在完成俄罗斯联邦国防权力执行机构相关订单中获得的，则应当征得该联邦国防权力执行机构的同意。

第四章　集团公司活动计划、财政计划、专项储备金和依靠联邦预算拨款的财政保障

第十八条　【集团公司活动计划和财政计划】

1. 为完成本法的既定目标，结合俄罗斯联邦总统令和俄罗斯联邦政府决议，集团公司需制订包含具体措施的活动计划。为完成相关措施，集团公司从联邦预算中获得指定资金来源、数额和结构的补贴。①

2. 集团公司活动计划的财政保障包括联邦预算拨款、集团公司财产，以及集团公司和集团公司所属组织的其他资金。

3. 集团公司活动计划、俄罗斯联邦总统令、俄罗斯联邦政府决议，以及集团公司监事会决议，均明确了为完成集团公司任务所应履行的义务。这些计划、决议和命令是公司财务计划编制的基础。

4. 集团公司活动计划和财务计划应当由集团公司监事会批准，期限不低于 3 年，且应当每年进行修订。

第十九条　【集团公司专项储备金】

1. 集团公司设立专项储备金，并负责其管理。

2. 集团公司专项储备金由集团公司监事会决定设定，由现金，存款，包括存款收入、已售出但未付款货物（工程、服务）的应收账款、贷款协议项下的债权、票据、债券、股份、注册资本出资份额、其他金融投资、集团公司和集团公司所属组织的金融投资收入组成。转入公司专项储备金的现金存放在公司银行账户中。转入公司专

① 此条款系根据 2020 年 4 月 7 日第 115 – FZ 号联邦法律第 8 条第 1 款修订，增加了“为完成相关措施，集团公司从联邦预算中获得指定资金来源、数额和结构的补贴”这部分内容，自 2020 年 4 月 7 日起生效。

项储备金的其他财产，按照俄罗斯联邦法律进行估值和入账。①

3. 集团公司专项储备金的设立程序由俄罗斯联邦政府规定。②

4. 集团公司专项储备金按照集团公司监事会确定的程序使用。使用专项储备金的工程和服务清单由集团公司监事会批准。

5. 集团公司专项储备金的资金应单独核算。

6. 集团公司审计委员会负责监管储备金的定向支出。

第二十条 【联邦预算拨款作为集团公司活动的财政保障】

根据俄罗斯联邦预算法规定，使用联邦预算拨款作为集团公司活动的财政保障。③

第五章 集团公司的治理

第二十一条 【集团公司的组织机构】

1. 集团公司的管理机构是集团公司监事会、集团公司总经理和集团公司董

---

① 此条款系根据2022年4月1日第76－FZ号联邦法律第3条第1款修订，原2015年7月13日第215－FZ号联邦法律此条文内容为“集团公司的专项储备金是根据集团公司监事会的决定设立，由集团公司组织提成额构成的。集团公司专项储备资金存放于公司银行账户”。

② 此条款系根据2022年4月1日第76－FZ号联邦法律第3条第2款修订，原2015年7月13日第215－FZ号联邦法律此条文内容为“集团公司提存以设立专项储备金的程序由俄罗斯联邦政府规定”。

③ 此条款系根据2018年4月23日第93－FZ号联邦法律第6条第2款修订，原2015年7月13日第215－FZ号联邦法律规定为：

“1. 根据俄罗斯联邦预算法，集团公司是预算资金的主要管理者，是联邦预算的预算拨款接收者，包括接收根据本法用于实施航天活动领域的俄罗斯联邦国家计划、总统计划、俄罗斯联邦航天计划、国家间专项计划和联邦专项计划、联邦定向投资计划、联盟国家计划以及国际合作计划、为执行国家权力和职能而获得的补贴，以及在契卡洛夫斯基机场租用国家航空飞机为航天员提供培训和服务并维护和升级用于训练航天员的的实验和培训基地费用，以及维护和发展东方航天发射场基础设施的费用。

“2. 集团公司根据俄罗斯联邦预算法，起草并向俄罗斯联邦政府提交关于下一个财政年度和规划期内联邦预算的建议。

“3. 根据俄罗斯联邦总统或俄罗斯联邦政府的决定，集团公司和集团公司所属组织可以按照俄罗斯联邦预算法规定的方式获得国家担保。

“4. 集团公司所属组织在俄罗斯联邦国家计划、俄罗斯联邦航天计划、联邦定向投资计划框架内使用（维护）拜科努尔航天发射场和东方发射场地面空间基础设施开展相关生产活动时，可以以俄罗斯联邦法规定的程序获得联邦预算拨款支持。”

自2018年5月4日起生效。

事会。

2. 集团公司财务经营活动的监管机构是集团公司审计委员会。

3. 集团公司的咨询机构是集团公司科学技术委员会。

第二十二条　【集团公司监事会】

1. 集团公司的最高管理机构是监事会。

2. 集团公司监事会由 11 名成员组成,其中包括 5 名俄罗斯联邦总统代表和 5 名俄罗斯联邦政府代表,以及集团公司总经理。担任总经理职务即是公司监事会成员。

3. 俄罗斯联邦总统任命监事会成员的同时,从监事会成员中任命集团公司监事会主席。

4. 除集团公司总经理外,其他监事会成员均不需要长期在位工作。

5. 集团公司监事会成员有权兼任俄罗斯联邦公职、俄罗斯联邦主体公职、市政公职、国家或市政部门职务。

6. 集团公司监事会向集团公司总经理推荐 1 名候选人担任集团公司监事会秘书,该候选人是集团公司的在职员工。

第二十三条　【集团公司监事会的职权】

1. 集团公司监事会职权如下:

(1)批准集团公司活动战略和活动计划;

(2)批准根据集团公司活动计划制定的财务计划,其计划年限不低于 3 年;

(3)批准集团公司下一年度主要绩效指标;

(4)批准集团公司利润使用程序和用途;

(5)批准集团公司专项储备金的使用程序,以及使用集团公司专项储备金的工程(服务)清单;

(6)将集团公司章程呈报至俄罗斯联邦政府批准;

(7)批准集团公司年度报告并将其呈报至俄罗斯联邦政府;

(8)批准以竞标方式遴选的审计机构对集团公司财务进行情况审计;

(9)批准集团公司审计委员会的规章制度,通过关于任命审计委员会主席及成员,以及终止其职权的决议;

(10)通过关于设立集团公司基金的决议,并批准这些基金的使用程序;

(11)通过关于将集团公司所属企业的部分利润,在缴纳税款和其他强制性支付款项后,转移至集团公司收入的决议;

(12)通过关于设立商业公司和其他法人主体、并为其设立创建条件的决议;通过关于参与商业公司和其他法人主体,并为其参与创建条件的决议;①

(13)通过关于签署一项或多项涉及购置、出让或可能出让集团公司财产并且总价值超过集团公司监事会的额定数额的交易的决议;并批准与此相关的交易;

(14)确定集团公司投资俄罗斯本国组织及外国组织程序;

(15)通过关于集团公司董事会成员任命及根据公司总经理的提案终止董事会成员职权的决议;

(16)批准集团公司董事会规章制度;

(17)与集团公司总经理签订劳动合同;

(17.1)批准集团公司员工薪酬制度的基本原则,即员工薪酬取决于其完成集团公司活动计划的关键绩效指标;批准集团公司活动计划的关键绩效指标及其计算方法(程序),该指标用于计算员工奖金;②

(18)履行1996年1月12日第7号联邦法《非营利组织法》、本法以及其他联邦法规定的职权,还可以根据俄罗斯联邦总统的决议履行其他职权。③

2. 本法规定的集团公司监事会职权不得转让给集团公司内其他机构。

第二十四条 【集团公司监事会会议】

1. 集团公司监事会会议应由监事会主席或其授权的监事会成员至少每三个月组织召开一次。

2. 集团公司监事会会议应由监事会主席主持,在其缺席的情况下,应由其授权的监事会成员主持。

3. 集团公司监事会通过决议,需集团公司监事会至少一半成员出席。集团公司监事会决议由出席会议的监事会成员以多数票决出。如票数相等,集团公司监事会主席的投票为决议票。

4. 应集团公司审计委员会或审计组织的要求,由公司监事会主席决定召开公司监事会特别会议。

---

① 此条系根据2019年4月15日第61－FZ号联邦法律第4条第1款修订,增加了"通过关于设立商业公司和其他法人主体、并为其设立创建条件的决议"这部分内容。

② 此项系补充条款,系根据2020年4月7日第115－FZ号联邦法律第8条第2款新增的,自2020年4月7日起生效。

③ 此条系根据2019年4月15日第61－FZ号联邦法律第4条第2款修订,原2015年7月13日第215－FZ号联邦法律为"履行1996年1月12日第7－FZ号联邦法律《非营利组织法》规定的其他职权"。

5. 集团公司监事会会议记录由会议主席签署。在投票过程中集团公司监事会成员少数派的意见,也会根据成员要求,在会议记录中留存。

6. 集团公司监事会有权缺席会议。缺席会议举行程序由公司监事会批准。

7. 集团公司监事会秘书负责会议筹备、会议保障、文件记录以及储存集团公司监事会会议记录。

8. 集团公司总经理负责对监事会决议和监事会主席交办事务的执行情况进行监督。

第二十五条　【集团公司总经理】

1. 集团公司总经理是集团公司独任执行机构,负责领导集团公司现行活动。

2. 集团公司总经理由俄罗斯联邦政府总统根据俄罗斯联邦政府提名任命和免职。

3. 集团公司总经理有权参加俄罗斯联邦政府、联邦权力执行机构、俄罗斯联邦主体国家权力机构涉及集团公司活动问题的会议。

4. 集团公司总经理不能同时兼任公司监事会主席。

第二十六条　【集团公司总经理职权】

集团公司总经理职权如下:

(1)无须委托书即能够以公司名义行使职权,代表公司处理与俄罗斯联邦国家权力机构、俄罗斯联邦主体国家权力机构、地方自治机构、俄罗斯本国组织和国际组织的关系;

(2)领导集团公司董事会,组织执行集团公司监事会和董事会的决议;

(3)就与集团公司活动有关的问题发布命令、法规、须知和指示;

(4)向集团公司监事会提交待审批的集团公司财务计划;

(5)批准集团公司董事会(监事会)上对集团公司代表的指示;

(6)经集团公司监事会同意,任命和免职副总经理;副总经理是集团公司中的常设职务并有可能担任董事会成员;

(7)分配各副总经理之间的职责;

(8)经集团公司监事会同意,批准公司的组织架构;

(9)向集团公司监事会提出关于任命公司董事会成员及终止其职权的提案;

(10)根据劳动法及其他涉及劳动标准的规范性法律文件,招聘和解聘集团公司员工,与其签订、修订和终止劳动合同;

(11)有权将相关信息列为国家机密,并批准已经按照俄罗斯联邦法区分密级的信息清单；

(12)发出委托书；

(13)按照俄罗斯联邦法律既定程序在联邦国库开设结算账户、个人账户，在银行和各类信贷组织的其他账户；

(14)批准集团公司科学技术委员会的规定，批准集团公司科学技术委员会成员及所属人员的任命程序；

(15)按照俄罗斯联邦法律规定，批准集团公司员工的薪酬数额和薪资形式；

(16)通过关于设立代表处、设立集团公司分支机构和所属机构的决议，并批准其章程；

(17)向集团公司监事会提交待审批的公司年度报告；

(18)通过关于集团公司活动其他问题的决议，但涉及集团公司监事会和董事会职权的问题除外。

第二十七条 【集团公司董事会】

1. 集团公司董事会是集团公司的合议执行机构。集团公司董事会组成包括总经理和其他董事会成员。集团公司董事会活动由公司总经理负责。

2. 由集团公司总经理提议，通过集团公司监事会决议进行董事会成员的任命和免职。集团公司董事会成员应长期在位工作或者是集团公司所属机构员工。

3. 集团公司董事会活动应遵循本法和集团公司董事会规程。集团公司董事会规程由监事会批准。

4. 集团公司董事会会议应进行记录，会议主席签字后可按需提交给集团公司监事会成员、审计委员会成员和审计机构。

5. 集团董事会会议应由总经理或总经理授权的其他人员组织。

第二十八条 【集团公司董事会职权】

集团公司董事会职权如下：

(1)向集团公司监事会提交下一年度集团公司主要绩效指标的提案。

(2)确定集团公司作为股东在集团公司控股的股份公司活动中的地位。该活动不含集团公司监事会或总经理职权范围内的工作。①

(2.1)按照俄罗斯联邦政府既定程序，确定俄罗斯联邦的股东地位。集团公司

---

① 此条款系根据2019年4月15日第61-FZ号联邦法律第5条第1款修订，将原2015年7月13日第215-FZ号联邦法律中“准备关于……的提案”修改为确认；在“监事会”后添加了“总经理”。

代表俄罗斯联邦股东行使股东权利,对股份公司股东大会的议题进行处理;股份公司的股份属于联邦所有财产,并作为联邦财产出资移交至集团公司,或者作为联邦对集团公司所属股份公司的法定资本的出资转让给集团公司,但俄罗斯联邦法律、俄罗斯联邦总统和俄罗斯联邦政府颁发的规范性法律文件另有规定的除外。①

(3)制定集团公司活动战略方案、集团公司活动计划、明确集团公司资金支出额度的财务计划(包括集团公司专项储备金的支出额度和使用范围)。

(4)起草关于使用集团公司利润的提案。

(5)起草关于开设代表处、设立集团公司分支机构和所属机构的提案。

(6)起草关于编制和调整集团公司专项储备金项目的提案。

(7)批准将集团公司所属企业的部分利润,在缴纳税款和其他强制性支付款项后,转移至集团公司收入的程序。

(8)批准集团公司年度报告,并报送至集团公司监事会。

(9)批准集团公司所属机构年度会计(财务)报表。

(10)行使集团公司监事会决议赋予集团公司董事会的其他职权。

第二十九条　【集团公司的关联交易】

1. 与下述人员有利益关系的交易(包括借款、贷款、抵押、担保),由集团公司根据本条款进行:集团公司监事会成员、行使公司一长制执行机构职能的人(集团公司总经理)、集体执行机构(集团公司董事会)成员(以下简称涉及利益关系的交易)。在集团公司达成交易时,如果以上人员及其配偶、父母、子女、同胞或非同胞兄弟姐妹、养父母和养子女等关联人员有以下情况,则认定该人员为交易利益相关方。

(1)是交易中的一方、保险受益人、经纪人或代理人;

(2)拥有百分之二十以上股票(份额、股份)的法人(单独拥有或共有),是交易的一方、保险受益人、经纪人或代理人;

(3)在法人的管理机构中任职,而该法人又是交易中的一方、保险受益人、经纪人或代理人,或在同一法人的监管组织的管理机构中任职;但在集团公司及子公司和所属企业中担任职务除外。

2. 本条规定不适用的交易包括:按照俄罗斯联邦法律和(或)其他规范性法律

---

① 此款为第28条第2款补充条款,系根据2019年4月15日第61－FZ号联邦法律第5条第2款增加。

文件,公司必须履行的交易;按照国家价格和税率监管授权机构明确的固定价格和税费进行结算的交易。

3. 本条第 1 款所规定的人员需向集团公司监事会和审计委员会报备以下信息:

(1)关于他们所独立或与自己的合伙人联合拥有百分之二十以上股票(份额、股份)的法人的信息;

(2)关于他们任职的管理机构的法人的信息;

(3)关于他们在已知的或拟进行的与他们利益相关的交易的信息。

4. 涉及利益关系的交易在完成前需得到集团公司监事会的批准。

5. 集团公司监事会对涉及利益关系的交易的批准,由不涉及利益关系的成员通过多数票的方式决定。

6. 批准涉及利益关系的交易,应当明确是交易一方还是受益方,明确交易价格、交易对象以及其他必要条件。

7. 如果一笔交易(或几笔相关交易)涉及购置、出让或可能出让集团公司财产,其总价值超过集团公司监事会的额定数额,同时又是涉及利益关系的交易,其完成程序应遵循本条款规定。

8. 如涉及利益关系的交易违反本法之规定,集团公司、俄罗斯联邦政府或其授权的联邦权力执行机构可通过诉讼使之废止。

第三十条　【集团公司科学技术委员会】

1. 集团公司科学技术委员会是咨询机构,其设立是为集团公司活动提供科学方法、信息分析以及专家保障服务。

2. 集团公司总经理批准科学技术委员会章程,以及委员会成员和所属人员任命程序。

第三十一条　【集团公司审计委员会】

1. 集团公司审计委员会的成立旨在对集团公司财务经营活动进行监管。

2. 集团公司审计委员会工作程序由本法和集团公司审计委员会章程规定。集团公司审计委员会章程由集团公司监事会批准。

3. 集团公司审计委员会主席和成员由集团公司监事会任命,任期 5 年。集团公司审计委员会的成员可以无限次连任。

4. 关于提前终止集团公司审计委员会主席及成员职权的决议,应当由集团公司监事会通过。

5. 集团公司审计委员会成员不得担任集团公司管理机构职位。

6. 集团公司审计委员会职权包括：

(1)确认集团公司年度报告所含信息的准确性；

(2)查验使用联邦预算拨款的有效性；

(3)查验使用集团公司财产和其他资源的有效性；

(4)针对经集团公司审计委员会已核实的违规行为，查验其改正措施的执行情况；

(5)针对由集团公司监事会、总经理、董事会通过的，由本法和其他联邦规范性法律文件规定的财务经营活动决议，查验决议的遵守情况；

(6)对集团公司专项储备金的专项支出情况进行检查；

(7)向集团公司监事会和董事会提出关于集团公司财务计划制定和调整的提案；

(8)集团公司审计委员会章程中规定的关于审计委员会职权的其他事项。

第三十二条　【内部审计】

1. 集团公司内组建内部审计机构，负责对集团公司内的各机构进行审查。

2. 集团公司总经理任命内部审计机构负责人。

3. 内部审计机构的权限范围为：

(1)核查集团公司各机构财务经营活动；

(2)核查集团公司各机构对既定会计程序的遵守情况，编制会计(财务)报表；

(3)核查集团公司各机构经济业务的合法性；

(4)核查集团公司各机构对财产和其他资源使用的有效性；

(5)核查集团公司各机构对专项储备金使用的针对性；

(6)根据集团公司监事会、总经理或董事会决议，对集团公司各机构财务经营活动进行监察。

第三十三条　【集团公司章程】

1. 集团公司章程由俄罗斯联邦政府批准。

2. 集团公司章程规定了行使本法赋予集团公司的权力和职能的程序，章程包含以下部分：

(1)关于集团公司活动内容的总则；

(2)集团公司执行俄罗斯联邦总统和俄罗斯联邦政府指示的程序；

(3)集团公司在行使其职能时，与联邦国家权力机构、俄罗斯联邦主体权力机构以及地方自治机构进行协同的程序；

(4)组织信访工作的程序；

(5)在业务活动领域提供信息保障的程序。

3. 根据集团公司监事会、总经理或董事会的提案，集团公司章程可能包含其他内容。

第六章　集团公司核算和审计

第三十四条　【集团公司的核算和报表】

1. 集团公司按照俄罗斯联邦法律既定程序，进行会计核算、编制和提交会计(财务)统计报告。

2. 在履行预算资金的主要管理者、预算资金的接收者、预算收入的行政管理部门和主要负责人职能时，集团公司按照俄罗斯联邦法律既定程序进行预算核算、编制和提交预算报表和统计报告。

3. 集团公司的会计年度为公历 1 月 1 日至 12 月 31 日(含)。

4. 集团公司需每年准备年度报告。

5. 集团公司年度报告内容包括：①

(1)关于会计年度内集团公司活动的报告，包括集团公司活动计划执行情况的报告；

(2)关于集团公司和集团公司所属组织财产使用的报告，其内容包括关于集团公司所属机构的业务公司签订股份(股票)转让合同的信息、关于业务公司可能直接或间接转让财产的大项合同信息[合同价格或账面价值占该业务公司账面价值百分之二十五以上，账面价值按照会计(财务)报表最后一个结算日计算]、关于集团公司所属机构的不动产转让信息(包括合同交易方、交易对象、交易价格等)；

(3)集团公司专用储备金设立、使用及其管理报告；

---

① 此条款系根据 2020 年 4 月 7 日第 115 - FZ 号联邦法律第 8 条第 3 款第 1 项修订，对第 1 项内容进行了修改，将原第 2、3、4 项分别改为第 4、5、9 项，增加了第 2、3、6、7、8 项，原 2015 年 7 月 13 日第 215 - FZ 号法律规定为"五、公司年度报告包括：

"(1)关于会计年度内集团公司活动的报告，包括集团公司活动计划的执行情况、集团公司和集团公司所属组织对财产的使用情况、集团公司特别储备金的形成、使用和管理情况；

"(2)集团公司的年度会计(财务)报表；

"(3)俄罗斯联邦预算拨款使用报告；

"(4)1996 年 1 月 12 日第 7 号联邦法《非营利组织法》第 7.1 条中规定的其他信息。"

自 2020 年 4 月 7 日起生效。

(4)集团公司的年度会计(财务)报表;

(5)俄罗斯联邦预算拨款使用报告;

(6)集团公司主要绩效指标完成情况报告,其格式和内容要求由俄罗斯联邦政府批准;

(7)集团公司人事政策执行情况信息;

(8)关于集团公司参与解决社会问题、实施安全保障和环境保护措施的信息;

(9)1996 年 1 月 12 日第 7 号联邦法《非营利组织法》第 7.1 条中规定的其他信息。

5.1　集团公司活动计划执行情况报告的格式和内容要求由俄罗斯联邦政府批准。①

6. 集团公司年度报告的编制不迟于会计年度次年的 5 月 1 日。集团公司年度报告需在会计年度次年的 7 月 1 日之前交由集团公司监事会批准。集团公司年度报告应在批准之日起 7 个日历日内提交至俄罗斯联邦政府。

7. 集团公司年度报告的编制程序应当按照 1996 年 1 月 12 日第 7 号联邦法《非营利组织法》第 7.1 条的规定,同时还要遵守俄罗斯联邦关于国家秘密法律的要求。

8. 集团公司有权为集团公司所属组织设定报告格式,但俄罗斯联邦法律规定的会计(财务)报表格式除外。

第三十五条　【集团公司审计报告】

1. 集团公司的年度会计(财务)报表和年度合并会计报表必须接受强制性审计。

2. 为了对集团公司年度会计(财务)报表和年度合并会计报表进行审计,集团公司监事会批准以竞标方式遴选审计机构。

3. 在批准集团公司年度报告之前,须对集团公司年度会计(财务)报表和年度合并会计报表进行强制性审计。

4. 集团公司年度会计(财务)报表和年度合并会计报表的审计报告,以及集团公司年度报告一并提交至俄罗斯联邦政府。

5. 集团公司监事会有权决定对集团公司会计(财务)报表进行非例行审计,并

---

① 此条款系补充条款,系根据 2020 年 4 月 7 日第 115 – FZ 号联邦法律第 8 条第 3 款第 2 项新增,自 2020 年 4 月 7 日起生效。

决定对集团公司会计工作进行审计。

第七章　集团公司成立程序和由俄罗斯联邦财产出资的特定类型财产转移程序

第三十六条　【集团公司成立程序】

1. 在本法生效之日起 10 天内,集团公司依据本法完成国家注册,无需提交附加文件。

2. 在本法生效之日起 30 天内,应按照本法既定程序组建集团公司管理机构。

3. 俄罗斯联邦政府负责:

(1)自集团公司完成国家注册之日起 90 天内,将“联合火箭航天公司(莫斯科)”开放股份公司的股份作为俄罗斯联邦财产出资移交至集团公司;

(2)按照既定程序通过联邦航天局财产清算决议后,将指定俄罗斯联邦机构运营管理或使用的联邦财产移交至集团公司,包括以下地址的建筑,即莫斯科市谢普金大街 42 号 1 号楼和 2 号楼及所占土地;

(3)在按照既定程序通过联邦航天局财产清算决议的同时,确定联邦航天局在信贷机构账户中的资金移交至集团公司的程序;

(4)将本法第 17 条规定的其他财产作为俄罗斯联邦财产出资移交至集团公司。

第三十七条　【作为俄罗斯联邦财产出资的国有单一制企业财产综合体、联邦国家机构业务管理财产以及其他联邦所有的财产和股份公司股份的移交集团公司的程序】

1. 根据本法,俄罗斯联邦总统和俄罗斯联邦政府通过采取决议的方式向集团公司移交作为俄罗斯联邦财产出资的国有单一制企业财产综合体、联邦国家机构业务管理财产以及其他联邦所有的财产和股份公司股份。

2. 作为俄罗斯联邦财产出资并转移给集团公司的国有单一制企业财产综合体、联邦国家机构管理的财产的构成,应按照移交文据确定。

3. 移交文据的编制依据是:国有单一制企业或者联邦国家机构财产清查报告中的数据,以及该企业或者机构按照既定程序提交的土地文件。

4. 移交文据中标注了国有单一制企业或者联邦国家机构所有的财产类型,包括建筑、厂房、设施、设备、器具、原料、产品、债权和债务,包括企业或者机构定期向公民支付工资的义务(在此之前该企业或机构应承担对生命健康造成伤害的责任)、企业或者机构对其产品、工程任务和服务标识的专用权（商业名称、商标和服务标志）以及其他专用权。在将专用权列入移交文据中时，如该专用权是在完成联邦国防权力执行机构的订单中获得的，则移交文据清单需经此联邦国防权力执行机构同意。

5. 移交文据中应包含相应国有单一制企业或者联邦国家机构的土地信息。

6. 移交文据需包含国有单一制企业或者联邦国家机构财产账面价值清算信息。国有单一制企业或者联邦国家机构财产账面价值清算信息应当基于过渡期资产负债表的数据和编制清查报告之日的清查结果。国有单一制企业或者联邦国家机构资产账面价值为：过渡期资产负债表中该企业或机构的净资产额，以及根据俄罗斯联邦法移交至集团公司土地的地籍价值之和，并扣除不在移交文据内资产的账面价值。

7. 移交文据由俄罗斯联邦政府授权的联邦权力执行机构批准，并经集团公司同意。

8. 根据俄罗斯联邦法，在每个企业移交文据的基础上，国有单一制企业对于其债权人和债务人的权利和义务可移交至集团公司。债权的移交不需要征得债权人的同意。

9. 俄罗斯联邦政府关于将国有单一制企业或者联邦国家机构（及其财产）移交至集团公司的决议，即可视为将该企业或机构的财产移交至集团公司的通知。

10. 根据承担责任的条件和内容，以下债权人的债权需得到清偿：已经作为俄罗斯联邦财产出资移交至集团公司的国有单一制企业债权人的债权；已移交至集团公司的联邦国家机构债权人的债权。同时《俄罗斯联邦民法典》第 60 条第 1 款和第 2 款的规定对此不适用。

11. 国有单一制企业的财产综合体作为俄罗斯联邦财产出资移交至集团公司后，这些企业应停止经营活动，并按照既定程序退出国家统一法人登记簿。

12. 如果不动产（包括土地和在建工程）于 1997 年 7 月 21 日第 122 号联邦法《俄罗斯联邦不动产产权及其交易国家注册法》生效前就已经存在。则该不动产权移交至集团公司时无需对该不动产的俄罗斯联邦所有权、国有单一制企业权利、联邦国家机构权利进行国家注册。

13. 本条第 12 款中对集团公司所有权进行国家注册的依据是：俄罗斯联邦政府关于将国有单一制企业财产综合体移交至集团公司的决议，或将联邦国家机构财产移交至集团公司的决议，以及移交文据。

14. 在将联邦国家机构财产的所有权移交至集团公司的同时，保留这些机构对财产的业务管理权。

15. 根据俄罗斯联邦法规定，联邦国家机构财产所有权及其附属责任于移交文据签署之日起移交至集团公司。集团公司在移交文据签署之日起两个月内，负责对这些机构的成立文件进行修订。

16. 作为俄罗斯联邦财产出资的其他联邦财产移交至集团公司，根据俄罗斯联邦政府决议，应当根据不动产地籍价值确定其价格（飞机、海上船只、内河船只，以及地籍价值尚未确定，但依据法规列为不动产的其他财产除外），或者依据账面价值确定飞机、海上船只、内河船只的价格，确定地籍价值尚未明确，但依据法规列为不动产的其他财产和动产的价格。①

17. 作为俄罗斯联邦财产出资向集团公司移交的股份公司的股份，以及作为俄罗斯联邦投入转移至集团公司所属股份公司的法定资本，都应当按照移交股份的票面价格计算。

18. 基于任何原因成为俄罗斯联邦财产的集团公司所属股份公司股份，均需根据俄罗斯联邦政府授权的联邦权力执行机构的决议，将集团公司所属股份公司的股份作为俄罗斯联邦财产出资移交至集团公司。在这些股份作为俄罗斯联邦财产出资移交至集团公司之前，集团公司代表俄罗斯联邦行使股东对这些股份的权利。

19. 如果股份公司百分之五十以上的股份将作为俄罗斯联邦财产出资移交至集团公司，但该公司在将其股份移交之前完成了交易，集团公司有权提起诉讼认定这些交易无效，也有权就这些股份公司无效交易造成的后果提出索赔。

20. 在股份公司的股份作为俄罗斯联邦财产出资移交至集团公司的决议通过后，1995 年 12 月 26 日第 208 号联邦法《股份公司法》第 77 条第 3 项不再适用于上述集团公司所属股份公司。

21. 如集团公司拥有主要股份公司百分之百的股份，则该主要股份公司的子公司不受《俄罗斯联邦民法典》第 98 条、第 6 条第 2 项和 1995 年 12 月 26 日第 208 号联邦法《股份公司法》第 10 条第 2 项第 2 段的规定约束。

第三十八条　【需要特别许可的活动实施特点（许可证）】

1. 由联邦航天局颁发给法人主体的航天活动许可证，如在本法生效之日时，航

---

① 该条款系根据 2019 年 4 月 15 日第 61 – FZ 号联邦法律第 6 条修改，原 2015 年 7 月 13 日第 215 – FZ 号法律此条内容为“作为俄罗斯联邦财产出资的其他联邦财产移交至集团公司，根据俄罗斯联邦政府决议，应当根据不动产地籍价值确定其价格”。

天活动许可证未失效，则继续保留其效力。按照这些许可证开展航天活动所产生的关系，应遵守 2011 年 5 月 4 日第 99 号《特许行为法》的规定。由联邦航天局颁发给法人主体的其他许可性文件，可在其有效期内继续保持效力。有效期满后，集团公司将按照规定的程序颁发此类许可性文件。①

2. 在国有单一制企业财产综合体作为俄罗斯联邦出资移交至集团公司过程中，企业所持有的许可证及其他许可性文件应当由集团公司按照以下程序重新办理。在签署移交文据后 10 日内，集团公司向许可审批机构提交关于重新办理原企业持有的许可证和许可性文件的申请。在声明中应包含关于集团公司信息，以及能够证明已在国家统一法人登记簿中对相关法人信息进行更改的文件的详细信息。在收到上述申请之日起 14 天内，许可审批机构有义务重新颁发此类许可证和其他许可性文件，并将其送至集团公司所在地。

3. 根据本法通过对国有单一制企业改组而成立的股份公司，应当根据原国有单一制企业持有的许可证和其他许可性和委托性文件，在这些许可证和文件的有效期内开展经营活动。

4. 集团公司开展需要许可的活动不需要特别许可（许可证）对于在许可证制度中已经规定的经营活动类型，集团公司不需要再次申请特别许可（许可证）。

第八章　集团公司在过渡时期的权力和职能

第三十九条　【过渡时期】

1. 为按照既定程序将联邦财产作为俄罗斯联邦财产出资移交至集团公司，规定了过渡时期。过渡时期为自本法生效之日起，到指定财产移交至集团公司为止，不迟于 2026 年 1 月 1 日。②

2. 在过渡时期，集团公司代表俄罗斯联邦行使本法第 40 条和第 41 条规定的权利，包括国有单一制企业财产所有者的权利、作为联邦机构创立者的职能以及联邦国家机构财产所有者的权利。集团公司对这些企业和机构也行使本法规定的其他权利。

---

① 此条款系根据 2019 年 4 月 15 日第 54 - FZ 号联邦法律第 4 条修订，原 2015 年 7 月 13 日第 215 - FZ 号联邦法律规定为“联邦航天局向法律主体颁发的许可证和其他许可证在其中规定的条款内继续有效，之后由公司按规定方式颁发此类许可证和许可证”。

② 此条款系根据 2020 年 7 月 20 日第 234 - FZ 号联邦法律修订，将原 2015 年 7 月 13 日第 215 - FZ 号联邦法律中“不超过 5 年”改为“不迟于 2026 年 1 月 1 日”。

第四十条 【集团公司作为集团公司所属企业财产所有者在过渡时期的权力】

1. 集团公司作为其所属企业财产所有者，行使以下权力：

(1)批准集团公司所属企业章程，对其进行修订，筹备集团公司所属企业的注册资金；

(2)根据俄罗斯联邦总统的决议，对俄罗斯联邦总统令中列入战略企业和战略股份公司清单的集团公司所属企业进行重组(以改制形式进行重组的商业公司除外)和清算；

(3)通过关于集团公司所属企业重组(以改制形式进行重组的商业公司除外)和清算的决议，并根据这些决议同联邦权力执行机构就这些企业的重组和清算进行协同合作(本款第2目规定的企业除外)；

(4)向具有国家财产管理职能的联邦权力执行机构，就增强集团公司所属企业的联邦财产业务管理权提出建议；

(5)通过关于对集团公司所属企业经营管理下的联邦财产在指定企业之间进行重新调整的决议；

(6)根据劳动法及其他涉及劳动标准规范性法律文件，根据需要任命和解雇集团公司所属企业负责人，并与其签订、修订和终止劳动合同；

(7)批准招聘和解雇集团公司所属企业的总会计师及其他会计负责人，与其签订、修订和终止劳动合同，以及同集团公司所属企业签订关于提供会计服务的合同；

(8)批准集团公司所属企业的首席和(或)总设计师的任命；

(9)批准集团公司所属企业年度会计(财务)报表和经营活动报告；

(10)确定集团公司所属企业经营活动计划(项目)相关指标的编制和审批程序；

(11)对集团公司所属企业的财产用途和安全性进行检查；

(12)批准集团公司所属企业的活动策略和关键绩效指标，并对其实施情况进行监督；

(13)下达集团公司所属企业必须完成的任务；

(14)通过关于审计集团公司所属企业年度会计(财务)报表的决议；

(15)批准以竞标方式遴选审计机构，对公司企业的年度会计(财务)报表进行审计，并确定其费用；

(16)批准同意完成涉及直接或间接购置、出让或可能出让集团公司所属企业财产，且价值超过企业法定资本的百分之十或超过集团公司规定的其他限额的大项交易；

（17）批准涉及不动产的交易，包括和集团公司所属企业负责人有关的交易，也包括俄罗斯联邦法、俄罗斯联邦其他规范性法律文件、集团公司所属企业章程中规定的其他交易；

（18）同意集团公司所属企业参加商业组织协会和其他联合会，以及其他商业和非商业组织；

（19）同意集团公司所属企业设立分支机构和代表处；

（20）批准向集团公司所属企业借款；

（21）通过关于增加或减少集团公司所属企业注册资本额度的决议；

（22）批准将集团公司所属企业的部分利润，在缴纳税款和结清其他强制性支付款项后，转为集团公司收入的程序；

（23）批准集团公司所属企业结构和员工人数上限；

（24）根据俄罗斯联邦法律行使集团公司所属企业财产所有者的其他权利。

2. 如在涉及集团公司所属企业财产的交易中，需要获得集团公司的批准，或者在财产完全移交至集团公司前，需要获得行使企业财产所有者职权的联邦权力执行机构的批准，则集团公司有权向法院提起诉讼，要求宣布涉及集团公司所属企业财产的交易无效。如果交易没有获得集团公司或者指定权力执行机构的批准，集团公司也可向法院提起诉讼，要求对以上无效的交易适用合同无效的法律后果。

3. 集团公司有权收回他人非法占有的集团公司所属企业财产，也可就保护集团公司财产权和俄罗斯联邦利益免受侵害或者引起争议影响行使相关权利提起诉讼。对于集团公司被赋予相应职权之前就已完成的交易，本条规定的起诉权同样适用。

4. 自按照规定程序通过联邦航天局清算决议之日起，至指定的国有单一制企业完全改组为股份公司为止，集团公司应代表俄罗斯联邦，履行本条第 1 至 3 款规定的国有单一制企业（将改组为股份公司）财产所有者权利。根据俄罗斯联邦总统决议，股份公司的股份将作为俄罗斯联邦出资转为至集团公司所属股份公司的注册资本。

第四十一条　【集团公司行使创始人职能的权力和在过渡期间转移给集团公司的联邦国家机构财产所有者的权利】

1. 集团公司作为联邦国家机构的创始人和财产所有者，履行以下职能和权力：

（1）批准联邦国家机构的章程，并对其进行修订；

(2)按照俄罗斯联邦法律规定程序,对联邦国家机构进行重组和清算;

(3)确认联邦国家机构对财产的业务管理权;

(4)明确编制和批准联邦国家机构财务经营活动计划(项目)相关指标的程序;

(5)根据劳动法和其他涉及劳动标准的规范性法律文件,任命和免职联邦国家机构的负责人,并与其签订、修订和终止劳动合同;

(6)批准招聘和解雇联邦国家机构的总会计师及其他会计负责人,与其签订、修订和终止劳动合同;

(7)批准联邦国家机构年度会计(财务)报表和财务经营活动报告;

(8)对联邦国家机构管理财产的使用用途和安全性进行检查;

(9)从联邦国家机构中收回未使用或未按既定用途使用的财产,无论这些财产是原所有者转让的,还是联邦国家机构通过资金从原所有者处购置的,均可收回;

(10)同意联邦国家机构开设代表处和分支机构;

(11)同意联邦国家机构参与其他法人主体;

(12)根据俄罗斯联邦法律规定,同意进行联邦国家机构的财产交易;

(13)根据俄罗斯联邦的法律,履行创始人的其他职能和财产所有者的权利。

2. 集团公司有权收回他人非法占有的联邦国家机构的财产,也可就保护集团公司财产权和俄罗斯联邦利益免受侵害或者引起争议影响行使相关权利提起诉讼。对于集团公司被赋予相应职权之前就已完成的交易,本条规定的起诉权同样适用。

第四十二条 【国有单一制企业改组为股份公司的特点】

1. 国有单一制企业改组为联邦百分之百控股的股份公司,并将其作为俄罗斯联邦出资移交至集团公司。国有单一制企业的改组应当遵循俄罗斯联邦关于私有化的法律规定,并考虑到以下特点:

(1)归国有单一制企业所有且位于俄罗斯联邦境外的财产(包括不动产、股份、在境外法人主体中的股份、境外信用机构的现金、根据俄罗斯联邦法律或境外法规持有的有价证券以及其他财产)。这些财产都应作为该企业私有化财产综合体的组成。

(2)国有单一制企业进行私有化的财产,以及根据本法进行私有化的其他财产(包括作为俄罗斯联邦资产出资的、由国有单一制企业改组的股份公司的股份),无论该财产在联邦财产登记簿中是否登记,无论对其是否有经营权和业务管理权,都应列入移交文据。

(3)根据本法列入私有化的、国有单一制企业所有的及联邦所有的土地,都应列为该企业私有化财产综合体的组成。此时《俄罗斯联邦土地法典》第 27 条第 5 项规定的限制对此不适用。

(4)如土地被作为俄罗斯联邦财产出资移交至集团公司的建筑物占用,且该土地是建筑运营的必要条件,则该土地也要作为俄罗斯联邦资产出资移交至集团公司。此时《俄罗斯联邦土地法典》第 27 条第 5 项的规定限制对此不适用。

(5)国有单一制企业使用的财产权和专属权,尽管国有单一制企业对其无经营权,但经集团公司同意,都可列入国有单一制企业私有化财产组成。

(6)根据本法进行私有化的国有单一制企业所拥有的体育设施、社会文化设施(卫生保健、文化)和公共服务事业设施、运输和能源设施,在保留其用途的同时,都应列入该企业私有化财产综合体组成。此时 1998 年 7 月 24 日第 124 号联邦法《俄罗斯联邦儿童权利基本保障法》第 13 条、2001 年 12 月 21 日第 178 号联邦法《俄罗斯联邦国有财产和市政财产私有化法》第 30.1 条、第 30 条第 1 项以及 2007 年 12 月 4 日第 329 号联邦法《俄罗斯联邦体育运动法》第 37 条第 7 款的规定对此不适用。

(7)根据俄罗斯联邦法律规定,由俄罗斯联邦所有并授予本条中所指的国有单一制企业永久(无限)使用或租赁权但不能够进行私有化的联邦土地,可通过租赁协议移交至国有单一制企业改组创建的股份公司。土地租赁利率由俄罗斯联邦政府确定。

(8)联邦财产私有化预测计划(方案)的正式公布,即可作为对计划(方案)及本条中规定的国有单一制企业债权人关于企业改组的通知。

(9)国有单一制企业改组为股份公司,其百分之百的股份作为俄罗斯联邦财产出资移交至集团公司。根据承担责任的条件和内容,该国有单一制企业债权人的债权需得清偿。《俄罗斯联邦民法典》第 60 条第 1 项和第 2 项,2001 年 8 月 8 日第 129 号联邦法《法人和个人企业国家注册法》第 13.1 条,以及 2002 年 11 月 14 日第 161 号联邦法《国家和市级单一制企业法》第 29 条第 7 项的规定对此不适用。

2. 国有单一制企业改组为股份公司,其百分之百的股份作为俄罗斯联邦财产出资移交至集团公司,在该国有单一制企业财产私有化期间,不动产权(包括土地和在建工程)进行国家注册应当考虑到以下特点:

(1)在 1997 年 7 月 21 日第 122 号联邦法《俄罗斯联邦不动产产权及其交易国家注册法》生效前就已存在的不动产,其产权移交至通过改组国有单一制企业而建立的股份公司,可不进行联邦所有权的国家注册,以及本条中明确的、占有该资产的国有单一制企业所有权的国家注册;

(2)本款第1目所指的不动产移交至通过国有单一制企业改组并将其百分之百的股份作为俄罗斯联邦财产出资移交至集团公司形成的股份公司时，如该不动产产权文件创建于1997年7月21日第122号联邦法《俄罗斯联邦不动产产权及其交易国家注册法》生效后，且从未进行过国家注册，则俄罗斯联邦对该不动产的所有权的国家注册和该股份公司对其所有权的国家注册同时进行；

(3)在本款第1目和第2目规定的情况下，本条所述的股份公司所有权进行国家注册的依据是关于国有单一制企业财产综合体私有化条件的决议和移交文据。

3. 俄罗斯联邦或集团公司百分之百控股的股份公司的子公司，《俄罗斯联邦民法典》第98条第6项第2段、1995年12月26日第208号联邦法律《股份公司法》第10条第2项第2段的规定对其不适用。

4. 集团公司批准关于根据本法改组为股份公司的国有单一制企业私有化条件的决议。

5. 本条第1至4款明确的国有单一制企业财产的私有化特点，在国有单一制企业改组为股份公司时同样适用，根据俄罗斯联邦总统决议，该股份公司股份应当作为俄罗斯联邦出资转化为集团公司所属股份公司的注册资本。

第九章　集团公司重组和清算

第四十三条　【集团公司重组和清算】

1. 集团公司可以依据联邦法，按照规定的程序进行重组或清算。

2. 在集团公司重组期间，《俄罗斯联邦民法典》第60条第1项和第2项的规定对此不适用。无须经债权人同意即可转移其债权。

3. 集团公司清算后，集团公司的财产应划归为联邦财产。

第十章　附　　则

第四十四条　【本法的生效】

本法自发布之日起生效。

俄罗斯联邦总统

弗拉基米尔·普京

莫斯科，克里姆林宫

2015年7月13日第215号

第二部分　俄罗斯卫星导航相关联邦总统令要览

俄罗斯联邦总统令由俄罗斯联邦总统根据俄罗斯联邦宪法规定在其职权范围内颁布，总统令的法律效力仅次于俄罗斯联邦宪法和联邦法律，在俄罗斯联邦全境具有约束力。所有总统令同样也会收入《俄罗斯联邦法律汇编》(Собрание законодат ельст ва Российской Федерации)。俄罗斯联邦总统令分为规范性命令(указ)和非规范性命令(распоряжение)。规范性命令对所有人都有效，但是非规范性命令只针对特定的人或者事件。在俄罗斯联邦法律体系内，通常由联邦法律作出总体性规定，在具体执行中，通过颁布总统令的形式进一步细化、明确相关规则，或者通过总统令颁布相关政策。具体到卫星导航领域，1997 年发布《俄罗斯联邦总统关于格洛纳斯全球卫星导航系统的命令》，对于格洛纳斯系统的定位和各方责任进行了明确，这也是格洛纳斯系统实现完整星座部署后第一部对对其专门进行规定的规范性法律文件。而后俄罗斯联邦总统陆续颁布《俄罗斯联邦总统关于为俄罗斯联邦社会经济发展而使用格洛纳斯全球卫星导航系统的命令》《2030 年前使用航天活动成果服务俄罗斯联邦经济现代化及其区域发展的国家政策总则》《俄罗斯联邦总统关于俄罗斯联邦总统下属通用航空、基于格洛纳斯系统的导航信息技术发展委员会的命令》推动格洛纳斯系统在社会经济等领域的应用。

一、《俄罗斯联邦总统关于格洛纳斯全球卫星导航系统的命令》

《俄罗斯联邦总统关于格洛纳斯全球卫星导航系统的命令》是确定格洛纳斯系统地位，明确格洛纳斯系统支持、使用和开发的责任区分的一部规范性法律文件。该命令于 1999 年 2 月 18 日发布，共 3 条，明确了以下内容：

一是格洛纳斯系统的定位。格洛纳斯系统是既用于维护俄罗斯联邦国防和安全利益，也用于科学和社会经济目的的两用航天技术。俄罗斯联邦积极开放格洛纳斯系统作为建设国际化全球卫星导航系统的基础。

二是格洛纳斯系统的总订货方为俄罗斯联邦航天局(俄罗斯联邦国家航天集

团公司)和俄罗斯联邦国防部。

三是俄罗斯联邦政府的权力和责任。俄罗斯联邦政府负责确保格洛纳斯系统的维护和开发。俄罗斯联邦政府负责批准划分联邦各权力执行机构之间支持、使用和开发格洛纳斯系统责任的相关行政条例。同时由俄罗斯联邦政府负责组织成立跨部门工作组,协调格洛纳斯系统的支持、使用和开发工作,并为其提供稳定的资金。

二、《俄罗斯联邦总统关于为俄罗斯联邦社会经济发展而使用格洛纳斯全球卫星导航系统的命令》

《俄罗斯联邦总统关于为俄罗斯联邦社会经济发展而使用格洛纳斯全球卫星导航系统的命令》是旨在推广格洛纳斯系统以服务俄罗斯联邦的社会经济发展并扩大国际合作。该总统令于2007年5月17日发布,共5条,明确了以下内容:

一是推广使用格洛纳斯系统的范围。该总统令要求所有俄罗斯联邦权力执行机构及其下属组织的卫星导航设备均需使用格洛纳斯系统信号。俄罗斯联邦主体权力执行机构、市级地区地方自治机构和组织使用卫星导航设备均需使用格洛纳斯系统信号。格洛纳斯卫星导航系统民用导航信号免费并且无限制地向俄罗斯和外国用户开放。

二是由俄罗斯联邦航天局(现俄罗斯国家航天集团公司)担负协调支持、开发和使用格洛纳斯系统的职能。

三是俄罗斯联邦政府的责任。俄罗斯联邦政府需确定联邦权力执行机构在支持、开发和使用格洛纳斯系统方面的职权,制定民用用户使用信息资源创建详细数字导航图的程序和条件;批准《2012—2020年格洛纳斯系统的维护、开发和使用专项计划》。

三、《2030年前使用航天活动成果服务俄罗斯联邦经济现代化及其区域发展的国家政策总则》

《2030年前使用航天活动成果服务俄罗斯联邦经济现代化及其区域发展的国家政策总则》是一部明确在2030年前使用航天活动成果服务俄罗斯联邦经济现代化及其区域发展的国家政策基本原则的政策性文件。根据《俄罗斯联邦航天活动法》制定,于2014年1月14日由俄罗斯联邦总统普京签署发布。该政策旨在确立2030年前俄罗斯联邦航天活动政策的基本原则,为俄罗斯航天活动发展和航天活动成果应用提供指引,明确了以下内容。

一是航天活动成果应用的地位。该政策明确了有效利用航天活动成果服务经济现代化和区域发展是一项国家任务。还对涉及航天活动成果应用的相关基本概念进行了规定。

二是航天活动应用领域的俄罗斯联邦国家利益。该政策以详细列举国家利益的方式展现了航天活动应用在推动科技发展、经济现代化等方面的重大意义。

三是航天活动成果应用领域的国家政策的基本原则。该政策详细列举了在制定促进航天活动成果应用国家政策时应当遵循的原则，诸如应当将政府监管和市场机制相结合、保证充分的竞争、确保国家安全和国家利益等。

四是航天活动成果应用领域国家政策的目标和应优先考虑的事项。该政策明确相关国家政策的主要目标是协调各机构之间的工作，确保航天活动成果有效用于俄罗斯联邦及其主体的发展、提升居民生活质量和安全保障，并对相关国家政策制定中应当优先考虑的事项进行了列举。

五是航天活动成果应用领域国家政策的任务。该政策详细列举了相关国家政策在法律法规保障、基础设施建设和运营保障、培养专门人才、国际合作方面的主要任务。

六是落实该政策的实施计划。详细说明了落实该政策要求的实施计划和预期成果。该政策将实施计划以 5 年为一期，分为三个阶段，分别是 2020 年前、2025 年前、2030 年前，并对各个阶段需要完成的任务进行了详细说明。

四、《俄罗斯联邦总统关于俄罗斯联邦总统下属通用航空、基于格洛纳斯系统的导航信息技术发展委员会的命令》

《俄罗斯联邦总统关于俄罗斯联邦总统下属通用航空、基于格洛纳斯系统的导航信息技术发展委员会的命令》规范了俄罗斯联邦总统下属通用航空、基于格洛纳斯系统的导航信息技术发展委员会（本部分以下简称委员会）相关活动，并批准了《俄罗斯联邦总统下属通用航空、基于格洛纳斯系统的导航信息技术发展委员会章程》。委员会前身为俄罗斯联邦总统通用航空发展委员会，是直属于俄罗斯联邦总统的委员会，系为了协调发展通用航空和基于格洛纳斯系统的导航技术于 2016 年 6 月 11 日更改为现名。该命令于 2016 年 6 月 11 日发布，旨在规范委员会的职责和开展相关工作的程序。该命令批准的章程共 25 条，明确了以下内容：

一是委员会成立的目的。委员会旨在确保相关国家机构和组织在通用航空、基于格洛纳斯系统的导航和信息技术领域政策的统一。

二是委员会的职权。该章程对委员会的职责进行了详细的列举，共有 11 项职责，主要包括协调政策统一，参与制定审议相关法律、政策。同时在履行职责过程中，委员会也拥有一定的权利，主要包括听取相关意见、获取相关材料和信息以及招募相关机构的专家无偿参与其工作。

三是委员会及委员会主席团的组成及产生程序。委员会由委员会主席、委员会副主席、执行秘书和委员会成员组成。为有效开展工作，委员会还设有工作组和主席团。

四是委员会会议和委员会主席团会议召开的程序。委员会会议和委员会主席团会议由委员会主席决定举行，其决议应以会议记录的形式留存，会议记录的形式在章程中也作了详细规定。

五是委员会主席职责。主要包括主持委员会的日常工作，召集并主持委员会会议和委员会主席团会议，就履行委员会职责的有关问题向委员会成员做出指示并督导执行情况以及签署委员会会议和委员会主席团的会议记录。

六是执行委员会和委员会主席团决议的程序。章程规定可以通过发布决议、命令以及俄罗斯联邦总统指令和指示的形式执行相关决议。

七是由俄罗斯联邦交通部负责保障委员会开展工作。

俄罗斯卫星导航相关联邦总统令

- 《俄罗斯联邦总统关于格洛纳斯全球卫星导航系统的命令》
- 《俄罗斯联邦总统关于为俄罗斯联邦社会经济发展而使用格洛纳斯全球卫星导航系统的命令》
- 《2030年前使用航天活动成果服务俄罗斯联邦经济现代化及其区域发展的国家政策总则》
- 《俄罗斯联邦总统关于俄罗斯联邦总统下属通用航空、基于格洛纳斯系统的导航信息技术发展委员会的命令》

《俄罗斯联邦总统关于格洛纳斯全球卫星导航系统的命令》

《俄罗斯联邦总统关于格洛纳斯全球卫星导航系统的命令》

（俄罗斯联邦总统1999年2月18日第38号命令）

1. 同意俄罗斯联邦政府提案：

将格洛纳斯全球卫星导航系统（以下简称格洛纳斯系统）列为符合俄罗斯联邦国防和安全利益，用于科学和社会经济目的的两用航天技术。

通过将该系统作为建设国际化全球卫星导航系统的基础，为格洛纳斯系统吸引国外投资。

2. 确定格洛纳斯系统的总订货方为俄罗斯联邦航天局和俄罗斯联邦国防部。

3. 俄罗斯联邦政府负责：

确保格洛纳斯系统的维护和开发；

批准划定联邦权力执行机构之间对作为两用航天技术的格洛纳斯系统的支持、使用和开发责任的条例；

成立跨部门工作组，协调格洛纳斯系统的支持、使用和开发工作，并为其提供稳定的资金；

告知国际社会，俄罗斯联邦准备提供格洛纳斯系统作为建立国际化全球卫星导航系统的基础。

俄罗斯联邦总统
鲍里斯·叶利钦
1999年2月18日
第38号

《俄罗斯联邦总统关于为俄罗斯联邦社会经济发展而使用格洛纳斯全球卫星导航系统的命令》

《俄罗斯联邦总统关于为俄罗斯联邦社会经济发展而使用格洛纳斯全球卫星导航系统的命令》

（俄罗斯联邦总统2007年5月17日第638号命令）

（2019年4月12日修订）

为了确保广泛使用格洛纳斯全球卫星导航系统，以服务于俄罗斯联邦的社会经济发展并扩大国际合作，作出以下决议：

1. 确定免费并无限制地向俄罗斯和外国用户提供格洛纳斯全球卫星导航系统（以下简称格洛纳斯系统）的民用导航信号；

为确保俄罗斯联邦的安全，所有俄罗斯联邦权力执行机构及其下属组织因需购买的卫星导航设备应使用格洛纳斯系统的信号。

2. 建议俄罗斯联邦主体权力执行机构、市级地区地方自治机构和组织，无论其法律组织形式如何，均使用支持格洛纳斯系统信号的卫星导航设备。

3. 赋予俄罗斯国家航天集团公司担负协调支持、开发和使用格洛纳斯系统的职能，以利于包括商业用户在内的民用用户，并扩大俄罗斯联邦的国际合作。

4. 命令俄罗斯联邦政府：

在2007年12月31日之前确定联邦权力执行机构在支持、开发和使用格洛纳斯系统方面的职权，以保障俄罗斯的国防和国家安全、推动俄罗斯联邦的社会经济发展、扩大国际合作和促进科研发展；

在3个月内，制定民用用户使用信息资源创建详细数字导航图的程序和条件；

在2011年12月31日前批准关于《2012—2020年格洛纳斯系统的维护、开发和使用专项计划》。

5. 本命令自签署之日起生效。

俄罗斯联邦总统

弗拉基米尔·普京

2007年5月17日

莫斯科,克里姆林宫

第638号

《2030年前使用航天活动成果服务俄罗斯联邦经济现代化及其区域发展的国家政策总则》

《2030 年前使用航天活动成果服务俄罗斯联邦经济现代化及其区域发展的国家政策总则》

（俄罗斯联邦总统 2014 年 1 月 14 日第 51 号指令）

一、概　　述

1. 本政策明确了 2030 年前使用航天活动成果服务俄罗斯联邦经济现代化及其区域发展的国家政策的国家利益、原则、宗旨、优先事项、任务和阶段。

2. 本政策根据 1993 年 8 月 20 日第 5663－Ⅰ号联邦法律《俄罗斯联邦航天活动法》制定，详细阐述了 2030 年前俄罗斯联邦航天活动政策的基本原则，以及有关于使用航天活动成果的下一步规划。

3. 本政策的拟制原因是：必须确保通过使用航天活动成果整合所有用户资源有效使用国内航天资源以发展俄罗斯联邦及其主体。

4. 确保航天活动成果有效利用是一项国家任务，它具有跨部门、跨区域、跨行业的特点，关系到所有经济部门的利益。

5. 为完成此项任务，必须在统一的国家政策基础上，整合联邦权力执行机构和国有公司的资源，创造条件使俄罗斯联邦主体权力执行机构、地方自治机构以及各种所有制形式的组织参与决策。

二、本政策中使用的基本概念及定义

6. 本政策中使用了以下基本概念：

（1）航天活动成果——在航天活动过程中创造的产品和服务。

（2）航天活动成果的使用——与获得航天活动成果及其加工、适应用户需求及其应用有关的重点过程。

（3）航天活动成果用户——订购和接收航天产品和服务的法人或自然人。

（4）航天产品——指物质产品、软硬件综合产品、信息产品或系统。在这些航天产品的创建、维护、使用或运行过程中，航天活动成果能够为其消费价值做出重要贡献。

(5)航天服务——指航天活动成果能够为其消费价值做出重要贡献的一种服务类型。

(6)航天服务经营者——指根据俄罗斯联邦法律,使用航天活动成果提供服务的法人或自然人。

(7)应用航天活动成果的基础设施——指信息、导航或电信基础设施。这些基础设施由属于不同所有制形式的组织机构的单元组成,而这些单元能够在航天产品研发或者航天服务提供过程中,确保航天服务经营者获得许可利用航天活动成果。

(8)航天活动成果应用能力中心——指一种基础设施,能够保障用户了解航天活动所提供的信息资源;为用户获取航天产品和服务的机会(可能性)和条件;为用户提供相关专业技能培训和提升。

三、航天成果应用领域的俄罗斯联邦国家利益

7. 俄罗斯联邦在使用航天活动成果方面的国家利益为:

(1)俄罗斯联邦及其主体的竞争性发展;

(2)国家高科技和知识密集型经济部门的发展;

(3)提高国家对其领土、地区和各经济部门的管理效率;

(4)开拓航天产品和服务的国内市场,包括使中小企业积极参与使用航天活动成果;

(5)俄罗斯企业进入航天产品和服务的全球市场,并成为主要参与者;

(6)扩大并利用俄罗斯联邦在航天活动成果使用领域的竞争优势。

8. 实现本节所述的国家利益旨在保证巩固俄罗斯联邦的航天主导和高科技强国的地位。

四、航天活动成果应用领域的国家政策原则

9. 航天活动成果应用领域的国家政策根据以下原则制定:

(1)提供系统的、有针对性的和基础的方法,以使用航天活动成果,并以此为基础研发航天产品和服务;

(2)结合国家监管手段和市场机制,促进公私伙伴关系的发展;

(3)在航天活动成果应用领域形成并发展竞争环境,其中包括吸引中小企业参

与该领域；

(4)确保俄罗斯联邦公民、法人依据相应法律可平等自由使用由联邦预算拨款提供的信息资源、航天产品及服务；

(5)合理结合利用俄罗斯联邦和国外航天活动成果；

(6)在使用航天成果解决管理国家、领土(包括特别保护区)极重要的或具有潜在危险的地区以及社会性重要国家基础设施工程等问题方面,应保证俄罗斯联邦航天应用的相关硬件、软件自主可控；

(7)将国内地理信息系统以及软件技术平台作为解决国家和市政管理问题的基础；

(8)航天成果应用应遵循国际法,并保证俄罗斯联邦国家利益；

(9)在开发航天产品和提供航天服务时应保证信息安全。

五、航天活动成果应用领域国家政策的目标和优先事项

10. 航天活动成果应用领域国家政策的主要目标是协调联邦权力执行机构、联邦主体权力执行机构(以下简称权力执行机构)、地方自治机构、各种所有制形式的组织机构之间的工作,确保航天活动成果有效用于俄罗斯联邦及主体的发展、提升居民生活质量和安全保障。

11. 航天成果应用领域国家政策的优先事项是：

(1)确保满足权力执行机构对航天产品和服务的需求；

(2)完善规范性法律文件基础,以加快创造航天产品和服务并提高其实施效率；

(3)在国家、地区、部门专项计划以及地方自治机构和国家入股公司的专项计划框架内,在使用航天活动成果的基础设施单元创建和运行过程中,执行统一的技术政策；

(4)增强航天产品和服务在国内市场的竞争性；

(5)扩大俄罗斯航天产品和服务的出口；

(6)在航天活动成果应用领域建立继续教育系统,提升专业人员的专业技能。

六、航天成果应用领域国家政策的任务

12. 在规范性法律文件保障方面,航天成果应用领域的国家政策的任务为：

(1)建立统一的规范性法律文件基础,其中包括整合相互关联的规范性法律文

件,使这些法规能够促进研发航天产品、为不同用户提供航天服务;

(2)制定规范的规范性法律文件,明确负责协调航天活动成果应用领域工作的联邦权力执行机构的目标、任务、权力和责任,并明确其他权力执行机构、地方自治机构的任务和权力,明确各级机构之间、各级机构和负责该领域协调工作的联邦权力执行机构之间的相互协调程序;

(3)完善保障公私伙伴关系原则和机制实行的法律规范,促进航天产品开发和服务领域的竞争;

(4)建立基础规范性法律文件,以规范俄罗斯联邦主体权力执行机构和地方自治机构工作的评估标准和程序,充分考虑到其航天活动成果应用的有效性;国家支持和鼓励有效利用航天活动成果满足国家和市政需求,并为航天产品和服务的商业化创造条件;

(5)创造条件促进商业集团、科学机构、教育机构、非营利组织以及社会团体参与航天活动成果应用领域的决策制定。

13. 在航天活动成果应用于基础设施建设和运营方面,国家政策的任务为:

(1)分阶段建设属于多种所有制形式的基础设施单元,以应用地球空间遥感、电信、导航、水文气象、测绘、地理支援和其他航天手段创造的航天活动成果;

(2)根据俄罗斯联邦的法律,确保法人和自然人能够平等自由地使用由联邦预算拨款建造的、利用航天活动成果的基础设施;

(3)确保由联邦预算拨款建造的、利用航天活动成果的基础设施单元,同应用航天活动成果主要的信息资源之间的连接匹配;

(4)在航天活动成果应用产品和服务形成标准体系、技术条件和技术要求的基础上,在完善其认证体系、授权体系和独立的审查制度基础上,遵循统一的技术政策;

(5)设立地球遥感数据及其产品处理的联邦数据库并进行维护,应在符合《俄罗斯联邦国家保密法》的规定要求的前提下,确保法人和自然人能够平等自由地获取有关地球遥感的数据,确保其能够与其他联邦数据库相互协同;

(6)对于在执行载人航天计划、基础空间研究过程中形成的航天活动成果,提升其应用效率;

(7)开发先进的"综合性信息导航保障和航天监测"技术;

(8)协调在地理信息、信息管理、建模、预测和分析系统、决策支持系统等方面航天成果应用工作,以便将其纳入权力执行机构和地方自治机构的活动;

(9)在研发航天产品和提供航天服务时,确保将不同类的信息(航天类和非航天类)综合集成;

(10)研发和使用标准型航天产品和服务以满足国家需求,并确保其保持必要的规模;

(11)建立一个将航天活动成果传播至联邦、区域、部门和市政各级用户的系统;

(12)为航天产品和服务在国内市场的动态发展,为将航天活动成果大规模应用于权力执行机构、地方自治机构,以及法人和自然人的生产经营活动创造条件;

(13)支持研发国内航空产品和服务,为研发机构应用航空活动成果建设基础设施,并提供国家媒体的信息支持;

(14)同国外航天服务经营方相互协同,确保与全球航天和地理信息服务经营方的网络对接;

(15)建立信息反馈收集体系、对航天产品的用户需求进行系统化分析,确保在开发和运营未来航天设备时考虑到这些需求。

14. 在创建培训体系及提高专业人员技能方面,航天成果应用领域国家政策的任务为:

(1)在高等学校、专业技术学校及中等教育机构的参与下建立航天成果应用的连续性基础教育系统,其中包括航天活动成果应用能力中心;

(2)明确培养方向、专业和国家教育和职业标准,形成航天成果应用完整的教育体系;

(3)确保基础性高等学校开展科学教学工作,以设置培训课程对航天活动成果应用领域的专业人员进行培训和技能提升;

(4)就培养和提升航天活动成果应用领域专业人员技能形成国家订购机制,以满足国家和市政需求;

(5)建立有效的培训和技能提高机制,其培训对象不仅包括这一领域的专业人员,还包括航天服务经营方。

15. 在涉及国际合作方面,航天成果应用领域的国家政策任务有以下几个方面。

(1)优先发展与以下国家在航天成果应用领域的项目和计划:关税同盟成员国、欧亚经济共同体成员国、独立国家联合体成员国、金砖国家;

(2)在航天产品和服务出口项目实施过程中,通过研发机构、专注于外国市场的国家入股公司、俄罗斯媒体以及依据充分的关税调控措施等,对包括中小型企业在内的俄罗斯企业进行扶持；

(3)调整俄罗斯利用航天活动成果的基础设施单元的技术特性和软件算法特征；本处基础设施指在国家基础框架下，为保障与国外信息系统兼容性而修建的基础设施，并且此基础设施应用了航天活动成果；

(4)支持航天产品和服务的创新发展，在俄罗斯和国外公司的参与下创建技术联盟和合资企业；

(5)确保俄罗斯积极参与解决与航天活动成果应用程序有关的国际问题；

(6)协调俄罗斯联邦法律与国际法在航天成果应用方面的法律差异；

(7)在航天活动成果应用方面就培训和提升人员技能方面开展合作。

七、航天成果应用领域国家政策的实施成果

16. 为确保航天成果应用领域国家政策执行，根据负责协调航天活动成果的联邦权力执行机构提议，俄罗斯联邦政府批准了落实本政策的实施计划。该计划预期成果包括：

(1)2020年前

建立完整的航天活动成果应用的规范性法律文件体系；

完成航天活动成果应用的基础设施的基础性工作；

采取措施以加速拓展航天产品和服务的国内市场；

为权力执行机构、地方自治机构在生产活动中大规模应用航天活动成果创造条件；

确保国内地理信息系统以及软件技术平台使用航天活动成果，并将此作为解决国家和市政管理问题的基础；

建立航天活动成果应用的公私伙伴关系机制，其中包括吸引中小型企业；

建成航天活动成果应用的国内软件技术平台，以解决国家和市政管理问题；

确保在俄罗斯联邦交通运输综合体内，大规模使用格洛纳斯系统的国内卫星导航技术和服务；

实施试点项目，在试点项目框架内研发和使用标准型航天产品和服务以满足国家需求，并确保其保持必要的规模；

在俄罗斯联邦的所有主体中实施区域专项计划，以确保航天活动成果的应用；

拓展航天活动成果应用的能力中心网络，扩编其他培训和提升专业人员技能系统，其中包括高等学校、专业技术学校及中等教育机构；

建立俄罗斯企业在全球航天服务市场上的有效支持体系，增强在该领域与国外同行的相互协作。

（2）2025 年前

完成航天活动成果应用的国家基础设施建设；

在将俄罗斯方案和技术独立性与其在国际合作领域利益合理结合的前提下，确保国家和市政管理以及公民经济各个部门能够应用航天活动成果；

创造条件以整合应用航天手段形成的全球信息领域，在此基础上开发新的航天产品和服务。

（3）2030 年前

确保进一步发展航天活动成果应用的国家基础设施，以推动俄罗斯联邦发展，巩固俄罗斯在航天产品和服务在国际市场上的领先地位；

从根本上掌握“综合性信息导航保障和航天监测”新技术，技术手段、软件产品，掌握创造航天产品和提供航天服务的有效形式和方法；

根据用户需求，为进一步发展航天成果应用的基础设施奠定科学和技术基础。

17. 本政策所确定任务和目标的相关指标（标准），已经由俄罗斯联邦政府批准。

18. 实施本政策的财政支持源于航天活动成果用户，包括公私伙伴关系机制的用户。

19. 本政策的实施有助于创建对俄罗斯联邦主体执行机构工作范围内的航天活动成果利用效率进行评估的体系。

20. 俄罗斯联邦政府每年向俄罗斯联邦总统提交有关本政策实施结果的报告。

《俄罗斯联邦总统关于俄罗斯联邦总统下属通用航空、基于格洛纳斯系统的导航信息技术发展委员会的命令》

《俄罗斯联邦总统关于俄罗斯联邦总统下属通用航空、基于格洛纳斯系统的导航信息技术发展委员会的命令》

（俄罗斯联邦总统2016年6月11日第285号命令）

（2018年2月10日修订）

为协调发展基于格洛纳斯系统的通用航空和导航信息技术的相关活动作出以下决定。

1. 将“俄罗斯联邦总统通用航空发展委员会”更名为“俄罗斯联邦总统下属通用航空、基于格洛纳斯系统的导航信息技术发展委员会”。

2. 批准附件：

（1）《俄罗斯联邦总统下属通用航空、基于格洛纳斯系统的导航信息技术发展委员会章程》；

（2）此项于2018年2月10日失效①。

3. 根据2012年8月21日第1203号俄罗斯联邦总统令《关于批准〈俄罗斯联邦总统事务管理局关于保障俄罗斯联邦国务委员会活动规程〉的命令》，对《俄罗斯联邦总统事务管理局关于保障俄罗斯联邦国务委员会活动规程》作出以下修订。

（1）第4项第5目中，将“俄罗斯联邦总统通用航空发展委员会”修订为“俄罗斯联邦总统下属通用航空、基于格洛纳斯系统的导航信息技术发展委员会”。

（2）第5项中：

在1—4以及6、8、11目中将“俄罗斯联邦总统通用航空发展委员会”修订为“俄罗斯联邦总统下属通用航空、基于格洛纳斯系统的导航信息技术发展委员会”。

4. 以下条款失效：

俄罗斯联邦总统2012年11月13日第1524号命令《关于俄罗斯联邦总统通用航空发展委员会的命令》第2项；

---

① 此条款根据俄罗斯联邦总统2018年2月10日第65号命令第2条于2018年2月10日失效。

俄罗斯联邦总统2012年12月1日第1601号命令《关于修订由俄罗斯联邦总统2012年11月13日第1524号命令批准的俄罗斯联邦总统通用航空发展委员会规程及委员会组成的命令》；

俄罗斯联邦总统2013年12月25日第955号命令《关于修订由2012年11月13日第1524号总统令批准的俄罗斯联邦总统通用航空发展委员会规程及委员会组成的命令》；

俄罗斯联邦总统2014年6月24日第464号命令《关于修改若干俄罗斯联邦总统法案的命令》第3项。

5. 本总统令自签字之日起生效。

俄罗斯联邦总统
弗拉基米尔·普京
莫斯科，克里姆林宫
2016年6月11日
第285号

附件

《俄罗斯联邦总统下属通用航空、基于格洛纳斯系统的导航信息技术发展委员会章程》

（俄罗斯联邦总统2016年6月11日第285号命令）

1. 通用航空、基于格洛纳斯系统的导航和信息技术发展委员会（以下简称委员会）的成立是为了确保在通用航空、基于格洛纳斯系统的导航和信息技术（以下简称格洛纳斯技术）领域，俄罗斯联邦权力执行机构、联邦主体权力执行机构以及其他相关组织机构制定并实施统一的国家政策、发展战略和规划。

2. 委员会应以俄罗斯联邦宪法、联邦宪法条例、联邦法律、俄罗斯联邦总统颁布的命令和法规以及本法规为指导履行自身职责。

3. 委员会的主要职责：

（1）确保俄罗斯联邦权力执行机构、联邦主体权力执行机构以及其他相关组织机构，在制定和实施涉及通用航空和格洛纳斯技术领域的基本国家政策过程中，相互协同一致；

(2)完善通用航空和格洛纳斯技术领域的基本法法规；监督这些法规的执行情况；确保该领域项目参与者相互协同；

(3)在通用航空、格洛纳斯技术应用和开发领域，监督参与组织进行活动的有效性和透明度；

(4)审议以下方面的提案：通用航空、格洛纳斯技术应用和开发领域的结构转型；提高该领域活动的有效性；保证确保俄罗斯联邦权力执行机构、联邦主体权力执行机构以及其他相关组织机构在完成相关工作中相互协同一致；

(5)拟定以下方面提案并确保俄罗斯联邦权力执行机构、联邦主体权力执行机构以及其他相关组织机构在完成相关工作中相互协同一致：通用航空发展的基本方向；航空基础设施的现代化；发展机场网络；完善飞行员培训和再培训系统；格洛纳斯技术开发的基本方向；

(6)审议以下方面的提案，并在项目实施过程中采取措施保障国家利益：修订关于通用航空、无人驾驶航空系统、格洛纳斯技术的长期规划、投资计划及其他发展计划，并对其实施情况进行分析；

(7)参与制定和实施通用航空、格洛纳斯技术应用和开发领域的统一技术政策；

(8)拟定涉及完善空域使用的国家监管、完备空域使用组织机构方面的提案；

(9)审议以下方面提案：修订俄罗斯联邦关于税费的法律，包括为推动通用航空和格洛纳斯技术发展在某些活动领域增设新的税收系统；

(10)审议规范性法律文件草案，拟定涉及通用航空和格洛纳斯技术领域统一国家政策的制定和实施方面的提案，包括发展无人驾驶航空系统方面的提案；

(11)对涉及通用航空和格洛纳斯技术领域联邦预算拨款使用的有效性进行分析。

4.在履行职责过程中，委员会拥有以下权利：

(1)在会议上听取委员会成员、联邦权力执行机构代表、联邦主体权力执行机构代表、地方自治机构代表以及其他法律形式的组织代表对委员会职责范围内问题的意见；

(2)要求联邦权力执行机构、联邦主体权力执行机构、地方自治机构以及其他法律形式的组织提供必需的材料；

(3)要求联邦权力执行机构就涉及委员会职责的工作提供相关信息,其中包括联邦权力执行机构工作的具体信息;确定相关信息提交的格式和周期;

(4)必要时,可招募科研机构、社会团体以及其他组织(不论其法律形式和组织形式)的专家无偿参加委员会工作。

5.委员会由委员会主席、委员会副主席、执行秘书和委员会成员组成。

6.委员会的组成由俄罗斯联邦总统批准。

7.委员会主席为俄罗斯联邦总统助理。

8.为了有效开展工作,委员会设立工作组,就履行委员会职责的特定问题拟定提案。

9.工作组负责人和成员由委员会主席批准。

10.为协助委员会主席工作,组建委员会主席团。

11.委员会主席团包括委员会主席、委员会副主席、委员会执行秘书和工作组负责人。

12.委员会主席团会议可在必要时举行,但至少每两个月举行一次。

13.出席会议的委员会主席团成员以多数票通过委员会主席团决议。

14.可以邀请俄罗斯联邦权力执行机构、联邦主体权力执行机构、地方自治机构,以及其他法律形式组织的代表参加委员会主席团的会议。

15.委员会主席职责:

(1)确定委员会的主要工作;

(2)召集并主持委员会会议和委员会主席团会议;

(3)就履行委员会职责的有关问题向委员会成员做出指示;

(4)督导与履行委员会职责有关问题的指令执行情况;

(5)签署委员会会议和委员会主席团的会议记录。

16.委员会会议和委员会主席团会议由委员会主席决定举行。委员会主席确定委员会会议和委员会主席团会议的日期、时间和地点,并批准会议议程。

17.委员会执行秘书负责筹备和组织委员会会议和主席团会议。

18.委员会会议和委员会主席团会议的召集信息可以使用任何方式发送,但要确保人员提前收到有关会议的日期、时间、地点以及议程信息。

19.参加委员会会议的成员没有替代权。

20.委员会会议和委员会主席团会议的决议,应以会议记录的形式留存。

21.委员会会议和委员会主席团会议记录包括以下要素:

(1)会议的日期、时间和地点;

(2)出席会议的委员会成员和委员会主席团成员信息;

(3)出席会议的其他人信息;

(4)会议议程;

(5)会议决议;

(6)其他信息。

22. 委员会和委员会主席团在其职权范围内的决议对委员会成员和委员会主席团成员具有约束力。

23. 为执行委员会和委员会主席团决议,可发布决议、命令以及俄罗斯联邦总统指令和指示。

24. 委员会和委员会主席团工作的组织和技术保障,以及完成工作需要解决的其他问题,应由俄罗斯联邦交通部负责。

25. 委员会使用印有其名称的公文用纸。

第三部分　俄罗斯卫星导航相关联邦政府决议要览

俄罗斯联邦政府在其职权范围内根据俄罗斯联邦宪法、联邦法律、总统令，**颁布**相关**决议**，联邦政府决议的位阶低于联邦宪法、联邦法律和总统令。所有联邦政府决议同样也会收入《俄罗斯联邦法律汇编》(Собрание законодательства Российской Федерации)。**俄罗斯联邦政府**决议**是指政府集体的决定、决议，一般不针对特定的主体，且多为永久性长期性规定，涉及发布、批准、修改具体的行政条例、规则、计划**。相较于联邦法律和总统令，联邦政府决议类似于我国国务院颁布的行政法规，所涉及的问题较之联邦法律和总统令，更加具体。在格洛纳斯系统领域，俄罗斯颁布了一系列的联邦政府决议，涉及航天活动具体开展、国家航天集团公司日常工作、格洛纳斯系统推广应用等方方面面。

一、《俄罗斯联邦政府航天活动许可条例》

《俄罗斯联邦政府航天活动许可条例》是规范俄罗斯联邦境内及俄罗斯联邦依据其法律和国际法规定行使管辖权的其他地区航天活动许可程序的行政条例。该条例于2020年3月18日公布，于2022年2月14日修订。该条例共80条，详细规范了航天活动许可的程序，明确了以下内容：

一是航天活动许可的管理机构。该条例规定航天活动许可的管理机构为国家航天集团公司，并规定了具体的负责人员。

二是申请航天活动许可的程序。该条例对申请航天活动许可以及申请变更修改许可所需的文件、申请提交的程序进行了详细的规定。

三是航天活动许可的审批、授予、登记程序。该条例对国家航天集团公司负责审批、授予和登记许可的程序进行了详细的规定。

四是航天活动许可的检查监督程序。该条例明确国家航天集团公司为航天活动许可的检查监督机构，并规定了有权进行检查监督的人员。该条例还对许可检查的程序，以及被检查人的异议程序进行了详细的规定。

五是需要申请航天活动许可的工作或服务的类型。该条例附件对需要申请航天活动许可的工作或服务的类型进行了详细的列举。

二、《俄罗斯国家航天集团公司章程》

《俄罗斯国家航天集团公司章程》(本部分以下简称章程)是根据《俄罗斯联邦国家航天集团公司法》制定的,规定国家航天集团公司(本部分以下简称集团公司)履行相关职能的程序的基本文件。章程于2016年5月17日公布,最近一次修订是在2021年10月20日,此次修订不涉及实质内容,主要是根据俄罗斯关于联邦委员会成员称呼的改变,将章程中"联邦委员会成员"的表述改为"联邦委员会参议员"。章程共6章44条,明确了以下内容:

一是集团公司的基本权力和职能。章程明确了集团公司依据《俄罗斯联邦国家航天集团公司法》在航空航天领域的基本权力和职能,并在总则中进行了详细的列举,主要涉及参与立法、决策等。

二是集团公司履行相关职能的程序。章程明确了集团公司执行俄罗斯联邦总统命令和指示、俄罗斯联邦政府的指示以及集团公司在行使其职能时与俄罗斯联邦权力执行机构、俄罗斯联邦主体权力机构和地方自治机构协作的程序。

三是集团公司开展信访工作,接受处理公众意见建议的程序。集团公司代表国家在航空航天领域开展相关活动、履行国家职能、提供政府服务,并应就以上事宜接受公众监督,及时接收并处理相关建议或投诉。章程对接受处理相关建议或投诉的程序进行了详细的规定。

四是集团公司信息公开的程序。集团公司应当确保信息公开,及时向社会发布并更新有关集团公司开展活动、履行职能、提供服务等的信息,章程也对其程序进行了详细的规定。

五是集团公司文件流转的规则。章程对集团公司内部公文流转和公文信息对外发布的规则进行了规定。

三、《在俄罗斯联邦从事有关无线电频率或无线电频率频道分配(使用)的国际法保护的工作规则》

《在俄罗斯联邦从事有关无线电频率或无线电频率频道分配(使用)的国际法保护的工作规则》(本部分以下简称工作规则)是规范对俄罗斯联邦无线电频率或者无线电频率频道分配(使用)进行国际法律保护的工作程序的行政法规。工作规则于2014年11月14日发布,历经多次修订,最近一次修订是在2018年9月25日。工作规则旨在明确开展国际法律保护工作的机构及其职责和相应工作程序,明确了以下内容。

一是开展国际法律保护的概念和意义。开展国际法律保护是为了在对无线电频谱使用进行国际监管时,确保俄罗斯联邦的国家利益,确保无线电设备的频率分配得到国际承认,并为俄罗斯联邦发展和使用各类无线电服务机构的无线电设备创造有利条件。无线电设备频率分配的国际法律保护是对相关国家机构和组织所采取的法律、技术、组织和科学研究措施的统称。工作规则对相关国家机构和组织进行了详细的列举,并明确了规则要求的适用范围。

二是开展国际法律保护的负责机构和工作程序。工作规则明确由俄罗斯联邦通信管理机构负责开展相关工作,各机构之间的工作由国家无线电频率委员会设立的筹备工作组进行协调,具体工作由筹备工作组下设的项目小组负责。工作规则对筹备工作组和项目小组的组成程序和具体职责进行了详细的规定。同时明确由俄罗斯联邦通信管理机构代表团代表俄罗斯联邦参与相关国际组织开展工作,维护俄罗斯联邦利益,并对其工作程序进行了详细规定。

三是无线电设备频率分配的申请、协调和登记工作的负责机构和工作程序。工作规则明确由俄罗斯联邦通信、信息技术和大众传媒监督局负责向国际电信联盟申请、协调和登记各类无线电服务机构使用俄罗斯联邦无线电设备的频率分配,以及与他国国家权力机构协调无线电设备的频率分配。同时对其他参与机构和具体工作程序进行了详细的规定。

四是为俄罗斯联邦无线电设备频率分配的国际法保护提供科学技术保障的程序。工作规则明确了负责机构、经费保障并对开展科学技术保障的基本任务进行了详细的列举。

四、《俄罗斯联邦境内外国所辖卫星通信网络的使用规则》

《俄罗斯联邦境内外国所辖卫星通信网络的使用规则》(本部分以下简称外国卫星使用规则)是规定在俄罗斯联邦境内运行的由外国管辖的卫星通信网络使用程序的行政法规。外国卫星使用规则于 2014 年 11 月 14 日发布,历经多次修订,最近一次修订是在 2020 年 11 月 5 日。外国卫星使用规则旨在规范在俄罗斯联邦境内使用外国所管辖的卫星通信网络的使用程序和相关要求,其明确了以下内容:

一是对外国卫星使用规则所指的概念进行了明确。外国卫星使用规则详细说明了外国管辖的卫星通信网络的概念、规定本规则使用的相关术语与国际电信联盟《无线电规则》保持一致。外国管辖的卫星通信网络是指使用外国空间站(航天器)的卫星系统,以及外国国家行政部门为该卫星系统向国际电信联盟申请的频率分配。

二是使用外国所管辖的卫星通信网络的情形。外国卫星使用规则详细说明了使用外国所管辖的卫星通信的各种情形,包括为发展俄罗斯通信网络并保证其与国际通信网络一体化、俄罗斯卫星系统或者空间站无法满足需求等。

三是使用外国所管辖的卫星通信网络的程序。外国卫星使用规则要求使用外国卫星系统需根据国家无线电频率委员会关于无线电频带分配的决议,经俄罗斯联邦数字发展、通信与大众传媒部,俄罗斯联邦国防部,俄罗斯联邦安全局,俄罗斯联邦警卫局批准,并由俄罗斯电信运营商同外国卫星系统所有方以协议的形式进行国际担保,明确该卫星通信系统不用于侦察性质,不会损害个人、社会和俄罗斯联邦利益。

四是俄罗斯联邦对外国所管辖的卫星通信网络的关系。外国卫星使用规则明确使用外国卫星系统的俄罗斯电信运营商组成了该系统的俄罗斯部分,由俄罗斯联邦对卫星系统该部分进行管理。俄罗斯联邦有权依据相关法律规定优先使用、中止其运行,并由俄罗斯电信运营商对该部分用户进行注册、对部分的使用情况进行检查。

五、《俄罗斯联邦轨道频率资源分配、使用和保护领域国家政策的基本条例》

《俄罗斯联邦轨道频率资源分配、使用和保护领域国家政策的基本条例》是规范俄罗斯联邦轨道频率资源分配、使用和保护的一部行政法规。该条例于2000年2月1日发布,2016年11月1日修订。该条例旨在确定俄罗斯轨道频率资源分配、使用和保护的国家政策和基本原则。该条例共23条,明确了以下内容:

一是该条例规制的主体和范围。条例主要对俄罗斯轨道频率资源分配、使用和保护进行规范。其主要参与者有联邦权力执行机构和轨道频率资源使用者。同时该条例适用于其无线电电子设备位于国际水域、国际空域、外太空或俄罗斯联邦所管辖外国家领土的轨道频率资源用户。

二是分配、使用和保护轨道频率资源领域的基本原则。条例中明确了国家享有对分配、使用和保护轨道频率资源的专有权,同时对其他基本原则进行了详细的列举,其中包括优先满足政府和国防等需求、开展国际合作和引入市场机制分配轨道频率资源等。

三是国家无线电频率委员会作为政府授权的权力执行机构负责轨道频率资源分配、使用和保护。其规范性决议和命令对轨道频率资源的所有用户都具有约束力。条例规定了国家无线电频率委员会在分配轨道频率资源时应当遵循的优先事项,同时还规定其负责颁发使用轨道频率资源许可证。

四是用于政府目的的无线电频带、民用无线电频带和共享无线电频带的使用范围,及在相应频带内负责支配频率的机构。

五是轨道频率资源用户的权利和义务。轨道频率资源的用户有权使用分配给其的轨道频率资源实施获准开展的各类活动,并有权使用俄罗斯联邦境内所有类型的卫星通信,但是其必须遵守使用轨道频率资源许可证中规定的条件。同时,所有无线电电子设备都必须按照规定的程序进行注册。

六是国际法律保护的概念和目的。条例规定国际法律保护是指为了确保国际认可并保护俄罗斯太空和地面无线电服务无线电电子设备运作而实施的一系列技术、法律、组织和科研措施。同时明确要通过积极参与国际组织相关活动,对俄罗斯联邦电子设备的频率指配和人造地球卫星的轨道位置进行国际法律保护,从而为俄罗斯联邦开发和使用各种类型的卫星通信创造有利条件。

七是由俄罗斯联邦通信、信息技术和大众传媒监督局,俄罗斯联邦国防部相关各局以及俄罗斯联邦警卫局负责对轨道频率资源的使用进行监督和对无线电电子设备辐射进行技术管控。

八是根据国家计划和用户需求,可以制造并使用航天通信设备填充用于通信和广播的轨道阵位。

六、《2012—2020 年格洛纳斯系统的维护、开发和使用专项计划》

《2012—2020 年格洛纳斯系统的维护、开发和使用专项计划》(本部分以下简称专项计划)是一部规划 2012—2020 年格洛纳斯系统的维护、开发和使用的文件。专项计划于 2012 年 3 月 3 日发布。该专项计划共 3 部分,旨在促进俄罗斯卫星导航技术的国际使用,扩大对使用格洛纳斯系统的国产卫星导航技术和服务的推广和使用,其中明确了以下内容:

一是总结了格洛纳斯系统的维护、开发和使用现状。专项计划系统总结了 2001 年至 2011 年格洛纳斯系统的发展情况。

二是 2012 年至 2020 年格洛纳斯系统的维护、开发和使用的目标和阶段划分。专项计划规定其目标为确保俄罗斯联邦在卫星导航领域的独立性,并保持格洛纳斯系统的竞争力;创造既可以军用也可以民用的新技术;通过使用卫星导航技术来扩大国内外的商品和服务市场;提高客货运输、地质勘探、建筑、通讯、能源生产和分配、农业、林业以及地籍测量活动等领域内企业经营活动的效率,确保客运和货运的安全。同时专项计划将其分为两个阶段:第一阶段:2012 年至 2015 年;第二阶段:2016 年至 2020 年。

三是 2012 年至 2020 年格洛纳斯系统的维护、开发和使用的具体任务。专项计划对 2012 年至 2020 年格洛纳斯系统的维护、开发和使用的具体任务进行了详细的说明。

七、《俄罗斯联邦政府关于导航活动领域的联邦网络运营商的决议》

《俄罗斯联邦政府关于导航活动领域的联邦网络运营商的决议》(本部分以下简称决议)是一部旨在规范联邦网络运营商职责的行政法规。决议系根据《俄罗斯联邦导航活动法》于 2009 年 7 月 11 日发布,2015 年 4 月 10 日进行了修订。决议共 3 条,明确了应当设立联邦网络运营商并对其职责进行了规定。决议明确了联邦网络运营商主要职责为:进行导航领域的技术研发,推动国际合作,提供相应建议,并参与相关国家政策和法律的制定。

八、《国家航天集团公司和联邦权力执行机构为保障俄罗斯联邦国防安全、推动社会经济发展、深化国际合作以及科学应用而维护、发展和使用格洛纳斯系统职权条例》

《国家航天集团公司和联邦权力执行机构为保障俄罗斯联邦国防安全、推动社会经济发展、深化国际合作以及科学应用而维护、发展和使用格洛纳斯系统职权条例》是规定国家航天集团公司和联邦权力执行机构在维护、发展和使用格洛纳斯系统方面职权的一部行政条例。该条例于 2008 年 4 月 30 日发布,而后经过多次修订,最近一次修订是在 2021 年 1 月 19 日。条例旨在详细规范国家航天集团公司和相关联邦权力执行机构在维护、发展和使用格洛纳斯系统方面的职权,其明确了以下内容:

一是国家航天集团公司的职责。该条例详细列举了国家航天集团公司的相关职责,包括协同相关联邦权力执行机构制定国家政策、法律法规和行业规范,开展国际合作,向公众提供相关服务等。

二是俄罗斯联邦国防部,交通部,工业和贸易部,外交部,数字发展、通信和大众传媒部,海运河运署,公路署,铁路运输署,航空署,联邦国家登记、地籍和制图局,技术调节和计量局,经济发展部,渔业局,内务部,民防、紧急情况和消除自然灾害事务部,卫生部,安全局,交通监察局在各自领域内为保障俄罗斯联邦国防安全、推动社会经济发展、深化国际合作以及科学应用而维护、发展和使用格洛纳斯系统的职权。该条例采用了逐一列举的方式对以上各个联邦权力执行机构的职责进行了规定。

三是国家航天集团公司和联邦权力执行机构行使条例规定的职权应在中央机构雇员人数限度内和联邦预算拨款范围内进行。

九、《俄罗斯联邦政府关于为运输、技术设备和系统配备格洛纳斯系统或格洛纳斯系统/GPS 的卫星导航设备的决议》

《俄罗斯联邦政府关于为运输、技术设备和系统配备格洛纳斯系统或格洛纳斯系统/GPS 的卫星导航设备的决议》(本部分以下简称决议)是俄罗斯联邦政府要求强制为运输、技术设备和系统配备格洛纳斯系统或格洛纳斯系统/GPS 的卫星导航设备的一部行政法规。决议于 2008 年 8 月 25 日发布,于 2016 年 11 月 12 日修订。决议共 10 条,旨在确保国家安全,在卫星导航领域实行自主政策,提高交通管理管制效率及旅客和特殊、危险品运输的安全水平,以及改进大地测量和地籍测量工作,明确了以下内容:

一是应配备格洛纳斯或格洛纳斯/GPS 卫星导航设备的运输、技术设备和系统的类型。决议列举了应配备格洛纳斯或格洛纳斯/GPS 卫星导航设备的运输、技术设备和系统的类型,包括航天装备,国家航空、民用航空以及实验性飞行的飞行器,海运船舶、内河轮船以及(河海)联运船只,用于客运、特殊品和危险品运输的汽车和铁路车辆,用于进行大地测量和地籍测量工作的仪器和设备和保障确保时间同步的设备等。同时明确了供俄罗斯联邦武装力量、其他部队、军事组织和承担军事和相等职责的机构使用的技术装备和系统、武器样品、军事技术装备和特种技术装备,以及用来保障承担军事和相等职责的机构的交通工具,都应该装备格洛纳斯或格洛纳斯/GPS 卫星导航设备,具体由相关联邦权力执行机构的负责人确定。

二是用于客运、特殊品和危险品运输的汽车和铁路车辆,用于进行大地测量和地籍测量工作的仪器和设备和保障确保时间同步的设备,其具体需配备格洛纳斯或格洛纳斯/GPS 卫星导航设备的类型由相关联邦权力执行机构来确定。同时明确相关联邦权力执行机构应确保自 2010 年起开展工作,分阶段为相关的运输、技术设备和系统装备格洛纳斯或格洛纳斯/GPS 卫星导航设备。

三是配备格洛纳斯或格洛纳斯/GPS 卫星导航设备的财政保障。决议明确对落实相关运输、技术设备和系统配备格洛纳斯或格洛纳斯/GPS 卫星导航设备的命令相关的开支,按既定程序在预算拨款范围内进行资金保障。

十、《俄罗斯联邦建立和发展空间数据基础设施的方案》

《俄罗斯联邦建立和发展空间数据基础设施的方案》(本部分以下简称方案)是

关于俄罗斯联邦空间数据基础设施建设和发展的规划性文件。方案于2006年8月21日发布，旨在推动俄罗斯联邦空间数据基础设施的建设和发展，共5章，明确了以下内容：

一是空间数据基础设施及其相关的概念。方案第一章引言部分对空间基础设施及其相关的概念进行了界定。空间数据基础设施是收集、处理、存储空间数据并将其提供给用户的区域性分布式系统。

二是俄罗斯联邦空间基础设施的现状和存在的问题。方案分析了各国空间数据基础设施的基本情况，并总结了俄罗斯联邦空间数据基础设施发展现状和存在的问题。

三是建设俄罗斯联邦空间数据基础设施的目标、宗旨和基本原则。方案明确建设和发展俄罗斯联邦空间数据基础设施的主要目标是为国家权力执行机构、地方自治机构、组织和公民能够自由访问空间数据和有效利用空间数据创造条件。同时对实现上述目标的具体措施进行了列举，并明确了建设和发展空间数据基础设施应当遵循的原则。

四是俄罗斯联邦空间数据基础设施的组成。方案明确了俄罗斯联邦空间数据基础设施由包括基础空间数据和元数据在内的信息资源、组织结构、法律法规保障、技术和技术设备组成。

五是方案实施的主要方向和阶段。方案明确将其实施分为三个阶段，分别为筹备阶段、组织阶段、完成阶段，并对各阶段的任务进行了详细的规划。

十一、《"全球卫星导航系统"联邦专项计划》

《"全球卫星导航系统"联邦专项计划》是俄罗斯联邦2001年至2011年发展全球卫星导航系统的专项计划。该计划于2001年8月20日发布，2008年9月12日修订，旨在推动俄罗斯"全球卫星导航系统"的发展。该计划共7条，明确了以下内容：

一是制订该计划的基础和该计划的实施主体。该计划依据俄罗斯联邦安全委员会、俄罗斯联邦政府相关决议、命令制订，并明确了实施该计划的政府采购方和主要开发商。

二是该计划的主要目标。实施该计划是为了国家和社会经济发展以及保障国家安全而不断发展和使用格洛纳斯系统并保持俄罗斯在卫星导航领域的领先地位，向国内外用户提供导航信号。

三是该计划的主要任务。该计划一共包含7项任务，主要包括建设和开发基础设施、导航消费设备、参与国际合作等。

四是该计划包含5个子计划。主要有维护和开发格洛纳斯系统的功能；研发、生产、准备和制造民用导航设备；在交通工具上引进和使用卫星导航系统；在俄罗斯境内大地测量中使用卫星导航系统；确保卫星导航系统可供特殊用户申请使用。

十二、《国家授时、授频及地球自转参数测定条例》

《国家授时、授频及地球自转参数测定条例》是规范俄罗斯联邦权力执行机构和组织开展国家授时、授频以及地球自转参数测定服务的行政条例。该条例于2001年3月23日发布，历经多次修订，最近一次修订是在2021年4月17日。该条例旨在规定提供国家时间服务的国家机构之间的权责划分、技术手段、主要任务等内容。该条例共10条，明确了以下内容：

一是提供国家时间服务的国家机构和相关技术手段。国家时间服务是指满足国家对时间和频率参考信号和地球自转参数信息，以及传播关于莫斯科时间和日历日期的确切值的信息的需求。该条例明确了国家时间服务由联邦技术调节和计量局管理，其科学、方法和业务支持由联邦技术调节和计量局国家时间服务的主要计量中心提供，其他相关国家机构在其职权范围内履行职责。同时该条例还对地球自转时间、参考频率和参数确定的技术手段进行了详细的列举。

二是国家时间服务的主要任务。该条例对国家时间服务的主要任务进行了详细的列举，其一共由12项任务组成，主要包括确定相关参数信息、开展相关科学研究和参加国际合作等。

三是国家时间服务的财政保障。该条例规定以联邦预算和其他来源资金为国家时间服务提供保障。

四是国家时间服务的强制性。该条例规定俄罗斯联邦强制使用国家时间服务所提供的关于地球自转时间、频率和参数值的信息。

十三、《俄罗斯联邦政府关于开展民用用户使用格洛纳斯全球卫星导航系统工作的决议》

《俄罗斯联邦政府关于开展民用用户使用格洛纳斯全球卫星导航系统工作的决议》是俄罗斯联邦推广格洛纳斯全球卫星导航系统使用的政府决议。该决议于1995年3月7日发布，旨在协调俄罗斯联邦政府各部门在推广格洛纳斯系统民用中的权责区分。该决议共6条，明确了以下内容：

一是由俄罗斯联邦国防部、俄罗斯航天局和俄罗斯联邦交通部负责格洛纳斯

系统的建设工作,并向国内外用户提供服务;

二是成立部门间协调委员会,协调国内外用户使用格洛纳斯系统;

三是由俄罗斯联邦交通部、俄罗斯联邦国防部、俄罗斯航天局和俄罗斯联邦国家国防工业委员会制定格洛纳斯系统民用目的方案,并将其提交至俄罗斯联邦政府;

四是俄罗斯联邦交通部在导航信息服务中心的基础上提供相应导航信息服务,俄罗斯航天部队科技情报协调中心负责格洛纳斯系统运行状态的信息保障;

五是由以上相关部门向相关国际组织提交材料,推动签订俄洛纳斯系统作为为民用用户服务的国际全球卫星导航系统的组成部分协定。

俄罗斯卫星导航相关联邦政府决议

- 《俄罗斯联邦政府航天活动许可条例》
- 《俄罗斯国家航天集团公司章程》
- 《在俄罗斯联邦从事有关无线电频率或无线电频率频道分配(使用)的国际法保护的工作规则》
- 《俄罗斯联邦境内外国所辖卫星通信网络的使用规则》
- 《俄罗斯联邦轨道频率资源分配、使用和保护领域国家政策的基本条例》
- 《2012—2020年格洛纳斯系统的维护、开发和使用专项计划》
- 《俄罗斯联邦政府关于导航活动领域的联邦网络运营商的决议》
- 《国家航天集团公司和联邦权力执行机构为保障俄罗斯联邦国防安全、推动社会经济发展、深化国际合作以及科学应用而维护、发展和使用格洛纳斯系统职权条例》
- 《俄罗斯联邦政府关于为运输、技术设备和系统配备格洛纳斯系统或格洛纳斯系统/GPS的卫星导航设备的决议》
- 《俄罗斯联邦建立和发展空间数据基础设施的方案》
- 《"全球卫星导航系统"联邦专项计划》
- 《国家授时、授频及地球自转参数测定条例》
- 《俄罗斯联邦政府关于开展民用用户使用格洛纳斯全球卫星导航系统工作的决议》

《俄罗斯联邦政府航天活动许可条例》

《俄罗斯联邦政府航天活动许可条例》*

（俄罗斯联邦政府 2020 年 3 月 18 日第 298 号决议）

（2022 年 2 月 14 日修订）

一、总　　则

1. 本条例规定了法人在俄罗斯联邦境内及俄罗斯联邦依据其法律和国际法行使管辖权的其他地区开展航天活动的许可管理程序，以及在航天活动领域内组织和实施联邦国家许可检查（监督）的程序。

二、航天活动许可

2. 航天活动的许可由国家航天集团公司（以下简称“审批机关”）进行。

3. 实施需要许可（以下分别称为“许可”、“许可活动类型”）的航天活动过程中完成的工作和提供的服务清单见附录（以下简称“清单”）。

4. 在完成构成许可活动类型的工作和（或）提供服务时，许可申请人（以下简称许可申请人）和被许可人的许可要求是：

（1）在许可类型活动实施地具有符合卫生规范、卫生防疫要求、消防安全要求的房间、建筑物和其他设施，同时考虑到所完成工作和所提供服务的特点、完好的设备和技术设施、属于许可申请人和被许可人所有或根据其他法律依据完成工作和提供构成许可类型活动的服务所需的技术文件；

（2）具有与许可申请人和（或）被许可人签订的劳动合同、受高等或中等职业教育、符合清单中所列完成工作或提供构成许可类型活动的服务所需资质要求，能保证完成此类工作或提供服务数量的工作人员（不少于 5 人）；

（3）具有实施许可类型活动所必需的工作和（或）提供服务的质量管理体系；

（4）根据俄罗斯联邦《国家秘密法》的要求，在完成与使用国家秘密信息相关构

---

* 俄罗斯联邦政府 2020 年 3 月 18 日第 298 号决议批准发布，2022 年 2 月 14 日俄罗斯联邦政府第 167 号决议修订，自 2022 年 3 月 1 日起生效。

成许可类型活动的工作或提供的服务的情况下，有权使用国家秘密信息来完成工作或提供构成许可类型活动的服务。

5. 根据《俄罗斯联邦特定类型活动许可管理法》第13条第1款，提交的许可申请应附有所附文件清单及证明下列情况的文件副本：

(1) 许可申请人在许可类型活动实施地具有符合卫生规范、卫生防疫要求、消防安全要求的房间、建筑物和其他设施，同时考虑到所完成工作或所提供构成许可类型活动的服务的特点、完好的设备和技术设施、属于许可申请人所有或是根据其他法律依据完成此类工作和（或）提供此类服务所需的技术文件；

(2) 申请人有足够数量的与其签订劳动合同的员工（不少于5名员工）确保构成许可类型活动的工作的开展和服务的提供（如果有关员工劳动活动的基本信息未包含在俄罗斯联邦养老基金的信息资源中）；

(3) 本条第2款中规定的员工接受过开展构成许可类型活动的工作或者提供构成许可类型活动的服务所必需的高等或中等职业教育，以及根据高级培训（专业进修）计划进行的附加职业教育［如果有关教育、高级培训（专业进修）的信息在联邦信息系统"关于教育和（或）职业技能、学习文件的联邦信息登记册"中无法查询］；

(4) 根据俄罗斯联邦《国家秘密法》的要求，在完成工作和（或）提供与使用国家秘密信息相关的构成许可类型活动的服务的情况下，许可申请人有权使用国家秘密信息来完成工作和（或）提供构成许可类型活动的服务。

6. 许可证申请书必须附上以下内容：

(1) 证明下列情况的文件副本：

许可申请人在进行许可类型的活动地点根据其所有权或者其他法律依据拥有开展（提供）构成许可类型活动的工作或者服务所必需的房屋、建筑物、构筑物和其他设施的占有使用权或者使用权（如果这些房屋、建筑物、构筑物和其他设施在实施许可类型的活动的地方不属于申请人所有），且其权利未在统一国家房地产登记册中登记；

许可申请人根据其所有权或其他法律依据拥有开展（提供）构成许可类型活动的工作或者服务所必需的设备、技术设施以及技术文件的占有使用权或者使用权（如果指定的设备、技术设施以及技术文件不属于申请人所有）；

申请人有足够数量的与其签订劳动合同的员工（不少于五名员工）确保构成许可类型活动的工作的开展和服务的提供（如果有关员工劳动活动的基本信息未包

含在俄罗斯联邦养老基金的信息资源中)；

本目第四段规定的员工接受过开展构成许可类型活动的工作或者提供构成许可类型活动的服务所必需的高等或中等职业教育,以及根据高级培训(专业进修)计划进行的附加职业教育[如果有关教育、高级培训(专业进修)的信息在联邦信息系统“关于教育和(或)职业技能、学习文件的联邦信息登记册”中无法查询]；

申请人具备开展构成许可类型活动的工作或者提供构成许可类型活动的服务所必需的质量控制体系,用于实施许可活动所需的工作和(或)提供构成许可活动类型的服务[申请人批准的质量手册(条例)]。

(2)所附文件清单。

7. 许可申请人通过“国家和市政服务(功能)统一门户”(以下简称“统一门户”)向审批机关提交许可申请及其所附文件。许可申请由许可申请人使用增强型电子签名签署。

如果许可申请及其所附文件因存在限制访问信息而无法通过统一门户提交给审批机关,则许可申请人可直接向审批机关提交指定的申请和纸质文件,或通过挂号信寄送并要求回执。

8. 如果被许可人打算变更许可类型活动进行的地点,变更构成许可的活动类型的进行的工作和提供的服务的清单,或根据俄罗斯联邦的规范性法律文件改变许可活动类型的名称、构成许可的活动类型的进行的工作和提供的服务的清单(如果此类规范性法律文件根据许可活动类型的名称、构成许可的活动类型的进行的工作和提供的服务的清单评估被许可人是否遵守许可要求),被许可人应当向审批机关提交修改许可证登记簿中本条例第5条中规定相关信息的申请以及本条例第6条规定的文件。

在许可证规定的许可类型活动实施地完成清单第5、6、10—13款(安装、调试、维修、完善和更新)之外规定的工作和(或)提供服务,无需修改许可证登记簿。

9. 如果终止在一个或多个执行地点的包含在许可证登记簿中的许可类型活动,则被许可人需要向审批机关提交修改许可证登记簿申请并在其中注明许可类型已终止的地点以及实际终止的日期。

10. 被许可人通过统一门户向审批机关提交修改许可证登记簿申请及其所附文件(在根据本条例第8条规定修改许可证登记簿的情况下)。修改许可证登记簿申请由被申请人使用增强型电子签名签署。

如果修改许可证登记簿申请及其所附文件因存在限制访问信息而无法通过统

一门户提交给审批机关,则被许可人可直接向审批机关提交指定的申请和纸质文件,或通过挂号信寄送并要求回执。

11. 对于许可申请人、被许可人,审批机关根据《俄罗斯联邦特定类型活动许可管理法》第 19.1 条规定的方式和情况评估许可要求的遵守情况,并根据本条例第 12 项至第 16 项规定的组织和实施评估的程序进行合格评定(以下简称"合格评定")。

12. 有权进行合格评定的审批机关的授权官员是:

(1)审批机关负责人;

(2)审批机关负责人的副手,根据其职务说明,其职责包括行使执行合格评定的权力或根据负责人的命令(指示)被授权进行合格评定;

(3)审批机关内设机构负责人和审批机关的其他雇员,根据其职务说明,其职责包括行使执行合格评定的权力或根据负责任的命令(指示)被授权进行合格评定。

13. 审批机关的官员在进行合格评定时,应遵守《俄罗斯联邦特定类型活动许可管理法》和本条例规定的限制和义务,并对不履行或不当履行俄罗斯联邦法律赋予他们的权力和职责负责。

14. 合格评定以书面评定和(或)现场评定的形式进行。

15. 合格评定是根据本条例第 12 条第 1 项和第 2 项中规定的审批机关的一名官员作出的决定进行的。

16. 审批机关在进行合格评定时,要求提供许可领域公共服务所需的信息,这些信息由提供公共服务的机构、提供市政服务的机构、其他国家机构和地方自治机构或其下属组织按照俄罗斯联邦法律《提供国家和市政服务组织法》的规定向其提供。

17. 在本条例第 8 条规定的情况下对许可证登记簿的修改是在按照《俄罗斯联邦特定类型活动许可管理法》第 19.1 条规定以及根据本条例第 12 条至第 16 条规定的组织和实施合格评定程序的附加要求评估被许可人是否遵守许可要求后进行的。

18. 按照《俄罗斯联邦特定类型活动许可管理法》第 14 条第 5 款规定的程序向被许可人通知许可的授予(修改许可证登记簿)。

如果被许可人无法通过授予许可证(修改许可证登记簿)申请书中指定的被许可人的电子邮件地址或者统一门户收到有关授予许可证(修改许可证登记簿)的通

知，此类通知可以通过挂号信以纸质形式发送给被许可人，并附上送达确认书。发送书面授予许可证（修改许可证登记簿）通知的期限不能超过在许可证登记簿中进行相应记录之日起 3 个工作日。

19. 许可申请人提交以及审批机关受理授予许可证申请和获得许可证所需的文件，被许可人（其继承人或联邦法律规定的其他人）提交以及审批机关受理修改许可证登记簿的申请及其附件申请许可证及其所附文件，作出授予许可证（拒绝授予许可证），修改许可证登记簿（拒绝许可证登记簿），暂停、恢复、终止和取消许可证效力，签发许可证副本和复印件许可证的暂停、更新、终止及其取消，维持和管理许可事项，管理许可证登记簿以及提供（包括以电子形式提供）许可证登记簿中许可申请人和（或）被许可人许可事项的信息，均按照《俄罗斯联邦特定类型活动许可管理法》规定的方式进行。

20. 审议许可申请及其所附文件，包括检查指定申请和文件中所含信息的准确性、合格评定以及审批机关作出授予或拒绝授予许可证的决定的总期限不得超过正确填写的许可证申请及其所附全部文件登记之日起 15 个工作日。

21. 许可证登记簿中的信息，以及有关构成许可活动类型的工作和（或）提供服务的强制性要求的信息［出于维护国家和（或）官方秘密的目的，根据俄罗斯联邦法律限制自由获取此类信息的情况除外］由审批机关在统一门户和审批机关官网上公布。

三、联邦国家对航天活动的许可检查（监督）

22. 联邦对航天活动的许可检查（监督）（以下简称许可检查）由审批机关执行。

23. 被许可人遵守本条例第 4 条规定的许可要求视为许可检查的目标。

被许可人未能遵守本条例第 4 条规定的要求，视为严重违反许可要求，上述情况导致产生了联邦法《关于许可某些类型的活动》第 19.2 条第 10 款规定中的至少一种后果。

24. 有权行使许可检查的官员是：

（1）审批机关负责人；

（2）审批机关负责人的副手，根据其职务说明，其职责包括行使许可检查权或根据审批机关负责人的命令（指示）被授权行使许可检查权；

（3）审批机关的其他部门负责人和审批机关的其他雇员，根据其职务说明，其职责包括行使许可检查权，实施预防和检查（监督）措施，或经审批机关负责人命令

(指示)被授权行使许可检查权(以下简称检查员)。

25. 有权就检查(监督)措施的实施作出决定的官员是:

(1)审批机关负责人;

(2)审批机关负责人的副手,根据其职务说明,其职责包括对检查(监督)措施的实施作出决定,或根据审批机关负责人的命令(指示)被授权对检查(监督)措施的实施作出决定。

26. 在执行检查(监督)措施时,在其职权范围内并在所执行的检查(监督)行动的范围内,检查员享有《俄罗斯联邦国家检查(监督)和市政检查法》第 29 条规定的权利并履行义务。

27. 许可检查过程中的许可检查对象是在航天活动过程中进行的工作和提供的服务(以下简称许可检查对象)。

28. 许可检查对象的核算是通过收集、处理、分析和统计根据俄罗斯联邦规范性法律文件提交给审批机关的许可检查对象的信息,通过部门间协作框架获取的信息以及公开信息来进行的。

29. 审批机关应根据俄罗斯联邦政府 2021 年 6 月 25 日第 990 号决议《关于批准检查(监督)机构制定和批准防止对受法律保护的价值造成伤害(损害)风险的计划的规则》,每年制定和批准防止对受法律保护的价值造成伤害(损害)风险的计划。

30. 在进行许可检查时,应采取以下预防措施:

(1)告知;

(2)执法实践的总结;

(3)发出警告;

(4)咨询;

(5)预防性访问。

31. 向被许可人和其他有关方面通报遵守许可要求的情况,应通过在审批机关互联网官方网站和大众媒体上发布相关信息来进行。

32. 许可证审批机关应在其互联网官方网站上发布和维护最新信息:

(1)俄罗斯联邦规范实施许可检查的法律文本;

(2)关于对俄罗斯联邦规范许可证管理的法案进行修订的信息,以及关于其生效的时间和程序;

(3)俄罗斯联邦管理性法规的清单,说明这些法规中包含许可要求的机构单位，对其遵守情况的评估是许可检查的对象，以及在违反许可要求的情况下适用的责任措施的信息，并提供当前版本的文本；

（4）批准的检查表；

（5）违反许可要求的风险指标清单；

（6）预防伤害风险的方案；

（7）关于如何获得有关遵守许可要求的建议的信息；

（8）关于对审批机关的决定、其官员的作为（不作为）进行审前上诉程序的信息；

（9）载有发证机关执法实践的归纳结果的报告；

（10）关于许可检查的报告；

（11）俄罗斯联邦监管法律规定的其他信息。

33. 审批机关应在报告年度的次年 3 月 1 日前，根据执法实践的归纳结果，每年编写一份执法实践报告。审批机关应确保对执法实践报告草案进行公开讨论。

34. 执法实践报告应在 3 月 1 日前经审批机关负责人的命令（指示）批准，并自批准之日起的第 5 个工作日在审批机关互联网官方网站上公布。

35. 如果审批机关有信息表明即将发生的违反许可要求或违反许可要求的迹象，或如果没有确认的信息表明违反许可要求的行为已经对受法律保护的资产造成伤害（损害）或造成对受法律保护的资产造成伤害（损害）的威胁，审批机关应向被许可人发出禁止违反许可要求的警告（以下简称警告）并建议采取措施确保其遵守许可要求。

36. 自收到警告之日起 10 个工作日内，被许可人有权向审批机关提交对警告的异议（以下简称异议），其中应包括：

全称和缩写（如有），包括被许可人的公司名称和法律形式，其所在地的地址，被许可活动的地址；

法人主体成立记录的国家注册号；

法人主体的纳税人识别号；

电话号码和电子邮件地址；

警告的日期和编号；

就警告中指出的导致或可能导致违反许可要求的被许可人的作为（不作为）提供立场的证据；

发送对反对意见的答复的方法——以电子文件（电子文件包）或纸质形式；

被许可人有权在反对意见中附上确认这种反对意见有效性的文件，或经认证的副本。

37. 反对意见应以电子文件（电子文件包）的形式，经被许可人或被授权代表被许可人的电子签名，发送到警告中指定的官方电子邮件地址。

38. 被许可人可直接向审批机关提交纸质的反对意见及所附文件（如有），或通过挂号信寄送并要求回执。

39. 审批机关应在向审批机关登记异议之日起 20 个工作日内审议异议。

40. 根据对反对意见的审查结果，审批机关应作出以下决定之一：

（1）通过取消已宣布的警告来满足反对意见；

（2）通过部分取消宣布的警告来部分满足反对意见；

（3）拒绝满足反对意见。

41. 审批机关根据对异议的审议结果通过的决定，应在作出决定后的第 3 个工作日内，以异议中规定的方式送达被许可人。

42. 不允许以同样的理由重复提交反对意见。审批机关收到的以同样理由提出的反对意见应不予考虑，应通过向被许可人的电子邮件地址发送适当的通知或通过其他符合俄罗斯联邦立法要求的可用方式通知被许可人。

43. 被授权进行许可检查的许可当局官员应就以下问题向被许可人及其代表提供建议，包括书面建议：

（1）许可检查的对象；

（2）实施预防措施的类型和程序；

（3）开展检查（监督）活动的类型和程序；

（4）对审批机关的决定、其官员的作为（不作为）提出上诉的程序；

（5）对警告提出异议的程序。

44. 应在以下方面提供咨询意见：

（1）当面——通过电话、视频会议或个人接待的方式；

（2）收到书面请求后——通过书面答复的方式；

（3）如果回答当面提出的问题需要额外的信息和数据——最迟在面对面咨询日之后的第 30 个日历日以书面形式回答；

（4）在采取预防或检查（监督）措施的过程中。

45. 当面咨询应按先到先得的原则进行。每个被许可人（其代表）当面咨询的时间不得超过 15 分钟。

46. 在收到关于本条例第 43 条规定的问题的 10 个相同类型的上诉后，应通过在审批机关互联网官方网站上张贴由审批机关授权官员签署的书面解释来提供关于这些上诉的建议。

向被许可人（其代表）提供的咨询应符合俄罗斯联邦关于保护国家、商业、官方和其他受法律保护的秘密的立法要求。

47. 应根据《俄罗斯联邦国家管理（监督）和市政管理法》第 52 条的规定，对开展许可活动的被许可人进行强制性预防访问。

48. 审批机关应在许可活动开始之日起 1 年内，向开始从事许可活动的被许可人提供强制性的预防访问。

49. 强制性预防访问应由检查员在被许可人的活动场所以预防性谈话的形式进行，或使用视频会议链接。预防性访问的时间不应超过 1 个工作日。

50. 在强制性预防访问过程中，检查员应向被许可人提供有关许可要求的信息，在开展其许可活动时必须遵守这些要求。

51. 在强制性预防访问过程中，检查员可以按照《俄罗斯联邦国家检查（监督）和市政检查法》和本条例规定的方式向被许可人提供建议。

52. 审批机关应在不晚于查访日期前 5 个工作日将强制性预防访问通知书以经强化的合格电子签名的电子文件形式发送到被许可人的电子邮件地址，或以挂号信的形式通知被许可人，并要求回执。

53. 强制性预防访问的通知应包含以下信息：

（1）审批机关的全称和缩写，包括地点地址和官方电子邮件地址；

（2）将进行强制性预防访问的被许可人的全称和缩写（如有）；

（3）进行强制性预防访问的原因；

（4）强制性预防访问的日期和方式；

（5）被许可人拒绝进行强制性预防访问的通知方式。

54. 被许可人应有权拒绝强制性预防访问，并在访问日期前 3 个工作日内以关于进行强制性预防访问的通知中规定的任何可用方法通知审批机关。

55. 检查员在进行强制性预防访问时，应考虑到俄罗斯联邦关于保护国家、商业、官方和其他受法律保护的秘密的立法要求。

56. 在进行许可检查时，审批机关应进行以下不定期的检查（监督）活动：

文件检查；

现场检查。

在行使许可检查时，不得进行有计划的检查（监督）活动。

57. 与被许可人有关的不定期检查（监督）活动应按照《俄罗斯联邦国家检查（监督）和市政检查法》第 12 章和第 13 章规定的方式和情况进行。

58. 现场检查和文件审查的进行应通过审批机关的决定，该决定由审批机关授权官员签署，且在决定中具体说明《俄罗斯联邦国家检查（监督）和市政检查法》第 64 条第 1 部分规定的信息。

59. 在现场检查的情况下，检查员可以使用任何可用的摄影、录音和（或）录像的技术手段，记录违反许可要求的证据。

是否需要使用自己的技术手段，包括电子计算机和电子媒体、复印机、扫描仪、电话（包括手机）、录音和录像设备、需要拍照的照相机、录音和录像、其他在现场检查中固定违反许可要求的证据的手段，应由检查员自己决定。

关于拍照、录音和录像以及用于这些目的的技术手段的信息应反映在检查（监督）活动的行为中。

60. 用摄影的方式记录违反许可要求的行为，应在每个被确认的违反许可要求的行为中至少拍摄 2 张照片。在现场检查过程中应连续进行录音和录像，并在录音的开始和结束时通知日期、地点、开始和结束的时间。在记录过程中，应详细记录并指出已查明的违反许可要求的地点和性质。拍照、录音和录像的结果应作为检查（监督）活动行为的附录。使用摄影和录像来记录违反许可要求的证据，应遵守俄罗斯联邦关于保护国家机密的立法要求。

61. 文件审查应根据《俄罗斯联邦国家检查（监督）和市政检查法》第 72 条的规定进行。

62. 文件审查应在审批机关所在地进行。

63. 文件审查的对象是被许可人确定其法律形式、权利和义务的文件中包含的信息，以及被许可人开展活动时使用的文件和与他们履行许可要求和许可当局的决定有关的文件。

64. 在文件审查过程中，可以进行以下检查（监督）行动：

（1）获得书面解释；

（2）要求提供文件。

65. 文件审查的时间不得超过 10 个工作日。上述期限不包括从审批机关发布要求被许可人提交文件审核期间所需的文件到向审批机关提交要求中规定的文件这段时间，也不包括从审批机关收到信息，发现被许可人提交的文件中有错误和

（或）矛盾，或这些文件中的信息与审批机关所掌握的文件中的信息和（或）在执行许可检查中获得的信息不一致，要求以书面形式提供必要的解释的时间。

66. 现场检查应根据《俄罗斯联邦国家检查（监督）和市政检查法》第 73 条的规定进行。

67. 在现场检查过程中，可以进行以下检查（监督）活动：

（1）检查；

（2）提问；

（3）获得书面解释；

（4）要求提供文件。

68. 进行现场检查的时间限制为 3 个工作日。

对于小型企业，在现场检查期间，小型企业的互动总时间不得超过 50 小时，微型企业不得超过 15 小时。对在俄罗斯联邦多个主体领土上运营的组织进行现场检查的时限，应针对该组织或生产设施的每个分支机构、代表机构或独立的结构分部分别确定。

69. 不定期的现场检查只能在与检察院达成协议的情况下进行，但根据《俄罗斯联邦国家检查（监督）和市政检查法》第 57 条第 1 部分第 3—6 款和第 66 条第 2 部分进行的情况除外。

70. 应按照《俄罗斯联邦国家检查（监督）和市政检查法》第 21 条规定的方式，在现场检查开始前 24 小时内向被许可人发送许可机关进行现场审计的命令副本，但《俄罗斯联邦国家检查（监督）和市政检查法》第 66 条第 12 部分规定的情况除外。

71. 在完成现场检查后，应根据《俄罗斯联邦国家检查（监督）和市政检查法》第 16 章的规定，起草检查（监督）事件的行为。

72. 包含构成国家、商业、官方或其他受法律保护的秘密的信息的检查（监督）活动的结果应根据俄罗斯联邦法律规定的要求制定。

73. 被许可人如果认为其权利和合法利益在许可检查过程中受到直接侵犯，应有权按照《俄罗斯联邦国家检查（监督）和市政检查法》第 9 章规定的方式进行审前申诉。

74. 审前申诉的事项应是：

（1）审批机关关于执行检查（监督）措施的决定；

（2）检查（监督）活动的行为，消除发现的违规行为的命令；

(3)许可证审批机关的官员在检查(监督)措施框架内的作为(不作为)。

75. 对审批机关的决定、检查(监督)措施的行为、消除被发现的违法行为的命令以及其官员在行使许可检查时的作为(不作为)的申诉(以下简称申诉),应由对审批机关的决定、检查(监督)措施的行为、消除被发现的违法行为的命令以及其官员在行使许可检查时的作为(不作为)申诉的委员会(以下简称委员会)进行审议。

组织委员会工作的程序,对申诉作出决定,委员会成员组成、权利和义务,应由审批机关的法律规定。该委员会可包括一名副主任、机构分局的局长、机构分局的副局长和审批机关的其他雇员。

76. 申诉应在确保对提供国家和市政服务时的决定和行为(不作为)进行审前申诉(诉讼外)的联邦国家信息系统中登记后的20个工作日内接受审查。

77. 含有构成受法律保护的国家秘密或其他秘密的信息和文件的申诉,应由被许可人在不使用国家信息系统"国家和市政服务(职能)统一门户网站"的情况下,按照俄罗斯联邦关于受法律保护的国家秘密和其他秘密的法律规定的方式提出,并由委员会在许可机关登记之日起20个工作日内审议。

78. 委员会关于申诉的决定,包括作出决定的理由、执行的期限和程序,应在通过之日起1个工作日内公布在国家信息系统"国家和市政服务(职能)统一门户网站"的被许可人的个人账户上,对于包含构成国家或其他法律保护秘密的信息和文件的申诉,应按照俄罗斯联邦关于国家和其他法律保护秘密的立法规定的方式提出。

79. 许可检查的关键指标是,由于违反本条例第3条规定的许可证要求,航天火箭在发射过程中发生事故,对受法律保护的资产造成伤害(损害)的可能性。

许可检查的关键指标的目标值不超过0.02。

许可检查(KP)的关键指标由以下公式确定:

KP = n/N

其中:

N——报告年度内因被许可人违反本条例第4条规定的许可要求而紧急发射航天火箭的次数。

N——在报告年度结束前的5年内发射航天火箭的总次数。

附件:《进行航天活动时所完成工作和提供服务的清单》(编者略)

《俄罗斯国家航天集团公司章程》

《俄罗斯国家航天集团公司章程》*

（俄罗斯联邦政府2016年5月17日第430号决议）
（根据俄罗斯联邦政府2021年10月20日第1793号决议进行修订）

一、总　　则

1. 本章程规定了俄罗斯国家航天集团公司（以下简称集团公司）履行俄罗斯联邦法《俄罗斯联邦国家航天集团公司法》赋予的权力和职能，执行俄罗斯联邦总统命令和指示、俄罗斯联邦政府的指示以及集团公司在行使其职能时与俄罗斯联邦国家权力机构、俄罗斯联邦主体国家权力机构和地方自治机构协作的程序。

2. 集团公司根据集团公司监事会批准的集团公司活动计划开展工作，履行其被赋予的权力和职能。

俄罗斯联邦总统的决定、俄罗斯联邦政府的决定、集团公司活动计划、集团公司监事会的决定以及集团公司为完成任务而担负的规定义务，是制定集团公司财务活动计划的基础。

3. 根据俄罗斯联邦预算法，集团公司按照为联邦权力执行机构规定的程序和时限，参与制定下一财年和计划期内联邦预算法律草案。

4. 集团公司总经理应出席俄罗斯联邦政府会议，确保集团公司参与俄罗斯联邦政府的会议规划，按照俄罗斯联邦政府为联邦权力执行机构规定的程序和时限，编写和提交有关列入俄罗斯联邦政府会议计划的议题材料。

5. 集团公司按照俄罗斯联邦政府为联邦权力执行机构规定的程序开展创建政府和部门间协调咨询机构的活动，并参与其中。

6. 集团公司依照为联邦权力执行机构规定的程序向俄罗斯联邦总统和俄罗斯

---

* 俄罗斯联邦政府2016年5月17日第430号决议《关于批准〈俄罗斯国家航天集团公司章程〉的决定》发布，俄罗斯联邦政府2021年10月20日第1793号决议《关于对俄罗斯联邦政府某些法案的修正案》修订，此次修订不涉及实质内容，主要是根据俄罗斯关于联邦委员会成员称呼的改变，将本章程中第10条第2款、第20条和第27条中“联邦委员会成员”改为“联邦委员会参议员”。

联邦政府提交联邦法律、俄罗斯联邦规范性法律文件以及其他与规定活动领域有关文件的草案。

7. 集团公司依照为联邦权力执行机构制定的程序参与涉及规定活动领域相关问题的立法活动。

8. 根据俄罗斯联邦政府的决定,公司负责人可以被任命为俄罗斯联邦政府的官方(特别)代表,参与俄罗斯联邦议会两院(以下简称联邦议会)对与规定的公司活动领域相关法律草案的审议。

这些负责人应该与俄罗斯联邦政府在俄罗斯联邦议会国家杜马(以下简称国家杜马)和俄罗斯联邦议会联邦委员会(以下简称联邦委员会)中的全权代表开展协调活动,商定俄罗斯政府在两院所持的立场。

9. 集团公司按照俄罗斯联邦政府为联邦权力执行机构规定的程序,准备俄罗斯联邦政府关于法律草案的结论意见、修正意见和正式回应草案。

10. 集团公司总经理(副总经理)应按照俄罗斯联邦政府确定的程序和期限保障:

(1)在俄罗斯联邦政府总理、副总理委托下为其准备答复议会质询的草案。

(2)准备答复联邦委员会参议员和国家杜马代表向俄罗斯联邦政府提交的对俄罗斯联邦政府总理和副总理的询问和质询的草案。

(3)准备并回应联邦议会两院常设委员会和临时委员会就相关问题向俄罗斯联邦政府总理、副总理提出的质询。质询的审议结果将在商定的期限内通知相关常设委员会和临时委员会。如有必要,会将通知的副本发送给俄罗斯联邦政府。

11. 为了在规定的活动领域中实施法规监管,集团公司以命令、条例和细则的形式发布规范性法律文件,并按照联邦权力执行机构规定的程序进行登记和发布。

12. 集团公司总经理在规划自己的活动时应考虑到需要参加俄罗斯联邦总统或俄罗斯联邦政府总理、副总理举行的活动,俄罗斯联邦政府、俄罗斯联邦政府组建的协调咨询机构、俄罗斯联邦议会上下两院、政府间委员会的会议,以及其他有义务参加的计划活动。

集团公司总经理出差和休假应通知集团公司的监事会主席。

二、集团公司执行俄罗斯联邦总统命令和指示以及俄罗斯联邦政府命令的程序

13. 为了实施联邦法律、俄罗斯联邦总统的决议和指令以及俄罗斯联邦总统的

命令和指示,俄罗斯联邦政府将发布决议和指令。根据这些决议和命令,俄罗斯联邦政府总理和副总理就规定活动领域内的相关问题对集团公司下达指示。

集团公司总经理组织执行俄罗斯联邦总统的命令和指示,包含在俄罗斯联邦政府决议、俄罗斯联邦政府会议纪要、俄罗斯联邦政府协调咨询机构会议纪要中的指示,以及包含在俄罗斯联邦政府总理和总理所主持会议的会议纪要中的指示和批示(以下简称指示)。上述协调咨询机构由俄罗斯联邦政府总理或一位兼任俄罗斯联邦政府办公厅主任的副总理领导。

14. 指示应在指定的期限内完成。如果一个时间段被设定为执行期限,那么指示被签署的日期应被视为开始日期。

包含“紧急”标注的指示应在 3 天内完成,包含“立即执行”标注的指示拥有 10 天的执行期限。

如果指示中未明确执行期限,则应在签署之日起后的 1 个月内完成(直到下个月的相应日期,如果下个月没有这一日期,则直到该下个月的最后一天)。如果指示的执行期限的最后一天为非工作日,则应在其之前的一个工作日完成。

15. 集团公司负责执行指示或组织和监督其执行。

16. 如果该指示被下达给数个联邦权力执行机构和集团公司,集团公司的总经理被列在指示中第一位或标注有“召集”一词,那么他就是该指示的主要执行者,负责执行该指示的组织工作,并对执行指示的及时性和质量承担个人责任。主要执行者确定执行指示的程序,准备并批准提交给俄罗斯联邦政府与执行该指示有关的材料。

为了组织执行该指示,作为主要执行者的集团公司总经理可以给作为共同执行者的联邦权力执行机构提交完成指示所必需的建议设定期限。

作为共同执行者的联邦权力执行机构,应在主要执行者(集团公司总经理)规定的期限内向集团公司提交相应机构负责人(或副职)签署的建议。如果没有规定具体期限,则应在该指示执行期限的前半段时间内提交。作为共同执行者的联邦权力执行机构负责人负责确保及时提交建议。

在向俄罗斯联邦政府提交文件时,集团公司总经理作为主要执行者将向俄罗斯联邦政府通报未在规定时间内提交建议书的共同执行者。

如果俄罗斯联邦总统的指示和指令直接下达给集团公司总经理,那么集团公司总经理应在向俄罗斯联邦总统提交报告的同时向俄罗斯联邦政府总理报告,报告中应反映执行俄罗斯联邦总统指示或指令的具体结果。

如果俄罗斯联邦总统的指示或命令是下达给数名执行者,则由作为主要执行者的集团公司总经理向俄罗斯联邦总统提交一份有关指示执行情况的报告。同时,集团公司总经理对及时报告俄罗斯联邦总统命令或指示的执行情况负责。

为执行俄罗斯联邦总统的命令或指示,俄罗斯联邦政府作出相关的指示,集团公司总经理就是该指示的主要执行者。如果俄罗斯联邦总理或其副总理在指示中没有明确其他期限,则应在俄罗斯联邦总统规定的最后期限前5天向俄罗斯联邦政府提交有关该命令执行情况的报告,并附上有关向俄联邦总统报告草案的建议。

17. 为了执行相关指示,集团公司可以组建由联邦权力执行机构(该指示的共同执行者)授权代表和其他相关权力执行机构和组织(经协商)代表组成的工作组,或举行由这些代表参加的会议。

如果俄罗斯联邦总统或俄罗斯联邦政府领导下的各部、联邦局和联邦署在准备递交给俄罗斯联邦政府的材料草案上存在分歧,那么集团公司总经理将组织作为指示共同执行者的联邦权力执行机构领导人(副职)或者俄罗斯联邦部长授权的司长举行调解会。

如果在执行指示的过程中编写了俄罗斯联邦政府决议的草案,但各方就该草案存在分歧,那么只有在草案附有调解会议纪要和原始记录并由相关机构领导或其授权的副职签字确认时,集团公司才可以将其提交给俄罗斯联邦政府。

如果由于执行俄罗斯联邦总统的命令或指示而向国家杜马提交联邦法律草案或发布了俄罗斯联邦总统决议、俄罗斯联邦政府决议,那么集团公司应向俄罗斯联邦总统监察局提供有关执行情况的信息,而不必向俄罗斯联邦总统提交报告。

如果由于执行俄罗斯联邦政府发布的旨在落实俄罗斯联邦总统命令或指示而向俄罗斯联邦政府和国家杜马提交联邦法律草案或者发布了俄罗斯联邦总统或俄罗斯联邦政府的决议,集团公司应向俄罗斯联邦政府办公厅负责指示执行的内设机构提交有关指示执行情况的信息。

18. 包含在俄罗斯联邦政府决议、俄罗斯联邦政府会议纪要、俄罗斯联邦政府协调咨询机构会议纪要中的指示,包含在俄罗斯联邦政府总理和副总理所主持会议的会议纪要中的指示和批示,以及俄罗斯联邦政府总理和根据职责分工、兼任俄罗斯联邦政府办公厅主任的副总理为执行俄罗斯联邦总统下达给俄罗斯联邦政府的指令(包含在俄罗斯联邦总统令和命令中)而做出的指示,不得延期执行。上述协调和咨询机构由俄罗斯联邦政府总理或一位兼任俄罗斯联邦政府办公厅主任的副总理领导。

如果在规定期限内存在阻碍执行本款第一段所指定指示的情况，那么作为主要执行者的集团公司总经理应至少在达到规定期限一半时间的前5天向俄罗斯联邦政府提交理由充分的建议，以按照规定的程序调整指示的执行期限。如果执行该指示的执行期限超过2个月，则应在指示被签署之日起30天之内向俄罗斯联邦政府提交调整建议。

“紧急”指示的执行期限不能延长或调整。

在“立即执行”指示被签署之日起的1个工作日内，可以将调整其执行指示期限的建议发送给俄罗斯联邦政府。

19. 如果集团公司未保证在规定的时间段内执行该指示，则该指示将被视为未执行完毕，并处于被监控状态。集团公司仍负责执行该指示。

在该指示的执行期限届满后3天内，集团公司向俄罗斯联邦政府解释说明该指示的执行状态、相关负责人未在规定期限内完成该指示的原因以及对与未完成该指示有关的人员采取的责任措施。

三、集团公司在履行自身职能过程与俄罗斯联邦权力执行机构、俄罗斯联邦主体权力机构、地方自治机构开展协作的程序

20. 集团公司总经理（副总经理）按照《俄罗斯联邦政府议事规则》和《联邦议会两院议事规则》规定的程序参与联邦议会两院关于集团公司管辖范围内事项的工作。

应俄罗斯联邦议会两院的邀请（至少在会议召开前5天收到），集团公司总经理有义务按照联邦议会两院议事规则规定的程序参加会议，并回答联邦委员会参议员和国家杜马代表的问题。

如果集团公司总经理无法出席联邦议会两院的会议，他应提前向两院报告其缺席的原因，并指定可以出席会议并回答提问的负责人。

集团公司总经理在收到两院各常设委员会和临时委员会涉及集团公司问题的书面质询后，在与相关委员会商定的日期内向其通知对书面质询的审议结果和采取的措施。

根据集团公司总经理（其副职）指示或经其同意，集团公司的其他负责人可以出席两院各常设委员会和临时委员会、工作组、专家委员会的会议并发言，以及参加联邦议会的其他活动。

21. 按照俄罗斯联邦政府章程、联邦权力执行机构协作标准规程（俄罗斯联邦

政府 2005 年 1 月 19 日第 30 号决议批准)、本章程以及其他规范性法律文件规定的程序,集团公司与联邦权力执行机构开展协作。

22. 如果为了行使包括执行指示在内的公司职权而必须从其他联邦权力执行机构获取信息、结论和鉴定,那么集团公司可以向相关的联邦权力执行机构提出征询申请。申请中需指出获取信息、结论和专家鉴定的期限。

23. 为执行指示而获取信息、结论和鉴定的期限,是根据执行上述指示的期限确定的,因此在申请中应标出索取信息、结论和鉴定以完成指示的编号和日期。

24. 如果收到申请的联邦权力执行机构无法在申请中指定的时间内提供要征询的信息、结论和鉴定,那么该联邦权力执行机构应在收到请求之日起 5 天内与集团公司就提交信息、结论和鉴定的期限达成协议。

25. 集团公司按照俄罗斯联邦政府章程以及其他规范性法律文件所规定的程序与司法机关开展协作。

26. 集团公司根据《俄罗斯联邦航天活动法》和其他规范性法律文件与俄罗斯联邦主体国家权力机构和地方自治机构就航天活动问题开展协作。

集团公司与境内坐落有保密行政区的俄罗斯联邦主体国家权力机构和地方自治机构开展协作时,协作特点由俄罗斯联邦《保密行政区法》规定。

四、信访工作的组织程序

27. 集团公司应研究公民和组织的个人和集体建议、声明和投诉(以下简称信访书),关于公司规定的活动范围、履行某些国家职能和提供政府服务的程序的书面、电子形式的申请书或者相关负责人在接待公民期间收到的口头信访。

必要时,要向发出信访的国家权力机构、联邦委员会参议员或国家杜马代表以及提出申请的组织通报信访书的研究结果。

28. 书面信访应自集团公司或被授权的负责人收到之日起 3 天内进行登记。

29. 集团公司收到的书面信访,将根据其内容呈报给集团公司总经理(副总经理),或发送给集团公司相关机构的负责人。

包含针对集团公司负责人决定、作为或不作为提出申诉的信访书,不得发送给这些负责人进行审议和(或)答复。

集团公司在登记之日起 30 天内对信访书进行研究。集团公司总经理或被授权的负责人在必要时可以延长研究书面信访件的期限,但不得超过 30 天,同时要通知申请人并说明延期的原因。

收到的电子格式信访书应按照书面信访件的既定程序进行研究。

30. 如果不披露属于联邦法律保护的国家秘密或其他秘密信息就无法就信访书中所提的问题进行实质答复,则应通知提出信访书的公民,因不允许泄露上述保密信息而无法就信访书中的问题进行答复。

31. 如果公司有相应的义务或必须证明信访所指出的决定是合理的,则由集团公司就信访书进行对俄罗斯联邦法律及其应用实际进行说明,并对规范和概念进行解释。

除非俄罗斯联邦法律另有规定,否则集团公司不会对有关审查合同、集团公司创立文件以及其他组织文件的信访书进行实质性研究。在这种情况下,集团公司内设部门的负责人会将此事告知该公民。

如果信访书中提出的问题不在集团公司的权限之内,则应在其登记之日起 7 天内将信访书发送给有权限解决信访中所提问题的相关国家权力机构、地方自治机构或相关责任人,并向信访的公民发出有关信访书被转发的通知,但信访书无法阅读的情况除外。

如果解决信访书中提出的问题涉及数个国家权力机构、地方自治机构或负责人的权限,应自其登记之日起 7 天内的将信访书副本发送给有关机构或负责人。

在向国家权力机构、地方自治机构或相关负责人发送信访书以供审议时,集团公司在必要情况下可以向这些机构或负责人索要有关信访书审议结果的文件和材料。

32. 如果研究审议了信访书中提出的所有问题、采取了适当的措施并作出了书面答复,则认为信访书已经得到解决。

33. 集团公司总经理和被授权的负责人亲自接待公民。应通知公民有关接待地点、既定日期和时间的信息。

如果在接待公民期间无法解决其提出的问题,则应针对信访中提出的问题作出书面答复。

如果公民在接待期间提出的问题不在集团公司的权限范围内,将向他说明向相关国家权力机构进行信访的程序。

五、在规定的活动领域提供信息的程序

34. 根据俄罗斯联邦法和本章程,集团公司总经理指示某一内设机构和被授权的负责人负责保障公民和组织访问公司活动信息(限制访问的信息除外)。

35. 集团公司总经理批准：

(1)有关集团公司活动信息的清单，该信息是集团公司的信息资源，可供公民和组织访问(以下简称信息资源)；

(2)信息资源的分布图；

(3)保障公民和组织访问信息资源的程序；

(4)通过电话提供并放置在信息公告栏和集团公司所在地的参考性信息的清单和数量。

36. 集团公司部门之间就生成和更新信息资源而开展协作的程序，由集团公司的决议确定。

37. 信息资源包括：

(1)有关公司的参考性信息，其中包括集团公司总经理、副总经理、主要经营业务部门负责人的通信地址、咨询电话、姓氏、名字和父称；

(2)为履行公司在既定活动领域的权力和职能而接待公民和组织代表的地点和时间，以及有关如何前往指定接待地点的信息；

(3)集团公司负责信访工作部门的通信地址、电子邮箱、咨询电话、工作制度与接待公民和组织代表的方式，以及有关如何前往接待地点的信息；

(4)集团公司获授权的负责人接待公民和组织代表的时间表，以及有关接待工作记录程序和如何前往接待地点的信息；

(5)规范集团公司活动的规范性法律文件；

(6)集团公司履行部分国家职能和提供政府服务的内容清单，以及政府服务的标准；

(7)为行使公民和组织的权利和义务而必须提交给集团公司之文件的清单与格式，以及集团公司签发文件的清单；

(8)有关公司通过决议的信息(该决议涉及公民和组织的权利和合法利益)，以及公司按照规定程序在俄罗斯联邦司法部注册的决议文本。

38. 被授权提供自身信息的内设机构的领导人和被授权的负责人，负责及时向集团公司获授权负责信息资源生成的部门提交上述信息，并保证其可靠性和完整性。

39. 集团公司获授权负责信息资源生成的部门的领导人和被授权的负责人承担保障公民和组织获取有关公司活动信息的责任。

40. 集团公司总经理确定被授权部门(负责人)，负责保障与大众媒体的协作并向其提供有关集团公司活动信息。

有关集团公司活动的信息由被授权的部门(负责人)转交大众媒体,或经与该部门协商后由集团公司其他负责人转给大众媒体。

六、集团公司文件流转的基本规则

41. 集团公司内的公文处理按照集团公司总经理批准的公文处理规则进行。

42. 在准备提交给俄罗斯联邦总统和俄罗斯联邦政府的文件和决议草案时,应考虑俄罗斯联邦总统办公厅和俄罗斯联邦政府办公厅所规定的公文处理要求。

43. 集团公司研究和准备的文件草案,以及集团公司按规定程序发布之前所制定的决议,都属于包含公务信息的材料。使用这些公务信息,需要获得从事或熟悉该信息的负责人授权。

44. 集团公司总经理(副总经理)和集团公司获授权的部门按规定的程序与媒体代表开展协作,并转交给他们某些公务信息或文件。在个别情况下,按照集团公司总经理(副总经理)的决定(命令、指示)由其他负责人承办。

《关于无线电频率或无线电频率频道分配(使用)的国际法保护和俄罗斯联邦境内外国所辖卫星通信网络的使用程序，以及对俄罗斯联邦政府若干文件进行修订的决议》

(俄罗斯联邦政府 2014 年 11 月 14 日第 1194 号决议)

(2020 年 11 月 5 日修订)

根据 2020 年 7 月 31 日第 247 号联邦法规定，本文件被列入标准法规文件的目录，自 2021 年 1 月 1 日起不需废除。本文件所载强制性要求的遵守情况，在实施国家控制(监督)时进行评估，不遵守这些要求可以成为追究行政责任的理由。①

根据联邦《通信法》第 69 条第 3 项和第 70 条第 4 项，俄罗斯联邦政府作出以下决定。

1. 批准附件：

《在俄罗斯联邦从事有关无线电频率或无线电频率频道分配(使用)的国际法保护的工作规则》；

《俄罗斯联邦境内外国所辖卫星通信网络的使用规则》；

对俄罗斯联邦政府若干文件进行修订。

2. 规定：

俄罗斯联邦数字发展、通信和大众传媒部以及联邦通信、信息技术和大众传媒监督局的工作人员，根据联邦政府规定，在联邦预算为上述联邦机构提供的用于领导和管理领域的拨款范围内，行使本决议批准的规则中所规定的职权。②

3. 废除以下决议：

俄罗斯联邦政府 1998 年 9 月 2 日第 1016 号决议《关于确保俄罗斯联邦轨道星座稳定运行和发展卫星通信广播网络的措施》；

---

① 修订于 2020 年 11 月 5 日。

② 该项在俄罗斯联邦政府 2018 年 9 月 25 日第 1138 号决议中进行了修订，自 2018 年 10 月 6 日起生效。

俄罗斯联邦政府1999年2月16日第180号决议《关于俄罗斯电信市场中接入和使用全球移动个人卫星通信系统的管理程序》。

俄罗斯联邦总理

德·梅德韦杰夫

《在俄罗斯联邦从事有关无线电频率或无线电频率频道分配(使用)的国际法保护的工作规则》

《在俄罗斯联邦从事有关无线电频率或无线电频率频道分配(使用)的国际法保护的工作规则》

(俄罗斯联邦政府2014年11月14日第1194号决议)

(2018年9月25日修订)

一、总　　则

1. 本规则规定了在俄罗斯联邦境内对以下活动实施国际法保护的程序:俄罗斯联邦各类无线电服务机构中的无线电设备,以及地球静止轨道上的相应卫星的位置或其他轨道上的卫星性能的频率或无线电频率频道的分配(使用)(以下简称频率分配)的工作,包括国际电信联盟的无线电设备频率分配的申请、协调和登记工作,以及与他国通信主管部门协调无线电设备的频率分配工作。

2. 对无线电设备的频率分配实施国际法保护,是为了在对无线电频谱使用进行国际监管时,确保俄罗斯联邦的国家利益,确保无线电设备的频率分配得到国际承认,并为俄罗斯联邦发展和使用各类无线电服务机构的无线电设备创造有利条件。

3. 无线电设备频率分配的国际法律保护是指由下列机构所采取的法律、技术、组织和科学研究措施的统称:俄罗斯联邦数字发展、通信和大众传媒部,即俄罗斯联邦的通信管理机构;其他联邦权力执行机构;国家无线电频率委员会;保障联邦通信、信息技术和大众通信监督局在授权范围内对无线电频率和无线电设备的使用进行监管的特别授权的服务机构(以下简称无线电频率服务机构);在俄罗斯联邦通信管理机构的指导下,参与无线电设备的频谱使用和频率分配协调活动以及国际监管活动的组织(以下简称俄罗斯联邦组织)。①

① 该条在俄罗斯联邦政府2018年9月25日第1138号决议中进行了修订,自2018年10月6日起生效。

4. 根据俄罗斯联邦立法、无线电频谱使用中关于国际分配和监管领域的国家政策、对无线电频谱使用实施国际监管的规范和规则，基于无线电技术发展前景的科学分析和无线电频谱使用的互惠原则，实施无线电设备频率分配的国际法律保护。

5. 本规则的要求适用于：联邦权力执行机构，国家无线电频率委员会，无线电频率服务机构，以及订购、研发和(或)在俄罗斯联邦管辖的设施上使用和(或)计划使用无线电设备的法人和自然人，包括在开展科研、试制和实验工作中使用和(或)计划使用无线电设备的法人和自然人(以下简称用户)。

6. 本规则不适用于安装在他国外交(领事)使团内的无线电设备，或旨在保障外国代表团在俄罗斯联邦境内临时停留的无线电设备，也不适用于俄罗斯联邦通信管理机构代表他国的通信管理机构开展活动的情况。

二、对无线电频谱使用中有关国际分配和监管工作的组织和协调

7. 俄罗斯联邦无线电设备频率分配的国际法律保护工作由俄罗斯联邦通信管理机构负责组织实施。

8. 有关联邦权力执行机构和俄罗斯联邦组织开展的关于无线电设备频率分配的国际法律保护的协调工作，以及以上机构和组织之间的协作由国家无线电频率委员会负责。

9. 为了协调俄罗斯联邦有关联邦权力执行机构和组织之间就制定俄罗斯联邦通信管理机构关于无线电频谱使用的国际分配和监管问题立场草案的工作，以及为了协调俄罗斯联邦的这些机构和组织的行动，以实现俄罗斯联邦通信管理机构在国际组织(国际电信联盟、欧洲邮政和电信管理大会、区域电信共同体、其他从事无线电频谱分配和监管活动的国际组织)的立场，国家无线电频率委员会应成立一个由俄罗斯联邦有关联邦权力执行机构和组织的授权代表为成员的、隶属于国家无线电频率委员会的、无线电频谱使用国际分配和监管工作组(以下简称筹备工作组)。

国家无线电频率委员会批准筹备工作组的工作程序及其组成，并任命筹备工作组的负责人。

为了制定和初步审议有关无线电频谱使用的国际分配和监管的有关问题，筹备工作组可设立由俄罗斯联邦有关国家权力执行机构和组织的专家组成的筹备工作组项目小组(以下简称项目小组)。

项目小组的组成由筹备工作组的负责人批准。

国家无线电频率委员会办公室主任负责任命筹备工作组的秘书，秘书负责组织筹备工作组会议、项目小组会议，并负责筹备工作组的会议记录。

10. 筹备工作组根据有关联邦权力执行机构和组织的建议，拟制俄罗斯联邦通信管理机构参加国际组织工作时的立场草案，并将其提交国家无线电频率委员会批准。国家无线电频率委员会会议批准的俄罗斯联邦通信管理机构立场的草案，应由国家无线电频率委员会办公室送交俄罗斯联邦通信管理机构批准。

11. 派出俄罗斯联邦通信管理机构、有关联邦权力执行机构和俄罗斯联邦组织的代表，作为俄罗斯联邦通信管理机构代表团，参加国际组织的工作。

俄罗斯联邦通信管理机构的代表团应遵照指示，在世界和地区的无线电通信会议、国际电信联盟的无线电通信大会上开展工作，在国际组织举办的其他活动中，应遵循技术规定，此规定根据俄罗斯联邦通信管理机构的立场制定，并确定了俄罗斯联邦通信管理机构代表团的权力。

12. 俄罗斯联邦通信管理机构代表团为参加国际组织工作而需要的指示草案由筹备工作组制定，技术任务书草案由项目小组制定，并按照既定程序送交俄罗斯联邦通信管理机构审查和批准。

13. 俄罗斯联邦数字发展、通信和大众传媒部负责规定以下事项：俄罗斯联邦通信管理机构代表团的组建程序，审查和批准代表团参加国际组织工作的指示和技术任务书，任命代表团团长，以及代表团参加以上活动提交工作报告的程序。①

14. 为了强化和落实俄罗斯联邦通信管理机构的立场，俄罗斯联邦有关国家权力执行机构和组织应当制定关于无线电频谱使用的国际分配和监管问题的意见（以下简称意见草案）。

15. 意见草案应呈送给筹备工作组秘书，供其审查和批准。

向世界和地区的无线电通信会议、国际电信联盟的无线电通信大会提交的意见草案由筹备工作组审查和批准；而国际组织举办的其他活动中需提交的意见草案由项目小组审查和批准。

16. 如果意见草案获得批准，则应将其送交俄罗斯联邦通信管理机构，由其决定是否代表俄罗斯联邦通信管理机构向有关国际组织提交。

17. 俄罗斯联邦通信管理机构从国际组织收到的关于无线电频谱使用的国际分

---

① 该条在俄罗斯联邦政府 2018 年 9 月 25 日第 1138 号决议中进行了修订，自 2018 年 10 月 6 日起生效。

配和监管的材料，应当送交国家无线电频率委员会办公室，供筹备工作组或项目小组审查，并以此向俄罗斯联邦通信管理机构拟制建议。

三、无线电设备频率分配的申请、协调和登记

18. 根据《国际电信联盟无线电规则》（以下简称《无线电规则》）、国际电信联盟的其他文件和本规则，在国际电信联盟中对俄罗斯联邦各类无线电服务机构使用无线电设备频率分配进行申请、协调和登记。

与他国的通信管理机构对地面无线电服务机构使用俄罗斯联邦无线电设备的频率分配开展协调工作时，还要遵守国际条约和协议。

19. 对以下工作的完成情况，每年至少应当审查1次：国家无线电频率委员会负责协调有关联邦权力执行机构、无线电频率服务机构和用户之间的工作，在国际电信联盟中对俄罗斯联邦各类无线电服务机构使用无线电设备频率分配进行的申请、协调和登记的工作，以及与他国通信管理机构或政府间卫星组织开展的协调工作。

20. 俄罗斯联邦通信、信息技术和大众传媒监督局负责向国际电信联盟申请、协调和登记各类无线电服务机构使用俄罗斯联邦无线电设备的频率分配，以及与他国通信管理机构协调无线电设备的频率分配。

21. 俄罗斯联邦通信、信息技术和大众传媒监督局在无线电频率服务机构的参与下，根据俄罗斯联邦数字发展、通信和大众传媒部批准的程序，代表俄罗斯联邦通信管理机构，确保与他国通信管理机构、国际电信联盟和政府间卫星组织就各类无线电服务机构所使用无线电设备的频率分配的申请、协调和登记问题进行公文往来。①

22. 无线电频率服务机构负责确定有无必要向国际电信联盟申请、协调和登记以下工作：地面无线电服务机构使用俄罗斯联邦民用无线电设备的无线电频率或无线电频率频道的分配（使用）的工作，卫星无线电服务机构使用俄罗斯联邦民用地球站的无线电频率或无线电频率频道的分配（使用）的工作，以及根据《无线电规则》、国际电信联盟的其他文件，国际条约和协议，与他国通信管理机构对以上无线电频率和无线电频率频道的分配（使用）进行协调的工作。

---

① 该条在俄罗斯联邦政府2018年9月25日第1138号决议中进行了修订，自2018年10月6日起生效。

23. 国家无线电频率委员会根据《无线电规则》,国际电信联盟的其他文件,国际条约和协议,确定有无必要针对俄罗斯联邦民用航天系统使用无线电设备的频率分配向国际电信联盟进行申请、协调和登记。

为了满足国家权力机构、国防、国家安全和法治的需要,俄罗斯联邦国防部和俄罗斯联邦警卫局在其权限范围内,确定有无必要在国际电信联盟中对俄罗斯联邦各类无线电服务机构使用无线电设备的频率分配进行申请、协调和登记,以及与他国通信管理机构进行协调。

24. 根据《无线电规则》、国际电信联盟的其他文件、国际条约和协议的要求,编制向国际电信联盟对俄罗斯联邦各类无线电服务机构使用无线电设备的频率分配进行申请、协调和登记的工作材料。

25. 向国际电信联盟为俄罗斯联邦各类无线电服务机构使用无线电设备的频率分配进行的申请、协调和登记工作所产生的服务费用由用户承担,为了满足国家权力机构(包括联邦权力执行机构)、国防、国家安全和法治需要开展此类工作的服务除外。向国际电信联盟为俄罗斯联邦各类无线电服务机构使用无线电设备的频率分配进行申请、协调和登记工作所产生的服务费用,由俄罗斯联邦数字发展、通信和大众传媒部批准的方法确定。①

26. 根据国家无线电频率委员会的决定,向国际电信联盟为俄罗斯联邦各类无线电服务机构使用无线电设备的频率分配进行的申请、协调和登记是为发展先进的无线电技术提供无线电频谱保障,为各类无线电服务机构提供长期的无线电频谱保障。

27. 无线电频率服务机构按照本节规定开展工作时,应当记录和储存关于无线电设备频率分配的数据,包括各类无线电服务机构使用俄罗斯联邦和他国无线电设备的频率分配的技术性能、对频率分配进行协调的条件、在国际电信联盟登记的信息(包括与他国通信管理机构、国际电信联盟、政府间卫星组织进行公文往来的信息,以及俄罗斯联邦通信管理机构代表团与他国通信管理机构或政府间卫星组织代表团之间关于协调各类无线电服务机构使用无线电设备的频率分配的会谈纪要)。

有关人员获取俄罗斯联邦和他国各类无线电服务机构使用无线电设备的频率

① 该条在俄罗斯联邦政府 2018 年 9 月 25 日第 1138 号决议中进行了修订,自 2018 年 10 月 6 日起生效。

分配数据、对频率分配进行协调的条件、对频率分配进行登记的信息以及记录和储存会谈纪要的程序，根据本款规定，应由俄罗斯联邦数字发展、通信和大众传媒部按照俄罗斯联邦关于信息保护的立法要求予以确定。①

28. 根据向国际电信联盟申请、协调和登记俄罗斯联邦航天系统所用无线电设备的频率分配年度工作计划（以下简称工作计划），开展向国际电信联盟为俄罗斯联邦各类无线电服务机构使用无线电设备的频率分配进行申请、协调和登记的工作，同时考虑到俄罗斯联邦卫星网络对轨道、航天器停放点和无线电频段的总体需求。该需求由国家无线电频率委员会送交联邦通信、信息技术和大众传媒监督局批准。

29. 联邦通信、信息技术和大众传媒监督局根据用户的需要以及从他国通信管理机构或政府间卫星组织收到的关于协调航天系统使用无线电设备的频率分配请求，不晚于计划年份的前一年的 10 月 1 日制定该工作计划的草案。

联邦通信、信息技术和大众传媒监督局将该工作计划的执行结果送交国家无线电频率委员会，并在国家无线电频率委员会的会议上予以审议。

如果向国际电信联盟申请、协调和登记俄罗斯联邦航天系统使用无线电设备频率分配的工作尚未列入工作计划，应当根据国家无线电频率委员会为上述系统分配无线电频段的现有决定实施。

30. 向国际电信联盟对俄罗斯联邦各类无线电服务机构使用无线电设备频率分配进行的申请、协调和登记的材料，由用户编写并提交给无线电频率服务机构鉴定，以确定是否符合国家无线电频率委员会关于向该用户分配无线电频段的决定、《无线电规则》和国际电信联盟其他文件的要求。该鉴定的结果应以书面的形式编写。

31. 在对俄罗斯联邦航天系统使用无线电设备频率分配的申请、协调和登记的材料进行鉴定时，无线电频率服务机构应与俄罗斯联邦警卫局进行协商，并在收到这些材料之日起不超过 45 个日历日内，提交关于是否向国际电信联盟发送这些材料的书面鉴定。

在对上述材料进行鉴定和协商以及确认用户已履行了支付保证金的义务，支付国际电信联盟在办理俄罗斯联邦航天系统所用无线电设备频率分配登记申请的

---

① 该段在俄罗斯联邦政府 2018 年 9 月 25 日第 1138 号决议中进行了修订，自 2018 年 10 月 6 日起生效。

费用后,由联邦通信、信息技术和大众传媒监督局向国际电信联盟提交这些材料。上述确认用户支付保证金的要求不适用于以下用户:为了满足国家权力机构(包括联邦权力执行机构)、国防、国家安全和法治的需要,对俄罗斯联邦航天系统对所用无线电设备频率分配进行登记申请的用户。

俄罗斯联邦数字发展、通信与大众传媒部负责制定确认支付保证金、支付国际电信联盟在办理俄罗斯联邦航天系统所用无线电设备频率分配登记申请费用的程序,并负责向国际电信联盟提交俄罗斯联邦航天系统对使用无线电设备频率分配进行申请、协调和登记的材料。①

32. 为了确认根据《无线电规则》向国际电信联盟发送关于俄罗斯联邦航天系统使用民用无线电设备频率分配的生效日期的信息,用户应在《无线电规则》确定的这些无线电设备频率分配生效期限届满前 30 天内,向无线电频率服务机构提交关于发射(变换至另一轨道的位置)或出租空间站(航天器)的信息。

33. 从他国的国家通信管理机构或政府间卫星组织收到的、涉及俄罗斯联邦航天系统使用无线电设备的频率分配的申请、协调和登记的函询和材料,应由无线电服务机构考虑并在收到之日起 10 个工作日内发送给用户,用户在收到之日起 30 日内,将建议提交给无线电服务机构,以拟制向相应的他国通信管理机构或政府间卫星组织发送进行答复的草案。由联邦通信、信息技术和大众传媒监督局按照俄罗斯联邦数字发展、通信和大众传媒部批准的程序,向相应的他国通信管理机构或政府间卫星组织发送上述答复。②

34. 向国际电信联盟提交对地面无线电服务机构使用俄罗斯联邦民用无线电设备频率和无线电频率频道分配(使用)进行申请、协调和登记的材料,以及卫星无线电服务机构使用俄罗斯联邦民用地球站的无线电设备频率和无线电频率频道分配(使用)进行申请、协调和登记的材料,由无线电频率服务机构负责编写。

35. 为了满足国家权力机构、国防、国家安全和法治的需要,向国际电信联盟提交对地面无线电服务机构使用无线电设备频率和无线电频率频道分配(使用)进行申请、协调和登记的材料,以及卫星无线电服务机构使用地球站的无线电频率和无线电频率频道分配(使用)进行申请、协调和登记的材料,由俄罗斯联邦国防部或俄

① 该段在俄罗斯联邦政府 2018 年 9 月 25 日第 1138 号决议中进行了修订,自 2018 年 10 月 6 日起生效。

② 该项在俄罗斯联邦政府 2018 年 9 月 25 日第 1138 号决议中进行了修订,自 2018 年 10 月 6 日起生效。

罗斯联警卫局在各自的职权范围内编写,并发送给无线电频率服务机构。

36. 联邦通信、信息技术和大众传媒监督局负责向他国通信管理机构提交:地面无线电服务机构使用俄罗斯联邦无线电设备频率或无线电的频道分配(使用)进行协调的申请材料,以及卫星无线电服务机构使用俄罗斯联邦地面站的无线电频率或无线电的频道分配(使用)进行协调的申请材料。

为开展协调工作,无线电频率服务机构应与有关用户进行协商,调整地面无线电服务机构使用俄罗斯联邦无线电设备的无线电频率或无线电频率频道分配(使用)的参数,以及卫星无线电服务机构使用俄罗斯联邦地面站的无线电频率或无线电的频道分配(使用)的参数。

37. 在与他国通信管理机构对地面无线电服务机构使用俄罗斯联邦无线电设备的无线电频率或无线电频率频道分配(使用),以及卫星无线电服务机构使用俄罗斯联邦地面站的无线电频率或无线电的频道分配(使用),以及(或)根据《无线电规则》、国际条约和协议规定的情况向国际电信联盟进行登记的协调工作完成后,无线电频率服务机构应将该情况告知有关用户。

38. 联邦通信、信息技术和大众传媒监督局负责对各类无线电服务机构使用他国无线电设备和政府间卫星组织的频率分配的材料进行审核的组织工作,材料的具体审核工作由无线电频率服务机构负责。

39. 无线电频率服务机构在对地面无线电服务机构使用他国无线电设备的无线电频率或无线电频率频道分配(使用),以及卫星无线电服务机构使用他国地面站的无线电频率或无线电的频道分配(使用)的材料进行审核时:

(1)审核本项规定的材料,并计算地面无线电服务机构使用他国无线电设备的无线电频率或无线电频率频道分配(使用),以及卫星无线电服务机构使用他国地面站的无线电频率或无线电的频道分配(使用),与各类无线电服务机构使用俄罗斯联邦民用无线电设备的频率分配之间的电磁兼容性;

(2)将本款规定的材料送交俄罗斯联邦国防部和俄罗斯联邦警卫局,供其审核或作出结论,该结论应与以下内容有关,为满足国家权力机构、国防、国家安全和法治的需要而使用的无线电设备的频率分配,与地面无线电服务机构使用他国无线电设备的无线电频率或无线电频率频道分配(使用),以及卫星无线电服务机构使用他国地面站的无线电频率或无线电的频道分配(使用)之间是否具备电磁兼容性。

40. 计算地面无线电服务机构使用他国无线电设备的无线电频率或无线电频率

频道分配（使用），以及卫星无线电服务机构使用他国地面站的无线电频率或无线电的频道分配（使用），与根据国家权力机构、国防、国家安全和维护法律秩序的需要而使用的无线电设备的频率分配之间的电磁兼容性，由俄罗斯联邦国防部或俄罗斯联警卫局在各自的职权范围内实施。

41. 无线电频率服务机构在审核国际电信联盟对他国航天系统和政府间卫星组织所使用的无线电设备频率分配进行预先公布、协调和登记的材料时：

（1）将本款规定的材料送交俄罗斯联邦国防部和俄罗斯联邦警卫局以及有关用户，以便审核或作出结论，说明能否确保其无线电设备的频率分配与他国航天系统或政府间卫星组织使用的无线电设备频率分配之间的电磁兼容性。

（2）对本款规定的材料进行审核和鉴定，确保他国航天系统或政府间卫星组织使用的无线电设备频率分配与俄罗斯联邦民用无线电设备的频率分配之间的电磁兼容性。

42. 如果《无线电规则》、国际电信联盟的其他文件和国际协定没有规定特别的期限要求，俄罗斯联邦国防部、俄罗斯联邦警卫局和有关用户应在收到外国和政府间卫星组织的无线电设备的频率分配的材料之日起不超过 30 个日历日内对其进行审核，并将审核结果或报告送交无线电频率服务机构。

43. 由无线电频率服务机构根据对各类无线电服务机构使用他国或政府间卫星组织的无线电设备频率分配，与各类无线电服务机构使用俄罗斯联邦民用无线电设备频率分配的电磁兼容性进行计算或审核的结果，根据俄罗斯联邦国防部、俄罗斯联邦警卫局和有关用户的审核结果以及报告，编写关于对各类无线电服务机构使用他国或政府间卫星组织的无线电设备频率分配的审核结果的答复草案。

根据俄罗斯联邦数字发展、通信和大众传媒部批准的程序，向国际电信联盟和（或）他国通信管理机构发送关于对各类无线电服务机构使用他国或政府间卫星组织的无线电设备频率分配的审核结果的答复。①

44. 如有以下情形，由俄罗斯联邦通信管理机构与他国通信管理机构或政府间卫星组织之间就协调各类无线电服务机构所使用的无线电设备的频率分配问题进行谈判（以下简称谈判）：

（1）俄罗斯联邦通信管理机构与他国通信管理机构或政府间卫星组织之间对

① 该段在俄罗斯联邦政府 2018 年 9 月 25 日第 1138 号决议中进行了修订，自 2018 年 10 月 6 日起生效。

各类无线电服务机构所使用的无线电设备的频率分配问题进行协调,没有产生积极的结果时;

(2)需要确定无线电频段的使用条件时;

(3)根据他国通信管理机构或政府间卫星组织的建议进行谈判。

45. 谈判按照国家无线电频率委员会批准的年度谈判计划实施。

计划外谈判根据以下规定进行:应根据俄罗斯联邦通信管理机构的决定,该决定是在无线电频率服务机构审核他国通信管理机构或政府间卫星组织关于举行此类谈判的建议后通过的;以及属于本条例第44条"(1)"和"(2)"项规定的情形。

由联邦通信、信息技术和大众传媒监督局在每年10月1日前制定下一年度的谈判计划的草案。

谈判的组织工作由联邦通信、信息技术和大众传媒监督局负责。

组织谈判的程序,包括组建俄罗斯联邦通信管理机构谈判代表团、批准俄罗斯联邦通信管理机构谈判代表团的技术任务书、任命俄罗斯联邦通信管理机构代表团团长和提交谈判代表团工作成果报告的程序,由俄罗斯联邦数字发展、通信和大众传媒部确定。①

46. 联邦通信、信息技术和大众传媒监督局负责编写谈判的日期和地点、谈判议程草案,并与他国通信管理机构或政府间卫星组织进行初步协商,以及向俄罗斯联邦通信管理机构提交关于俄罗斯联邦通信管理机构代表团参加谈判的情况报告。

47. 根据联邦权力执行机构和有关用户的建议,无线电频率服务机构负责编写俄罗斯联邦通信管理机构代表团进行谈判的技术任务书草案,并与俄罗斯联邦国防部和俄罗斯联邦警卫局进行协商。

对俄罗斯联邦通信管理机构代表团进行谈判的技术任务书草案进行协商后,应送交俄罗斯联邦通信、信息技术和大众传媒监督局,以提请俄罗斯联邦通信管理机构批准。

48. 允许举行技术专家级的会谈,以协调解决航天系统中使用无线电设备的频率分配的有关问题。此类会谈由参加会谈的有关用户负责组织。根据与俄罗斯联邦通信管理机构商定的技术任务书,按照俄罗斯联邦数字发展、通信和大众传媒部

---

① 该段在俄罗斯联邦政府2018年9月25日第1138号决议中进行了修订,自2018年10月6日起生效。

既定程序举行技术专家级会谈，以协调航天系统使用无线电设备频率分配的问题。①

49. 根据联邦通信、信息技术和大众传媒监督局的建议，在国家无线电频率委员会会议上，对谈判计划的落实结果以及计划外谈判的结果进行审议。

50. 无线电频率服务机构应在谈判结束之日起 30 个工作日内，将谈判纪要的副本及其俄文译本送交联邦通信、信息技术和大众传媒监督局，俄罗斯联邦国防部，俄罗斯联邦警卫局和其他有关的用户，以便就是否批准谈判纪要的可能性作出结论，同时应送交俄罗斯联邦通信管理机构。

51. 联邦通信、信息技术和大众传媒监督局，俄罗斯联邦国防部，俄罗斯联邦警卫局和有关用户（针对航天系统使用无线电设备的频率分配而言），应在收到谈判纪要副本及其俄文译本之日起 75 个日历日内，向无线电频率服务机构提交关于批准或拒绝批准该谈判纪要的报告。

根据各机构和有关用户的报告，无线电频率服务机构与联邦通信、信息技术和大众传媒监督局协商后，向俄罗斯联邦通信管理机构提交关于批准（不批准）谈判纪要的总结报告。俄罗斯联邦通信管理机构应考虑到上述报告中的结论，就批准或拒绝批准谈判纪要作出决定，并将所作出的决定通知联邦通信、信息技术和大众传媒监督局。

52. 俄罗斯联邦通信、信息技术和大众传媒监督局负责将批准（不批准）谈判纪要的通知发送至他国通信管理机构和（或）政府间卫星组织。

53. 在航天系统中使用的无线电设备频率分配的专家层面的协调过程中，用户应在会晤结束后 1 个月内，向无线电频率服务机构提交此次会议的会议记录，无线电频率服务机构按照本规则第 50、51 条规定的程序对谈判会议记录进行审批。

54. 无线电频率服务机构负责保存谈判纪要的正本及其俄文译本。

55. 根据国际电信联盟的既定程序、无线电频率服务机构和用户之间签订的协议，无线电频率服务机构通过用户缴纳的资金支付国际电信联盟在办理俄罗斯联邦航天系统对使用无线电设备频率分配进行登记申请的费用。②

56. 相关联邦权力执行机构，负责无线电设备（其生产是为满足进行科研、开发

---

① 该条在俄罗斯联邦政府 2018 年 9 月 25 日第 1138 号决议中进行了修订，自 2018 年 10 月 6 日起生效。

② 该条在俄罗斯联邦政府 2017 年 8 月 15 日第 970 号决议中进行了修订，自 2017 年 8 月 25 日起生效。

和实验的相关需求）订购、研发和（或）维护的法人主体应支付以下费用，即国际电信联盟为满足国家权力机构（包括联邦权力执行机构）、国防、国家安全和法治的需要，办理俄罗斯联邦航天系统所用无线电设备的频率分配登记申请的费用。

57. 在收到国际电信联盟无线电通信局按照国际电信联盟章程开具的票据后，在规定的期限内向国际电信联盟付款。

58. 根据本规则第55条规定的协议，无线电频率服务机构负责：

（1）及时支付国际电信联盟在办理俄罗斯联邦航天系统所用无线电设备频率分配登记申请的费用；

（2）在无线电频率服务机构向国际电信联盟（由联邦通信、信息技术和大众传媒监督局组织）提交本规则第31条规定的材料之前，或者在国际电信联盟收到这些材料之日起15个日历日内，如果用户拒绝向国际电信联盟为俄罗斯联邦航天系统使用无线电设备的频率分配进行申请、协调和登记，则负责退还用户保证金，该保证金是为支付国际电信联盟在办理俄罗斯联邦航天系统所用无线电设备频率分配登记申请的费用。

无线电频率服务机构通知提交材料的用户（这些材料用于俄罗斯联邦航天系统使用无线电设备的频率分配进行申请、协调和注册）：自向国际电信联盟发送材料之日起的3个工作日内，通知用户关于材料发送的日期；在国际电信联盟向无线电频率服务机构反馈已收到这些材料当日起的3个工作日内，通知用户关于材料收到的信息。①

59. 在俄罗斯联邦通信管理机构关于在国际信息通函中免费发布俄罗斯联邦航天系统所使用无线电设备的频率分配登记申请时，优先公布俄罗斯联邦航天系统为满足国家权力机构（包括联邦权力执行机构）、国防、国家安全和法治需要而使用的无线电设备的频率分配。

四、为俄罗斯联邦无线电设备频率分配的国际法保护提供科学技术保障的程序

60. 为俄罗斯联邦无线电设备频率分配的国际法保护提供科学技术保障，这项工作由俄罗斯联邦相关权力执行机构组织负责，以落实在无线电频谱使用管理和

---

① 该条在俄罗斯联邦政府2017年8月15日第970号决议中进行了修订，自2017年8月25日起生效。

国际分配方面的国家政策。

俄罗斯联邦权力执行机构完成上述工作的经费，来自下一财政年度联邦预算向这些机构提供的预算拨款。

61. 俄罗斯联邦通信管理机构履行科学技术保障职能，主要是为了完成以下基本任务：

(1)俄罗斯联邦通信管理机构履行俄罗斯联邦作为通信领域国际组织参与者的义务；

(2)在无线电频谱监管领域协调俄罗斯联邦法律同国际法规相一致，并保障俄罗斯联邦的国家利益；

(3)促进引入先进的无线电技术，以及涉及无线电频谱使用、地球静止轨道和其他卫星轨道的创新项目。

62. 通过下一财政年度中用于该用途、针对俄罗斯联邦通信管理机构的联邦预算拨款，在科学机构的参与下，按照《俄罗斯联邦国家和市政府货物、劳务和服务采购领域合同系统法》规定的程序，俄罗斯联邦数字发展、通信与大众传媒部为俄罗斯联邦通信管理机构履行职能提供科学技术保障。①

① 该条在俄罗斯联邦政府 2018 年 9 月 25 日第 1138 号决议中进行了修订，自 2018 年 10 月 6 日起生效。

《俄罗斯联邦境内外国所辖卫星通信网络的使用规则》

《俄罗斯联邦境内外国所辖卫星通信网络的使用规则》*

（俄罗斯联邦政府2014年11月14日第1194号决议）

（2020年11月5日修订）

1. 本规则规定了在俄罗斯联邦境内外国管辖的卫星通信网络的使用程序。

2. 外国管辖的卫星通信网络（以下简称外国卫星系统）是指使用外国空间站（航天器）的卫星系统，以及外国国家行政部门为该卫星系统向国际电信联盟申请的频率分配。

外国空间站（航天器）是指外国法人和（或）自然人所有的空间站（航天器）。

卫星系统是指使用以政府间卫星组织名义向国际电信联盟申请的分配频率的外国卫星系统。

在本规则中，术语“行政部门”“空间站”“卫星线路”“卫星网络”“卫星系统”“地面站”的定义与国际电信联盟《无线电规则》（以下简称《无线电规则》）中定义相同。①

在本规则中，接口站应指履行通信枢纽功能的卫星通信地面站，确保组织用户接入卫星通信系统，建立卫星系统用户站之间、卫星系统用户站与地面电话通信网络、数据传输网络的用户设备（终端设备）之间的连接。②

3. 为发展俄罗斯通信网络并保证其与国际通信网络一体化，使用外国卫星系统创建卫星网络（线路）时需要以国家无线电频率委员会的决议为依据。同时，外国卫星系统在卫星网络（线路）机构的使用过程中，与俄罗斯卫星系统和地面无线电

---

* 俄罗斯联邦政府2014年11月14日第1194号决议批准，根据俄罗斯联邦政府2017年8月15日第970号决议、2018年9月25日第1138号决议、2019年2月21日第175号决议、2020年11月5日第1782号决议修订。

① 该段在俄罗斯联邦政府2017年8月15日第970号决议中进行了修订，自2017年8月25日起生效。在俄罗斯联邦政府2019年8月21日第175号决议中进行了修订，自2019年2月26日起生效。

② 该段根据俄罗斯联邦政府2020年11月5日第1782号决议增加，自2020年11月14日起生效。

设施的协调工作应当遵守《无线电规则》的规定。[①]

4. 当使用俄罗斯卫星系统无法满足国家权力机构、国防、国家安全和法治需求时，经联邦权力执行机构批准，在既定活动范围内可使用外国卫星系统。

当俄罗斯空间站（航天器）无法用于保障经济、环境、信息和其他类型安全时，经俄罗斯联邦数字发展、通信和大众传媒部同意，可在俄罗斯联邦境内卫星系统机构内使用用于此目的的外国空间站（航天器）。[②]

5. 为了保护俄罗斯联邦向国际电信联盟申请的卫星系统的频率分配，根据国家无线电频率委员会关于分配无线电频段的决议，允许使用外国空间站（航天器）。

如果属于卫星系统一部分的俄罗斯空间站（航天器）发生故障，可暂时使用外国空间站（航天器）来支持俄罗斯卫星系统的运行。根据俄罗斯法人与外国空间站（航天器）所有方签订的合同，出现上述情况时应与俄罗斯联邦数字发展、通信和大众传媒部协商。在这种情况下，允许使用俄罗斯联邦管辖范围以外的技术控制设备对外国空间站（航天器）进行控制。[③]

6. 国家无线电频率委员会明确俄罗斯空间站（航天器）使用外国卫星系统的频率分配的条件和程序。这里的频率分配指由外国主管部门或政府间卫星组织向国际电信联盟申请的频率分配。

7. 使用外国卫星系统需根据国家无线电频率委员会关于无线电频带分配的决议，经俄罗斯联邦数字发展、通信和大众传媒部，俄罗斯联邦国防部，俄罗斯联邦安全局，俄罗斯联邦警卫局批准后，由俄罗斯电信运营商同外国卫星系统所有方以协议的形式进行国际担保，协议内容要明确该卫星通信系统不用于侦察性质，不会损害个人、社会和俄罗斯联邦利益。[④]

8. 使用外国卫星系统的俄罗斯电信运营商组成了该系统的俄罗斯部分，确保俄罗斯联邦对卫星系统该部分进行管理。

9. 使用外国卫星系统的俄罗斯电信运营商组成了该系统的俄罗斯部分，并作为

---

① 本段在俄罗斯联邦政府 2017 年 8 月 15 日第 970 号中进行了修订，自 2017 年 8 月 25 日起生效。

② 本段在俄罗斯联邦政府 2018 年 9 月 25 日第 1138 号中进行了修订，自 2018 年 10 月 6 日起生效。

③ 本段在俄罗斯联邦政府 2018 年 9 月 25 日第 1138 号中进行了修订，自 2018 年 10 月 6 日起生效。

④ 本段在俄罗斯联邦政府 2019 年 2 月 21 日第 175 号决议中进行了修订，自 2019 年 8 月 26 日起生效。

公共通信网络接口站的组成部分。俄罗斯联邦境内用户站（终端）产生的所有流量，包括尚未与俄罗斯电信运营商达成通信服务协议且正在俄罗斯境内漫游的外国用户站，都必须通过俄罗斯联邦境内的俄罗斯电信运营商的接口站。①

10. 在俄罗斯联邦法律规定的自然灾害和其他紧急情况下，被授权的国家机构享有俄罗斯联邦境内使用外国卫星系统俄罗斯部分的优先权，以及中止该部分在俄罗斯联邦境内运行的权利。

11. 有关不需要注册并在外国卫星系统的俄罗斯部分运行的用户站（终端）的信息及其所有者的个人数据，其用户必须由使用此类无线电电子手段提供通信服务的俄罗斯电信运营商进行注册。②

外国卫星系统俄罗斯部分的俄罗斯电信运营商负责对外国卫星系统的用户站（终端）在俄罗斯联邦境内的使用情况进行检查。③

12. 在使用外国空间站（航天器）的俄罗斯卫星通信网络中，如未按既定程序获得俄罗斯联邦安全局的相应许可，禁止使用加密保护手段。

13. 根据俄罗斯联邦法关于信息安全保障和侦察活动的要求开展使用外国卫星系统的活动。

---

① 本条款在俄罗斯联邦政府 2019 年 2 月 21 日第 175 号决议中进行了修订，自 2019 年 8 月 26 日起生效。

② 本条款在俄罗斯联邦政府 2019 年 2 月 21 日第 175 号决议中进行了修订，自 2019 年 8 月 26 日起生效。

③ 本段在俄罗斯联邦政府 2019 年 2 月 21 日第 175 号决议中进行了修订，自 2019 年 8 月 26 日起生效。

《俄罗斯联邦轨道频率资源分配、使用和保护领域国家政策的基本条例》

《俄罗斯联邦政府关于批准俄罗斯联邦轨道频率资源分配、使用和保护领域国家政策的基本条例的决议》

（俄罗斯联邦政府2000年2月1日第88号决议）

（2016年11月1日修订）

为加强对俄罗斯联邦轨道频率资源分配、使用和保护领域的国家管控，俄罗斯联邦政府作出以下决定。

批准附件：

《俄罗斯联邦轨道频率资源分配、使用和保护领域国家政策的基本条例》；

该段根据俄罗斯联邦政府2014年11月14日第1194号决议于2014年11月28日无效。

《俄罗斯联邦轨道频率资源分配、使用和保护领域国家政策的基本条例》

(俄罗斯联邦政府2000年2月1日第88号决议)

(2016年11月1日修订)

1. 本基本条例调节与俄罗斯联邦轨道频率资源分配、使用和保护相关的活动,联邦权力执行机构和轨道频率资源使用者是上述活动的参与者。

2. 俄罗斯联邦轨道频率资源的保护及其使用管理是最重要的国家活动领域之一,关乎国家经济和社会的发展、保障国家权力机构通信需求和国防需求、保障安全和维护法制以及俄罗斯联邦境内法人与自然人的经营活动。①

3. 考虑到俄罗斯联邦根据国际电信联盟宪章和公约、政府间协议以及外国法律承担的义务,本规定适用于其无线电电子设备位于国际水域、国际空域、外层空间或俄罗斯联邦所管辖外国领土的轨道频率资源用户。

4. 根据以下基本原则落实分配、使用和保护轨道频率资源领域的国家政策:

(1)国家享有对分配、使用和保护轨道频率资源的专有权。同时,轨道频率项目不应该发生所有权变化、私有化或永久性转让等情况。

(2)根据俄罗斯联邦签署的国际条约,在轨道频率资源利用领域制定并实施统一的技术政策和程序。

(3)确保通信优先满足国家权力机构、国防、国家安全和法制保障的需求。②

(4)在考虑到国际电信联盟《无线电规则》确定的频谱分配和确保满足国家权力机构、国防、国家安全以及保障法制需要的轨道频率资源充足的情况下,在军民转化的框架内发展民用无线电业务以利用轨道频率资源,通过转化无线电频谱的措施扩大民用无线电业务的发展机会。③

---

① 根据2016年11月1日俄罗斯联邦政府第1118号决议修订,2016年11月15日通过起生效。

② 根据2016年11月1日俄罗斯联邦政府第1118号决议修订,2016年11月15日通过起生效。

③ 根据2016年11月1日俄罗斯联邦政府第1118号决议修订,2016年11月15日通过起生效。

(5)开展俄罗斯联邦在无线电通信领域的国际活动以确保国家利益,参加国际组织,并参与探索和利用外层空间的联合项目。

(6)采用经济方法管理轨道频率资源,通过确定轨道频率资源的经济价值(市场价值),对非国家用户实行将市场机制引入轨道频率资源调节过程的政策,并把在市场调节无线电频率使用过程中获得的利润首先投向维护和发展俄罗斯卫星通信和广播系统。①

(7)采用有效方法规划、分配和使用轨道频率资源,在任意类别用户未按规定程序确定其实际或及时使用的情况下采取措施取消对其获取、分配或保留无线电频带的许可,同时禁止损害国防利益和国家安全。②

(8)实施国家监督和检查制度,以遵守俄罗斯联邦法律制定的使用无线电频谱和轨道频率资源的规则。

5. 对无线电频谱和通信卫星轨道位置使用的管理是国家的专有权,由俄罗斯联邦政府授权的通信领域联邦权力执行机构根据《通信法》执行。

俄罗斯联邦政府及其授权的联邦权力执行机构应负责在俄罗斯联邦分配、使用和保护轨道频率资源方面进行总体协调。

国家无线电频率委员会按照俄罗斯联邦政府的指示对轨道频率资源进行分配。国家无线电频率委员会根据俄罗斯联邦政府批准的基本条例进行活动。③

国家无线电频率委员会有关分配使用和轨道频率资源、保障航天和地面服务无线电电子设备电磁兼容性以及国际法保护的规范性决议和命令,对轨道频率资源的所有用户均具有约束力,无论其位置在哪或属于什么所有制形式。

俄罗斯联邦政府确定规定联邦权力执行机构在管理分配、使用和保护所属无线电电子设备轨道频率资源方面的义务以及使用轨道频率资源的费用金额和缴费程序。

6. 国家无线电频率委员会负责分配用于研发(现代化)、生产或获取卫星和航天系统无线电电子设备的无线电频带。④

7. 国家无线电频率委员会在分配轨道频率资源时应遵循以下优先事项:⑤

---

① 根据2016年11月1日俄罗斯联邦政府第1118号决议修订,2016年11月15日通过起生效。

② 根据2016年11月1日俄罗斯联邦政府第1118号决议修订,2016年11月15日通过起生效。

③ 根据2016年11月1日俄罗斯联邦政府第1118号决议修订,2016年11月15日通过起生效。

④ 根据2016年11月1日俄罗斯联邦政府第1118号决议修订,2016年11月15日通过起生效。

⑤ 根据2016年11月1日俄罗斯联邦政府第1118号决议修订,2016年11月15日通过起生效。

(1)俄罗斯卫星通信系统的使用；

(2)使用俄罗斯联邦所加入国际组织的卫星通信系统；

(3)已完成与俄罗斯联邦通信管理机构网络相协调的外国管辖下的卫星通信系统的使用。

8. 在考虑到反垄断法并无条件保障解决国防和国家安全任务优先权的情况下，按照批准的程序保障法人和自然人平等地使用无线电频谱和轨道设施的权利。

根据国家无线电频率委员会的决定，授权分配无线电频带用于在国外研发、生产(现代化)和购买电子设备过程中使用轨道频率资源以及使用无线电频带的权利。①

9. 工作(在用)无线电频率和轨道位置的分配(指配)应根据俄罗斯联邦各无线电业务部门间无线电频带分配表规定的无线电频带分配以及在使用轨道频率资源领域的国际义务来进行。②

俄罗斯联邦各无线电业务部门间无线电频带分配表由国家无线电频率委员会制定，并经俄罗斯联邦政府批准。③

10. 在俄罗斯联邦各无线电业务部门间无线电频带分配表中，规定了以下类别的无线电频带：

用于满足国家权力机构需要、国防需要、国家安全以及保障法制的无线电电子设备优先使用的无线电频带(以下简称用于政府目的的无线电频带)；

供民用无线电电子设备优先使用的无线电频带(以下简称民用无线电频带)；

不同用途无线电电子设备共享的无线电频带(以下称为共享无线电频带)。④

11. 用于政府目的的无线电频带是供服务国家权力机构、国防、国家安全、法治保障以及空中交通管制需要的无线电电子设备使用的频带。⑤

民用无线电频带中包括可用于广播网络、电视网络、公共通信系统和部门通信网络的无线电频带，但不包括在政府无线电频带运行的部门网络。⑥

共享无线电频带包括可以被不同系统使用的无线电频带，系统的用途取决于

---

① 根据2016年11月1日俄罗斯联邦政府第1118号决议修订，2016年11月15日通过起生效。

② 根据2016年11月1日俄罗斯联邦政府第1118号决议修订，2016年11月15日通过起生效。

③ 根据2016年11月1日俄罗斯联邦政府第1118号决议修订，2016年11月15日通过起生效。

④ 根据2016年11月1日俄罗斯联邦政府第1118号决议修订，2016年11月15日通过起生效。

⑤ 根据2016年11月1日俄罗斯联邦政府第1118号决议修订，2016年11月15日通过起生效。

⑥ 根据2016年11月1日俄罗斯联邦政府第1118号决议修订，2016年11月15日通过起生效。

任何类别用户的需求。①

在指定的无线电频带类别中，国家无线电频率委员会可以规定出专用的无线电频带，以便为满足国家政府和国防的需要提供通信。②

12. 分配无线电频带的责任：

在用于政府目的的无线电频带内使用的电子设备——由国家无线电频率委员会、俄罗斯联邦国防部和俄罗斯联邦警卫局负责；

在民用无线电频带内使用的电子设备——由国家无线电频率委员会负责；

在共享无线电频带内使用的电子设备——由国家无线电频率委员会、俄罗斯联邦国防部和俄罗斯联邦警卫局负责。③

13. 负责在分配的无线电频带中指配无线电工作频率：

在用于政府目的的无线电频带内——由俄罗斯联邦国防部和俄罗斯联邦警卫局的无线电频率业务机构负责；

在民用无线电频带内——由俄罗斯联邦通信、信息技术和大众传媒监督局负责；

在共享无线电频带内——由俄罗斯联邦通信、信息技术和大众传媒监管局（在民用无线电电子设备方面）、俄罗斯联邦国防部和俄罗斯联邦警卫局负责。④

14. 国家对使用轨道频率资源的管理是基于相关法律、规范性决议和国际协议基础上的一系列行政、法律、科技措施，旨在有效利用轨道频率资源。

15. 在采取特殊措施期间和在紧急情况下，可能会对无线电频率的使用施加临时限制。实行限制的程序和有权实行该限制的机构清单由俄罗斯联邦政府确定。

16. 轨道频率资源的用户有权使用分配给其的轨道频率资源实施获准开展的各类活动，并有权使用俄罗斯联邦境内所有类型的卫星通信。

17. 国家无线电频率委员会发布使用轨道频率资源的许可证，轨道频率资源的用户必须严格履行许可证中规定的条件。⑤

如果轨道频率资源的用户违反了规定的条件，获授权的通信领域联邦权力执行机构有权终止或中止其使用许可证。

---

① 根据 2016 年 11 月 1 日俄罗斯联邦政府第 1118 号决议修订，2016 年 11 月 15 日通过起生效。

② 根据 2016 年 11 月 1 日俄罗斯联邦政府第 1118 号决议修订，2016 年 11 月 15 日通过起生效。

③ 根据 2016 年 11 月 1 日俄罗斯联邦政府第 1118 号决议修订，2016 年 11 月 15 日通过起生效。

④ 根据 2016 年 11 月 1 日俄罗斯联邦政府第 1118 号决议修订，2016 年 11 月 15 日通过起生效。

⑤ 根据 2016 年 11 月 1 日俄罗斯联邦政府第 1118 号决议修订，2016 年 11 月 15 日通过起生效。

如果用户对终止或中止其许可证的决定有异议，可以按照俄罗斯联邦法律规定的程序就该决定提出上诉。

18. 卫星和航天通信用户的所有无线电电子设备都必须按照规定的程序进行注册。

19. 国际法律保护是为了确保国际认可并保护俄罗斯航天和地面无线电服务无线电电子设备运作而实施的一系列技术、法律、组织和科研措施。

20. 通过参加国际电信联盟、下属机构以及其他有关无线电频谱分配和使用、无线电设备标准化国际组织的活动，包括参加关于无线电频谱的使用管理和确保电磁兼容性等问题的国际会议、研讨会和座谈会对俄罗斯联邦电子设备的频率指配和人造地球卫星的轨道位置进行国际法律保护，为俄罗斯联邦开发和使用各种类型的卫星通信创造有利条件。

21. 由俄罗斯联邦政府授权的通信领域联邦权力执行机构作为俄罗斯联邦通信管理机构在国际层面上代表俄罗斯联邦的利益。

22. 俄罗斯联邦政府确定联邦权力执行机构分配、使用和保护轨道频率资源的责任。

对轨道频率资源使用的监督和对无线电电子设备辐射的技术管控由俄罗斯联邦通信、信息技术和大众传媒监督局，俄罗斯联邦国防部相关各局以及俄罗斯联邦警卫局负责①。

对于服务于国家权力机构需要、国防需要、国家安全以及保障法制的无线电频谱和轨道频率资源，其使用问题不包含在联邦通信、信息技术和大众传媒监督局的活动范围内。②

23. 在俄罗斯联邦航天计划框架内，根据国家命令更换报废航天器的计划以及用户根据本基本条例提出的需求，使用航天通信设备填充用于通信和广播的轨道阵位。

在俄罗斯联邦航天计划框架内制造航天通信装备。

---

① 根据2016年11月1日俄罗斯联邦政府第1118号决议修订，2016年11月15日通过起生效。

② 根据2016年11月1日俄罗斯联邦政府第1118号决议修订，2016年11月15日通过起生效。

《2012—2020年格洛纳斯系统的维护、开发和使用专项计划》

《2012—2020 年格洛纳斯系统的维护、开发和使用专项计划》

（俄罗斯联邦政府 2012 年 3 月 3 日第 189 号决议）

一、基 本 信 息

国家客户协调部门：联邦航天局。

政府客户：俄罗斯联邦工业和贸易部；俄罗斯联邦交通部；联邦技术调节和计量局；俄罗斯联邦民防、紧急情况和消除自然灾害事务部；俄罗斯联邦国防部；俄罗斯联邦内政部；联邦航天局；联邦国家登记、地籍和制图局。

二、一 般 指 标

计划的目标和基本阶段

为了保障特殊和民用（包括商业和科研）用户的利益并依靠维护和开发格洛纳斯系统来促进俄罗斯卫星导航技术的国际使用，扩大对使用格洛纳斯系统的国产卫星导航技术和服务的推广和使用。

第一阶段：2012—2015 年；第二阶段：2016—2020 年。

联邦专项计划对俄罗斯联邦社会和经济发展的贡献

确保俄罗斯联邦在卫星导航领域的独立性，并保持格洛纳斯系统的竞争力。创造既可以军用也可以民用的新技术。通过使用卫星导航技术来扩大国内外的商品和服务市场。提高客货运输、地质勘探、建筑、通讯、能源生产和分配、农业、林业以及地籍测量活动等领域内企业经营活动的效率，确保客运和货运的安全。

2012 年实施联邦专项计划的实际成果

制造 3 颗用于指定用途的卫星和 1 颗用于飞行试验的卫星。生产格洛纳斯系统卫星运载火箭：“联盟 – 2.1b”和“质子 – M”运载火箭、“护卫舰”助推器。维护和运营格洛纳斯系统导航空间综合体地面基础设施。对企业进行改建和技术更新以满足格洛纳斯系统需要。

2013 年实施联邦专项计划的实际成果

制造 4 个用于指定用途的航天器。制造并发射"联盟 - 2.1b"运载火箭、"质子 - M"运载火箭、"护卫舰"助推器。进行"格洛纳斯 - K"导航卫星飞行试验。维护和运营格洛纳斯系统导航空间综合体地面基础设施。对企业进行改建和技术更新以满足格洛纳斯系统的需求。

"全球卫星导航系统"联邦专项计划（2001—2011 年）实施结果

2011 年完成俄罗斯联邦政府 2001 年 8 月 20 日第 587 号决议批准的"全球卫星导航系统"联邦专项计划。

到 2011 年,保障格洛纳斯系统的导航卫星群达到额定数量(从 2000 年的 7 颗到增加到 24 颗)并通过发射升级版"格洛纳斯 - M"卫星对其进行维护,着手建立轨道资源,并建起了俄罗斯的空间导航系统,该系统可以在地球表面和离地高达 2000 千米的高度提供持续的全球导航,并且目前在基本性能上(精确性、可用性、机动性)与美国的 GPS 相当。

这为广泛地使用格洛纳斯系统以保障俄罗斯联邦国家安全以及在经济各个部门中和国际合作计划中使用该系统奠定了基础。

目前,格洛纳斯系统导航区域的可用性为:

俄罗斯境内——100%;

全球范围内——100%。

作为对比:2002 年格洛纳斯系统导航区域的可用性在全球范围内为 18%。

格洛纳斯系统的精度具有竞争力——标准偏差为 5.6m,可以满足大多数用户的要求。作为比较:2006 年该数值为 35m—50m。

2011 年开始对新一代的"格洛纳斯 - K"导航卫星进行飞行测试,这为完成更高水平的任务提供了解决方案。

格洛纳斯系统的目标应用效率

格洛纳斯系统的民用主要基于在交通设施中应用导航技术,这为以下主要任务提供了有效的解决方案:

——在俄罗斯形成统一的交通运输空间；

——融入全球交通运输空间并实现国家的过境运输潜力；

——提高运输安全水平和运输流管理效率；

——提升现有基础设施的运输能力；

——提高空域利用效率和空中导航服务质量；

——降低运营成本和交通运输对环境的有害影响；

——确保交通便利，提高运输服务的质量和竞争力；

——构建智能交通系统的国家平台及其实施和发展。

在实施“全球卫星导航系统”联邦专项计划期间，部署了格洛纳斯全球卫星导航系统增强系统。这是一个差分校正和监测系统，该系统通过地面（基于连接互联网的移动和固定设备）和空间（使用“射线 - 5A”中继卫星）通道提供校正信息和系统完整性数据，保证俄罗斯导航区域的100%覆盖。还部署了传递系统完整性数据的工具，该工具可保证将导航信息传递给用户的最长时间不超过10s。

在创建格洛纳斯系统基础部分的框架下，使用“类星射电源 - KVO（Квазар - KBO）”无线电干涉综合体，开发并实施了一种用于实时无线电干涉观测的先进技术（e - VLBI 技术）。该技术可以高精度地为格洛纳斯系统确定世界时间和极点坐标。

开发了基本的接收和计算模块，并在此基础上创造了用户导航设备的样品，其中有的已经完成开发并批量生产，正在生产57个民用用户导航设备样品和59个供特殊用户使用的用户导航设备样品（主要针对俄罗斯国防部）。

为了利于航空运输，飞机上装备或改装了机载卫星导航设备和其他基于全球卫星导航系统的综合设施。在阿纳帕、伏努科沃、格罗兹尼、叶卡捷琳堡、克拉斯诺亚尔斯克、（高加索）矿水城、纳迪姆、新西伯利亚、诺里尔斯克、诺亚布里斯克、顿河畔罗斯托夫、萨利哈德、萨马拉、圣彼得堡、苏尔古特、秋明（罗希诺）、哈巴罗夫斯克的机场已经安装了格洛纳斯系统的地面配套设施。

铁路运输的旅客列车和机车车辆还配备了格洛纳斯/GPS 接收器。

在对海运和河运船舶进行装备和改装的工作框架内，俄罗斯联邦海河运输署下属国家机构的工程船舶上安装了符合国际标准的船载格洛纳斯系统。

建立监控和核查格洛纳斯系统实用技术性能的中心

根据2008年9月12日第680号俄罗斯联邦政府决议，在莫斯科州科罗廖夫市建立一个监控和核查格洛纳斯系统实用技术性能的中心。该中心的投入使用将使独立监控格洛纳斯系统和 GPS 系统的性能以保障民用用户的利益、建立用于卫星导航领域研究和实验工作的现代技术和实验基地、开展国际合作以确保全球卫星导航系统的互补性和兼容性成为可能。

钢筋混凝土主体工程、建筑物屋顶设备安装、外墙工程，外部通讯设备以及热回路启动已于 2011 年全部完工；已经开始建筑物内部工程管道安装和内部装修工作。

该设施计划试运行日期为 2013 年。

在国际和国内空间服务市场中推广俄罗斯的格洛纳斯系统

2011 年，俄罗斯联邦航天局和行业领先企业的专家们为卫星导航领域的活动提供了广泛的国际科技信息支持。俄罗斯联邦航天局的专家代表团直接参加了 15 个有关卫星导航技术发展和研究的国际论坛和会议，其中包括：

——慕尼黑卫星导航峰会（德国）；

——全球卫星导航年会（ION - GNSS）（美国）；

——第五届和第六届国际卫星导航论坛。

为了给格洛纳斯系统的民事应用创造条件，并维护和开发具备与国外系统等效技术性能的格洛纳斯系统，规定：

——在国际合作的框架内，确保格洛纳斯系统及其增强系统与外国系统的兼容性和互操作性；

——创建和部署包括区域中心和其他中心在内的、提供导航服务的应用导航信息系统基本要素和基础设施，开发有针对性的专业人才培训系统，开发格洛纳斯网络基础设施（差分站和参考站，辅助服务器等），开发推广格洛纳斯系统技术的创新结构；

——构建完成规定使用导航技术和产品、提供服务以及向用户保证供应其申请导航服务的完整规范性法律文件基础；

——在国内外市场上推广使用格洛纳斯系统的设备、应用系统以及基于它们的导航服务，包括推动格洛纳斯系统进入国际组织（国际民用航空组织、国际海事组织、全球卫星导航系统国际委员会等）的标准和建议措施；

——创建地图门户网站，为消费者提供开放的导航地图和计划；

——维护最新的地形地貌数据库；

——为民用用户和特种用户的导航设备，以及以这些设备为基础的导航信息系统创建各种比例的数字导航图。

在确保国际卫星导航系统兼容性和互补性方面发展国际合作，对在国际空间市场上推广俄罗斯格洛纳斯导航系统至关重要。

2012—2020 年维护、开发和使用格洛纳斯系统旨在持续为国内外用户提供导航服务

用户对导航区域性能的要求正在不断增加。随着时间的流逝，创建的数字导航图将失去其现实性。在消费者需求不断增长、GPS 系统持续改进以及具有竞争性的伽利略和北斗系统加速部署的背景下，必须确保格洛纳斯系统的竞争力。

根据俄罗斯联邦总统 2007 年 5 月 17 日的第 638 号决议，制订了一项计划，该计划旨在确保维护、开发以及为广泛使用格洛纳斯系统创造条件。俄罗斯联邦政府于 2012 年 3 月 3 日发布一项决议，批准了俄罗斯联邦"2012—2020 年格洛纳斯系统的维护、开发和使用"专项计划，预算总资金为 3265 亿卢布。该计划规定了格洛纳斯系统所有结构元件的开发。

为了维持格洛纳斯系统空间部分的系统，正在制造 13 颗"格洛纳斯 - M"卫星和 22 颗"格洛纳斯 - K"卫星。在完成试飞新一代技术性能改进的"格洛纳斯 - K"卫星之前，将发射"格洛纳斯 - M"卫星以取代那些耗尽资源的卫星。

计划完成具备新导航信号、新功能以及改进性能的新型"格洛纳斯 - K"卫星的飞行实验。为了完成飞行实验，计划再发射 2 颗"格洛纳斯 - K"卫星。发射 1 颗支持大地测量的卫星将提供更高的精度性能。

为了获得用于更新地图的初始数据，计划从 2015 年开始开发航天绘图系统，将开发和发射 2 颗光电地形勘测卫星。

必须维护格洛纳斯系统的地面空间基础设施——地面控制综合体、用于高精度确定星历和校正时间的系统、差分校正和监测系统以及基本支持工具等。

为了提高系统的精度性能，地面控制综合体将实施进一步的现代化，并扩大国内外的监测站网络（达到 40 个地面站）。

附属系统的现代化（高精度确定星历和校正时间系统、差分校正和监测系统、应用用户中心）将保障用户的导航定位精度提升至分米级和厘米级水准。

该计划为格洛纳斯系统所有组件的开发、制造和测试提供了质量上更高的科学和技术支持，以确保所需的可靠性和质量。将组建由高级技术人才构成的常设

客户服务处,他们将在所造设备整个生命周期的各个阶段中对遵守监管文件的要求、地面测试和产品测试的完整性提供合格的控制。科技支持的地区范围(俄罗斯联邦全境有20家龙头企业,从克拉斯诺亚尔斯克到加里宁格勒)和受控开发的产品种类将显著扩展。

《俄罗斯联邦政府关于导航活动领域的联邦网络运营商的决议》

《俄罗斯联邦政府关于导航活动领域的联邦网络运营商的决议》

（2009 年 7 月 11 日俄罗斯联邦政府第 549 号决议）

（2015 年 4 月 10 日修订）

根据《俄罗斯联邦导航活动法》的规定，俄罗斯联邦政府应当：

1. 接受联邦航天局的提议，与俄罗斯联邦国防部、俄罗斯联邦交通部、俄罗斯联邦经济发展部、俄罗斯联邦工业和贸易部，以及其他相关联邦权力执行机构达成协议，设立联邦网络运营商，以确保导航活动领域中技术管理的统一以及在指定领域为联邦国家需求和其他需求提供的服务。

2. 确定联邦网络运营商的主要职责：

（1）实现使用格洛纳斯全球卫星导航系统（以下简称“格洛纳斯系统”）运行的导航和信息系统的技术兼容性。

（2）实现使用格洛纳斯系统运行的导航设施的不间断运行，其运营商是联邦网络运营商。

（3）确保对消费者导航设备的要求符合用户设备与其他导航活动对象之间数据交换的协议、传输和存储信息的格式、消费者与服务提供商在导航活动领域进行互动的程序和条例。

（4）确保俄罗斯导航设施与其他国家的导航设备的兼容性。

（5）确保格洛纳斯系统的导航活动和导航辅助领域提供的服务符合与精度，可靠性和安全性相关的要求。

（6）向导航活动领域的法律关系主体提供关于在导航活动领域使用现代技术的可能性的信息。

（7）为了俄罗斯联邦的社会经济发展，在导航活动领域引进现代技术。

2.1　确定联邦网络运营商的主要职责：

（1）为联邦权力执行机构、联邦主体权力执行机构、地方自治机构以及法人和自然人提供服务，以开发和实施使用格洛纳斯系统运行的导航和信息系统的服务和信息维护，以及格洛纳斯系统的其他导航手段，组织对使用卫星导航系统的用户进行培训。①

（2）与有关联邦权力执行机构一起确保俄罗斯格洛纳斯系统与外国卫星导航系统的兼容及综合使用。

（3）制定提案，以确保俄罗斯导航和信息系统的兼容性及其综合使用。

（4）根据相关法人和个人的要求，对卫星导航技术的开发和使用进行信息分析和发展预测，并将这些问题通知有关的联邦执行权力机构和俄罗斯联邦主体执行权力机构。

（5）向俄罗斯联邦有关联邦权力执行机构和联邦主体权力执行机构提供信息和方法支持，以制定和实施导航活动领域的联邦和其他专项计划。

（6）根据导航活动领域法律关系主体的命令，发展统一的导航方式。

（7）会同其他联邦权力执行机构，格洛纳斯全球导航卫星系统（格洛纳斯系统）的总设计师和消费者导航设备的首席设计师一起参与制定和实施导航活动领域的统一技术政策。

（8）在“全球卫星导航系统”联邦专项计划框架内进行的开发基础上，与有关联邦权力执行机构、格洛纳斯系统的总设计师和消费者导航设备的总设计师一起参与格洛纳斯系统的开发和使用。

（9）研发用于收集、处理和呈现卫星导航系统信息的软硬件，并将其用于应急响应部门，同时参与此类工具的推广和推行。

（10）监测格洛纳斯系统的导航区域，向用户提供这些区域及导航卫星增强系统的相关数据，以及星历时间信息。

（11）协同格洛纳斯系统总设计师以及消费者导航设备总设计师，对格洛纳斯系统和其他全球卫星导航系统的应用和前景进行专家评估。

（12）对科研资源和生产资源进行系统整合，研发格洛纳斯系统应用中具有竞争力的产品和服务，并将其推广至国家经济的各个领域、国外市场。

（13）根据经授权的联邦权力执行机构的要求，向联邦网络运营商提供导航信息，其中包括在动员、战时状态以及用于预防和消除自然灾害的信息。

（14）确保联邦网络运营商运营的卫星导航系统的时间坐标信息得到保护和完整性。

---

① 本项根据俄罗斯联邦政府2015年4月10日第343号决议修订，于2015年4月22日起生效。

（15）监测和确定导航活动领域最有前景的发展方向，确定其在国内外市场的生产和销售潜力，基于现有科学和技术基础提出相关建议。

（16）参与制定改进导航活动领域的监管法律和技术法规的提案。

3. 接受联邦航空航天局的建议，与有关联邦权力执行机构商定建立权力执行机构和开放式股份公司“导航和信息系统”（莫斯科），以执行由上述提及的股份有限公司履行联邦网络运营商的职能。（该条款于 2012 年 6 月 12 日失效）

4. 确定联邦网络运营商每年在第四季度向俄罗斯联邦交通部提交一份关于职能执行情况的报告。

《国家航天集团公司和联邦权力执行机构为保障俄罗斯联邦国防安全、推动社会经济发展、深化国际合作以及科学应用而维护、发展和使用格洛纳斯系统职权条例》

《俄罗斯联邦政府关于批准国家航天集团公司和联邦权力执行机构为保障俄罗斯联邦国防安全、推动社会经济发展、深化国际合作以及科学应用而维护、发展和使用格洛纳斯系统职权条例的决议》*

（俄罗斯联邦政府2008年4月30日第323号决议）

（2021年1月19日修订）

为落实俄罗斯联邦总统2007年5月17日第638号命令《关于为保障俄罗斯联邦社会经济发展使用格洛纳斯全球卫星导航系统》，俄罗斯联邦政府决议：

批准附件《国家航天集团公司和联邦权力执行机构为保障俄罗斯联邦国防安全、推动社会经济发展、深化国际合作以及科学应用而维护、发展和使用格洛纳斯系统职权条例》。①

确认俄罗斯联邦政府1999年3月29日第346号决议《关于落实俄罗斯联邦总统1999年2月18日第38号指令的措施》无效。②

俄罗斯联邦总理

V. 祖布科夫

莫斯科

2008年4月30日第323号

---

* 俄罗斯联邦政府2008年4月30日第323号决议发布；根据俄罗斯联邦政府2009年9月2日第718号决议、俄罗斯联邦政2012年1月31日第63号决议、俄罗斯联邦政府2012年2月9日第112号决议、俄罗斯联邦政府2014年11月3日第1146号决议、俄罗斯联邦政府2014年12月29日第1599号决议、俄罗斯联邦政府2017年10月27日第1305号决议、俄罗斯联邦政府2020年9月7日第1369号决议、俄罗斯联邦政府2021年1月19日第19号决议修订，详见后文脚注。

① 本条款根据俄罗斯联邦政府2021年1月19日第19号决议修订，将条例名称修改为《国家航天集团公司和联邦权力执行机构为保障俄罗斯联邦国防安全、推动社会经济发展、深化国际合作以及科学应用而维护、发展和使用格洛纳斯系统职权条例》，增加了“国家航天集团公司”。

② 本条款根据俄罗斯联邦政府2020年9月7日第1369号决议现已失效。

《国家航天集团公司和联邦权力执行机构为保障俄罗斯联邦国防安全、推动社会经济发展、深化国际合作以及科学应用而维护、发展和使用格洛纳斯系统职权条例》

一、本条例规定了俄罗斯国家航天集团公司“Roscosmos”和联邦权力执行机构为保障国家国防安全、俄罗斯联邦社会经济发展、深化国际合作以及以科学目的维护、发展和使用格洛纳斯全球卫星导航系统（以下简称格洛纳斯系统）的职权。

二、俄罗斯国家航天集团公司“Roscosmoc”①负责：

1. 开展维护、发展和使用格洛纳斯及其增强系统的协调工作，并为格洛纳斯系统的用户提供补充信息的一系列手段，以保障包括商用在内的民用用户的利益和深化俄罗斯联邦国际合作。

2. 协同有关联邦权力执行机构，保障落实在支持、发展和使用格洛纳斯、增强系统和格洛纳斯（格洛纳斯/GPS）系统卫星导航设备（以下简称卫星导航设备）领域的国家政策。

3. 协同有关联邦权力执行机构，制定在发展和使用格洛纳斯及其增强系统和卫星导航设备领域的规范性法律文件和产业规范。

4. 协同俄罗斯联邦国防部，编制格洛纳斯系统航天器发射规划。

5. 参与格洛纳斯及其增强系统导航域的参数和特征监测，并与俄罗斯联邦国防部交换数据。

6. 组织开展旨在发展格洛纳斯及其增强系统的基础科研，并应用其成果。②

---

① 此条文中的“俄罗斯国家航天集团公司 Roscosmos”系根据俄罗斯政府 2021 年 1 月 19 日第 19 号决议修订。俄罗斯国家航天集团最早前身是 1992 年成立的俄罗斯宇航局，之后曾更名为俄罗斯航空航天局、俄罗斯联邦航天局，2015 年在政府机构改组过程中转变为国有公司，负责俄罗斯所有航空航天项目。因此，本文中所有“俄罗斯联邦航天局”均改为“俄罗斯国家航天集团公司 Roscosmos”。

② 根据 2021 年 1 月 29 日修订，此条文宣布无效。

7. 协同俄罗斯联邦俄联邦国防部、联邦技术调节和计量局，建立和发展格洛纳斯及其增强系统的计量保障系统。

8. 面向包括国外用户在内的民用用户，提供格洛纳斯系统卫星轨道组网的实时和预测状态信息。

9. 协调联邦权力执行机构和组织在支持、发展和使用不同卫星导航系统及其增强系统领域的国际合作。

10. 在格洛纳斯系统运行和完善的过程中，与俄罗斯联邦国防部一同，为频率分配提供国际法保护。

11. 按照规定的程序，与国外主管部门就使用格洛纳斯及其增强系统开展合作，包括编制俄罗斯联邦缔结的国际条约草案、签署相关合同。

12. 推广格洛纳斯及其增强系统的导航技术，保障社会经济发展、国内外民用用户以及科学目的。

13. 通过在官网发布符合国家服务标准及数据标准的导航活动服务内容，为导航活动提供信息保障。①

三、俄罗斯联邦国防部负责：

1. 开展建设、发展和使用格洛纳斯及其增强系统和卫星导航设备的协调工作，保障俄罗斯联邦国防安全。在民用用户方面，联合俄罗斯国家航天集团公司"Roscosmos"开展相关协调工作。

2. 协同有关联邦权力执行机构和俄罗斯国家航天集团公司"Roscosmoc"，起草在支持、发展和使用格洛纳斯及其增强系统和卫星导航设备领域的国家政策建议，并将其落实，保障俄罗斯联邦国防安全。

3. 规定提供格洛纳斯系统信号的条件和程序，致力于保障俄罗斯联邦国防安全。

4. 管理格洛纳斯系统卫星轨道组网。

5. 建设、支持和发展格洛纳斯系统导航域的监测设备。

6. 参数监测，保障格洛纳斯及其增强系统导航域的设定特征值，并同俄罗斯国家航天集团公司"Roscosmos"交换数据。

7. 协同俄罗斯国家航天集团公司"Roscosmos"、联邦技术调节和计量局，建设、支持和发展格洛纳斯及其增强系统的计量保障系统。

---

① 根据俄罗斯联邦政府 2009 年 7 月 22 日第 601 号决议第 1 条增加。

8. 协同俄罗斯国家航天集团公司“Roscosmos”，在使用和完善格洛纳斯系统过程中，为频率分配提供国际法保护。

9. 协同俄罗斯国家航天集团公司“Roscosmos”，编制格洛纳斯系统卫星发射规划。

10. 按照规定程序，向民用用户提供格洛纳斯系统卫星轨道组网的实时和预测状态信息。

11. 协同俄罗斯国家航天集团公司“Roscosmos”，制定并落实格洛纳斯系统使用和发展的规划和项目，包括国际合作和保障俄罗斯联邦国防安全的活动。

12. 根据俄罗斯联邦政府 2014 年 12 月 29 日第 1599 号决议此条款已失效。

13. 组织应用和推广发展格洛纳斯系统导航技术的科研成果，保障俄罗斯联邦国防安全。

四、俄罗斯联邦交通部负责：

1. 协同俄罗斯国家航天集团公司“Roscosmos”和有关联邦权力执行机构，编制在使用格洛纳斯及其增强系统和卫星导航设备领域的国家政策，为俄罗斯联邦交通设施提供导航保障，并在该领域开展规范化法律管理。

2. 协调其下属机关单位采用基于格洛纳斯系统的卫星导航设备和系统，发展机动车、城市电气和工业运输、海洋运输、内河运输、铁道交通和航空运输。

3. 在俄罗斯联邦交通设施导航保障层面，采用规范化的规范性法律文件。

4. 组织应用和推广在格洛纳斯系统高科技领域获得的科研成果，发展俄罗斯联邦交通设施。

5. 协调其下属联邦机关单位与国际组织合作，在交通领域使用不同卫星导航系统及其增强系统。

6. 为提升交通工具运输管理的有效性、客运和专用品以及危险品运输的安全性，如若俄罗斯联邦法律规定在运输工具上加装卫星导航设备，需确认基于使用格洛纳斯系统或格洛纳斯/GPS 导航信号的导航设备要求，包括系统要求和导航设备软件的要求。

五、俄罗斯联邦工业和贸易部负责：

1. 协同俄罗斯国家航天集团公司“Roscosmos”和有关联邦权力执行机构，制定在研发、组织生产和批量化投产卫星导航设备和相关系统领域的国家政策，以及开展该领域的规范化法律管理。

2. 就研发、组织生产和批量化投产卫星导航设备和相关系统等问题，开展与国际组织的合作。

3. 研发、组织生产和批量化投产卫星导航设备和相关系统。

4. 建设和发展兼容格洛纳斯系统和卫星导航设备的地面无线电导航系统。

5. 建立卫星导航设备和相关系统的系列服务中心。

六、俄罗斯联邦外交部负责：

1. 促进在建设、发展和使用格洛纳斯及其增强系统导航技术领域的国际合作。

2. 参与起草在发展和使用格洛纳斯及其增强系统导航技术领域的俄罗斯联邦缔结的国际条约，参与在起草此类国际条约中的双边和多边谈判。

七、俄罗斯联邦数字发展、通信和大众传媒部负责与俄罗斯国家航天集团公司“Roscosmos”、俄罗斯联邦国防部一道，在格洛纳斯系统使用和完善的过程中，为频率分配提供国际法保护。

八、根据俄罗斯联邦政府 2014 年 12 月 29 日第 1599 号决议此条款已失效。

九、联邦海运河运署负责：

1. 推广使用卫星导航设备的系统，发展海洋和河道运输。

2. 建设、支持和发展在海洋和河道运输领域兼容卫星导航设备的功能增补子系统。

3. 制定用于推广和应用格洛纳斯系统导航技术的行业规范，发展海洋和河道运输。

4. 开展同国际海洋组织和其他在海洋和河道运输领域使用卫星导航技术的国际组织合作。

5. 根据俄罗斯联邦政府 2014 年 12 月 29 日第 1599 号决议此条款已失效。

十、联邦公路署负责：

1. 推广使用卫星导航设备的系统，发展机动车和城市电气交通。

2. 制定用于推广和使用卫星导航技术的行业规范，发展机动车和城市电气交通。

3. 在机动车交通领域就使用卫星导航技术的问题与国际组织开展合作。

十一、联邦铁路运输署负责：

1. 推广使用卫星导航设备的系统，发展铁路运输。

2. 制定用于推广和使用卫星导航技术的行业规范，发展铁路运输。

3. 就使用卫星导航技术的问题与国际组织开展合作，发展铁路运输。

十二、联邦航空署负责：

1. 推广和使用格洛纳斯及其增强系统和卫星导航设备,发展航空运输,为俄罗斯联邦空域用户提供航空导航服务。

2. 参考国际民航组织建议,制定行业规范,该规范用于规定使用格洛纳斯及其增强系统和卫星导航设备的程序,发展航空运输,为俄罗斯联邦空域用户提供航空导航服务。

3. 组织建立、支持和发展基于格洛纳斯系统的航空导航信息数据库工作。

4. 与国际民航组织就使用格洛纳斯及其增强系统和卫星导航设备开展合作,以促进国际航空界发展。

十三、联邦国家登记、地籍和制图局负责:

1. 使用格洛纳斯/GPS 卫星导航系统,创建俄罗斯联邦领土的大地测量保障系统。

2. 根据俄罗斯联邦政府 2014 年 12 月 29 日第 1599 号决议此条款已失效。

3. 建设常用工作站点,用于卫星差分定位。

4. 根据俄罗斯联邦政府 2014 年 12 月 29 日第 1599 号决议此条款已失效。

5. 制定和批准在大地测量和导航保障层面的行业规范。

6. 与国际组织就使用卫星大地测量和导航技术问题开展合作。

十四、根据俄罗斯联邦政府 2009 年 7 月 22 日第 601 号决议此条款已失效。

十五、联邦技术调节和计量局负责:

1. 协同俄罗斯国家航天集团公司"Roscosmos"、俄罗斯联邦国防部,建立和发展格洛纳斯及其增强系统和卫星导航设备的测量保障系统。

2. 国家测量监督机构,对格洛纳斯及其增强系统和卫星导航设备的测量保障系统进行监督,包括建立和开展针对测量设备的卫星导航设备测试。

3. 通过标准时频信号、国家时标和地球自转参数信息,保障格洛纳斯系统。

4. 在格洛纳斯系统标准化领域,同有关组织开展协调工作。

5. 参与格洛纳斯系统导航域的参数和特征监测,并同俄罗斯联邦国防部和俄罗斯航天集团公司交换数据。

十六、根据俄罗斯联邦政府 2020 年 9 月 17 日第 1369 号决议此条款已失效。

十七、联邦渔业局负责:

1. 推广使用卫星导航设备的系统,发展渔业设施。

2. 建立、支持和发展在捕鱼和水生物资源保护领域兼容卫星导航设备的功能增补子系统。

3. 推广和应用在格洛纳斯系统导航技术领域获取的科研成果,发展渔业设施。

4. 制定用于推广和使用格洛纳斯系统的行业规范,发展渔业设施。

十七(一)俄罗斯联邦内务部负责:

1. 推广格洛纳斯及其增强系统和卫星导航设备,保障社会安全、社会秩序,保护生命健康、公民权利和自由免受犯罪侵害。

2. 制定行业规范,开展应用格洛纳斯及其增强系统和卫星导航设备的科研工作,保障社会安全、社会秩序,保护生命健康、公民权利和自由免受犯罪侵害。

3. 为俄罗斯联邦内务部提议使用的卫星导航设备提供认证保障。

4. 参与俄罗斯联邦内务部采用的卫星导航设备的测量保障工作。

十七(二)俄罗斯联邦民防、紧急情况和消除自然灾害事务部,负责推广使用卫星导航设备的系统,确保民防事务,保护居民和领土免受自然和人为紧急情况的影响,确保消防安全和水利设施相关人员的安全。

十七(三)俄罗斯联邦卫生部负责:

1. 推广使用格洛纳斯及其增强系统和卫星导航设备,保障卫生领域个人和公民的权利和自由。

2. 确保落实在救护车辆的多功能接收装置上加装卫星导航设备。

3. 建立、支持和发展统一的软件解决方案,保障救护车调度功能。

4. 制定用于推广和使用格洛纳斯系统导航技术的行业规范,保障卫生领域个人和公民的权利和自由。

5. 组织和推广在格洛纳斯系统高导航技术领域获取的科研成果,保障卫生领域个人和公民的权利和自由。

十七(四)俄罗斯联邦安全局负责推广使用格洛纳斯及其增强系统和卫星导航设备,保障俄罗斯联邦安全。

十七(五)俄罗斯联邦交通监察局负责:

1. 建立、推广和保障为保障联邦国家交通监察和在交通安全领域的联邦国家交通监督(监察)而使用卫星导航技术的信息系统功能。

2. 制定行业规范,确定为保障联邦国家交通监察和在交通安全领域的联邦国家交通监督(监察)推广和使用卫星导航技术的程序。

3. 为保障联邦国家交通监察和在交通安全领域的联邦国家交通监督(监察),与国际组织就使用卫星导航技术的问题开展合作。

十八、联邦权力执行机构在俄罗斯联邦政府规定的中央机构雇员人数限度内和联邦预算规定用于领导和管理的预算拨款范围内行使本条例所规定的职权。

国家航天集团公司“Roskosmos”在联邦预算为其提供财政支持的预算拨款范围内行使本条例所规定的职权。[①]

① 本款系根据俄罗斯联邦政府2021年1月19日第19号决议第2条第9款增加。

《俄罗斯联邦政府关于为运输、技术设备和系统配备格洛纳斯系统或格洛纳斯系统/GPS的卫星导航设备的决议》

《俄罗斯联邦政府关于为运输、技术设备和系统配备格洛纳斯系统或格洛纳斯系统/GPS 的卫星导航设备的决议》

（俄罗斯联邦政府2008年8月25日第641号决议）

（2016年11月12日修订）

为了确保国家安全，在卫星导航领域实行自主政策，提高交通管理管制效率和旅客、特殊和危险品运输的安全水平，以及改进大地测量和地籍测量工作，俄罗斯联邦政府决定：

1. 以下运输、技术设备和系统应配备格洛纳斯或格洛纳斯/GPS 卫星导航设备。

（1）航天装备［运载火箭、助推器，航天器和宇宙飞船，回收密闭舱（装置）］；

（2）国家航空、民用航空以及实验性飞行的航空器；

（3）海运船舶、内河轮船以及（河海）联运船只；

（4）用于客运、特种和危险品、城市固体废物运输的汽车和铁路车辆；

（5）用于进行大地测量和地籍测量工作的仪器和设备；

（6）保障确保时间同步的设备。

2. 本决议第1条第（4）—（6）项中所指定的、应装备格洛纳斯或格洛纳斯/GPS 卫星导航设备的运输类型、技术设备手段和系统，由既定活动领域中的联邦权力执行机构确定。

3. 供俄罗斯联邦武装力量、其他部队、军事组织与承担军事和相等职责的机构使用的技术装备和系统、武器样品、军事技术装备和特种技术装备，以及用来保障承担军事和相等职责的机构的交通工具，都应该装备格洛纳斯或格洛纳斯/GPS 卫星导航设备。

需要配备格洛纳斯或格洛纳斯/GPS 卫星导航设备的技术装备和系统、武器样品、军事技术装备和特种技术装备以及车辆清单由相关联邦权力执行机构的负责人确定。

4. 承担军事和相等职责的联邦权力执行机构，应在 2008 年确定为本决议第 1 条和第 3 条规定的运输、技术设备和系统配备格洛纳斯或格洛纳斯/GPS 卫星导航设备的程序和时间阶段。

5. 联邦权力执行机构应确保自 2010 年起开展工作，分阶段为本决议第 1 条指定的在运行（投入使用）的运输、技术设备和系统装备格洛纳斯或格洛纳斯/GPS 卫星导航设备。

6. 对落实针对业务管理权归属联邦权力执行机构或其下属国家联邦机构和联邦国家企业的运输、技术设备和系统的命令相关的开支，按既定程序在预算拨款范围内进行资金保障。关于装备俄罗斯联邦武装力量、其他部队、军事组织与承担军事和相等职责机构中现役（供给、运行）技术装备和系统、武器样品、军事技术装备和特种技术装备的相关支出不在其中。

7. 对落实关于俄罗斯联邦武装力量、其他部队、军事组织与承担军事和相等职责机构中现役（供给、运行）技术装备和系统、武器样品、军事技术装备和特种技术装备的命令所产生的相关支出，在规定的预算拨款范围内进行资金保障，以执行国家军备计划的活动。

8. 建议俄罗斯联邦主体的权力执行机构、市级地区地方自治机构以及其下属机构采取措施，为本决议第 1 条第 2—6 项中所指定的各机构和组织按规定程序负责的运输、技术设备和系统配备格洛纳斯或格洛纳斯/GPS 卫星导航设备。

9. 确定由俄联邦各权力执行机构领导人亲自负责为本决议第 1 条和第 3 条所指定的运输、技术设备和系统配备格洛纳斯或格洛纳斯/GPS 卫星导航设备的组织工作。

10. 废除俄罗斯联邦政府以下决议：1999 年 8 月 3 日发布的第 896 号决议《关于在俄罗斯联邦境内的运输和大地测量中使用全球卫星导航系统》；2005 年 6 月 9 日发布第 365 号决议《关于在航天设备、运输工具以及用于完成大地测量和地籍测量工作的仪器和设备上装备格洛纳斯或格洛纳斯/GPS 卫星导航设备》。

《俄罗斯联邦建立和发展空间数据基础设施的方案》

《俄罗斯联邦建立和发展空间数据基础设施的方案》

（俄罗斯联邦政府2006年8月21日第1157号命令）

引　言

俄罗斯联邦空间数据基础设施是收集、处理、存储空间数据并将其提供给用户的区域性分布式系统。

为满足公民、组织、国家权力机构和地方自治机构对及时、可靠使用空间数据的迫切需求，进行俄罗斯联邦空间数据基础设施的建设和发展。

本方案定义了俄罗斯联邦空间数据基础设施建设和发展领域的目标、任务、架构、基本原则和工作方向。

本方案中使用了以下基本概念：

“空间物体”，指能够通过个体的内容和边界进行定义、能够通过数据形式描述的任何具体物体；

“空间数据”，指关于空间物体的数据，包括在坐标时间系统中显示的关于其位置、形状和属性的信息；

“基础空间数据”，指关于常用空间物体的、允许公开发表的数据，其特点是时间和空间位置的稳定性，能够作为其他空间物体定位的基础；

“元数据”，指可用于描述空间数据和空间物体的成分、体积、空间位置、质量和其他特征的数据。

一、分析俄罗斯联邦空间数据基础设施的现状和存在的问题

从1990年代中期到现在，已经有120多个国家（地区）建立了国家空间数据基础建设（基础结构）。美国、澳大利亚和大多数欧洲国家经历了从制定国家空间数据基础建设方案到具体落实的各个阶段，并完成了创建该基础结构的计划。在这段时间内，确定了实践规则、程序和机制，以建立国家空间数据基础设施作为信息和电信系统，这一点得到了证实。该基础设施的主要目标之一是确保公民、组织、州政府和地方政府自由访问国家空间数据资源，该资源由全球互联网提供。

在国外,空间数据基础设施的建立和发展工作通常由一个跨部门的机构负责组织,该机构通过完善规范性法律文件基础、实施科技政策、引进新技术、培训人员等方式,在协调各级主管部门和机构的活动领域拥有着广泛的权力。国家支持和资金保障在建立和发展国家空间数据基础设施的初期阶段发挥着重要作用,随着这些数据和地理信息服务市场的发展,国家支持和资金保障将被企业和国家权力机构之间的互利合作所取代,国家权力机构则保留了监管职能,在深化部门间协作和借鉴区域经验、本地经验的基础上,进一步发展空间数据基础设施。

深化国际合作,将本国空间数据基础设施集成到国际基础设施中。1996 年,全球空间数据基础设施协会作为促进国家空间数据基础设施的协调机构,开始了它的工作。

如今,在俄罗斯联邦的许多联邦权力执行机构、俄罗斯联邦主体的权力执行机构、地方自治机构、经济主体都在创造和使用空间数据。

长期以来,地形图、城市规划图、大地测量网和水准仪网中所包含的空间物体数据,传统上一直都被用于解决经济领域的问题,确保国家防御能力的提升和国家安全,这就决定了对其进行分类的必要性。

同时,在许多经济部门内建立并使用了允许公开的空间数据。它们以图表、规划、局部地区图的形式在地方坐标系中进行公布。这些数据相互之间具有不可比性和不兼容性,因此无法实现它们之间的共享和综合利用。

目前通过地址描述来识别空间物体的系统,包括登记册、地籍、联邦权力执行机构管理注册簿等,不允许集成和共享从各种渠道获得的空间数据。这导致了俄罗斯联邦缺乏统一的空间物体识别系统,使空间数据不能成为不同数据库之间的通用通信要素,无法在国内建立一个统一的信息空间。

阻碍空间数据使用的问题还包括:俄罗斯联邦在大地测量和制图、活动许可、版权、信息技术等领域,国家权力机构、地方自治机构、自然人和法人对于空间数据的内容、质量和可获得性等现代化需求方面的立法仍然滞后;存在对空间数据分配的不合理限制;俄罗斯联邦制图和大地测量储备中的材料和数据,不再具有现实性。

建立和发展俄罗斯联邦空间数据基础设施过程中必不可少的因素有:使用以数字格式建立和存储的空间数据的需求量在增加;把地理信息技术的传播作为有效利用空间数据的一种手段;发展包括互联网在内的信息电信网络;创造条件确保实时访问空间数据的需求在增长;国外空间数据基础设施的集约化发展。

这一方案规定了俄罗斯联邦空间数据基础设施的建立和开发,它是基于基本空间数据的使用的俄罗斯统一信息空间的组成部分。

二、建设俄罗斯联邦空间数据基础设施的目标、宗旨和基本原则

建设和发展俄罗斯联邦空间数据基础设施的主要目标是为国家权力机构、地方自治机构、组织和公民能够自由访问空间数据和有效利用空间数据创造条件。

为实现这一目标,应确保:在制定管理决策并对其进行监督和实施时,通过广泛使用空间数据信息资源,提升国家和各市级管理的质量和成效;根据统一的规则和收费标准向用户提供关于基础空间数据的切实可靠的信息;从整体上降低建设空间数据的预算成本,通过削减创建空间数据的重复工作来提高其质量;鼓励加大创建空间数据和相关信息服务的投资力度。

为了实现这一目标,应当解决如下任务:起草并通过法律和其他规范性法律文件,以及对基础空间数据和元数据的创建和使用进行管理的技术法规、标准、标准技术文件以及分类目录;在使用基础空间数据和元数据的基础上创建和整合国家的各类信息资源,即俄罗斯联邦和各联邦主体的空间数据,以及地市级政府的空间数据;通过增加生产和提供关于基本空间物体信息的机构数量,确保空间数据的完整性、可靠性和现实性;为基础空间数据和元数据的使用建立、实施和提供科学、技术和设施方面的保障。

创建和发展俄罗斯联邦空间数据基础设施所采取的措施,应当制定并遵守以下原则:最大限度地利用俄罗斯联邦已经创建的空间数据;包含基础空间数据在内的信息资源的可用性;必须使用和提供已经创建的基础空间数据来开展更新工作;在创建空间数据基础设施并对其进行操作时,应确保俄罗斯联邦的安全,并对其中包含的信息加以保护。

三、俄罗斯联邦空间数据基础设施的组成

俄罗斯联邦的空间数据基础设施由以下相互联系的部分组成:包括基础空间数据和元数据在内的信息资源;组织结构;规范性法律文件保障;技术和技术设备。

1. 信息资源

用数字方式描述基础空间物体的基础空间数据由坐标描述、对象名称、其地址和其他信息组成。

基础空间数据和物体不包括构成国家机密的信息以及俄罗斯联邦的法律规定的、对其访问加以限制的其他信息。

应当通过利用俄罗斯联邦的有关规范性法律文件来确定基础空间数据的组成。

因此,基础空间数据拟符合以下规定:必须供参与空间数据创建的所有国家权力机构和地方自治机构、法人和自然人使用;应当是开放的、可访问的国家信息资源,并按照俄罗斯联邦法律规定的方式提供给用户;根据技术法规和标准创建;基础空间数据的创建应始终如一地确保将有关地区的基础信息转化为所使用的数据;使用基础空间数据所产生的费用由俄罗斯联邦关于信息领域的法规予以确定;通过使用元数据中的信息来有效地访问空间数据,而元数据拟在无偿的基础之上进行使用;元数据旨在搜索、评估空间数据处理的质量、适用性、可能性;任何法人和自然人都可以按规定的方式创建空间数据,而元数据的创建是促进该产品向市场供应的因素;生产基础空间数据中的元数据对于空间数据的生产者来说是必须履行的义务。

2. 组织结构

拟成立一个空间数据部门或委员会,作为俄罗斯联邦空间数据基础设施创建和开发领域的部门间协调机构。

此外,应合理指定一个负责在创建空间数据的领域行使国家监督职能的联邦权力执行机构,来负责创建俄罗斯联邦空间数据基础设施。还必须确定负责分类、处理、储存和提供特定的基础空间数据和元数据组的权力执行机构和组织。

俄罗斯联邦空间数据基础设施的组织结构的开发将分阶段进行。

在初始阶段,应当从联邦权力执行机构管辖范围内从事创建和维护空间数据库的机构中组建。

随后,根据社会经济和信息准备情况,俄罗斯联邦空间数据基础设施的组织结构将包括俄罗斯联邦主体国家权力机构和地方自治机构所管辖的组织。联邦和部门(行业)的相关材料和数据、制图和大地测量基金以及其他联邦信息资源将被转移到该组织中,这样可确保俄罗斯联邦基础空间数据的统一。

为了创建单个信息资源而对某些基础空间数据组进行集成,必须依靠相关的预算资金加以实施。

3. 规范性法律文件保障

完善立法是创建俄罗斯联邦空间数据基础设施的决定因素,同时规定:起草关于空间数据的创建和使用以及对这些数据库进行管理方面的俄罗斯联邦规范性法律文件的草案；通过立法来强化权力执行机构和地方自治机构创建和使用空间数据以及对数据库进行管理的职能；针对基础空间数据的创建、质量评估、储存、提供和使用以及对这些数据库的管理而制定技术条例和标准；调整关于强制使用基础空间数据、对这些数据库进行管理以及提供包括部门资源在内的基础空间数据等方面的部门规章和技术文件。

4. 技术和技术设备

本方案的实施为标准技术的开发提供了基础，这些技术基于使用现有和未来的方法利用数据库管理系统、地理信息系统和电信设施存储、更新和提供基本空间数据和元数据。

四、方案实施的主要方向和阶段

该方案的实施预计分成三个阶段进行。

第一阶段（2006—2007年）——筹备阶段。在此阶段预计完成：

建立跨部门的空间数据委员会；

制定并通过规范性法律文件，规范基本空间数据和元数据的创建和使用、对这些数据库进行管理的程序，包括明确负责创建和发展俄罗斯联邦空间数据基础设施的联邦权力执行机构的权力；

针对基础空间数据和元数据的创建、质量评估、储存、提供和使用以及对这些数据库进行管理而制定技术条例和标准；

在联邦层面创建和分配基础空间数据；

以联邦权力执行机构所管辖的机构为基础，创建首批空间数据服务体系；

建立对基础空间数据的创建和使用以及对这些数据库进行管理的情况实施监督检查的系统；

消除对空间数据分配的不合理限制；

统一在基础空间数据和元数据的创建和使用领域内的行业规范和技术文件；

开发创建、储存、更新和使用基础空间数据和元数据的技术；

在经济部门、俄罗斯联邦各主体和地市级主体实施关于建立部门、区域和市级空间数据基础设施的试点项目；

为了实现国防和国家安全，制定一项使用俄罗斯联邦空间数据基础设施的措施计划；

在空间数据领域形成统一的标准化系统；

对参与创建和开发俄罗斯联邦空间数据基础设施的人员进行培训，提升其技能。

第二阶段（2008—2009 年）——组织阶段。在此阶段预计完成：

在俄罗斯联邦主体和地市级的基础空间数据和元数据方面建立组织网络来对数据库进行管理；

根据批准的技术法规和标准，在俄罗斯联邦主体和地市级层面创建和分配基本空间数据及元数据；

以俄罗斯联邦主体权力执行机构和地方自治机构所管辖的机构为基础，创建第二批空间数据服务体系；

进一步完善在空间数据创建和使用领域内的俄罗斯联邦立法；

为履行保障国家防御能力、国家安全和法律秩序的职能，建立向国家权力机构提供空间数据的子系统；

对参与创建和开发俄罗斯联邦空间数据基础设施的人员进行培训，提升其技能。

第三阶段（2010—2015 年）——完成俄罗斯联邦空间数据基础设施，确保有效利用空间数据；创建空间数据库作为国家信息资源。

《“全球卫星导航系统”联邦专项计划》

《“全球卫星导航系统”联邦专项计划》*

（俄罗斯联邦政府2001年8月20日第587号决议）

（2008年9月12日修订）

1. 制定本计划的基础文件：

俄罗斯联邦安全委员会2001年2月6日第1号命令；俄罗斯联邦政府2001年3月1日第282号指令。

2. 计划的政府采购方：

俄罗斯航空航天局（专项计划的整体协调者）；俄罗斯联邦国防部（为俄罗斯联邦国防利益和国家安全而实施各项计划的协调者）；俄罗斯联邦工业、科学和技术部；俄罗斯联邦交通部；俄罗斯控制系统局；俄罗斯联邦国家测绘局。

3. 计划的主要开发商：

俄罗斯航空航天局，俄罗斯联邦国防部，俄罗斯联邦工业、科学与技术部，俄罗斯联邦经济发展和贸易部，俄罗斯联邦交通部，俄罗斯控制系统局，俄罗斯联邦国家测绘局。

4. 计划的主要目标：

保障国家和社会经济利益，以及保障国家安全而进一步发展和使用格洛纳斯系统；

保持俄罗斯在卫星导航领域里的领先地位，保证向国内外用户提供导航信号。

5. 计划的主要任务：

（1）建立和开发卫星导航系统的空间设施和地面基础设施；

（2）补充和维持格洛纳斯系统在轨卫星数量，保证解决不同消费者提出的各种导航问题；

（3）改进和完善格洛纳斯系统的大地测量支持活动；

---

* 俄罗斯联邦政府2001年8月20日第587号命令批准，根据俄罗斯联邦政府2008年9月12日第680号命令修改。

(4)确保俄罗斯履行其在卫星导航领域签订的国际条约及其承诺,发展卫星导航领域国际合作并参与国际项目;

(5)研制和生产具有竞争力的国产导航消费设备,为其打入俄罗斯和国际市场创造条件,倡导广泛使用国产格洛纳斯设备和服务;

(6)建立新的大地测量网络结构,在俄罗斯联邦境内实现高精密统一的地心坐标系统,并使之保持满足当前和未来经济、科技和国防需求的水平,同时最大限度地利用现有的大地测量网络;

(7)为未来卫星导航系统建立和发展技术、科学和技术基础。

6. 计划的实施期限:2002 年至 2011 年。

7. 该计划包括五个子计划:

(1)维护和开发格洛纳斯系统的功能;

(2)研发、生产、准备和制造民用导航设备;

(3)在交通工具上引进和使用卫星导航系统;

(4)在俄罗斯境内大地测量中使用卫星导航系统;

(5)确保卫星导航系统可供特殊用户申请使用。

《国家授时、授频及地球自转参数测定条例》

《俄罗斯联邦政府关于批准〈国家授时、授频及地球自转参数测定条例〉的决议》

（俄罗斯联邦政府2001年3月23日第225号决议）

（2021年4月17日修订）

根据俄罗斯联邦《确保测量统一法》，俄罗斯联邦政府决定①：

1. 批准所附《国家授时、授频及地球自转参数测定条例》。

2. 确定俄罗斯联邦工业和贸易部，联邦技术调节和计量局，俄罗斯联邦国防部以及俄罗斯联邦民防、紧急情况和消除自然灾害事务部，俄罗斯联邦文化部，俄罗斯联邦科学和高教部，俄罗斯联邦数字发展、通信和大众媒体部，联邦国家登记、地籍和制图局、联邦水文气象和环境监测局，国家航天集团公司“Roscosmos”和俄罗斯科学院在其职权范围内提供国家授时、授频和地球自转参数测定服务。②

俄罗斯联邦政府主席

M. 卡西亚诺夫

2001年3月23日

第225号

---

① 根据俄罗斯联邦政府2009年9月2日第718号决议修订。

② 根据俄罗斯联邦政府2005年8月2日第486号决议、俄罗斯联邦政府2009年3月10日第219号决议、俄罗斯联邦政府2009年9月2日第718号决议修订；根据俄罗斯联邦政府2018年9月28日第1152号决议修订，自2018年10月10日起生效；根据俄罗斯联邦政府2018年11月20日第1391号决议修订，自2018年12月1日起生效。

《国家授时、授频及地球自转参数测定条例》

1. 根据俄罗斯联邦相关立法规定,本条例规范联邦权力执行机构和组织满足国家对时间和频率参考信号和地球自转参数信息,以及传播关于莫斯科时间和日历日期的确切值的信息的需求的活动,所有这些共同构成了国家授时、授频和地球自转参数测定服务系统(以下简称国家授时服务)。①

2. 国家授时服务开展科学、技术和计量活动,再现国家时间尺度和参考频率,确定地球自转参数,以及满足国家在时间和频率参考信号、地球自转参数信息以及莫斯科时间和日历日期的准确值的需求。②

3. 地球自转时间、参考频率和参数由联邦技术调节和计量局的国家计量科学研究所,俄罗斯联邦国防部的军事单位、组织和机构以及俄罗斯联邦民防、紧急情况和消除自然灾害事务部,俄罗斯联邦数字发展、通信和大众媒体部的组织和机构进行,俄罗斯科学和高等教育部,联邦国家登记、地籍和制图局,联邦水文气象和环境监测局,国家航天集团公司“Roscosmos”,俄罗斯联邦工业和贸易部及俄罗斯科学院使用以下技术手段和系统测定。③

(1)时间和频率参考基准:国家时间、频率单位和国家时间尺度的初级标准,以及联邦技术调节和计量局、俄罗斯联邦国防部和其他联邦权力执行机构的二级时间和频率测量标准④。

(2)传输时间和频率参考信号以及莫斯科时间和日历日期准确值的技术手段:格洛纳斯全球导航卫星系统、卫星通信系统(在时间信号传输方面)、无线电通信

① 根据2009年9月2日俄罗斯联邦政府第718号决议修订;根据俄罗斯联邦政府2012年1月31日第63号决议修订,自2012年2月14日起生效。

② 根据俄罗斯联邦政府2009年9月2日第718号决议修订;由2012年1月31日俄罗斯联邦政府决议N63修正,自2012年2月14日起生效。

③ 根据俄罗斯联邦政府2021年4月17日第613号决议修订,自2021年4月30日起生效。

④ 根据俄罗斯联邦政府2005年8月2日第486号决议修订;根据俄罗斯联邦政府2012年1月31日第63号决议修订,自2012年2月14日起生效。

（包括专业广播电台）、无线电广播和电视（包括卫星）。①

（3）时间和频率参考信号计量控制点的技术手段。

（4）天文光学和无线电干涉观测装置，以及天基导航和大地测量系统的地面测量装置，以确定地球的旋转参数。

（5）分析、处理和传输国家授时服务信息中心的技术手段。

4. 国家授时服务由联邦技术调节和计量局管理。②

5. 国家授时服务的科学、方法和业务支持由联邦技术调节和计量局国家授时服务的主要计量中心提供。③

6. 由俄罗斯联邦国防部在既定权力范围内确定组织开展工作的科学、技术、方法和业务支持，以确保国家授时服务军事设施的时间和频率测量的一致性。④

7. 国家授时服务的主要任务是：

（1）实施科学技术活动，以确保国家授时服务技术手段和系统的持续运行和发展。

（2）根据国家授时服务所使用的标准，复制和存储俄罗斯联邦时间和频率单位大小、国家时间尺度。

（3）根据在观测点获得的地球自转参数信息，确定和预测世界时和地球两极坐标。

（4）使用格洛纳斯全球导航卫星系统、卫星通信系统、无线电通信、无线电广播和电视以及使用协调的通信渠道获得有关地球自转参数的信息。⑤

（5）通过俄罗斯和外国技术手段和系统传输的时间、频率和莫斯科时间和日历日期准确值信息的参考信号的计量和操作控制。⑥

（6）向消费者提供来自国家授时服务的参考数据。

（7）开展研究和开发工作，以改进参考基础、确定地球自转参数的技术手段以及传输时间、频率和莫斯科时间和日历日期准确值信息的参考信号的系统。⑦

---

① 根据俄罗斯联邦政府2012年1月31日第63号决议修订，自2012年2月14日起生效。

② 根据俄罗斯联邦政府2005年8月2日第486号决议修订。

③ 根据俄罗斯联邦政府2005年8月2日第486号决议修订。

④ 根据俄罗斯联邦政府2009年9月2日第718号决议修订。

⑤ 根据俄罗斯联邦政府2012年1月31日第63号决议修订，自2012年2月14日起生效。

⑥ 根据俄罗斯联邦政府2012年1月31日第63号决议修订，自2012年2月14日起生效。

⑦ 根据俄罗斯联邦政府2012年1月31日第63号决议修订，自2012年2月14日起生效。

(8)分析和预测对时间和频率参考信号特征、国家授时服务传输地球自转参数的要求,以及向消费者传送的效率。

(9)参与国际合作,在国际组织中代表国家授时服务问题上的国家利益,以及执行俄罗斯联邦在地球自转时间、频率和参数测量一致性领域的国际条约,以及时间的计算。①

(10)在确保地球自转的时间、频率和参数的测量以及时间计算的一致性方面的工作的组织与方法指导和协调。②

(11)参与对地球自转时间、频率和参数进行高精度测量的测量实验室和组织的认证工作。

(12)参加以形式批准和地球自转时间、频率和参数测量技术手段认证为目的的试验。

(13)该款根据俄罗斯联邦政府2009年9月2日第718号决议已失效。

8. 国家授时服务技术手段和系统的组成和结构,以及规范本条例第3条规定的组织的相互配合的文件,以及对国家授时服务的计量和其他支持,应由联邦技术调节和计量局与相关联邦权力执行机构和组织达成协议后批准。③

俄罗斯联邦国防部管辖的国家授时服务的技术手段和系统用于国家授时服务履行其职能。

9. 以俄罗斯联邦立法规定的方式,以联邦预算和其他来源为国家授时服务的活动提供资金。

为俄罗斯联邦国防部管辖的国家授时服务的技术手段和系统的运行和改进提供资金,费用由联邦预算拨给国防部的资金支付。

10. 俄罗斯联邦强制使用国家授时服务关于地球自转时间、频率和参数值的信息。

---

① 根据俄罗斯联邦政府2012年1月31日第63号决议修订,自2012年2月14日起生效。

② 根据俄罗斯联邦政府2012年1月31日第63号决议修订,自2012年2月14日起生效。

③ 根据俄罗斯联邦政府2005年8月2日第486号决议修订。

《俄罗斯联邦政府关于开展民用用户使用格洛纳斯全球卫星导航系统工作的决议》

《俄罗斯联邦政府关于开展民用用户使用格洛纳斯全球卫星导航系统工作的决议》*

（俄罗斯联邦政府1995年3月7日第237号决议）

为进一步发展格洛纳斯全球卫星导航系统并确保民用用户对该系统的使用，俄罗斯联邦政府决定：

1. 由俄罗斯联邦国防部、俄罗斯航天局和俄罗斯联邦交通部确保格洛纳斯全球卫星导航系统（以下简称格洛纳斯系统）的建设工作，并于1995年全面开始运行后按照现有义务为国内军用和民用用户，以及国外用户提供服务。

2. 由俄罗斯联邦交通部、俄罗斯联邦国防部、俄罗斯联邦国家国防工业委员会、俄罗斯航天局和“国际导航”部际委员会于1995年第二季度成立协调委员会并批准其组成，该委员会负责协调国内外用户使用格洛纳斯系统。

3. 俄罗斯联邦交通部、俄罗斯联邦国防部、俄罗斯航天局和俄罗斯联邦国家国防工业委员会于1995年第二季度制定格洛纳斯系统民用目的方案，并将其提交至俄罗斯联邦政府。方案中涉及在1995年至2000年建造并生产面向民用消费者的导航设备、差分校正站。

4. 俄罗斯联邦国防部会同俄罗斯联邦交通部、俄罗斯航天局和俄罗斯联邦国家国防工业委员会于1995年第一季度指定并批准俄罗斯联邦部、各部间使用格洛纳斯系统的协同程序。

5. 俄罗斯联邦交通部应在导航信息生产中心基础上建立关于格洛纳斯系统和美国GPS导航系统的信息服务。

确定由俄罗斯航天部队科技情报协调中心进行关于格洛纳斯系统运行状态的信息保障。

6. 俄罗斯联邦交通部会同俄罗斯联邦国防部、俄罗斯航天局和俄罗斯联邦国家国防工业委员会，向国际民用航空组织和国际海事组织提交必要材料，并确保指定

---

* 俄罗斯联邦政府1995年3月7日第237号决议发布。

的国际组织在使用格洛纳斯系统中的相互协同。这些材料用于拟定将格洛纳斯系统作为为民用用户提供服务的国际全球卫星导航系统组成部分的协定。

俄罗斯联邦政府总理
维克托·切尔诺梅尔金
莫斯科
1995 年 3 月 7 日
第 237 号

第四部分　俄罗斯卫星导航相关部门令要览

俄罗斯联邦政府相关部门会根据联邦宪法、法律、总统令以及联邦政府决议，在其职权范围内，制定相关规范性法律文件，其数量较多，所涉及的问题更加具体，也是格洛纳斯系统法律规范的主要渊源之一。例如，俄罗斯国家航天集团公司发布的《国家航天集团公司关于提供发放航天基础设施建设和投入使用许可证国家服务的行政条例》就是根据《俄罗斯联邦国家航天集团公司法》等联邦法律制定的行政条例，而俄罗斯联邦交通部、俄罗斯联邦经济发展部也根据《俄罗斯联邦政府关于为运输、技术设备和系统配备格洛纳斯系统或格洛纳斯系统/GPS的卫星导航设备的决议》这一联邦政府决议颁布了相关部门令以贯彻落实相关规定。

一、《俄罗斯国家航天集团公司关于提供航天活动许可国家服务的行政条例》

《俄罗斯国家航天集团公司关于提供航天活动许可国家服务的行政条例》是规定俄罗斯国家航天集团公司提供航天活动许可国家服务程序的行政法规。该行政条例在国家航天集团公司2020年9月10日第245号命令、第368号命令的基础上制定，于2022年9月22日发布，有效期至2028年9月1日。该行政条例旨在规范在俄罗斯联邦境内申请开展航天活动许可的程序和相关要求，明确了以下内容：

一是明确了与提供航天活动许可国家服务相关的概念，该行政条例对其调整对象、服务名称等作出了详细的规定。

二是国家航天集团公司提供国家服务的内容和具体标准。该行政条例对国家航天集团公司提供相关国家服务的结果、期限、所需的材料、提供期限、收费、拒绝或者暂停提供相关服务的理由以及为保障服务提供应配备的相关设施和条件进行了详细的规定。

三是国家航天集团公司提供国家服务的具体程序。该行政条例将申请发放许可证、修改许可证登记簿、终止许可、提供许可信息这四种申请下不同的情况细分为13种提供国家服务的方案，并对每种方案下详细的行政程序进行了详细的规定。

四是对国家航天集团公司提供国家服务进行监督的程序和形式。该行政条例规定国家航天集团公司负责人对负责提供相关服务的员工进行监督，国家航天集团公司应对提供国家服务的情况进行定期和不定期的检查，并及时接受和处理申请人提出的建议、申诉，依法追究相关负责人员的责任。

五是相关国家服务申请人对提供国家服务的机构及其工作人员的行为提起审前申诉的程序。

二、《俄罗斯国家航天集团公司关于提供发放航天基础设施建设和投入使用许可证国家服务的行政条例》

《俄罗斯国家航天集团公司关于提供发放航天基础设施建设和投入使用许可证国家服务的行政条例》是俄罗斯国家航天集团公司在航天基础设施建设领域提供履行国家职能、提供国家服务的基本法规。该条例于2020年8月11日由俄罗斯国家航天集团公司总经理签署颁布，是国家航天集团公司根据《俄罗斯联邦国家航天集团公司法》《城市规划法》等联邦法律制定的一部行政法规。该条例旨在规范国家航天集团公司为航天基础设施开发商颁发建设许可证和投入使用许可证的程序。该条例共4章132条，主要明确了以下内容：

一是国家航天集团公司在航天基础设施建设领域提供国家服务的范围。国家航天集团公司在航天基础设施建设领域向相关开发商提供发放建设许可证和投入运行许可证的国家服务，依照相关开发商的申请，审核相关材料，作出发放或者拒绝发放建设许可证和投入运行许可证的决定。

二是国家航天集团公司在航天基础设施建设领域提供国家服务的内容和具体标准。该条例对国家航天集团公司提供相关国家服务的内容、服务机构、所需的材料、提供期限、收费标准、拒绝提供相关服务的理由以及为保障服务提供应配备的相关设施和条件进行了详细的规定。对于发放建设许可证和投入运行许可证的条件进行了详细的说明。

三是国家航天集团公司在航天基础设施建设领域提供国家服务的具体程序。该条例中对发放(或者拒绝发放)、修改(或者拒绝修改)建设许可证以及发放(拒绝发放)投入使用许可证这些国家服务的具体行政程序进行了详细的规定。该条例中还对以电子形式通过线上平台申请、提供国家服务的程序，纠正已发放的相关许可证的错误程序进行了规定。

四是对国家航天集团公司在航天基础设施建设领域提供国家服务进行监督的程序和形式进行了规范。该条例规定国家航天集团公司负责人对负责提供相关服务务的员工进行监督，国家航天集团公司应对提供国家服务的情况进行定期和不定期的检查，并及时接受和处理申请人提出的建议、申诉，依法追究相关负责人员的责任。

五是相关国家服务申请人对提供国家服务的机构及其工作人员的行为提起审前申诉的程序。主要是规定国家航天集团公司应当告知申请人享有提起申诉的权力并告知其提起申诉的方法途径，对相关程序进行了规定。此部分审前申诉类似国内行政法上所谓行政复议前置程序，即要求在向法院提起行政诉讼之前，应先向相关行政机关及其上级部门提起行政复议。

三、《俄罗斯联邦交通部关于客运、特殊品、危险品、固体城市废物的铁路运输车辆配备格洛纳斯系统或格洛纳斯系统/GPS 卫星导航设备的命令》

《俄罗斯联邦交通部关于客运、特殊品、危险品、固体城市废物的铁路运输车辆配备格洛纳斯系统或格洛纳斯系统/GPS 卫星导航设备的命令》是详细规定应当配备格洛纳斯系统的部分铁路运输车辆的行政法规。该命令由俄罗斯联邦交通部于 2020 年 7 月 10 日发布，详细列举了应当配备格洛纳斯系统或格洛纳斯系统/GPS 卫星导航设备的用于客运、特殊品、危险品、固体城市废物运输的铁路车辆类型。为推动俄罗斯格洛纳斯系统在铁路中的应用和与 GPS 兼容做出了贡献。

四、《俄罗斯联邦交通部关于客运、特殊品、危险品、固体城市废物的公路运输车辆配备格洛纳斯系统或格洛纳斯系统/GPS 卫星导航设备的命令》

《俄罗斯联邦交通部关于客运、特殊品、危险品、固体城市废物的公路运输车辆配备格洛纳斯系统或格洛纳斯系统/GPS 卫星导航设备的命令》由俄罗斯联邦交通部根据俄罗斯联邦政府 2008 年 8 月 25 日第 641 号决议《俄罗斯联邦政府关于为运输、技术设备和系统配备格洛纳斯系统或格洛纳斯系统/GPS 卫星导航设备的决议》制定，并于 2020 年 10 月 7 日发布，详细规定了必须配备格洛纳斯系统或格洛纳斯系统/GPS 卫星导航设备的公路运输车辆的类型。

五、《俄罗斯联邦交通部关于为空中导航服务、航空航天搜索和救援的技术设备和系统配备格洛纳斯系统或格洛纳斯系统/GPS 卫星导航设备的命令》

《俄罗斯联邦交通部关于为空中导航服务、航空航天搜索和救援的技术设备和系统配备格洛纳斯系统或格洛纳斯系统/GPS 卫星导航设备的命令》由俄罗斯联邦交通部根据俄罗斯联邦政府 2008 年 8 月 25 日第 641 号决议《俄罗斯联邦政府关于为运输、技术设备和系统配备格洛纳斯系统或格洛纳斯系统/GPS 卫星导航设备的决议》制定，并于 2010 年 2 月 1 日发布，详细规定了必须配备格洛纳斯系统或格洛纳斯系统/GPS 卫星导航设备的空中导航服务、航空航天搜索和救援的技术设备和系统。

六、《俄罗斯联邦经济发展部关于用于大地测量和地籍工作并配备格洛纳斯系统或格洛纳斯系统/GPS 卫星导航设备的设备类型的命令》

《俄罗斯联邦经济发展部关于用于大地测量和地籍工作并配备格洛纳斯系统或格洛纳斯系统/GPS 卫星导航设备的设备类型的命令》于 2010 年 4 月 1 日由俄罗斯联邦经济发展部根据俄罗斯联邦政府 2008 年 8 月 25 日第 641 号决议《俄罗斯联邦政府关于为运输、技术设备和系统配备格洛纳斯系统或格洛纳斯系统/GPS 卫星导航设备的决议》第 2 条制定并发布，对用于进行大地测量和地籍工作并配备格洛纳斯系统或格洛纳斯系统/GPS 卫星导航设备的设备类型进行了详细的列举。

七、《俄罗斯联邦通信和大众传媒部关于配备格洛纳斯系统或格洛纳斯系统/GPS 卫星导航设备的技术设备和系统类型的命令》

《俄罗斯联邦通信和大众传媒部关于配备格洛纳斯系统或格洛纳斯系统/GPS 卫星导航设备的技术设备和系统类型的命令》于 2011 年 5 月 3 日根据 2008 年 8 月 25 日第 641 号俄罗斯联邦政府决议《俄罗斯联邦政府关于为运输、技术设备和系统配备格洛纳斯系统或格洛纳斯系统/GPS 卫星导航设备的决议》第 2 条，并为了执行第 5 条制定，详细列举规定了需要配备格洛纳斯系统或格洛纳斯系统/GPS 卫星导航设备的技术设备和系统。

八、《俄罗斯联邦航空导航署关于落实俄罗斯联邦政府 2008 年 9 月 12 日第 680 号决议〈关于修订“全球卫星导航系统”联邦专项计划的决议〉的措施》

《俄罗斯联邦航空导航署关于落实俄罗斯联邦政府 2008 年 9 月 12 日第 680 号决议〈关于修订“全球卫星导航系统”联邦专项计划的决议〉的措施》是一部旨在落实俄罗斯联邦政府 2008 年 9 月 12 日第 680 号决议《关于修订“全球卫星导航系统”联邦专项计划的决议》(本部分以下简称决议)的行政法规。该措施由俄罗斯联邦航空导航署 2008 年 11 月 28 日第 211 号命令发布，根据俄罗斯联邦航空导航署 2009 年 1 月 28 日第 20 号决议进行修订。措施对落实决议的各方职责进行了详细的规定，明确了以下内容。

一是决议是俄罗斯联邦航空导航署及其所属机构开展工作的参考和指导性文件，俄罗斯联邦航空导航署及其所属机构落实《“全球卫星导航系统”联邦专项计划》的协调工作由俄罗斯联邦航空导航署副署长萨维茨基负责。

二是俄罗斯联邦航空导航署下属各机构落实决议的职责。措施对下属各机构的职责进行了详细的说明。

九、《俄罗斯联邦无线电导航计划(2019)》

《俄罗斯联邦无线电导航计划(2019)》是俄罗斯联邦在无线电导航领域的纲领性文件,确定了2019年至2024年俄罗斯联邦无线电导航的发展方向。该计划在俄罗斯联邦工业和贸易部的领导和主持下完成,于2019年9月4日经俄罗斯联邦工业和贸易部批准发布。该计划旨在分析当前俄罗斯无线电导航领域的发展现状,并确定未来发展、扩大和完善俄罗斯无线电导航领域的政策方向。该计划分为5个部分,明确了以下内容:

一是制订无线电导航计划的背景、目标任务、无线电导航计划的主要内容和法律基础。该计划详细介绍了无线电导航计划的广阔前景和重要意义,介绍了俄罗斯现有无线电导航系统的现状。该计划旨在确定未来五年内俄罗斯无线电导航发展的方向,协调各部门的关系、积极开展无线电导航国际合作,并详细列举了计划的目标、任务和应用领域。同时对制订该计划所依据的法律文件进行了详细的列举。

二是无线电导航用户的需求。该计划从无线电导航系统主要应用的领域和解决的问题出发,区分了不同类型的用户,详细分析了不同的用户对于无线电导航系统的不同需求。该计划中主要列举了航空、航天、海上运输、内河运输、陆地运输、大地测量等不同领域的用户对于无线电导航系统各个参数不同的要求。

三是现有和开发中的无线电导航系统的一般特征。该计划详细介绍了不同类型的用户对于无线电导航系统的不同需求,进一步分析了现有的和开发中的无线电导航系统的特征。该计划分别介绍了卫星无线电导航系统和地基无线电导航系统。卫星无线电导航系统主要包括GPS、格洛纳斯、伽利略、北斗,该计划详细比对了四种卫星无线电导航系统的参数,而后着重对于格洛纳斯系统和Cospas—Sarsat国际卫星搜索救援系统进行了详细的介绍。地基无线电导航系统分为远距无线电导航系统、近距无线电导航系统和着陆系统。该计划对这三种系统的主要特征都进行了介绍。该计划还对无线电导航系统中使用的坐标系和时间尺度进行了介绍,主要介绍了俄罗斯现在采用的标准。

四是俄罗斯无线电导航的发展方向。该计划指出现有的无线电导航系统存在很多不足,难以满足日益增长的需求,而现代科学技术的发展也为无线电导航系统及其设备的开发提供了更加广阔的发展空间。该计划从无线电导航的不同应用领域的新需求出发,介绍了无线电导航技术改进的方向和方法。在此基础上,该计划以列举具体参数指标的形式详细列出了格洛纳斯系统发展的方向和具体目标。同时,针对卫星无线电导航增强系统、地基无线电导航系统和大地测量差分卫星子系统的发展方向进行了概述。该计划还对无线电导航设备的发展前景进行了概述。

五是无线电导航系统的技术研发和升级方式。该计划结合用户需求的变化,概括性地指出了对无线电导航系统未来技术进行改进的方向和解决方法。同时,详细介绍了卫星无线电导航系统、卫星无线电导航增强系统和卫星无线电导航基本保障系统未来发展的主要任务和解决方法。该计划还对各卫星无线电导航系统的集成、卫星无线电导航系统和惯性导航系统的整合以及降低无线电导航系统的脆弱性的前景和实现路径进行了介绍。计划中还对各种类型无线电导航用户设备的发展目标和实现路径进行了介绍。

六是开展无线电导航领域的国际合作。该计划明确了无线电导航国际合作的主要目标和详细的任务。

七是实施无线电导航计划的未来效益。该计划概述了实施无线电导航计划有望实现的社会经济效益、科技效益和生态效益。

俄罗斯卫星导航相关部门令

俄罗斯国家航天集团公司

- 《俄罗斯国家航天集团公司关于提供航天活动许可国家服务的行政条例》
- 《俄罗斯国家航天集团公司关于提供发放航天基础设施建设和投入使用许可证国家服务的行政条例》

俄罗斯联邦交通部

- 《俄罗斯联邦交通部关于客运、特殊品、危险品、固体城市废物的铁路运输车辆配备格洛纳斯系统或格洛纳斯系统/GPS 卫星导航设备的命令》
- 《俄罗斯联邦交通部关于客运、特殊品、危险品、固体城市废物的公路运输车辆配备格洛纳斯系统或格洛纳斯系统/GPS 卫星导航设备的命令》
- 《俄罗斯联邦交通部关于为空中导航服务、航空航天搜索和救援的技术设备和系统配备格洛纳斯系统或格洛纳斯系统/GPS 卫星导航设备的命令》

俄罗斯联邦经济发展部

- 《俄罗斯联邦经济发展部关于用于大地测量和地籍工作并配备格洛纳斯系统或格洛纳斯系统/GPS 卫星导航设备的设备类型的命令》

俄罗斯联邦通信和大众传媒部

- 《俄罗斯联邦通信和大众传媒部关于配备格洛纳斯系统或格洛纳斯系统/GPS 卫星导航设备的技术设备和系统类型的命令》

俄罗斯联邦航空导航署

- 《俄罗斯联邦航空导航署关于落实俄罗斯联邦政府2008 年9 月12 日第680 号决议〈关于修订"全球卫星导航系统"联邦专项计划的决议〉的措施》

俄罗斯联邦工业和贸易部

- 《俄罗斯联邦无线电导航计划(2019)》

《俄罗斯国家航天集团公司关于提供航天活动许可国家服务的行政条例》

《关于批准〈俄罗斯国家航天集团公司关于提供航天活动许可国家服务的行政条例〉的命令》

（俄罗斯国家航天集团公司2022年9月22日第340号命令）

根据2010年7月27日第210－FZ号联邦法律《组织提供国家和市政服务法》（《俄罗斯联邦法律汇编》，2010年第31号第4179条；2021年第1号第48条）第13条第1款，2015年7月13日第215－FZ号联邦法律《国家航天集团公司法》（《俄罗斯联邦法律汇编》，2015年第29号第4341条；2021年第24号第4188条）第7条第11项，俄罗斯联邦政府2021年7月20日第1228号决议批准的《提供国家服务的行政法规的制定和批准规则》（《俄罗斯联邦法律汇编》，2021年第31期第5904条）第2项，俄罗斯联邦政府2022年2月14日第168号决议批准的《航天活动许可条例》（《俄罗斯联邦法律汇编》，2022年第8号第1174条）第2项，以及俄罗斯联邦政府2022年3月24日第454号决议《关于2022年组织提供国家服务以及制定和通过提供国家服务的行政法规的特别规定》（《俄罗斯联邦法律汇编》，2022年第13期第2114条）

命令如下：

1. 批准所附的《俄罗斯国家航天集团公司关于提供航天活动许可国家服务的行政条例》。

2. 宣布以下命令无效：

国家航天集团公司2020年9月10日第245号命令《关于批准〈俄罗斯国家航天集团公司关于提供航天活动许可国家服务的行政条例〉的命令》。

国家航天集团公司2020年12月18日第368号命令《关于修改国家航天集团公司2020年9月10日第245号命令批准的〈俄罗斯国家航天集团公司关于提供航天活动许可国家服务的行政条例〉的命令》。

3. 本命令有效期至2028年9月1日。

《俄罗斯国家航天集团公司关于提供航天活动许可国家服务的行政条例》

一、总　　则

行政条例的调整对象

1. 本行政条例规定了国家航天集团公司(以下简称公司)提供航天活动许可国家服务(以下简称国家服务)的程序。

2. 国家服务申请人是指向公司申请航天活动许可证、修改许可证登记册、终止航天活动的法人或者其授权代理人,以及向公司申请提供特定许可证信息的法人或者自然人。

3. 必须根据提供国家服务的方案向申请人提供国家服务。

4. 提供国家服务的方案(以下简称方案)依据本行政条例附件一表 1 中申请人的特征以及申请人要求提供国家服务的结果根据本行政条例附件一表 2 确定。

5. 申请人的特征是根据本行政条例的特征进行分析确定的。

二、提供国家服务的标准

国家服务名称

6. 航天活动许可。

提供国家服务的机构名称

7. 国家服务由公司提供。

8. 本行政条例不包括在国家和市政服务多功能中心获得的国家服务。

提供国家服务的结果

9. 根据方案,提供国家服务的结果是:

(1) 关于发放许可证申请——发放许可证。

向申请人提供国家服务的结果所依据的文件是公司发放许可证的决定,其中包含以下详细信息:

文件的名称,文件的注册号,决定的日期。

发放许可证的登记条目被录入许可证登记簿，该登记簿的形成和维护在公司的信息系统中进行，并且必须包含以下信息：

许可证的注册号码和许可证的签发日期；

许可机构的名称；

全名和缩写（若有），包括公司名称、法人的法律组织形式、境内地址、电话号码、电子邮件地址、进行许可类型活动的地址、法人国家登记注册号；

纳税人识别号；

获得许可的活动类型，并指明构成许可的活动类型所进行的工作和提供的服务；

对被许可人遵守许可要求进行评估的依据和日期，以及构成此类评估结果的详细信息；

许可机构决定授予许可的日期和该决定的细节；

将被许可人的有关信息输入许可证登记簿的日期。

国家服务的结果可以通过使用联邦国家信息系统“国家和市政服务（功能）统一门户”（以下简称统一门户）、电子邮件或者信件获得。

申请人收到提供国家服务的结果的事实记录在公司的信息系统中。

（2）关于申请修改许可证登记簿——对许可证登记簿进行修改。

向申请人提供国家服务的结果所依据的文件是公司修改许可证登记簿的决定，其中包含以下详细信息：

文件的名称，文件的注册号，决定的日期。

发放许可证的登记条目被录入许可证登记簿，该登记簿的形成和维护在公司的信息系统中进行，并且必须包含以下信息：

许可证的注册号码和许可证的签发日期；

许可机构的名称；

全名和缩写（若有），包括公司名称、法人的法律组织形式、境内地址、电话号码、电子邮件地址、进行许可类型活动的地址、法人国家登记注册号；

纳税人识别号；

获得许可的活动类型，并指明构成许可的活动类型所进行的工作和提供的服务；

对被许可人遵守许可要求进行评估的依据和日期，以及构成此类评估结果的详细信息；

许可机构决定授予许可的日期和该决定的细节；

将被许可人的有关信息输入许可证登记簿的日期；

许可机构决定修改许可证登记簿的日期和该决定的细节。

国家服务的结果可以通过使用统一门户、电子邮件或者信件获得。

申请人收到提供国家服务的结果的事实记录在公司的信息系统中。

(3)申请终止航天活动——终止活动许可证。

向申请人提供国家服务结果所依据的文件是公司终止许可证的决定，其中包含以下详细信息：

文件的标题，文件的注册号，决定的日期。

公司终止许可证的决定的详细信息记录在许可证登记簿中。

国家服务的结果可以通过使用统一门户、电子邮件或信件获得。

申请人收到提供国家服务的结果的事实记录在公司的信息系统中。

(4)关于通过许可证登记簿提供有关特定许可证信息的申请——提供许可证登记簿中的特定许可证的信息或提供缺少所需信息的信息。

向申请人提供国家服务的结果所依据的文件是许可证登记簿的摘录，或授予许可证的决定的副本(在修改许可证登记簿时)，或缺少所需信息的证明(许可证登记簿中缺少有关许可证的信息，或者无法确定特定的被许可人)。

提供国家服务的结果可以通过使用统一门户或电子邮件获得。

提供国家服务的期限

10. 提供国家服务的最长期限。

(1)作出授予许可或拒绝授予许可的决定——从公司登记正确的许可证申请以及完整的附件之日起 8 个工作日(在对申请人进行书面评估的情况下)和 12 个工作日(在对申请人进行现场评估的情况下)内。

(2)在下列情况下，在从公司登记正确的修改许可证登记簿申请以及完整的附件之日起 8 个工作日(在对申请人进行书面评估的情况下)和 12 个工作日(在对申请人进行现场评估的情况下)内决定修改许可证登记簿或拒绝修改许可证登记簿：

变更许可类型活动进行的地点，变更构成许可的活动类型所进行的工作和提供的服务的清单，或根据俄罗斯联邦的规范性法律文件改变许可活动类型的名称、构成许可的活动类型所进行的工作和提供的服务的清单。

法人通过转型、合并的方式重组(前提是参与合并的每个法人，在重组后的法人的继承人进行国家登记之日，都拥有从事同类活动的许可证)，被许可人加入另一法人，被许可人名称的变更，终止在一个或多个执行地点的包含在许可证登记簿中的活动，终止构成许可活动类型的工作（服务）——自向公司提交正确的修改许可证登记簿申请和附件之日起3个工作日内。

（3）通过终止航天活动的决定——自在公司登记正确的终止航天活动申请之日起3个工作日内。

（4）从许可证登记簿中提供（发送）有关特定许可证的信息，或发放许可证的决定的副本（修改许可证登记簿），或缺少所要求信息的证明——自在公司登记提供特定许可证信息申请之日起的3个工作日内。

（5）发布（发送）审查发放许可证申请、更改许可登记簿申请、终止航天活动申请的结果——自公司作出发放（拒绝发放）许可证、更改（拒绝更改）许可证登记簿、终止航天活动决定之日起的1个工作日内。

提供国家服务的最长期限是针对每个方案确定的，并在本行政条例的第三章中列举，其中包含对方案的描述。

提供国家服务的法律依据

11. 规制提供国家服务的规范性法律文件清单，关于针对公司的决定和行动（不作为）的审前（庭外）申诉程序的信息，以及有关公司官员、职员的信息发布在互联网的公司官方网站（以下简称公司网站，互联网），以及统一门户上。

提供国家服务所需文件的详细清单

12. 根据2011年5月4日第99－FZ号联邦法律《关于许可某些类型活动的联邦法律》（以下简称第99－FZ号联邦法律），提供国家服务的必要文件是：发放许可证申请、修改许可证登记簿申请、终止航天活动申请、关于特定许可的信息申请以及相关申请文件的附件。

13. 发放许可证申请及其附件通过统一门户提交给公司，或者在俄罗斯联邦政府2022年2月14日第168号决议批准的《航天活动许可条例》（以下简称《条例》）第7条第2段规定的情况下，以纸质形式直接提交给公司或通过挂号信寄送并要求回执确认。

14. 通过使用统一门户向公司提交的发放许可证申请是在统一门户上起草的（填写电子申请表）。

上述发放许可证申请附有以下文件的扫描件：

申请人在进行许可类型的活动地点根据其所有权或者其他法律依据拥有开展（提供）构成许可类型活动的工作或者服务所必需的房屋、建筑物、构筑物和其他设施的占有使用权或者使用权（如果这些房屋、建筑物、构筑物和其他设施在实施许可类型的活动的地方不属于申请人所有），且其权利未在统一国家房地产登记册（以下简称 USRN）中登记；

申请人根据其所有权或其他法律依据拥有开展（提供）构成许可类型活动的工作或者服务所必需的设备、技术设施以及技术文件的占有使用权或者使用权（如果指定的设备、技术设施以及技术文件不属于申请人所有）；

申请人有足够数量的与其签订劳动合同的员工（不少于 5 名员工）确保构成许可类型活动的工作的开展和服务的提供（若有关员工劳动活动的基本信息未包含在俄罗斯联邦养老基金的信息资源中）；

本条第 5 段规定的员工接受过开展构成许可类型活动的工作或者提供构成许可类型活动的服务所必需的高等或中等职业教育，以及根据高级培训（专业进修）计划进行的附加职业教育［若有关教育、高级培训（专业进修）的信息在联邦信息系统“关于教育和（或）职业技能、学习文件的联邦信息登记册”中无法查询］；

申请人具备开展构成许可类型活动的工作或者提供构成许可类型活动的服务所必须的质量控制体系，用于实施许可活动所需的工作和（或）提供构成许可活动类型的服务［申请人批准的质量手册（条例）］；

申请人根据 1993 年 7 月 21 日第 5485 - 1 号联邦法律《俄罗斯联邦国家秘密法》（以下简称第 5485 - 1 号联邦法律）被允许使用构成国家秘密的信息开展构成许可类型活动的工作或者提供构成许可类型活动的服务（在开展构成许可类型活动的工作或者提供构成许可类型活动的服务与构成国家秘密的信息有关的情况下）。

当申请人通过其授权代表向公司申请发放许可证时，授权委托书的扫描件也应附在发放许可证申请附件中，确认申请人的授权代表有权申请国家服务。

15. 根据《条例》第 7 条第 2 段规定提交的纸质发放许可证申请，按照本行政条例附件三的格式填写。

此发放许可证申请的附件包括：

（1）以下文件的副本。

申请人在进行许可类型的活动地点根据其所有权或者其他法律依据拥有开展（提供）构成许可类型活动的工作或者服务所必须的房屋、建筑物、构筑物和其他设施的占有使用权或者使用权（如果这些房屋、建筑物、构筑物和其他设施在实施许可类型的活动的地方不属于申请人所有），且其权利未在 USRN 中登记；

申请人根据其所有权或其他法律依据拥有开展(提供)构成许可类型活动的工作或者服务所必需的设备、技术设施以及技术文件的占有使用权或者使用权(如果指定的设备、技术设施以及技术文件不属于申请人所有);

申请人有足够数量的与其签订劳动合同的员工(不少于5名员工)确保构成许可类型活动的工作的开展和服务的提供(若有关员工劳动活动的基本信息未包含在俄罗斯联邦养老基金的信息资源中);

本条第6段规定的员工接受过开展构成许可类型活动的工作或者提供构成许可类型活动的服务所必需的高等或中等职业教育,以及根据高级培训(专业进修)计划进行的附加职业教育[若有关教育、高级培训(专业进修)的信息在联邦信息系统"关于教育和(或)职业技能、学习文件的联邦信息登记册"中无法查询];

申请人具备开展构成许可类型活动的工作或者提供构成许可类型活动的服务所必须的质量控制体系,用于实施许可活动所需的工作和(或)提供构成许可活动类型的服务[申请人批准的质量手册(条例)];

申请人根据第5485－1号联邦法律被允许使用构成国家秘密的信息开展构成许可类型活动的工作或者提供构成许可类型活动的服务(在开展构成许可类型活动的工作或者提供构成许可类型活动的服务与构成国家秘密的信息有关的情况下)。

(2)按照本行政条例附件四的格式编制的附件清单。

当申请人通过其授权代表向公司申请发放许可证时,授权委托书的原件也应附在发放许可证申请附件中,确认申请人的授权代表有权申请国家服务。

16.修改许可证登记簿的申请及其附件通过统一门户提交给公司,或者在《条例》第10条第2段规定的情况下,以纸质形式直接提交给公司或通过挂号信寄送并要求回执确认。

17.通过使用统一门户向公司提交的修改许可证登记簿的申请是在统一门户上起草的(填写电子申请表)。

上述修改许可证登记簿申请附有以下文件的扫描件:

申请人在进行许可类型的活动地点根据其所有权或者其他法律依据拥有开展(提供)构成许可类型活动的工作或者服务所必需的房屋、建筑物、构筑物和其他设施的占有使用权或者使用权(如果这些房屋、建筑物、构筑物和其他设施在实施许可类型的活动的地方不属于申请人所有),且其权利未在USRN中登记;

申请人根据其所有权或其他法律依据拥有开展(提供)构成许可类型活动的工

作或者服务所必需的设备、技术设施以及技术文件的占有使用权或者使用权(如果指定的设备、技术设施以及技术文件不属于申请人所有);

申请人有足够数量的与其签订劳动合同的员工(不少于5名员工)确保构成许可类型活动的工作的开展和服务的提供(若有关员工劳动活动的基本信息未包含在俄罗斯联邦养老基金的信息资源中);

本条第5段规定的员工接受过开展构成许可类型活动的工作或者提供构成许可类型活动的服务所必需的高等或中等职业教育,以及根据高级培训(专业进修)计划进行的附加职业教育[若有关教育、高级培训(专业进修)的信息在联邦信息系统“关于教育和(或)职业技能、学习文件的联邦信息登记册”中无法查询];

申请人具备开展构成许可类型活动的工作或者提供构成许可类型活动的服务所必须的质量控制体系,用于实施许可活动所需的工作和(或)提供构成许可活动类型的服务[申请人批准的质量手册(条例)];

申请人根据第5485－1号联邦法律被允许使用构成国家秘密的信息开展构成许可类型活动的工作或者提供构成许可类型活动的服务(在开展构成许可类型活动的工作或者提供构成许可类型活动的服务与构成国家秘密的信息有关的情况下)。

当申请人通过其授权代表向公司申请修改许可证登记簿时,授权委托书的扫描件也应附在发放许可证申请附件中,确认申请人的授权代表有权申请国家服务。

18. 根据《条例》第10条第2段规定提交的纸质修改许可证登记簿申请,按照本行政条例附件五的格式填写。

此修改许可证登记簿申请的附件包括:

(1)以下文件的副本。

申请人在进行许可类型的活动地点根据其所有权或者其他法律依据拥有开展(提供)构成许可类型活动的工作或者服务所必需的房屋、建筑物、构筑物和其他设施的占有使用权或者使用权(如果这些房屋、建筑物、构筑物和其他设施在实施许可类型的活动的地方不属于申请人所有),且其权利未在USRN中登记;

申请人根据其所有权或其他法律依据拥有开展(提供)构成许可类型活动的工作或者服务所必需的设备、技术设施以及技术文件的占有使用权或者使用权(如果指定的设备、技术设施以及技术文件不属于申请人所有);

申请人有足够数量的与其签订劳动合同的员工(不少于5名员工)确保构成许可类型活动的工作的开展和服务的提供(若有关员工劳动活动的基本信息未包含

在俄罗斯联邦养老基金的信息资源中)；

本条第6段规定的员工接受过开展构成许可类型活动的工作或者提供构成许可类型活动的服务所必需的高等或中等职业教育，以及根据高级培训(专业进修)计划进行的附加职业教育[若有关教育、高级培训(专业进修)的信息在联邦信息系统“关于教育和(或)职业技能、学习文件的联邦信息登记册”中无法查询]；

申请人具备开展构成许可类型活动的工作或者提供构成许可类型活动的服务所必须的质量控制体系，用于实施许可活动所需的工作和(或)提供构成许可活动类型的服务[申请人批准的质量手册(条例)]；

申请人根据第5485－1号联邦法律被允许使用构成国家秘密的信息开展构成许可类型活动的工作或者提供构成许可类型活动的服务(在开展构成许可类型活动的工作或者提供构成许可类型活动的服务与构成国家秘密的信息有关的情况下)。

(2)按照本行政条例附件四的格式编制的附件清单。

当申请人通过其授权代表向公司申请修改许可证登记簿时，授权委托书的原件也应附在发放许可证申请附件中，确认申请人的授权代表有权申请国家服务。

19. 本行政条例第17条和第18条规定的文件扫描件和副本(原件)(除申请人通过其授权代表向公司申请修改许可证登记簿的情况下，本行政条例规定的授权书的扫描件或原件外)，在下列情况之下不需要附在修改许可证登记簿申请中：

法人通过转型、合并的方式重组(前提是参与合并的每个法人，在重组后的法人的继承人进行国家登记之日，都拥有从事同类活动的许可证)，被许可人加入另一法人；被许可人名称的变更；持证人所在地的地址变更；终止在一个或多个执行地点的包含在许可证登记簿中的活动；终止构成许可活动类型的工作(服务)。

20. 终止航天活动的申请可通过统一门户提交给公司，或通过挂号信寄送并要求回执确认。

21. 通过使用统一门户向公司提交的终止航天活动的申请是在统一门户上起草的(填写电子申请表)。

22. 以纸质文件提交的航天活动终止申请，按照本行政条例附件六的格式填写。

23. 提供特定许可证信息的申请可以通过统一门户提交给公司，或通过挂号信寄送并要求回执确认。

24. 通过统一门户向公司提交的关于提供特定许可证信息的申请在统一门户上起草(填写电子申请表)。

25. 以纸质文件提交的关于提供特定许可证信息的申请,按照本行政条例附件七的格式填写。

26. 通过统一门户提交给公司的发放许可证申请、修改许可证登记簿申请,均使用经认证的增强型电子签名签署。

在向公司提交终止航天活动以及提供有关特定许可证信息的申请时,允许使用简单电子签名。

27. 为决定是否提供国家服务,需要以下由国家机构掌握的文件或者申请人有权主动提交的文件:

(1)联邦税务局掌握的统一国家法人登记簿中有关申请人信息的部分;

(2)联邦国库掌握的确认为提供国家服务缴纳国家规费的文件。

如果本项规定的文件不是申请人主动提交的,则这些文件中包含的信息是由公司使用统一的跨部门电子交互系统向拥有相关信息的国家机构或组织索取的。

28. 在提供国家服务时,公司无权要求申请人:

(1)提交规制提供国家服务的规范性法律文件没有规定的文件、信息以及采取提供国家服务的规范性法律文件没有规定的行动;

(2)提交根据俄罗斯联邦、俄罗斯联邦主体规范性法律文件和市政法规规定由提供国家服务的国家机构、其他国家机构、地方自治机构和(或)参与提供国家或市政服务的国家机构和地方自治机构下属的组织负责的文件和信息,第 210 – FZ 号联邦法律第 7 条第 6 款规定的文件除外;

(3)提交在最初拒绝接受提供国家服务所需文件或提供国家服务时未注明的缺少和(或)不可靠的文件和信息,但第 210 – FZ 号联邦法律第 7 条第 1 款第 4 项规定的情形除外。

拒绝接受提供国家服务所需文件的详尽理由清单

29. 没有理由拒绝接受申请人直接向公司提交或通过挂号信寄送的文件。

30. 通过统一门户接受的申请人的文件,如果其经认证的增强型电子签名的有效性核查无法确认。

暂停提供国家服务或拒绝提供国家服务的详尽理由清单

31. 暂停提供国家服务的理由是申请人需要在 30 个日历日内纠正申请中不符合规定的地方和(或)提交缺少的文件。

32. 拒绝提供国家服务的理由是:

申请人在收到通知之日起 30 个日历日内未纠正申请中不符合规定的地方和

(或)提交缺少的文件、正确填写的文件和(或)丢失的文件;

提交的申请和(或)附件中存在不可靠或错误的信息;

评估期间发现申请人不符合规定的许可要求;

申请人拥有开展航天活动的有效许可证。

为提供国家服务而向申请人收取的费用数额及其公布方式

33. 为提供与发放许可证或修改许可证登记簿有关的部分国家服务,国家规费按《俄罗斯联邦税法典》第二章第 333 条第 1 项第 92 目规定的数额缴纳。

终止活动许可,提供有关特定许可证的信息是免费的。

34. 关于国家规费的数额和征收方式的信息发布在统一门户上。

申请人提交提供国家服务的请求和收到提供国家服务的结果时排队的最长等待时间

35. 提交提供国家服务的申请和收到提供国家服务的结果时,队列中的最长等待时间为 15 分钟。

申请人提供国家服务请求登记的期限

36. 申请人通过统一门户或通过挂号信寄送并要求回执确认方式提交提供国家服务申请及其附件,由公司负责接受和登记信件的内部部门在收到文件的当天或在工作日 15:00 以后或在工作时间以外收到文件的情况下,在下一个工作日的 10:00之前登记。

公司受理的通过申请人个人地址寄送到公司的途径提交的国家服务申请及其所附文件,由公司负责接收和登记信件的内部机构在收到文件的当日进行登记并为此类申请分配来函编号。在工作日 15:00 以后或在工作时间以外收到文件的情况下,在下一个工作日的 10:00 之前登记。

对提供国家服务的场所的要求

37. 接待申请人的房间应设在公司大楼内,并应标明负责提供国家服务的官员的职位、姓氏、名字、父名(如有)等信息。

38. 等待室、填写提供国家服务的申请的地方应配备电话、信息宣传栏、椅子、桌子、纸张和文具(圆珠笔)。

39. 有关提供国家服务程序的视觉、文字和多媒体信息放置在信息宣传栏中。

40. 公司员工工作场所配备电话通讯、电脑、办公设备、耗材文具、互联网连接,以提供及时、全面的国家服务。

41. 进入接待申请人的场所和在场所内行动不应对残疾人造成困难。

42. 为了确保残疾人不受阻碍地进入提供国家服务的场所，应向他们提供以下服务：

不受阻碍地进入公司所在地建筑和提供国家服务的场所的条件，以及不受阻碍地使用交通工具、通信手段和信息的条件；

可以在公司建筑物和提供国家服务的场所周围独立行动以及进入和离开这些建筑物和场所、登上和离开车辆，包括使用轮椅；

陪同持续视力障碍和独立行动障碍的人；

考虑到残疾人的残疾情况，需要适当安置必要的设备和信息载体，以确保残疾人不受阻碍地进入公司大楼和提供国家服务的场所；

复制残疾人所需的视听信息，以及带有盲文符号的铭文、标志和其他文字及图形信息；

提供手语翻译和盲聋人手语翻译。

导盲犬可以进入公司大楼和提供国家服务的场所。

向残疾人提供援助，帮助他们克服他们在与其他人平等的基础上接受国家服务的障碍。

43. 与公司办公楼相邻的停车场（如有），至少有 10% 的车位（至少有一处）可免费停放第一类、第二类残疾人驾驶的车辆，以及根据俄罗斯联邦政府规定运送残疾人和（或）残疾儿童的第三类车辆。使用停车位不收取任何费用。

44. 如果不可能完全改造公司的建筑和提供国家服务的场所，应向残疾人提供进入提供国家服务的场所的机会，或者在可能的情况下，在残疾人的居住地或远程提供国家服务。

国家服务的可及性和质量指标

45. 提供国家服务的可及性指标包括：

在公司网站上提供有关提供国家服务的程序和条款的全面信息；

使用统一门户以电子形式远程提交国家服务和文件提供申请的可能性；

以电子形式获取国家服务提供进度信息的可能性；

电子形式的文件和工具的可用性，以进行接收国家服务所必需的电子支付；

不受阻碍地进入公司办公大楼和提供国家服务的场所的条件，以及不受阻碍地使用交通工具、通信手段和信息的条件；

复制残疾人所需的视听信息，以及带有盲文符号的铭文、标志和其他文字及图形信息；

提供手语翻译和盲聋人手语翻译；

导盲犬可以进入公司大楼和提供国家服务的场所；

向残疾人提供援助，帮助他们克服他们在与其他人平等的基础上接受国家服务的障碍。

46. 国家服务质量指标：

官员在提供国家服务时与申请人互动的态度和能力；

告知申请人提出申请的方法和提供国家服务的时间；

对官员的作为（不作为）及其对申请人的态度没有确凿的投诉；

根据提供国家服务的方案提供国家服务；

及时提供国家服务（不存在违反提供国家服务条款的情况）。

提供国家服务的其他要求，包括在国家和市政服务多功能中心提供国家和市政服务以及以电子形式提供国家和市政服务的要求

47. 俄罗斯联邦法律没有规定提供国家服务所必需的和强制性的服务。

48. 为提供国家服务，使用统一门户和公司的信息系统。

三、行政程序的组成、顺序和期限

49. 本编包含以下方案的行政程序的组成、顺序和期限。

（1）申请人申请发放许可证时：

方案1：法人；是，法定代表人申请；是，计划；

方案2：法人；是，法定代表人申请；不，没有计划；

方案3：法人；不，委托授权代表申请；是，计划；

方案4：法人；不，委托授权代表申请；不，没有计划；

（2）当申请人申请修改许可证登记簿时（变更许可类型活动进行的地点，变更构成许可的活动类型所进行的工作和提供的服务的清单，或根据俄罗斯联邦的规范性法律文件改变许可活动类型的名称、构成许可的活动类型所进行的工作和提供的服务的清单）：

方案5：法人；是的，法定代表人申请；是的，计划；

方案6：法人；是的，法定代表人申请；不，没有计划；

方案7：法人；不，委托授权代表申请；是的，计划；

方案8：法人；不，委托授权代表申请；不，没有计划；

（3）当申请人申请修改许可证登记簿时［法人通过转型、合并的方式重组（前提是参与合并的每个法人,在重组后的法人的继承人进行国家登记之日,都拥有从事同类活动的许可证),被许可人加入另一法人,被许可人名称的变更,终止在一个或多个执行地点的包含在许可证登记簿中的活动,终止构成许可活动类型的工作(服务)]:

方案 9:法人;是的,法定代表人申请;

方案 10:法人;不,委托授权代表申请;

(4)申请人申请终止航天活动时:

方案 11:法人;是的,法定代表人申请;

方案 12:法人;不,委托授权代表申请;

(5)申请人申请提供特定许可信息时:

方案 13:法人或自然人。

申请人特征分析

50. 方案是根据申请人提交提供国家服务申请过程中问卷调查的结果来确定的。对申请人的问卷调查由公司进行,问卷调查包括本行政条例附件一表 1 中规定的识别申请人的特征列表中的问题。

51. 根据申请人对问卷问题的回答结果,根据本行政条例确定完整的特征列表,每个组合对应一个方案。

52. 根据特征分析结果确定的方案通过统一门户(如果通过统一门户提交提供国家服务的申请)或书面形式(如果以书面形式提交提供国家服务的申请)通知申请人,存在多个方案的情况除外。

方案 1

53. 提供国家服务方案的最长期限为,自登记正确的许可证申请及其所附的完整文件之日起 8 个工作日(在对申请人进行书面评估的情况下)和 12 个工作日(在对申请人进行现场评估的情况下)。

54. 提供国家服务方案的结果是发放许可证。

55. 拒绝提供国家服务的理由详尽清单如下:

申请人在收到通知之日起 30 个日历日内未纠正申请中不符合规定的地方和(或)提交缺少的文件、正确填写的文件和(或)丢失的文件;

提交的申请和(或)附件中存在不可靠或错误的信息;

评估期间发现申请人不符合规定的许可要求;

申请人拥有开展航天活动的有效许可证。

56. 此方案中规定的行政程序清单：

接受请求（申请）和提供国家服务所必需的文件和（或）信息；

跨部门信息交互；

暂停提供国家服务；

决定提供（拒绝提供）国家服务；

提供国家服务的结果。

接受请求（申请）和提供国家服务所需的文件和（或）信息

57. 为了获得国家服务，申请人必须向公司提交发放许可证申请及其附件。

58. 发放许可证申请及其附件通过统一门户提交给公司，或者在《条例》第 7 条第 2 项规定的情况下，以纸质形式直接提交给公司或通过挂号信寄送并要求回执确认。

59. 通过统一门户向公司提交的许可证申请是在统一门户上起草的（填写电子申请表）。

上述发放许可证申请附有以下文件的扫描件：

申请人在进行许可类型的活动地点根据其所有权或者其他法律依据拥有开展（提供）构成许可类型活动的工作或者服务所必需的房屋、建筑物、构筑物和其他设施的占有使用权或者使用权（如果这些房屋、建筑物、构筑物和其他设施在实施许可类型的活动的地方不属于申请人所有），且其权利未在 USRN 中登记；

申请人根据其所有权或其他法律依据拥有开展（提供）构成许可类型活动的工作或者服务所必需的设备、技术设施以及技术文件的占有使用权或者使用权（如果指定的设备、技术设施以及技术文件不属于申请人所有）；

申请人有足够数量的与其签订劳动合同的员工（不少于 5 名员工）确保构成许可类型活动的工作的开展和服务的提供（若有关员工劳动活动的基本信息未包含在俄罗斯联邦养老基金的信息资源中）；

本条第 5 段规定的员工接受过开展构成许可类型活动的工作或者提供构成许可类型活动的服务所必需的高等或中等职业教育，以及根据高级培训（专业进修）计划进行的附加职业教育［若有关教育、高级培训（专业进修）的信息在联邦信息系统“关于教育和（或）职业技能、学习文件的联邦信息登记册”中无法查询］；

申请人具备开展构成许可类型活动的工作或者提供构成许可类型活动的服务所必须的质量控制体系，用于实施许可活动所需的工作和（或）提供构成许可活动类型的服务［申请人批准的质量手册（条例）］；

申请人根据第5485－1号联邦法律被允许使用构成国家秘密的信息开展构成许可类型活动的工作或者提供构成许可类型活动的服务。

60. 根据《条例》第7条第2段规定提交的纸质发放许可证申请,按照本行政条例附件三的格式填写。

此发放许可证申请的附件包括:

(1)以下文件的副本。

申请人在进行许可类型的活动地点根据其所有权或者其他法律依据拥有开展(提供)构成许可类型活动的工作或者服务所必需的房屋、建筑物、构筑物和其他设施的占有使用权或者使用权(如果这些房屋、建筑物、构筑物和其他设施在实施许可类型的活动的地方不属于申请人所有),且其权利未在USRN中登记;

申请人根据其所有权或其他法律依据拥有开展(提供)构成许可类型活动的工作或者服务所必需的设备、技术设施以及技术文件的占有使用权或者使用权(如果指定的设备、技术设施以及技术文件不属于申请人所有);

申请人有足够数量的与其签订劳动合同的员工(不少于5名员工)确保构成许可类型活动的工作的开展和服务的提供(若有关员工劳动活动的基本信息未包含在俄罗斯联邦养老基金的信息资源中);

本条第6段规定的员工接受过开展构成许可类型活动的工作或者提供构成许可类型活动的服务所必需的高等或中等职业教育,以及根据高级培训(专业进修)计划进行的附加职业教育[若有关教育、高级培训(专业进修)的信息在联邦信息系统"关于教育和(或)职业技能、学习文件的联邦信息登记册"中无法查询];

申请人具备开展构成许可类型活动的工作或者提供构成许可类型活动的服务所必须的质量控制体系,用于实施许可活动所需的工作和(或)提供构成许可活动类型的服务[申请人批准的质量手册(条例)];

申请人根据第5485－1号联邦法律被允许使用构成国家秘密的信息开展构成许可类型活动的工作或者提供构成许可类型活动的服务。

(2)按照本行政条例附件四的格式编制的附件清单。

61. 确定申请人身份的方法:

通过统一门户提交发放许可证申请时——申请人经认证的增强型电子签名;

以纸质形式直接向公司提交发放许可证申请或通过挂号信寄送并要求回执确认时——加盖法人印章(若有)的申请人签名。

62. 没有理由拒绝接受申请人直接向公司提交或通过挂号信寄送并要求回执确

认的文件。

如果申请人经认证的增强型电子签名的有效性经核查无法确认,则将拒绝通过统一门户接受申请人提交的文件。

跨部门信息交互

63. 要想获得国家服务,必须发送以下跨部门信息请求:

(1)发送给联邦税务局的“提供有关法人注册数据信息”跨部门请求。

发送请求的基础是申请人的发放许可证申请。

该请求应在公司登记正确的发放许可证申请及完整附件之日起的一个工作日内发送。对请求的答复在收到请求之日内发送给公司。

(2)发送给联邦国家登记、地籍和制图局的“提供法人根据其所有权或者其他法律依据拥有房屋、建筑物、构筑物和其他设施的占有使用权或者使用权(如果这些房屋、建筑物、构筑物和其他设施在实施许可类型的活动的地方不属于申请人所有)的信息”跨部门请求。

发送请求的基础是申请人的发放许可证申请。

该请求应在公司登记正确的发放许可证申请及完整附件之日起的一个工作日内发送。对请求的答复在收到请求之日内发送给公司。

(3)发送给联邦技术调节和计量局的“提供有关测量设备的信息”部门间请求。

发送请求的基础是申请人的发放许可证申请。

该请求应在公司登记正确的发放许可证申请及完整附件之日起的一个工作日内发送。对请求的答复在收到请求之日内发送给公司。

(4)发送给俄罗斯联邦养老基金的“提供有关法人员工编制信息”部门间请求。

发送请求的基础是申请人的发放许可证申请。

该请求应在公司登记正确的发放许可证申请及完整附件之日起的一个工作日内发送。对请求的答复在收到请求之日内发送给公司。

(5)发送给俄罗斯联邦养老基金的“提供有关劳动活动的信息”跨部门请求。

发送请求的基础是申请人的发放许可证申请。

该请求应在公司登记正确的发放许可证申请及完整附件之日起的一个工作日内发送。对请求的答复在收到请求之日内发送给公司。

(6)发送给联邦教育和科学监督局的“提供有关员工接受高等或中等职业教育,以及根据高级培训(专业进修)计划进行的附加职业教育的信息”部门间请求。

发送请求的基础是申请人的发放许可证申请。

该请求应在公司登记正确的发放许可证申请及完整附件之日起的一个工作日内发送。对请求的答复在收到请求之日内发送给公司。

(7)发送给联邦国库的“提供确认支付提供航天活动许可国家服务国家规费的信息”部门间请求。

发送请求的基础是申请人的发放许可证申请。

该请求应在公司登记正确的发放许可证申请及完整附件之日起的一个工作日内发送。对请求的答复在收到请求之日内发送给公司。

64. 本行政条例附件二列出了部门间信息请求发送的信息清单,以及对此类请求的回应(包括其使用目的)。

暂停提供国家服务

65. 暂停提供国家服务的理由是申请人需要在30个日历日内纠正申请中不符合规定的地方和(或)提交缺少的文件。

作出提供(拒绝提供)国家服务的决定

66. 当满足以下每一项决策标准时,公司将作出提供国家服务的决定:

公司收到正确的发放许可证申请及其完整附件;

提交的申请和(或)附件中不存在不可靠或错误的信息;

评估期间申请人符合规定的许可要求;

申请人没有开展航天活动的有效许可证。

67. 决定拒绝提供国家服务的标准是:

申请人在收到通知之日起30个日历日内未纠正申请中不符合规定的地方和(或)提交缺少的文件、正确填写的文件和(或)丢失的文件;

提交的申请和(或)附件中存在不可靠或错误的信息;

评估期间发现申请人不符合规定的许可要求;

申请人拥有开展航天活动的有效许可证。

68. 提供(拒绝提供)国家服务的决定自在公司登记正确的发放许可证申请及其完整附件之日起不超过8个工作日(对申请人进行书面评估的情况下)和12个工作日(对申请人进行现场评估的情况下)内作出。

提供国家服务的结果

69. 提供国家服务的结果可以通过向申请人发送的发放许可证通知中获得,通知中包含从互联网上发布的许可登记簿中获得许可信息的链接。

70. 发放许可证的通知可以通过以下方式发送给申请人:

发送至申请人在统一门户上的个人账户（如果发放许可证申请及其附件是通过统一门户提交给公司的）；寄送到发放许可证申请中指定的申请人的电子邮箱地址（如果发放许可证申请及其附件是以纸质形式提交给公司的）。

71. 发放许可证的通知在作出发放许可证的决定后一个工作日内向申请人发出。

72. 无论申请人身在何处，提供国家服务的结果都不能由申请人选择。

方案 2

73. 提供国家服务方案的最长期限为自登记正确的许可证申请及其所附的完整文件之日起 8 个工作日（在对申请人进行书面评估的情况下）和 12 个工作日（在对申请人进行现场评估的情况下）。

74. 提供国家服务方案的结果是发放许可证。

75. 拒绝提供国家服务的理由详尽清单如下：

申请人在收到通知之日起 30 个日历日内未纠正申请中不符合规定的地方和（或）提交缺少的文件、正确填写的文件和（或）丢失的文件；

提交的申请和（或）附件中存在不可靠或错误的信息；

评估期间发现申请人不符合规定的许可要求；

申请人拥有开展航天活动的有效许可证。

76. 此方案中规定的行政程序清单：

接受请求（申请）和提供国家服务所必需的文件和（或）信息；

部门间信息交互；

暂停提供国家服务；

决定提供（拒绝提供）国家服务；

提供国家服务的结果。

接受请求（申请）和提供国家服务所需的文件和（或）信息

77. 为了获得国家服务，申请人必须向公司提交发放许可证申请及其附件。

78. 发放许可证申请及其附件通过统一门户提交给公司，或者在《条例》第 7 条第 2 段规定的情况下，以纸质形式直接提交给公司或通过挂号信寄送并要求回执确认。

79. 通过统一门户向公司提交的许可证申请是在统一门户上起草的（填写电子申请表）。

上述发放许可证申请附有以下文件的扫描件：

申请人在进行许可类型的活动地点根据其所有权或者其他法律依据拥有开展(提供)构成许可类型活动的工作或者服务所必需的房屋、建筑物、构筑物和其他设施的占有使用权或者使用权(如果这些房屋、建筑物、构筑物和其他设施在实施许可类型的活动的地方不属于申请人所有),且其权利未在 USRN 中登记;

申请人根据其所有权或其他法律依据拥有开展(提供)构成许可类型活动的工作或者服务所必需的设备、技术设施以及技术文件的占有使用权或者使用权(如果指定的设备、技术设施以及技术文件不属于申请人所有);

申请人有足够数量的与其签订劳动合同的员工(不少于 5 名员工)确保构成许可类型活动的工作的开展和服务的提供(若有关员工劳动活动的基本信息未包含在俄罗斯联邦养老基金的信息资源中);

本条第 5 段规定的员工接受过开展构成许可类型活动的工作或者提供构成许可类型活动的服务所必需的高等或中等职业教育,以及根据高级培训(专业进修)计划进行的附加职业教育[若有关教育、高级培训(专业进修)的信息在联邦信息系统“关于教育和(或)职业技能、学习文件的联邦信息登记册”中无法查询];

申请人具备开展构成许可类型活动的工作或者提供构成许可类型活动的服务所必须的质量控制体系,用于实施许可活动所需的工作和(或)提供构成许可活动类型的服务[申请人批准的质量手册(条例)];

80. 根据《条例》第 7 条第 2 段规定提交的纸质发放许可证申请,按照本行政条例附件三的格式填写。

此发放许可证申请的附件包括:

(1)以下文件的副本。

申请人在进行许可类型的活动地点根据其所有权或者其他法律依据拥有开展(提供)构成许可类型活动的工作或者服务所必需的房屋、建筑物、构筑物和其他设施的占有使用权或者使用权(如果这些房屋、建筑物、构筑物和其他设施在实施许可类型的活动的地方不属于申请人所有),且其权利未在 USRN 中登记;

申请人根据其所有权或其他法律依据拥有开展(提供)构成许可类型活动的工作或者服务所必需的设备、技术设施以及技术文件的占有使用权或者使用权(如果指定的设备、技术设施以及技术文件不属于申请人所有);

申请人有足够数量的与其签订劳动合同的员工(不少于 5 名员工)确保构成许可类型活动的工作的开展和服务的提供(若有关员工劳动活动的基本信息未包含在俄罗斯联邦养老基金的信息资源中);

本条第 6 段规定的员工接受过开展构成许可类型活动的工作或者提供构成许可类型活动的服务所必需的高等或中等职业教育，以及根据高级培训（专业进修）计划进行的附加职业教育［若有关教育、高级培训（专业进修）的信息在联邦信息系统“关于教育和（或）职业技能、学习文件的联邦信息登记册”中无法查询］；

申请人具备开展构成许可类型活动的工作或者提供构成许可类型活动的服务所必须的质量控制体系，用于实施许可活动所需的工作和（或）提供构成许可活动类型的服务［申请人批准的质量手册（条例）］。

（2）按照本行政条例附件四的格式编制的附件清单。

81. 确定申请人身份的方法：

通过统一门户提交发放许可证申请时——申请人经认证的增强型电子签名；

以纸质形式直接向公司提交发放许可证申请或通过挂号信寄送并要求回执确认时——加盖法人印章（若有）的申请人签名。

82. 没有理由拒绝接受申请人直接向公司提交或通过挂号信寄送并要求回执确认的文件。

如果申请人经认证的增强型电子签名的有效性经核查无法确认，则将拒绝通过统一门户接受申请人提交的文件。

跨部门信息交互

83. 要想获得国家服务，必须发送以下跨部门信息请求：

（1）发送给联邦税务局的“提供有关法人注册数据信息”跨部门请求。

发送请求的基础是申请人的发放许可证申请。

该请求应在公司登记正确的发放许可证申请及完整附件之日起的一个工作日内发送。对请求的答复在收到请求之日内发送给公司。

（2）发送给联邦国家登记、地籍和制图局的“提供法人根据其所有权或者其他法律依据拥有房屋、建筑物、构筑物和其他设施的占有使用权或者使用权（如果这些房屋、建筑物、构筑物和其他设施在实施许可类型的活动的地方不属于申请人所有）的信息”跨部门请求。

发送请求的基础是申请人的发放许可证申请。

该请求应在公司登记正确的发放许可证申请及完整附件之日起的一个工作日内发送。对请求的答复在收到请求之日内发送给公司。

（3）发送给联邦技术调节和计量局的“提供有关测量设备的信息”跨部门请求。

发送请求的基础是申请人的发放许可证申请。

该请求应在公司登记正确的发放许可证申请及完整附件之日起的一个工作日内发送。对请求的答复在收到请求之日内发送给公司。

(4)发送给俄罗斯联邦养老基金的“提供有关法人员工编制信息”部门间请求。

发送请求的基础是申请人的发放许可证申请。

该请求应在公司登记正确的发放许可证申请及完整附件之日起的一个工作日内发送。对请求的答复在收到请求之日内发送给公司。

(5)发送给俄罗斯联邦养老基金的“提供有关劳动活动的信息”部门间请求。

发送请求的基础是申请人的发放许可证申请。

该请求应在公司登记正确的发放许可证申请及完整附件之日起的一个工作日内发送。对请求的答复在收到请求之日内发送给公司。

(6)发送给联邦教育和科学监督局的“提供有关员工接受高等或中等职业教育,以及根据高级培训(专业进修)计划进行的附加职业教育的信息”部门间请求。

发送请求的基础是申请人的发放许可证申请。

该请求应在公司登记正确的发放许可证申请及完整附件之日起的一个工作日内发送。对请求的答复在收到请求之日内发送给公司。

(7)发送给联邦国库的“提供确认支付提供航天活动许可国家服务国家规费的信息”部门间请求。

发送请求的基础是申请人的发放许可证申请。

该请求应在公司登记正确的发放许可证申请及完整附件之日起的一个工作日内发送。对请求的答复在收到请求之日内发送给公司。

84.本行政条例附件二列出了部门间信息请求发送的信息清单,以及对此类请求的回应(包括其使用目的)。

暂停提供国家服务

85.暂停提供国家服务的理由是申请人需要在30个日历日内纠正申请中不符合规定的地方和(或)提交缺少的文件。

作出提供(拒绝提供)国家服务的决定

86.当满足以下每一项决策标准时,公司将作出提供国家服务的决定:

公司收到正确的发放许可证申请及其完整附件;

提交的申请和(或)附件中不存在不可靠或错误的信息;

评估期间申请人符合规定的许可要求;

申请人没有开展航天活动的有效许可证。

87. 决定拒绝提供国家服务的标准是：

申请人在收到通知之日起 30 个日历日内未纠正申请中不符合规定的地方和（或）提交缺少的文件、正确填写的文件和（或）丢失的文件；

提交的申请和（或）附件中存在不可靠或错误的信息；

评估期间发现申请人不符合规定的许可要求；

申请人拥有开展航天活动的有效许可证。

88. 提供（拒绝提供）国家服务的决定在公司登记正确的发放许可证申请及其完整附件之日起不超过 8 个工作日（对申请人进行书面评估的情况下）和 12 个工作日（对申请人进行现场评估的情况下）内作出。

提供国家服务的结果

89. 提供国家服务的结果可以通过向申请人发送的发放许可证通知中获得，通知中包含从互联网上发布的许可登记簿中获得许可信息的链接。

90. 发放许可证的通知可以通过以下方式发送给申请人：

发送至申请人在统一门户上的个人账户（如果发放许可证申请及其附件是通过统一门户提交给公司的）；

寄送到发放许可证申请中指定的申请人的电子邮箱地址（如果发放许可证申请及其附件是以纸质形式提交给公司的）。

91. 发放许可证的通知在作出发放许可证的决定后一个工作日内向申请人发出。

92. 无论申请人身在何处，提供国家服务的结果不能由申请人选择。

方案 3

93. 提供国家服务方案的最长期限为自登记正确的许可证申请及其所附的完整文件之日起 8 个工作日（在对申请人进行书面评估的情况下）和 12 个工作日（在对申请人进行现场评估的情况下）。

94. 提供国家服务方案的结果是发放许可证。

95. 拒绝提供国家服务的理由详尽清单如下：

申请人的授权代表在收到通知之日起 30 个日历日内未纠正申请中不符合规定的地方和（或）提交缺少的文件、正确填写的文件和（或）丢失的文件；

提交的申请和（或）附件中存在不可靠或错误的信息；

评估期间发现申请人不符合规定的许可要求；

申请人拥有开展航天活动的有效许可证。

96. 此方案中规定的行政程序清单：

接受请求（申请）和提供国家服务所必需的文件和（或）信息；

部门间信息交互；

暂停提供国家服务；

决定提供（拒绝提供）国家服务；

提供国家服务的结果。

接受请求（申请）和提供国家服务所需的文件和（或）信息

97. 为了获得国家服务，申请人的授权代表必须向公司提交发放许可证申请及其附件。

98. 发放许可证申请及其附件通过统一门户提交给公司，或者在《条例》第 7 条第 2 段规定的情况下，以纸质形式直接提交给公司或通过挂号信寄送并要求回执确认。

99. 通过统一门户向公司提交的许可证申请是在统一门户上起草的（填写电子申请表）。

此发放许可证申请的附件包括：

（1）以下文件的扫描件。

申请人在进行许可类型的活动地点根据其所有权或者其他法律依据拥有开展（提供）构成许可类型活动的工作或者服务所必需的房屋、建筑物、构筑物和其他设施的占有使用权或者使用权（如果这些房屋、建筑物、构筑物和其他设施在实施许可类型的活动的地方不属于申请人所有），且其权利未在 USRN 中登记；

申请人根据其所有权或其他法律依据拥有开展（提供）构成许可类型活动的工作或者服务所必需的设备、技术设施以及技术文件的占有使用权或者使用权（如果指定的设备、技术设施以及技术文件不属于申请人所有）；

申请人有足够数量的与其签订劳动合同的员工（不少于 5 名员工）确保构成许可类型活动的工作的开展和服务的提供（若有关员工劳动活动的基本信息未包含在俄罗斯联邦养老基金的信息资源中）；

本项第 6 段规定的员工接受过开展构成许可类型活动的工作或者提供构成许可类型活动的服务所必需的高等或中等职业教育，以及根据高级培训（专业进修）计划进行的附加职业教育［若有关教育、高级培训（专业进修）的信息在联邦信息系统“关于教育和（或）职业技能、学习文件的联邦信息登记册”中无法查询］；

申请人具备开展构成许可类型活动的工作或者提供构成许可类型活动的服务

所必需的质量控制体系，用于实施许可活动所需的工作和（或）提供构成许可活动类型的服务［申请人批准的质量手册（条例）］；

申请人根据第5485－1号联邦法律被允许使用构成国家秘密的信息开展构成许可类型活动的工作或者提供构成许可类型活动的服务。

（2）确认申请人的授权代表有权申请国家服务的授权委托书的扫描件。

100. 根据《条例》第7条第2段规定提交的纸质发放许可证申请，按照本行政条例附件三的格式填写。

此发放许可证申请的附件包括：

（1）以下文件的副本。

申请人在进行许可类型的活动地点根据其所有权或者其他法律依据拥有开展（提供）构成许可类型活动的工作或者服务所必需的房屋、建筑物、构筑物和其他设施的占有使用权或者使用权（如果这些房屋、建筑物、构筑物和其他设施在实施许可类型的活动的地方不属于申请人所有），且其权利未在USRN中登记；

申请人根据其所有权或其他法律依据拥有开展（提供）构成许可类型活动的工作或者服务所必需的设备、技术设施以及技术文件的占有使用权或者使用权（如果指定的设备、技术设施以及技术文件不属于申请人所有）；

申请人有足够数量的与其签订劳动合同的员工（不少于5名员工）确保构成许可类型活动的工作的开展和服务的提供（若有关员工劳动活动的基本信息未包含在俄罗斯联邦养老基金的信息资源中）；

本项第6段规定的员工接受过开展构成许可类型活动的工作或者提供构成许可类型活动的服务所必需的高等或中等职业教育，以及根据高级培训（专业进修）计划进行的附加职业教育［若有关教育、高级培训（专业进修）的信息在联邦信息系统"关于教育和（或）职业技能、学习文件的联邦信息登记册"中无法查询］；

申请人具备开展构成许可类型活动的工作或者提供构成许可类型活动的服务所必须的质量控制体系，用于实施许可活动所需的工作和（或）提供构成许可活动类型的服务［申请人批准的质量手册（条例）］；

申请人根据第5485－1号联邦法律被允许使用构成国家秘密的信息开展构成许可类型活动的工作或者提供构成许可类型活动的服务。

（2）确认申请人的授权代表有权申请国家服务的授权委托书的原件。

（3）按照本行政条例附件四的格式编制的附件清单。

101. 确定申请人的授权代表的身份的方法：

通过统一门户提交发放许可证申请时——申请人的授权代表经认证的增强型电子签名以及提交的确认申请人的授权代表有权申请国家服务的授权委托书；

以纸质形式直接向公司提交发放许可证申请或通过挂号信寄送并要求回执确认时——申请人的授权代表的签名和提交的确认申请人的授权代表有权申请国家服务的授权委托书。

102. 没有理由拒绝接受申请人的授权代表直接向公司提交或通过挂号信寄送并要求回执确认的文件。

如果申请人的授权代表经认证的增强型电子签名的有效性经核查无法确认，则将拒绝通过统一门户接受申请人提交的文件。

跨部门信息交互

103. 要想获得国家服务，必须发送以下跨部门信息请求：

(1) 发送给联邦税务局的"提供有关法人注册数据信息"跨部门请求。

发送请求的基础是申请人的发放许可证申请。

该请求应在公司登记正确的发放许可证申请及完整附件之日起的一个工作日内发送。对请求的答复在收到请求之日内发送给公司。

(2) 发送给联邦国家登记、地籍和制图局的"提供法人根据其所有权或者其他法律依据拥有房屋、建筑物、构筑物和其他设施的占有使用权或者使用权（如果这些房屋、建筑物、构筑物和其他设施在实施许可类型的活动的地方不属于申请人所有）的信息"跨部门请求。

发送请求的基础是申请人的发放许可证申请。

该请求应在公司登记正确的发放许可证申请及完整附件之日起的一个工作日内发送。对请求的答复在收到请求之日内发送给公司。

(3) 发送给联邦技术调节和计量局的"提供有关测量设备的信息"跨部门请求。

发送请求的基础是申请人的发放许可证申请。

该请求应在公司登记正确的发放许可证申请及完整附件之日起的一个工作日内发送。对请求的答复在收到请求之日内发送给公司。

(4) 发送给俄罗斯联邦养老基金的"提供有关法人员工编制信息"部门间请求。

发送请求的基础是申请人的发放许可证申请。

该请求应在公司登记正确的发放许可证申请及完整附件之日起的一个工作日内发送。对请求的答复在收到请求之日内发送给公司。

(5) 发送给俄罗斯联邦养老基金的"提供有关劳动活动的信息"部门间请求。

发送请求的基础是申请人的发放许可证申请。

该请求应在公司登记正确的发放许可证申请及完整附件之日起的一个工作日内发送。对请求的答复在收到请求之日内发送给公司。

(6)发送给联邦教育和科学监督局的“提供有关员工接受高等或中等职业教育,以及根据高级培训(专业进修)计划进行的附加职业教育的信息”部门间请求。

发送请求的基础是申请人的发放许可证申请。

该请求应在公司登记正确的发放许可证申请及完整附件之日起的一个工作日内发送。对请求的答复在收到请求之日内发送给公司。

(7)发送给联邦国库的“提供确认支付提供航天活动许可国家服务国家规费的信息”部门间请求。

发送请求的基础是申请人的发放许可证申请。

该请求应在公司登记正确的发放许可证申请及完整附件之日起的一个工作日内发送。对请求的答复在收到请求之日内发送给公司。

104. 本行政条例附件二列出了部门间信息请求发送的信息清单,以及对此类请求的回应(包括其使用目的)。

暂停提供国家服务

105. 暂停提供国家服务的理由是申请人需要在30个日历日内纠正申请中不符合规定的地方和(或)提交缺少的文件。

作出提供(拒绝提供)国家服务的决定

106. 当满足以下每一项决策标准时,公司将作出提供国家服务的决定:

公司收到正确的发放许可证申请及其完整附件;

提交的申请和(或)附件中不存在不可靠或错误的信息;

评估期间申请人符合规定的许可要求;

申请人没有开展航天活动的有效许可证。

107. 决定拒绝提供国家服务的标准是:

申请人在收到通知之日起30个日历日内未纠正申请中不符合规定的地方和(或)提交缺少的文件、正确填写的文件和(或)丢失的文件;

提交的申请和(或)附件中存在不可靠或错误的信息;

评估期间发现申请人不符合规定的许可要求;

申请人拥有开展航天活动的有效许可证。

108. 提供(拒绝提供)国家服务的决定在公司登记正确的发放许可证申请及其

完整附件之日起不超过 8 个工作日(对申请人进行书面评估的情况下)和 12 个工作日(对申请人进行现场评估的情况下)内作出。

提供国家服务的结果

109. 提供国家服务的结果可以通过向申请人的授权代表发送的发放许可证通知中获得,通知中包含从互联网上发布的许可登记簿中获得许可信息的链接。

110. 发放许可证的通知可以通过以下方式发送给申请人的授权代表:

发送至申请人的授权代表在统一门户上的个人账户(如果发放许可证申请及其附件是通过统一门户提交给公司的);

寄送到发放许可证申请中指定的申请人的授权代表的电子邮箱地址(如果发放许可证申请及其附件是以纸质形式提交给公司的)。

111. 发放许可证的通知在作出发放许可证的决定后一个工作日内向申请人的授权代表发出。

112. 无论申请人的授权代表身在何处,提供国家服务的结果不能由申请人的授权代表选择。

方案 4

113. 提供国家服务方案的最长期限为自登记正确的许可证申请及其所附的完整文件之日起 8 个工作日(在对申请人进行书面评估的情况下)和 12 个工作日(在对申请人进行现场评估的情况下)。

114. 提供国家服务方案的结果是发放许可证。

115. 拒绝提供国家服务的理由详尽清单如下:

申请人的授权代表在收到通知之日起 30 个日历日内未纠正申请中不符合规定的地方和(或)提交缺少的文件、正确填写的文件和(或)丢失的文件;

提交的申请和(或)附件中存在不可靠或错误的信息;

评估期间发现申请人不符合规定的许可要求;

申请人拥有开展航天活动的有效许可证。

116. 此方案中规定的行政程序清单:

接受请求(申请)和提供国家服务所需的文件和(或)信息;

部门间信息交互;

暂停提供国家服务;

决定提供(拒绝提供)国家服务;

提供国家服务的结果。

接受请求(申请)和提供国家服务所需的文件和(或)信息

117. 为了获得国家服务,申请人的授权代表必须向公司提交发放许可证申请及其附件。

118. 发放许可证申请及其附件通过统一门户提交给公司,或者在《条例》第 7 条第 2 段规定的情况下,以纸质形式直接提交给公司或通过挂号信寄送并要求回执确认。

119. 通过统一门户向公司提交的许可证申请是在统一门户上起草的(填写电子申请表)。

此发放许可证申请的附件包括以下文件的扫描件:

申请人在进行许可类型的活动地点根据其所有权或者其他法律依据拥有开展(提供)构成许可类型活动的工作或者服务所必需的房屋、建筑物、构筑物和其他设施的占有使用权或者使用权(如果这些房屋、建筑物、构筑物和其他设施在实施许可类型的活动的地方不属于申请人所有),且其权利未在 USRN 中登记;

申请人根据其所有权或其他法律依据拥有开展(提供)构成许可类型活动的工作或者服务所必须的设备、技术设施以及技术文件的占有使用权或者使用权(如果指定的设备、技术设施以及技术文件不属于申请人所有);

申请人有足够数量的与其签订劳动合同的员工(不少于 5 名员工)确保构成许可类型活动的工作的开展和服务的提供(若有关员工劳动活动的基本信息未包含在俄罗斯联邦养老基金的信息资源中);

本条第 6 段规定的员工接受过开展构成许可类型活动的工作或者提供构成许可类型活动的服务所必需的高等或中等职业教育,以及根据高级培训(专业进修)计划进行的附加职业教育[若有关教育、高级培训(专业进修)的信息在联邦信息系统"关于教育和(或)职业技能、学习文件的联邦信息登记册"中无法查询];

申请人具备开展构成许可类型活动的工作或者提供构成许可类型活动的服务所必须的质量控制体系,用于实施许可活动所需的工作和(或)提供构成许可活动类型的服务[申请人批准的质量手册(条例)]。

120. 根据《条例》第 7 条第 2 段规定提交的纸质发放许可证申请,按照本行政条例附件三的格式填写。

此发放许可证申请的附件包括:

(1)以下文件的副本。

申请人在进行许可类型的活动地点根据其所有权或者其他法律依据拥有开展

（提供）构成许可类型活动的工作或者服务所必需的房屋、建筑物、构筑物和其他设施的占有使用权或者使用权（如果这些房屋、建筑物、构筑物和其他设施在实施许可类型的活动的地方不属于申请人所有），且其权利未在 USRN 中登记；

申请人根据其所有权或其他法律依据拥有开展（提供）构成许可类型活动的工作或者服务所必需的设备、技术设施以及技术文件的占有使用权或者使用权（如果指定的设备、技术设施以及技术文件不属于申请人所有）；

申请人有足够数量的与其签订劳动合同的员工（不少于 5 名员工）确保构成许可类型活动的工作的开展和服务的提供（若有关员工劳动活动的基本信息未包含在俄罗斯联邦养老基金的信息资源中）；

本条第 6 段规定的员工接受过开展构成许可类型活动的工作或者提供构成许可类型活动的服务所必需的高等或中等职业教育，以及根据高级培训（专业进修）计划进行的附加职业教育［若有关教育、高级培训（专业进修）的信息在联邦信息系统“关于教育和（或）职业技能、学习文件的联邦信息登记册”中无法查询］；

申请人具备开展构成许可类型活动的工作或者提供构成许可类型活动的服务所必须的质量控制体系，用于实施许可活动所需的工作和（或）提供构成许可活动类型的服务［申请人批准的质量手册（条例）］。

（2）确认申请人的授权代表有权申请国家服务的授权委托书的原件。

（3）按照本行政条例附件四的格式编制的附件清单。

121. 确定申请人的授权代表的身份的方法：

通过统一门户提交发放许可证申请时——申请人的授权代表经认证的增强型电子签名以及提交的确认申请人的授权代表有权申请国家服务的授权委托书；

以纸质形式直接向公司提交发放许可证申请或通过挂号信寄送并要求回执确认时——申请人的授权代表的签名和提交的确认申请人的授权代表有权申请国家服务的授权委托书。

122. 没有理由拒绝接受申请人的授权代表直接向公司提交或通过挂号信寄送并要求回执确认的文件。

如果申请人的授权代表的经认证的增强型电子签名的有效性经核查无法确认，则将拒绝通过统一门户接受申请人提交的文件。

跨部门信息交互

123. 要想获得国家服务，必须发送以下跨部门信息请求。

（1）发送给联邦税务局的“提供有关法人注册数据信息”跨部门请求。

发送请求的基础是申请人的发放许可证申请。

该请求应在公司登记正确的发放许可证申请及完整附件之日起的一个工作日内发送。对请求的答复在收到请求之日内发送给公司。

(2)发送给联邦国家登记、地籍和制图局的"提供法人根据其所有权或者其他法律依据拥有房屋、建筑物、构筑物和其他设施的占有使用权或者使用权(如果这些房屋、建筑物、构筑物和其他设施在实施许可类型的活动的地方不属于申请人所有)的信息"跨部门请求。

发送请求的基础是申请人的发放许可证申请。

该请求应在公司登记正确的发放许可证申请及完整附件之日起的一个工作日内发送。对请求的答复在收到请求之日内发送给公司。

(3)发送给联邦技术调节和计量局的"提供有关测量设备的信息"部门间请求。

发送请求的基础是申请人的发放许可证申请。

该请求应在公司登记正确的发放许可证申请及完整附件之日起的一个工作日内发送。对请求的答复在收到请求之日内发送给公司。

(4)发送给俄罗斯联邦养老基金的"提供有关法人员工编制信息"部门间请求。

发送请求的基础是申请人的发放许可证申请。

该请求应在公司登记正确的发放许可证申请及完整附件之日起的一个工作日内发送。对请求的答复在收到请求之日内发送给公司。

(5)发送给俄罗斯联邦养老基金的"提供有关劳动活动的信息"部门间请求。

发送请求的基础是申请人的发放许可证申请。

该请求应在公司登记正确的发放许可证申请及完整附件之日起的一个工作日内发送。对请求的答复在收到请求之日内发送给公司。

(6)发送给联邦教育和科学监督局的"提供有关员工接受高等或中等职业教育,以及根据高级培训(专业进修)计划进行的附加职业教育的信息"跨部门请求。

发送请求的基础是申请人的发放许可证申请。

该请求应在公司登记正确的发放许可证申请及完整附件之日起的一个工作日内发送。对请求的答复在收到请求之日内发送给公司。

(7)发送给联邦国库的"提供确认支付提供航天活动许可国家服务国家规费的信息"部门间请求。

发送请求的基础是申请人的发放许可证申请。

该请求应在公司登记正确的发放许可证申请及完整附件之日起的一个工作日

内发送。对请求的答复在收到请求之日内发送给公司。

124. 本行政条例附件二列出了部门间信息请求发送的信息清单,以及对此类请求的回应(包括其使用目的)。

暂停提供国家服务

125. 暂停提供国家服务的理由是申请人需要在30个日历日内纠正申请中不符合规定的地方和(或)提交缺少的文件。

作出提供(拒绝提供)国家服务的决定

126. 当满足以下每一项决策标准时,公司将作出提供国家服务的决定:

公司收到正确的发放许可证申请及其完整附件;

提交的申请和(或)附件中不存在不可靠或错误的信息;

评估期间申请人符合规定的许可要求;

申请人没有开展航天活动的有效许可证。

127. 决定拒绝提供国家服务的标准是:

申请人在收到通知之日起30个日历日内未纠正申请中不符合规定的地方和(或)提交缺少的文件、正确填写的文件和(或)丢失的文件;

提交的申请和(或)附件中存在不可靠或错误的信息;

评估期间发现申请人不符合规定的许可要求;

申请人拥有开展航天活动的有效许可证。

128. 提供(拒绝提供)国家服务的决定在公司登记正确的发放许可证申请及其完整附件之日起不超过8个工作日(对申请人进行书面评估的情况下)和12个工作日(对申请人进行现场评估的情况下)内作出。

提供国家服务的结果

129. 提供国家服务的结果可以通过向申请人的授权代表发送的发放许可证通知中获得,通知中包含从互联网上发布的许可登记簿中获得许可信息的链接。

130. 发放许可证的通知可以通过以下方式发送给申请人的授权代表:

发送至申请人的授权代表在统一门户上的个人账户(如果发放许可证申请及其附件是通过统一门户提交给公司的);

寄送到发放许可证申请中指定的申请人的授权代表的电子邮箱地址(如果发放许可证申请及其附件是以纸质形式提交给公司的)。

131. 发放许可证的通知在作出发放许可证的决定后一个工作日内向申请人的授权代表发出。

132. 无论申请人的授权代表身在何处，提供国家服务的结果不能由申请人的授权代表选择。

方案5

133. 提供国家服务方案的最长期限为自登记正确的修改许可证登记簿申请以及完整的附件之日起8个工作日（在对申请人进行书面评估的情况下）和12个工作日（在对申请人进行现场评估的情况下）。

134. 提供国家服务方案的结果是修改许可证登记簿。

135. 拒绝提供国家服务的理由详尽清单如下：

申请人在收到通知之日起30个日历日内未纠正申请中不符合规定的地方和（或）提交缺少的文件、正确填写的文件和（或）丢失的文件；

提交的申请和（或）附件中存在不可靠或错误的信息；

评估期间发现申请人不符合规定的许可要求。

136. 此方案中规定的行政程序清单：

接受请求（申请）和提供国家服务所必需的文件和（或）信息；

部门间信息交互；

暂停提供国家服务；

决定提供（拒绝提供）国家服务；

提供国家服务的结果。

接受请求（申请）和提供国家服务所需的文件和（或）信息

137. 为了获得国家服务，申请人必须向公司提交修改许可证登记簿申请及其附件。

138. 修改许可证登记簿申请及其附件应使用统一门户提交给公司，或者在《条例》第10条第2段规定的情况下，以纸质形式直接提交给公司或通过挂号信寄送并要求回执确认。

139. 通过使用统一门户向公司提交的修改许可证登记簿的申请是在统一门户上起草的（填写电子申请表）。

此修改许可证登记簿申请附有以下文件的扫描件：

申请人在进行许可类型的活动地点根据其所有权或者其他法律依据拥有开展（提供）构成许可类型活动的工作或者服务所必需的房屋、建筑物、构筑物和其他设施的占有使用权或者使用权（如果这些房屋、建筑物、构筑物和其他设施在实施许可类型的活动的地方不属于申请人所有），且其权利未在USRN中登记；

申请人根据其所有权或其他法律依据拥有开展(提供)构成许可类型活动的工作或者服务所必需的设备、技术设施以及技术文件的占有使用权或者使用权(如果指定的设备、技术设施以及技术文件不属于申请人所有);

申请人有足够数量的与其签订劳动合同的员工(不少于5名员工)确保构成许可类型活动的工作的开展和服务的提供(若有关员工劳动活动的基本信息未包含在俄罗斯联邦养老基金的信息资源中);

本条第5段规定的员工接受过开展构成许可类型活动的工作或者提供构成许可类型活动的服务所必需的高等或中等职业教育,以及根据高级培训(专业进修)计划进行的附加职业教育[若有关教育、高级培训(专业进修)的信息在联邦信息系统"关于教育和(或)职业技能、学习文件的联邦信息登记册"中无法查询];

申请人具备开展构成许可类型活动的工作或者提供构成许可类型活动的服务所必须的质量控制体系,用于实施许可活动所需的工作和(或)提供构成许可活动类型的服务[申请人批准的质量手册(条例)];

申请人根据第5485－1号联邦法律被允许使用构成国家秘密的信息开展构成许可类型活动的工作或者提供构成许可类型活动的服务。

140. 根据《条例》第10条第2段规定提交的纸质修改许可证登记簿申请,按照本行政条例附件五的格式填写。

此修改许可证登记簿申请的附件包括:

(1)以下文件的副本。

申请人在进行许可类型的活动地点根据其所有权或者其他法律依据拥有开展(提供)构成许可类型活动的工作或者服务所必需的房屋、建筑物、构筑物和其他设施的占有使用权或者使用权(如果这些房屋、建筑物、构筑物和其他设施在实施许可类型的活动的地方不属于申请人所有),且其权利未在USRN中登记;

申请人根据其所有权或其他法律依据拥有开展(提供)构成许可类型活动的工作或者服务所必需的设备、技术设施以及技术文件的占有使用权或者使用权(如果指定的设备、技术设施以及技术文件不属于申请人所有);

申请人有足够数量的与其签订劳动合同的员工(不少于5名员工)确保构成许可类型活动的工作的开展和服务的提供(若有关员工劳动活动的基本信息未包含在俄罗斯联邦养老基金的信息资源中);

本条第6段规定的员工接受过开展构成许可类型活动的工作或者提供构成许可类型活动的服务所必需的高等或中等职业教育,以及根据高级培训(专业进修)

计划进行的附加职业教育[若有关教育、高级培训(专业进修)的信息在联邦信息系统“关于教育和(或)职业技能、学习文件的联邦信息登记册”中无法查询];

申请人具备开展构成许可类型活动的工作或者提供构成许可类型活动的服务所必须的质量控制体系,用于实施许可活动所需的工作和(或)提供构成许可活动类型的服务[申请人批准的质量手册(条例)];

申请人根据第5485－1号联邦法律被允许使用构成国家秘密的信息开展构成许可类型活动的工作或者提供构成许可类型活动的服务。

(2)按照本行政条例附件四的格式编制的附件清单。

141.确定申请人身份的方法:

通过统一门户申请修改许可证登记簿时——申请人经认证的增强型电子签名;

以纸质形式直接向公司提交修改许可证登记簿申请或通过挂号信寄送并要求回执确认时——加盖法人印章(若有)的申请人签名。

142.没有理由拒绝接受申请人直接向公司提交或通过挂号信寄送并要求回执确认的文件。

如果申请人经认证的增强型电子签名的有效性经核查无法确认,则将拒绝通过统一门户接受申请人提交的文件。

跨部门信息交互

143.要想获得国家服务,必须发送以下跨部门信息请求:

(1)发送给联邦税务局的“提供有关法人注册数据信息”跨部门请求。

发送请求的基础是申请人的修改许可证登记簿申请。

该请求应在公司登记正确的修改许可证登记簿申请及完整附件之日起的一个工作日内发送。对请求的答复在收到请求之日内发送给公司。

(2)发送给联邦国家登记、地籍和制图局的“提供法人根据其所有权或者其他法律依据拥有房屋、建筑物、构筑物和其他设施的占有使用权或者使用权(如果这些房屋、建筑物、构筑物和其他设施在实施许可类型的活动的地方不属于申请人所有)的信息”跨部门请求。

发送请求的基础是申请人的修改许可证登记簿申请。

该请求应在公司登记正确的发放修改许可证登记簿申请及完整附件之日起的一个工作日内发送。对请求的答复在收到请求之日内发送给公司。

(3)发送给联邦技术调节和计量局的“提供有关测量设备的信息”部门间请求。

发送请求的基础是申请人的修改许可证登记簿申请。

该请求应在公司登记正确的修改许可证登记簿申请及完整附件之日起的一个工作日内发送。对请求的答复在收到请求之日内发送给公司。

(4)发送给俄罗斯联邦养老基金的“提供有关法人员工编制信息”部门间请求。

发送请求的基础是申请人的修改许可证登记簿申请。

该请求应在公司登记正确的修改许可证登记簿申请及完整附件之日起的一个工作日内发送。对请求的答复在收到请求之日内发送给公司。

(5)发送给俄罗斯联邦养老基金的“提供有关劳动活动的信息”部门间请求。

发送请求的基础是申请人的修改许可证登记簿申请。

该请求应在公司登记正确的修改许可证登记簿申请及完整附件之日起的一个工作日内发送。对请求的答复在收到请求之日内发送给公司。

(6)发送给联邦教育和科学监督局的“提供有关员工接受高等或中等职业教育,以及根据高级培训(专业进修)计划进行的附加职业教育的信息”部门间请求。

发送请求的基础是申请人的修改许可证登记簿申请。

该请求应在公司登记正确的修改许可证登记簿申请及完整附件之日起的一个工作日内发送。对请求的答复在收到请求之日内发送给公司。

(7)发送给联邦国库的“提供确认支付提供航天活动许可国家服务国家规费的信息”部门间请求。

发送请求的基础是申请人的修改许可证登记簿申请。

该请求应在公司登记正确的修改许可证登记簿申请及完整附件之日起的一个工作日内发送。对请求的答复在收到请求之日内发送给公司。

144. 本行政条例附件二列出了部门间信息请求发送的信息清单,以及对此类请求的回应(包括其使用目的)。

暂停提供国家服务

145. 暂停提供国家服务的理由是申请人需要在30个日历日内纠正申请中不符合规定的地方和(或)提交缺少的文件。

作出提供(拒绝提供)国家服务的决定

146. 当满足以下每一项决策标准时,公司将作出提供国家服务的决定:

公司收到正确的修改许可证登记簿申请及其完整附件;

提交的申请和(或)附件中不存在不可靠或错误的信息;

评估期间申请人符合规定的许可要求。

147. 决定拒绝提供国家服务的标准是：

申请人在收到通知之日起 30 个日历日内未纠正申请中不符合规定的地方和（或）提交缺少的文件、正确填写的文件和（或）丢失的文件；

提交的申请和（或）附件中存在不可靠或错误的信息；

评估期间发现申请人不符合规定的许可要求。

148. 提供（拒绝提供）国家服务的决定在公司登记正确的修改许可证登记簿申请及其完整附件之日起不超过 8 个工作日（对申请人进行书面评估的情况下）和 12 个工作日（对申请人进行现场评估的情况下）内作出。

提供国家服务的结果

149. 提供国家服务的结果可以通过向申请人发送的修改许可证登记簿通知中获得，通知中包含从互联网上发布的许可登记簿中获得修改许可证登记簿信息的链接。

150. 修改许可证登记簿的通知可以通过以下方式发送给申请人：

发送至申请人在统一门户上的个人账户（如果修改许可证登记簿申请及其附件是通过统一门户提交给公司的）；

寄送到修改许可证登记簿申请中指定的申请人的电子邮箱地址（如果修改许可证登记簿申请及其附件是以纸质形式提交给公司的）。

151. 修改许可证登记簿的通知在作出修改许可证登记簿的决定后一个工作日内向申请人发出。

152. 无论申请人身在何处，提供国家服务的结果不能由申请人选择。

方案 6

153. 提供国家服务方案的最长期限为自登记正确的修改许可证登记簿申请以及完整的附件之日起 8 个工作日（在对申请人进行书面评估的情况下）和 12 个工作日（在对申请人进行现场评估的情况下）。

154. 提供国家服务方案的结果是修改许可证登记簿。

155. 拒绝提供国家服务的理由详尽清单如下：

申请人在收到通知之日起 30 个日历日内未纠正申请中不符合规定的地方和（或）提交缺少的文件、正确填写的文件和（或）丢失的文件；

提交的申请和（或）附件中存在不可靠或错误的信息；

评估期间发现申请人不符合规定的许可要求。

156. 此方案中规定的行政程序清单：

接受请求（申请）和提供国家服务所必需的文件和（或）信息；

部门间信息交互；

暂停提供国家服务；

决定提供（拒绝提供）国家服务；

提供国家服务的结果。

接受请求（申请）和提供国家服务所需的文件和（或）信息

157. 为了获得国家服务，申请人必须向公司提交修改许可证登记簿申请及其附件。

158. 修改许可证登记簿申请及其附件应使用统一门户提交给公司，或者在《条例》第 10 条第 2 段规定的情况下，以纸质形式直接提交给公司或通过挂号信寄送并要求回执确认。

159. 通过使用统一门户向公司提交的修改许可证登记簿的申请是在统一门户上起草的（填写电子申请表）。

此修改许可证登记簿申请附有以下文件的扫描件：

申请人在进行许可类型的活动地点根据其所有权或者其他法律依据拥有开展（提供）构成许可类型活动的工作或者服务所必需的房屋、建筑物、构筑物和其他设施的占有使用权或者使用权（如果这些房屋、建筑物、构筑物和其他设施在实施许可类型的活动的地方不属于申请人所有），且其权利未在 USRN 中登记；

申请人根据其所有权或其他法律依据拥有开展（提供）构成许可类型活动的工作或者服务所必需的设备、技术设施以及技术文件的占有使用权或者使用权（如果指定的设备、技术设施以及技术文件不属于申请人所有）；

申请人有足够数量的与其签订劳动合同的员工（不少于 5 名员工）确保构成许可类型活动的工作的开展和服务的提供（若有关员工劳动活动的基本信息未包含在俄罗斯联邦养老基金的信息资源中）；

本条第 5 段规定的员工接受过开展构成许可类型活动的工作或者提供构成许可类型活动的服务所必需的高等或中等职业教育，以及根据高级培训（专业进修）计划进行的附加职业教育［若有关教育、高级培训（专业进修）的信息在联邦信息系统“关于教育和（或）职业技能、学习文件的联邦信息登记册”中无法查询］；

申请人具备开展构成许可类型活动的工作或者提供构成许可类型活动的服务所必须的质量控制体系，用于实施许可活动所需的工作和（或）提供构成许可活动类型的服务[申请人批准的质量手册(条例)]。

160. 根据《条例》第 10 条第 2 段规定提交的纸质修改许可证登记簿申请,按照本行政条例附件五的格式填写。

此修改许可证登记簿申请的附件包括:

(1)以下文件的副本。

申请人在进行许可类型的活动地点根据其所有权或者其他法律依据拥有开展(提供)构成许可类型活动的工作或者服务所必需的房屋、建筑物、构筑物和其他设施的占有使用权或者使用权(如果这些房屋、建筑物、构筑物和其他设施在实施许可类型的活动的地方不属于申请人所有),且其权利未在 USRN 中登记;

申请人根据其所有权或其他法律依据拥有开展(提供)构成许可类型活动的工作或者服务所必需的设备、技术设施以及技术文件的占有使用权或者使用权(如果指定的设备、技术设施以及技术文件不属于申请人所有);

申请人有足够数量的与其签订劳动合同的员工(不少于 5 名员工)确保构成许可类型活动的工作的开展和服务的提供(若有关员工劳动活动的基本信息未包含在俄罗斯联邦养老基金的信息资源中);

本条第 6 段规定的员工接受过开展构成许可类型活动的工作或者提供构成许可类型活动的服务所必需的高等或中等职业教育,以及根据高级培训(专业进修)计划进行的附加职业教育[若有关教育、高级培训(专业进修)的信息在联邦信息系统"关于教育和(或)职业技能、学习文件的联邦信息登记册"中无法查询];

申请人具备开展构成许可类型活动的工作或者提供构成许可类型活动的服务所必须的质量控制体系,用于实施许可活动所需的工作和(或)提供构成许可活动类型的服务[申请人批准的质量手册(条例)]。

(2)按照本行政条例附件四的格式编制的附件清单。

161. 确定申请人身份的方法:

通过统一门户申请修改许可证登记簿时——申请人经认证的增强型电子签名;

以纸质形式直接向公司提交修改许可证登记簿申请或通过挂号信寄送并要求回执确认时——加盖法人印章(若有)的申请人签名。

162. 没有理由拒绝接受申请人直接向公司提交或通过挂号信寄送并要求回执确认的文件。

如果申请人经认证的增强型电子签名的有效性经核查无法确认,则将拒绝通过统一门户接受申请人提交的文件。

跨部门信息交互

163. 要想获得国家服务，必须发送以下跨部门信息请求：

(1) 发送给联邦税务局的“提供有关法人注册数据信息”跨部门请求。

发送请求的基础是申请人的修改许可证登记簿申请。

该请求应在公司登记正确的修改许可证登记簿申请及完整附件之日起的一个工作日内发送。对请求的答复在收到请求之日内发送给公司。

(2) 发送给联邦国家登记、地籍和制图局的“提供法人根据其所有权或者其他法律依据拥有房屋、建筑物、构筑物和其他设施的占有使用权或者使用权（如果这些房屋、建筑物、构筑物和其他设施在实施许可类型的活动的地方不属于申请人所有）的信息”跨部门请求。

发送请求的基础是申请人的修改许可证登记簿申请。

该请求应在公司登记正确的修改许可证登记簿申请及完整附件之日起的一个工作日内发送。对请求的答复在收到请求之日内发送给公司。

(3) 发送给联邦技术调节和计量局的“提供有关测量设备的信息”跨部门请求。

发送请求的基础是申请人的修改许可证登记簿申请。

该请求应在公司登记正确的修改许可证登记簿申请及完整附件之日起的一个工作日内发送。对请求的答复在收到请求之日内发送给公司。

(4) 发送给俄罗斯联邦养老基金的“提供有关法人员工编制信息”跨部门请求。

发送请求的基础是申请人的修改许可证登记簿申请。

该请求应在公司登记正确的修改许可证登记簿申请及完整附件之日起的一个工作日内发送。对请求的答复在收到请求之日内发送给公司。

(5) 发送给俄罗斯联邦养老基金的“提供有关劳动活动的信息”跨部门请求。

发送请求的基础是申请人的修改许可证登记簿申请。

该请求应在公司登记正确的修改许可证登记簿申请及完整附件之日起的一个工作日内发送。对请求的答复在收到请求之日内发送给公司。

(6) 发送给联邦教育和科学监督局的“提供有关员工接受高等或中等职业教育，以及根据高级培训（专业进修）计划进行的附加职业教育的信息”跨部门请求。

发送请求的基础是申请人的修改许可证登记簿申请。

该请求应在公司登记正确的修改许可证登记簿申请及完整附件之日起的一个工作日内发送。对请求的答复在收到请求之日内发送给公司。

(7)发送给联邦国库的“提供确认支付提供航天活动许可国家服务国家规费的信息”跨部门请求。

发送请求的基础是申请人的修改许可证登记簿申请。

该请求应在公司登记正确的修改许可证登记簿申请及完整附件之日起的一个工作日内发送。对请求的答复在收到请求之日内发送给公司。

164. 本行政条例附件二列出了部门间信息请求发送的信息清单,以及对此类请求的回应(包括其使用目的)。

暂停提供国家服务

165. 暂停提供国家服务的理由是申请人需要在30个日历日内纠正申请中不符合规定的地方和(或)提交缺少的文件。

作出提供(拒绝提供)国家服务的决定

166. 当满足以下每一项决策标准时,公司将作出提供国家服务的决定:

公司收到正确的修改许可证登记簿申请及其完整附件;

提交的申请和(或)附件中不存在不可靠或错误的信息;

评估期间申请人符合规定的许可要求。

167. 决定拒绝提供国家服务的标准是:

申请人在收到通知之日起30个日历日内未纠正申请中不符合规定的地方和(或)提交缺少的文件、正确填写的文件和(或)丢失的文件;

提交的申请和(或)附件中存在不可靠或错误的信息;

评估期间发现申请人不符合规定的许可要求。

168. 提供(拒绝提供)国家服务的决定在公司登记正确的修改许可证登记簿申请及其完整附件之日起不超过8个工作日(对申请人进行书面评估的情况下)和12个工作日(对申请人进行现场评估的情况下)内作出。

提供国家服务的结果

169. 提供国家服务的结果可以通过向申请人发送的修改许可证登记簿通知中获得,通知中包含从互联网上发布的许可登记簿中获得修改许可证登记簿信息的链接。

170. 修改许可证登记簿的通知可以通过以下方式发送给申请人:

发送至申请人在统一门户上的个人账户(如果修改许可证登记簿申请及其附件是通过统一门户提交给公司的);

寄送到修改许可证登记簿申请中指定的申请人的电子邮箱地址(如果修改许

可证登记簿申请及其附件是以纸质形式提交给公司的)。

171. 修改许可证登记簿的通知在作出修改许可证登记簿的决定后一个工作日内向申请人发出。

172. 无论申请人身在何处,提供国家服务的结果不能由申请人选择。

方案 7

173. 提供国家服务方案的最长期限为自登记正确的修改许可证登记簿申请以及完整的附件之日起 8 个工作日(在对申请人进行书面评估的情况下)和 12 个工作日(在对申请人进行现场评估的情况下)。

174. 提供国家服务方案的结果是修改许可证登记簿。

175. 拒绝提供国家服务的理由详尽清单如下:

申请人的授权代表在收到通知之日起 30 个日历日内未纠正申请中不符合规定的地方和(或)提交缺少的文件、正确填写的文件和(或)丢失的文件;

提交的申请和(或)附件中存在不可靠或错误的信息;

评估期间发现申请人不符合规定的许可要求。

176. 此方案中规定的行政程序清单:

接受请求(申请)和提供国家服务所必需的文件和(或)信息;

部门间信息交互;

暂停提供国家服务;

决定提供(拒绝提供)国家服务;

提供国家服务的结果。

接受请求(申请)和提供国家服务所需的文件和(或)信息

177. 为了获得国家服务,申请人的授权代表必须向公司提交修改许可证登记簿申请及其附件。

178. 修改许可证登记簿申请及其附件应使用统一门户提交给公司,或者在《条例》第 10 条第 2 段规定的情况下,以纸质形式直接提交给公司或通过挂号信寄送并要求回执确认。

179. 通过使用统一门户向公司提交的修改许可证登记簿的申请是在统一门户上起草的(填写电子申请表)。

此修改许可证登记簿申请的附件包括:

(1)以下文件的扫描件。

申请人在进行许可类型的活动地点根据其所有权或者其他法律依据拥有开展

(提供)构成许可类型活动的工作或者服务所必需的房屋、建筑物、构筑物和其他设施的占有使用权或者使用权(如果这些房屋、建筑物、构筑物和其他设施在实施许可类型的活动的地方不属于申请人所有),且其权利未在USRN中登记;

申请人根据其所有权或其他法律依据拥有开展(提供)构成许可类型活动的工作或者服务所必需的设备、技术设施以及技术文件的占有使用权或者使用权(如果指定的设备、技术设施以及技术文件不属于申请人所有);

申请人有足够数量的与其签订劳动合同的员工(不少于5名员工)确保构成许可类型活动的工作的开展和服务的提供(若有关员工劳动活动的基本信息未包含在俄罗斯联邦养老基金的信息资源中);

本条第6段规定的员工接受过开展构成许可类型活动的工作或者提供构成许可类型活动的服务所必需的高等或中等职业教育,以及根据高级培训(专业进修)计划进行的附加职业教育[若有关教育、高级培训(专业进修)的信息在联邦信息系统"关于教育和(或)职业技能、学习文件的联邦信息登记册"中无法查询];

申请人具备开展构成许可类型活动的工作或者提供构成许可类型活动的服务所必须的质量控制体系,用于实施许可活动所需的工作和(或)提供构成许可活动类型的服务[申请人批准的质量手册(条例)];

申请人根据第5485－1号联邦法律被允许使用构成国家秘密的信息开展构成许可类型活动的工作或者提供构成许可类型活动的服务。

(2)确认申请人的授权代表有权申请国家服务的授权委托书的扫描件。

180. 根据《条例》第10条第2段规定提交的纸质修改许可证登记簿申请,按照本行政条例附件五的格式填写。

此修改许可证登记簿申请的附件包括:

(1)以下文件的副本。

申请人在进行许可类型的活动地点根据其所有权或者其他法律依据拥有开展(提供)构成许可类型活动的工作或者服务所必需的房屋、建筑物、构筑物和其他设施的占有使用权或者使用权(如果这些房屋、建筑物、构筑物和其他设施在实施许可类型的活动的地方不属于申请人所有),且其权利未在USRN中登记;

申请人根据其所有权或其他法律依据拥有开展(提供)构成许可类型活动的工作或者服务所必须的设备、技术设施以及技术文件的占有使用权或者使用权(如果指定的设备、技术设施以及技术文件不属于申请人所有);

申请人有足够数量的与其签订劳动合同的员工(不少于5名员工)确保构成许可

可类型活动的工作的开展和服务的提供(若有关员工劳动活动的基本信息未包含在俄罗斯联邦养老基金的信息资源中);

本条第6段规定的员工接受过开展构成许可类型活动的工作或者提供构成许可类型活动的服务所必需的高等或中等职业教育,以及根据高级培训(专业进修)计划进行的附加职业教育[若有关教育、高级培训(专业进修)的信息在联邦信息系统"关于教育和(或)职业技能、学习文件的联邦信息登记册"中无法查询];

申请人具备开展构成许可类型活动的工作或者提供构成许可类型活动的服务所必须的质量控制体系,用于实施许可活动所需的工作和(或)提供构成许可活动类型的服务[申请人批准的质量手册(条例)];

申请人根据第5485－1号联邦法律被允许使用构成国家秘密的信息开展构成许可类型活动的工作或者提供构成许可类型活动的服务。

(2)确认申请人的授权代表有权申请国家服务的授权委托书的原件。

(3)按照本行政条例附件四的格式编制的附件清单。

181.确定申请人身份的方法:

通过统一门户申请修改许可证登记簿时——申请人的授权代表经认证的增强型电子签名和提交的确认申请人的授权代表有权申请国家服务的授权委托书;

以纸质形式直接向公司提交修改许可证登记簿申请或通过挂号信寄送并要求回执确认时——申请人的授权代表签名和提交的确认申请人的授权代表有权申请国家服务的授权委托书。

182.没有理由拒绝接受申请人的授权代表直接向公司提交或通过挂号信寄送并要求回执确认的文件。

如果申请人的授权代表经认证的增强型电子签名的有效性经核查无法确认,则将拒绝通过统一门户接受申请人提交的文件。

跨部门信息交互

183.要想获得国家服务,必须发送以下跨部门信息请求:

(1)发送给联邦税务局的"提供有关法人注册数据信息"跨部门请求。

发送请求的基础是申请人的修改许可证登记簿申请。

该请求应在公司登记正确的修改许可证登记簿申请及完整附件之日起的一个工作日内发送。对请求的答复在收到请求之日内发送给公司。

(2)发送给联邦国家登记、地籍和制图局的"提供法人根据其所有权或者其他法律依据拥有房屋、建筑物、构筑物和其他设施的占有使用权或者使用权(如果这些房屋、建筑物、构筑物和其他设施在实施许可类型的活动的地方不属于申请人所有)的信息”跨部门请求。

发送请求的基础是申请人的修改许可证登记簿申请。

该请求应在公司登记正确的修改许可证登记簿申请及完整附件之日起的一个工作日内发送。对请求的答复在收到请求之日内发送给公司。

(3)发送给联邦技术调节和计量局的“提供有关测量设备的信息”部门间请求。

发送请求的基础是申请人的修改许可证登记簿申请。

该请求应在公司登记正确的修改许可证登记簿申请及完整附件之日起的一个工作日内发送。对请求的答复在收到请求之日内发送给公司。

(4)发送给俄罗斯联邦养老基金的“提供有关法人员工编制信息”部门间请求。

发送请求的基础是申请人的修改许可证登记簿申请。

该请求应在公司登记正确的修改许可证登记簿申请及完整附件之日起的一个工作日内发送。对请求的答复在收到请求之日内发送给公司。

(5)发送给俄罗斯联邦养老基金的“提供有关劳动活动的信息”部门间请求。

发送请求的基础是申请人的修改许可证登记簿申请。

该请求应在公司登记正确的修改许可证登记簿申请及完整附件之日起的一个工作日内发送。对请求的答复在收到请求之日内发送给公司。

(6)发送给联邦教育和科学监督局的“提供有关员工接受高等或中等职业教育,以及根据高级培训(专业进修)计划进行的附加职业教育的信息”部门间请求。

发送请求的基础是申请人的修改许可证登记簿申请。

该请求应在公司登记正确的修改许可证登记簿申请及完整附件之日起的一个工作日内发送。对请求的答复在收到请求之日内发送给公司。

(7)发送给联邦国库的“提供确认支付提供航天活动许可国家服务国家规费的信息”部门间请求。

发送请求的基础是申请人的修改许可证登记簿申请。

该请求应在公司登记正确的修改许可证登记簿申请及完整附件之日起的一个工作日内发送。对请求的答复在收到请求之日内发送给公司。

184.本行政条例附件二列出了部门间信息请求发送的信息清单,以及对此类请求的回应(包括其使用目的)。

暂停提供国家服务

185.暂停提供国家服务的理由是申请人需要在30个日历日内纠正申请中不符

合规定的地方和(或)提交缺少的文件。

作出提供(拒绝提供)国家服务的决定

186. 当满足以下每一项决策标准时,公司将作出提供国家服务的决定:

公司收到正确的修改许可证登记簿申请及其完整附件;

提交的申请和(或)附件中不存在不可靠或错误的信息;

评估期间申请人符合规定的许可要求。

187. 决定拒绝提供国家服务的标准是:

申请人的授权代表在收到通知之日起30个日历日内未纠正申请中不符合规定的地方和(或)提交缺少的文件、正确填写的文件和(或)丢失的文件;

提交的申请和(或)附件中存在不可靠或错误的信息;

评估期间发现申请人不符合规定的许可要求。

188. 提供(拒绝提供)国家服务的决定在公司登记正确的修改许可证登记簿申请及其完整附件之日起不超过8个工作日(对申请人进行书面评估的情况下)和12个工作日(对申请人进行现场评估的情况下)内作出。

提供国家服务的结果

189. 提供国家服务的结果可以通过向申请人的授权代表发送的修改许可证登记簿通知中获得,通知中包含从互联网上发布的许可登记簿中获得修改许可证登记簿信息的链接。

190. 修改许可证登记簿的通知可以通过以下方式发送给申请人的授权代表:

发送至申请人的授权代表在统一门户上的个人账户(如果修改许可证登记簿申请及其附件是通过统一门户提交给公司的);

寄送到修改许可证登记簿申请中指定的申请人的授权代表的电子邮箱地址(如果修改许可证登记簿申请及其附件是以纸质形式提交给公司的)。

191. 修改许可证登记簿的通知在作出修改许可证登记簿的决定后一个工作日内向申请人发出。

192. 无论申请人的授权代表身在何处,提供国家服务的结果不能由申请人的授权代表选择。

方案8

193. 提供国家服务方案的最长期限为自登记正确的修改许可证登记簿申请以及完整的附件之日起8个工作日(在对申请人进行书面评估的情况下)和12个工作日(在对申请人进行现场评估的情况下)。

194. 提供国家服务方案的结果是修改许可证登记簿。

195. 拒绝提供国家服务的理由详尽清单如下：

申请人的授权代表在收到通知之日起30个日历日内未纠正申请中不符合规定的地方和(或)提交缺少的文件、正确填写的文件和(或)丢失的文件；

提交的申请和(或)附件中存在不可靠或错误的信息；

评估期间发现申请人不符合规定的许可要求。

196. 此方案中规定的行政程序清单：

接受请求(申请)和提供国家服务所必需的文件和(或)信息；

部门间信息交互；

暂停提供国家服务；

决定提供(拒绝提供)国家服务；

提供国家服务的结果。

接受请求(申请)和提供国家服务所需的文件和(或)信息

197. 为了获得国家服务，申请人的授权代表必须向公司提交修改许可证登记簿申请及其附件。

198. 修改许可证登记簿申请及其附件应使用统一门户提交给公司，或者在《条例》第10条第2段规定的情况下，以纸质形式直接提交给公司或通过挂号信寄送并要求回执确认。

199. 通过使用统一门户向公司提交的修改许可证登记簿的申请是在统一门户上起草的(填写电子申请表)。

此修改许可证登记簿申请的附件包括：

(1)以下文件的扫描件。

申请人在进行许可类型的活动地点根据其所有权或者其他法律依据拥有开展(提供)构成许可类型活动的工作或者服务所必需的房屋、建筑物、构筑物和其他设施的占有使用权或者使用权(如果这些房屋、建筑物、构筑物和其他设施在实施许可类型的活动的地方不属于申请人所有)，且其权利未在USRN中登记；

申请人根据其所有权或其他法律依据拥有开展(提供)构成许可类型活动的工作或者服务所必需的设备、技术设施以及技术文件的占有使用权或者使用权(如果指定的设备、技术设施以及技术文件不属于申请人所有)；

申请人有足够数量的与其签订劳动合同的员工(不少于5名员工)确保构成许可类型活动的工作的开展和服务的提供(若有关员工劳动活动的基本信息未包含

在俄罗斯联邦养老基金的信息资源中)；

本条第6段规定的员工接受过开展构成许可类型活动的工作或者提供构成许可类型活动的服务所必须的高等或中等职业教育，以及根据高级培训(专业进修)计划进行的附加职业教育[若有关教育、高级培训(专业进修)的信息在联邦信息系统“关于教育和(或)职业技能、学习文件的联邦信息登记册”中无法查询]；

申请人具备开展构成许可类型活动的工作或者提供构成许可类型活动的服务所必需的质量控制体系，用于实施许可活动所需的工作和(或)提供构成许可活动类型的服务[申请人批准的质量手册(条例)]。

(2)确认申请人的授权代表有权申请国家服务的授权委托书的扫描件。

200. 根据《条例》第10条第2段规定提交的纸质修改许可证登记簿申请，按照本行政条例附件五的格式填写。

此修改许可证登记簿申请的附件包括：

(1)以下文件的副本。

申请人在进行许可类型的活动地点根据其所有权或者其他法律依据拥有开展(提供)构成许可类型活动的工作或者服务所必需的房屋、建筑物、构筑物和其他设施的占有使用权或者使用权(如果这些房屋、建筑物、构筑物和其他设施在实施许可类型的活动的地方不属于申请人所有)，且其权利未在USRN中登记；

申请人根据其所有权或其他法律依据拥有开展(提供)构成许可类型活动的工作或者服务所必需的设备、技术设施以及技术文件的占有使用权或者使用权(如果指定的设备、技术设施以及技术文件不属于申请人所有)；

申请人有足够数量的与其签订劳动合同的员工(不少于5名员工)确保构成许可类型活动的工作的开展和服务的提供(若有关员工劳动活动的基本信息未包含在俄罗斯联邦养老基金的信息资源中)；

本条第6段规定的员工接受过开展构成许可类型活动的工作或者提供构成许可类型活动的服务所必需的高等或中等职业教育，以及根据高级培训(专业进修)计划进行的附加职业教育[若有关教育、高级培训(专业进修)的信息在联邦信息系统“关于教育和(或)职业技能、学习文件的联邦信息登记册”中无法查询]；

申请人具备开展构成许可类型活动的工作或者提供构成许可类型活动的服务所必须的质量控制体系，用于实施许可活动所需的工作和(或)提供构成许可活动类型的服务[申请人批准的质量手册(条例)]。

(2)确认申请人的授权代表有权申请国家服务的授权委托书的原件。

(3)按照本行政条例附件四的格式编制的附件清单。

201. 确定申请人身份的方法：

通过统一门户申请修改许可证登记簿时——申请人的授权代表经认证的增强型电子签名和提交的确认申请人的授权代表有权申请国家服务的授权委托书；

以纸质形式直接向公司提交修改许可证登记簿申请或通过挂号信寄送并要求回执确认时——申请人的授权代表签名和提交的确认申请人的授权代表有权申请国家服务的授权委托书。

202. 没有理由拒绝接受申请人的授权代表直接向公司提交或通过挂号信寄送并要求回执确认的文件。

如果申请人的授权代表经认证的增强型电子签名的有效性经核查无法确认，则将拒绝通过统一门户接受申请人提交的文件。

跨部门信息交互

203. 要想获得国家服务，必须发送以下跨部门信息请求：

(1)发送给联邦税务局的"提供有关法人注册数据信息"跨部门请求。

发送请求的基础是申请人的修改许可证登记簿申请。

该请求应在公司登记正确的修改许可证登记簿申请及完整附件之日起的一个工作日内发送。对请求的答复在收到请求之日内发送给公司。

(2)发送给联邦国家登记、地籍和制图局的"提供法人根据其所有权或者其他法律依据拥有房屋、建筑物、构筑物和其他设施的占有使用权或者使用权(如果这些房屋、建筑物、构筑物和其他设施在实施许可类型的活动的地方不属于申请人所有)的信息"跨部门请求。

发送请求的基础是申请人的修改许可证登记簿申请。

该请求应在公司登记正确的发放修改许可证登记簿申请及完整附件之日起的一个工作日内发送。对请求的答复在收到请求之日内发送给公司。

(3)发送给联邦技术调节和计量局的"提供有关测量设备的信息"跨部门请求。

发送请求的基础是申请人的修改许可证登记簿申请。

该请求应在公司登记正确的修改许可证登记簿申请及完整附件之日起的一个工作日内发送。对请求的答复在收到请求之日内发送给公司。

(4)发送给俄罗斯联邦养老基金的"提供有关法人员工编制信息"部门间请求。

发送请求的基础是申请人的修改许可证登记簿申请。

该请求应在公司登记正确的修改许可证登记簿申请及完整附件之日起的一个

工作日内发送。对请求的答复在收到请求之日内发送给公司。

(5)发送给俄罗斯联邦养老基金的“提供有关劳动活动的信息”部门间请求。

发送请求的基础是申请人的修改许可证登记簿申请。

该请求应在公司登记正确的修改许可证登记簿申请及完整附件之日起的一个工作日内发送。对请求的答复在收到请求之日内发送给公司。

(6)发送给联邦教育和科学监督局的“提供有关员工接受高等或中等职业教育,以及根据高级培训(专业进修)计划进行的附加职业教育的信息”部门间请求。

发送请求的基础是申请人的修改许可证登记簿申请。

该请求应在公司登记正确的修改许可证登记簿申请及完整附件之日起的一个工作日内发送。对请求的答复在收到请求之日内发送给公司。

(7)发送给联邦国库的“提供确认支付提供航天活动许可国家服务国家规费的信息”部门间请求。

发送请求的基础是申请人的修改许可证登记簿申请。

该请求应在公司登记正确的修改许可证登记簿申请及完整附件之日起的一个工作日内发送。对请求的答复在收到请求之日内发送给公司。

204. 本行政条例附件二列出了跨部门信息请求发送的信息清单,以及对此类请求的回应(包括其使用目的)。

暂停提供国家服务

205. 暂停提供国家服务的理由是申请人需要在30个日历日内纠正申请中不符合规定的地方和(或)提交缺少的文件。

作出提供(拒绝提供)国家服务的决定

206. 当满足以下每一项决策标准时,公司将作出提供国家服务的决定:

公司收到正确的修改许可证登记簿申请及其完整附件;

提交的申请和(或)附件中不存在不可靠或错误的信息;

评估期间申请人符合规定的许可要求。

207. 决定拒绝提供国家服务的标准是:

申请人的授权代表在收到通知之日起30个日历日内未纠正申请中不符合规定的地方和(或)提交缺少的文件、正确填写的文件和(或)丢失的文件;

提交的申请和(或)附件中存在不可靠或错误的信息;

评估期间发现申请人不符合规定的许可要求。

208. 提供(拒绝提供)国家服务的决定在公司登记正确的修改许可证登记簿申

请及其完整附件之日起不超过 8 个工作日(对申请人进行书面评估的情况下)和 12 个工作日(对申请人进行现场评估的情况下)内作出。

提供国家服务的结果

209. 提供国家服务的结果可以通过向申请人的授权代表发送的修改许可证登记簿通知中获得,通知中包含从互联网上发布的许可登记簿中获得修改许可证登记簿信息的链接。

210. 修改许可证登记簿的通知可以通过以下方式发送给申请人的授权代表:

发送至申请人的授权代表在统一门户上的个人账户(如果修改许可证登记簿申请及其附件是通过统一门户提交给公司的);

寄送到修改许可证登记簿申请中指定的申请人的授权代表的电子邮箱地址(如果修改许可证登记簿申请及其附件是以纸质形式提交给公司的)。

211. 修改许可证登记簿的通知在作出修改许可证登记簿的决定后一个工作日内向申请人发出。

212. 无论申请人的授权代表身在何处,提供国家服务的结果不能由申请人的授权代表选择。

方案 9

213. 提供国家服务方案的最长期限为自登记正确的修改许可证登记簿申请之日起 8 个工作日(在对申请人进行书面评估的情况下)和 12 个工作日(在对申请人进行现场评估的情况下)。

214. 提供国家服务方案的结果是修改许可证登记簿。

215. 拒绝提供国家服务的理由详尽清单如下:

申请人在收到通知之日起 30 个日历日内未纠正申请中不符合规定的地方;

提交的申请中存在不可靠或错误的信息。

216. 此方案中规定的行政程序清单:

接受请求(申请)和提供国家服务所必需的文件和(或)信息;

部门间信息交互;

暂停提供国家服务;

决定提供(拒绝提供)国家服务;

提供国家服务的结果。

接受请求(申请)和提供国家服务所需的文件和(或)信息

217. 为了获得国家服务,申请人必须向公司提交修改许可证登记簿申请。

218. 修改许可证登记簿申请应使用统一门户提交给公司，或者在《条例》第10条第2段规定的情况下，以纸质形式直接提交给公司或通过挂号信寄送并要求回执确认。

219. 通过使用统一门户向公司提交的修改许可证登记簿的申请是在统一门户上起草的（填写电子申请表）。

220. 根据《条例》第10条第2段规定提交的纸质修改许可证登记簿申请，按照本行政条例附件五的格式填写。

221. 确定申请人身份的方法：

通过统一门户申请修改许可证登记簿时——申请人经认证的增强型电子签名；

以纸质形式直接向公司提交修改许可证登记簿申请或通过挂号信寄送并要求回执确认时——加盖法人印章（若有）的申请人签名。

222. 没有理由拒绝接受申请人直接向公司提交或通过挂号信寄送并要求回执确认的文件。

如果申请人经认证的增强型电子签名的有效性经核查无法确认，则将拒绝通过统一门户接受申请人提交的文件。

跨部门信息交互

223. 要想获得国家服务，必须发送以下跨部门信息请求：

（1）发送给联邦税务局的"提供有关法人注册数据信息"跨部门请求。

发送请求的基础是申请人的修改许可证登记簿申请。

该请求应在公司登记正确的修改许可证登记簿申请及完整附件之日起的一个工作日内发送。对请求的答复在收到请求之日内发送给公司。

（2）发送给联邦国库的"提供确认支付提供航天活动许可国家服务国家规费的信息"部门间请求。

发送请求的基础是申请人的修改许可证登记簿申请。

该请求应在公司登记正确的修改许可证登记簿申请及完整附件之日起的一个工作日内发送。对请求的答复在收到请求之日内发送给公司。

224. 本行政条例附件二列出了部门间信息请求发送的信息清单，以及对此类请求的回应（包括其使用目的）。

暂停提供国家服务

225. 暂停提供国家服务的理由是申请人需要在30个日历日内纠正申请中不符

合规定的地方。

作出提供(拒绝提供)国家服务的决定

226. 当满足以下每一项决策标准时,公司将作出提供国家服务的决定:

公司收到正确的修改许可证登记簿申请;

提交的申请中不存在不可靠或错误的信息;

227. 决定拒绝提供国家服务的标准是:

申请人在收到通知之日起 30 个日历日内未纠正申请中不符合规定的地方;

提交的申请中存在不可靠或错误的信息。

228. 提供(拒绝提供)国家服务的决定在公司登记正确的修改许可证登记簿申请之日起不超过 8 个工作日(对申请人进行书面评估的情况下)和 12 个工作日(对申请人进行现场评估的情况下)内作出。

提供国家服务的结果

229. 提供国家服务的结果可以通过向申请人发送的修改许可证登记簿通知中获得,通知中包含从互联网上发布的许可登记簿中获得修改许可证登记簿信息的链接。

230. 修改许可证登记簿的通知可以通过以下方式发送给申请人:

发送至申请人在统一门户上的个人账户(如果修改许可证登记簿申请是通过统一门户提交给公司的);

寄送到修改许可证登记簿申请中指定的申请人的电子邮箱地址(如果修改许可证登记簿申请是以纸质形式提交给公司的)。

231. 修改许可证登记簿的通知在作出修改许可证登记簿的决定后一个工作日内向申请人发出。

232. 无论申请人身在何处,提供国家服务的结果不能由申请人选择。

方案 10

233. 提供国家服务方案的最长期限为自登记正确的修改许可证登记簿申请及其完整附件之日起 8 个工作日(在对申请人进行书面评估的情况下)和 12 个工作日(在对申请人进行现场评估的情况下)。

234. 提供国家服务方案的结果是修改许可证登记簿。

235. 拒绝提供国家服务的理由详尽清单如下:

申请人的授权代表在收到通知之日起 30 个日历日内未纠正申请中不符合规定的地方和提交缺失的文件;

提交的申请中存在不可靠或错误的信息。

236. 此方案中规定的行政程序清单：

接受请求(申请)和提供国家服务所必需的文件和(或)信息；

部门间信息交互；

暂停提供国家服务；

决定提供(拒绝提供)国家服务；

提供国家服务的结果。

接受请求(申请)和提供国家服务所需的文件和(或)信息

237. 为了获得国家服务，申请人的授权代表必须向公司提交修改许可证登记簿申请及其完整附件。

238. 修改许可证登记簿申请及其附件应使用统一门户提交给公司，或者在《条例》第10条第2段规定的情况下，以纸质形式直接提交给公司或通过挂号信寄送并要求回执确认。

239. 通过使用统一门户向公司提交的修改许可证登记簿的申请是在统一门户上起草的(填写电子申请表)。

此修改许可证登记簿的附件为确认申请人的授权代表有权申请国家服务的授权委托书的扫描件。

240. 根据《条例》第10条第2段规定提交的纸质修改许可证登记簿申请，按照本行政条例附件五的格式填写。

此修改许可证登记簿的附件为确认申请人的授权代表有权申请国家服务的授权委托书的原件。

241. 确定申请人身份的方法：

通过统一门户申请修改许可证登记簿时——申请人的授权代表经认证的增强型电子签名和提交的确认申请人的授权代表有权申请国家服务的授权委托书；

以纸质形式直接向公司提交修改许可证登记簿申请或通过挂号信寄送并要求回执确认时——申请人的授权代表的签名和提交的确认申请人的授权代表有权申请国家服务的授权委托书。

242. 没有理由拒绝接受申请人的授权代表直接向公司提交或通过挂号信寄送并要求回执确认的文件。

如果申请人的授权代表经认证的增强型电子签名的有效性经核查无法确认，则将拒绝通过统一门户接受申请人的授权代表提交的文件。

跨部门信息交互

243. 要想获得国家服务，必须发送以下跨部门信息请求：

(1) 发送给联邦税务局的“提供有关法人注册数据信息”跨部门请求。

发送请求的基础是申请人的修改许可证登记簿申请。

该请求应在公司登记正确的修改许可证登记簿申请及完整附件之日起的一个工作日内发送。对请求的答复在收到请求之日内发送给公司。

(2) 发送给联邦国库的“提供确认支付提供航天活动许可国家服务国家规费的信息”部门间请求。

发送请求的基础是申请人的修改许可证登记簿申请。

该请求应在公司登记正确的修改许可证登记簿申请及完整附件之日起的一个工作日内发送。对请求的答复在收到请求之日内发送给公司。

244. 本行政条例附件二列出了部门间信息请求发送的信息清单，以及对此类请求的回应(包括其使用目的)。

暂停提供国家服务

245. 暂停提供国家服务的理由是申请人需要在 30 个日历日内纠正申请中不符合规定的地方。

作出提供(拒绝提供)国家服务的决定

246. 当满足以下每一项决策标准时，公司将作出提供国家服务的决定：

公司收到正确的修改许可证登记簿申请及其完整附件；

提交的申请及(或)附件中不存在不可靠或错误的信息。

247. 决定拒绝提供国家服务的标准是：

申请人的授权代表在收到通知之日起 30 个日历日内未纠正申请中不符合规定的地方；

提交的申请及(或)附件中存在不可靠或错误的信息。

248. 提供(拒绝提供)国家服务的决定在公司登记正确的修改许可证登记簿申请之日起不超过 8 个工作日(对申请人进行书面评估的情况下)和 12 个工作日(对申请人进行现场评估的情况下)内作出。

提供国家服务的结果

249. 提供国家服务的结果可以通过向申请人的授权代表发送的修改许可证登记簿通知中获得，通知中包含从互联网上发布的许可登记簿中获得修改许可证登记簿信息的链接。

250. 修改许可证登记簿的通知可以通过以下方式发送给申请人的授权代表：

发送至申请人的授权代表在统一门户上的个人账户（如果修改许可证登记簿申请及其附件是通过统一门户提交给公司的）；

寄送到修改许可证登记簿申请中指定的申请人的授权代表的电子邮箱地址（如果修改许可证登记簿申请及其附件是以纸质形式提交给公司的）。

251. 修改许可证登记簿的通知在作出修改许可证登记簿的决定后一个工作日内向申请人的授权代表发出。

252. 无论申请人的授权代表身在何处，提供国家服务的结果不能由申请人的授权代表选择。

方案 11

253. 提供国家服务方案的最长期限为自公司登记正确的终止航天活动申请之日起 3 个工作日。

254. 提供国家服务方案的结果是终止许可活动。

255. 没有拒绝提供国家服务的理由。

256. 此方案中规定的行政程序清单：

接受请求（申请）和提供国家服务所必需的文件和（或）信息；

部门间信息交互；

暂停提供国家服务；

决定提供（拒绝提供）国家服务；

提供国家服务的结果。

接受请求（申请）和提供国家服务所需的文件和（或）信息

257. 为了获得国家服务，申请人必须向公司提交终止航天活动的申请。

258. 终止航天活动的申请应使用统一门户提交给公司，或者以纸质形式直接提交给公司或通过挂号信寄送并要求回执确认。

259. 通过使用统一门户向公司提交的终止航天活动的申请是在统一门户上起草的（填写电子申请表）。

260. 纸质终止航天活动的申请，按照本行政条例附件六的格式填写。

261. 确定申请人身份的方法：

通过使用统一门户申请终止航天活动时——申请人的经认证的增强型电子签名；

当以纸质形式直接提交给公司或通过挂号信寄送并要求回执确认时——加盖

法人印章(若有)的申请人签名。

262. 没有理由拒绝接受申请人以纸质形式直接提交给公司或通过挂号信寄送并要求回执确认的文件。

如果申请人经认证的增强型电子签名的有效性经核查无法确认,则将拒绝通过统一门户接受申请人提交的文件。

跨部门信息交互

263. 要想获得国家服务,必须发送以下跨部门信息请求:

发送给联邦税务局的"提供有关法人注册数据信息"跨部门请求。

发送请求的基础是申请人的终止航天活动的申请。

该请求应在公司登记正确的修改许可证登记簿申请及完整附件之日起的一个工作日内发送。对请求的答复在收到请求之日内发送给公司。

264. 本行政条例附录二列出了部门间信息请求中发送的信息清单,以及对此类请求的回应(包括其使用目的)。

暂停提供国家服务

265. 俄罗斯联邦法律没有规定暂停提供国家服务的理由。

作出提供(拒绝提供)国家服务的决定

266. 当满足以下每一项决策标准时,公司将作出提供国家服务的决定:

公司收到终止航天活动的申请。

267. 没有作出拒绝提供国家服务决定的标准。

268. 终止航天活动的决定在向公司提交正确的终止航天活动的申请之日起3个工作日内作出。

提供国家服务的结果

269. 提供国家服务的结果可以通过向申请人发送的终止许可活动的通知来获得。

270. 终止航天活动的通知可以通过以下方式发送给申请人:

发送至申请人在统一门户上的个人账户(如果终止航天活动申请是通过统一门户提交给公司的);

寄送到终止航天活动申请中指定的申请人的电子邮箱地址(如果终止航天活动的申请是以纸质形式提交给公司的)。

271. 终止航天活动的通知在作出终止许可活动的决定后一个工作日内向申请人发出。

272. 无论申请人身在何处，提供国家服务的结果不能由申请人选择。

方案 12

273. 提供国家服务方案的最长期限为自公司登记正确的终止航天活动申请之日起 3 个工作日。

274. 提供国家服务方案的结果是终止许可活动。

275. 没有拒绝提供国家服务的理由。

276. 此方案中规定的行政程序清单：

接受请求（申请）和提供国家服务所必需的文件和（或）信息；

部门间信息交互；

暂停提供国家服务；

决定提供（拒绝提供）国家服务；

提供国家服务的结果。

接受请求（申请）和提供国家服务所需的文件和（或）信息

277. 为了获得国家服务，申请人的授权代表必须向公司提交终止航天活动的申请。

278. 终止航天活动的申请应使用统一门户提交给公司，或者以纸质形式直接提交给公司或通过挂号信寄送并要求回执确认。

279. 通过使用统一门户向公司提交的终止航天活动的申请是在统一门户上起草的（填写电子申请表）。

此终止航天活动的申请需要附上确认申请人的授权代表有权申请国家服务的授权委托书的扫描件。

280. 纸质的终止航天活动的申请，按照本行政条例附件六的格式填写。

此终止航天活动的申请需要附上确认申请人的授权代表有权申请国家服务的授权委托书的原件。

281. 确定申请人的授权代表身份的方法：

通过使用统一门户申请终止航天活动时——申请人的授权代表的经认证的增强型电子签名和提交的确认申请人的授权代表有权申请国家服务的授权委托书；

当以纸质形式直接提交给公司或通过挂号信寄送并要求回执确认时——申请人的授权代表签名和确认申请人的授权代表有权申请国家服务的授权委托书。

282. 没有理由拒绝接受申请人的授权代表以纸质形式直接提交给公司或通过挂号信寄送并要求回执确认的文件。

如果申请人的授权代表经认证的增强型电子签名的有效性经核查无法确认，则将拒绝通过统一门户接受申请人的授权代表提交的文件。

跨部门信息交互

283. 要想获得国家服务，必须发送以下跨部门信息请求：

发送给联邦税务局的“提供有关法人注册数据信息”跨部门请求。

发送请求的基础是申请人的终止航天活动的申请。

该请求应在公司登记正确的修改许可证登记簿申请及完整附件之日起的一个工作日内发送。对请求的答复在收到请求之日内发送给公司。

284. 本行政条例附录二列出了跨部门信息请求中发送的信息清单，以及对此类请求的回应（包括其使用目的）。

暂停提供国家服务

285. 俄罗斯联邦法律没有规定暂停提供国家服务的理由。

作出提供（拒绝提供）国家服务的决定

286. 当满足以下每一项决策标准时，公司将作出提供国家服务的决定：

公司收到终止航天活动的申请。

287. 没有作出拒绝提供国家服务决定的标准。

288. 终止航天活动的决定在向公司提交正确的终止航天活动的申请之日起3个工作日内作出。

提供国家服务的结果

289. 提供国家服务的结果可以通过向申请人的授权代表发送的终止许可活动的通知来获得。

290. 终止航天活动的通知可以通过以下方式发送给申请人：

发送至申请人在统一门户上的个人账户（如果终止航天活动申请是通过统一门户提交给公司的）；

寄送到终止航天活动申请中指定的申请人的电子邮箱地址（如果终止航天活动的申请是以纸质形式提交给公司的）。

291. 终止航天活动通知在作出终止许可活动的决定后一个工作日内向申请人发出。

292. 无论申请人的授权代表身在何处，提供国家服务的结果不能由申请人的授权代表选择。

方案13

293. 提供国家服务方案的最长期限是从向公司提交提供特定许可证信息申请

之日起 3 个工作日。

294. 提供国家服务选择的结果是提供有关许可证登记簿中特定许可证的信息或提供有关缺少所需信息的信息。

295. 没有拒绝提供国家服务的理由。

296. 此方案中规定的行政程序清单：

接受请求(申请)和提供国家服务所必需的文件和(或)信息；

部门间信息交互；

暂停提供国家服务；

通过关于提供(拒绝提供)国家服务的决定；

提供国家服务的结果。

接受请求(申请)和提供国家服务所需的文件和(或)信息

297. 为了获得国家服务，申请人必须向公司提交申请要求提供有关特定许可证的信息。

298. 提供特定许可证信息的申请在统一门户上起草(填写电子申请表)，并使用统一门户提交给公司。

299. 确定申请人身份的方法是申请人的经认证的增强型电子签名或简单电子签名。

300. 没有理由拒绝接受提供特定许可信息的申请。

跨部门信息交互

301. 获得国家服务，不需要发送部门间信息请求。

暂停提供国家服务

302. 俄罗斯联邦法律没有规定暂停提供国家服务的理由。

决定提供(拒绝提供)国家服务

303. 提供国家服务的决定由公司在满足以下决策标准时作出：

公司收到要求提供特定许可信息的申请。

304. 没有决定拒绝提供国家服务的标准。

提供国家服务的结果

305. 提供国家服务的结果可以通过向申请人发送以下信息获取：

许可证登记簿的摘录；

发放许可证的决定副本(关于修改许可证登记簿)；

缺少所需信息的证明(在许可证登记簿中缺少有关许可证的信息，或者无法确定特定的被许可人时)。

306. 许可证登记簿的摘录,发放许可证的决定副本(在修改许可证登记簿)或缺少所要求信息的证明在公司登记提供有关特定许可证的信息的申请3个工作日内通过统一门户发送至申请人或者发送给提供有关特定许可证的信息的申请中指定的申请人的电子邮箱地址。

307. 无论申请人身在何处,提供国家服务的结果不能由申请人选择。

四、对行政条例执行的监督形式

监督负责人员执行规定国家服务提供要求的行政法规和其他规范性法律文件的规定,以及他们通过的决定的程序

308. 目前对负责官员遵守和执行《行政法规》和其他规范性法律规定提供国家服务的要求及其决策情况的监督由总经理执行(授权副总经理)。

309. 监督是通过定期和不定期检查来进行的。

对国家服务提供的完整性和质量进行定期和不定期检查的程序和频率

310. 对国家服务提供的完整性和质量的监督包括按照既定程序进行定期和不定期的检查,发现并消除对申请人权利的侵犯,审议、作出决定并准备对申请人的申投诉作出回应,其中包含对公司负责人员(员工)的行为(不作为)和决定的投诉。

311. 以定期和不定期检查的形式对国家服务提供的完整性和质量进行监督。

312. 定期检查是根据公司每年批准的计划进行的,而不定期检查是根据申请人对公司官员根据负责人作出(执行)的决定和行动(不作为)的投诉进行的检查。

313. 检查由公司授权人员进行。

提供国家服务的机构的官员对其在提供国家服务过程中作出(执行)的决定和行动(不作为)的责任

314. 违反本行政条例要求的官员将根据俄罗斯联邦法律承担责任。

对提供国家服务进行监督的程序和形式的要求的规定,包括对公民、公民协会和组织方面的要求

315. 对国家服务提供的监督,包括对公民、公民协会和组织的监督,应通过授权部门在提供国家服务时的公开性、收到关于提供国家服务程序的全部相关和可靠信息以及在接受国家服务的过程中对投诉(申诉)进行审查的可能性来实现。

五、对根据联邦法律《组织和提供国家和市政服务法》第16条第11款规定提供国家服务的机构、多功能中心、指定组织以及他们的雇员的行动(不行动)提出审前申诉(诉讼外)的程序

316. 通过在联邦国家和市政服务登记处(职能)、公司网站、国家服务处的信息站等统一门户上发布信息,告知申请人提出和审查申诉的程序。

317. 投诉的形式和提交方式:

以纸质文件的形式——直接提交给公司或通过挂号信寄送并要求回执确认;

以电子文件的形式——通过使用公司的统一门户提交给公司。

(附录编者略)

《俄罗斯国家航天集团公司关于提供发放航天基础设施建设和投入使用许可证国家服务的行政条例》

《关于批准〈俄罗斯国家航天集团公司关于提供发放航天基础设施建设和投入使用许可证国家服务的行政条例〉的命令》

（国家航天集团公司 2020 年 8 月 11 日第 210 号命令）

根据《俄罗斯联邦城市建设法典》（以下简称《城市建设法典》）第 51 条第 5 款第 3.1 项和第 55 条第 2 款（《俄罗斯联邦法律汇编》，2005 年第 1 号第 16 条；2020 年第 29 号第 4512 条），2015 年 7 月 13 日第 215 – FZ 号联邦法律《俄罗斯联邦国家航天集团公司法》第 7 条第 43 项（《俄罗斯联邦法律汇编》，2015 年第 29 号第 4341 条；2020 年第 20 号第 4760 条），2010 年 7 月 27 日第 210 – FZ 号联邦法律《提供国家和市政服务组织法》第 13 条第 1 款（《俄罗斯联邦法律汇编》，2010 年第 31 号第 4179 条；2018 年第 1 号第 63 条）和俄罗斯联邦政府 2011 年 5 月 16 日第 373 号决议《关于提供国家服务的行政条例的制定和批准规则》第 2 项（《俄罗斯联邦法律汇编》，2011 年第 22 号第 3169 条；2018 年第 25 号第 3696 条）。

命令如下：

1. 批准附件《俄罗斯国家航天集团公司关于提供发放航天基础设施建设和投入使用许可证国家服务的行政条例》。

2. 确认国家航天集团公司 2017 年 12 月 8 日第 428 号命令《国家航天集团公司关于为归属国家航天集团公司及其所属组织管理的航天基础设施提供发放建设和投入使用许可证国家服务的行政条例》无效（2018 年 1 月 29 日于俄罗斯联邦司法部注册，注册号 49807）。

总经理

德米特里·奥列戈维奇·罗戈津

国家航天集团公司 2020 年 8 月 11 日第 210 号命令批准

《俄罗斯国家航天集团公司关于提供发放航天基础设施建设和投入使用许可证国家服务的行政条例》

（2020 年 12 月 9 日）

一、总　　则

调 整 对 象

1.《国家航天集团公司关于提供发放航天基础设施建设和投入使用许可证国家服务的行政条例》(以下简称《行政条例》)规定了国家航天集团公司(以下简称公司)在提供国家服务期间所执行的行政程序(行为)的期限和顺序。

申请人的范围

2. 国家服务的申请人应是履行航天基础设施开发商职能的法人(以下简称申请人)。

关于提供国家服务的告知程序的要求

3. 应通过以下方式向申请人告知提供国家服务的情况。

在信息和电信网络“互联网”http://www. roscosmos. ru(以下简称公司官方网站)、联邦国家信息系统“国家服务(职能)联邦登记册”(以下简称联邦登记册)、联邦国家信息系统“国家和市政服务(职能)统一门户”(以下简称统一门户)的官方网站、公司提供国家服务地点的信息宣传栏(以下简称信息宣传栏)上发布信息。

通过电话或当面向申请人口头提供信息(以下简称口头告知)。

通过邮寄或电子邮件向申请人提供书面信息。

4. 参考信息应放在公司的官方网站、联邦登记册、统一门户和公司所在地的信息宣传栏上。

参考信息包括以下信息：

公司负责组织提供国家服务的内设部门(以下简称授权部门)的地点和工作

时间。

授权部门的咨询电话，包括自动应答的电话号码。

关于官方网站的地址，以及公司在公司官方网站上的电子邮箱和（或）反馈表。

5. 授权部门的员工口头告知提供国家服务的有关信息，并提供有关国家服务执行进度的信息和参考信息，应确保所提供的信息的准确性和完整性、表述的清晰性、便利性、可及性和获得信息的及时性。

口头回答申请人问题的时间不得超过10分钟。

如果准备答案需要更多的时间（超过10分钟），口头告知的授权部门的员工应有权建议以书面形式向申请人提供必要的信息或指定另一个方便的时间。

6. 当申请人以书面形式向公司申请信息时，应以简单、清晰、易懂的形式回答申请中提出的问题，并注明签署答复的人的职位、姓氏和姓名缩写，以及直接执行人的姓氏、名字、父称（如有）和电话号码。对申请人的答复应在收到申请书之日起30个日历日内以邮寄或电子邮件的方式发出。

7. 如果在不披露构成国家或其他受联邦法律保护的秘密的信息下无法提供申请人所要求的信息，应告知申请人由于不允许披露相关信息而无法就所问问题的实质内容作出答复。

二、提供国家服务的标准

国家服务的名称

8. 关于发放航天基础设施的建设和投入使用许可证的国家服务。

提供国家服务的机构名称

9. 国家服务是由“Roscosmos”公司提供的。

联邦自治机构“国家专家鉴定总局”授权进行项目文件和工程勘察结果的国家专家审查，参与提供国家服务。

10. 在公司，国家服务是由一个授权的分支部门——基本建设组织部提供的。

授权部门发放设施的建设和投入使用为许可证（以下简称许可证），对已发放的许可证进行统一登记。

11. 禁止要求申请人为申请国家服务必须获得其他国家机构、地方自治机构、组织批准的行为，除非是为了获得按照2010年7月27日第210－FZ号联邦法律《提供国家和市政服务组织法》第9条第1款第1项规定的清单提供的服务、文件和信息。

提供国家服务的结果

12. 提供国家服务的结果是：

签发航天基础设施建设许可证（用于航天基础设施建设、改建的各个阶段）（以下简称建设许可证）；

拒绝发放建设许可证；

修改建设许可证；

拒绝修改建设许可证；

因延长建设许可证的有效期而对其进行修正；

拒绝修改与延长该许可证有效期有关的建设许可证。

根据《俄罗斯联邦城市建设法典》（《俄罗斯联邦法律汇编》，2005 年第 1 号第 16 条；2019 年第 52 号第 7790 条）（以下简称《城市建设法典》）第 51 条第 21.10 款，在收到通知后对建设许可证进行修改。

在收到《城市建设法典》第 51 条第 21.10 款规定的通知后，拒绝修改建设许可证。

发放航天基础设施投入使用许可证（用于航天基础设施建设、改建的各个阶段）（以下简称投入使用许可证）。

拒绝为某一航天基础设施发放投入使用许可证。

发放建设许可证、投入使用许可证副本。

拒绝发放建设许可证、投入使用许可证副本。

提供国家服务的期限，包括向参与提供国家服务的组织提出申请的时间、依照俄罗斯联邦法律规定暂停提供国家服务的期限和因提供国家服务而签发（发送）文件的期限

13. 国家服务应在以下时限内提供：

自收到建设许可证申请之日起 5 个工作日内发放建设许可证（拒绝发放建设许可证），但《城市建设法典》第 51 条第 11.1 款规定的除外；

在《城市建设法典》第 51 条第 11.1 款规定的情况下，自收到建设许可证申请之日起 30 个日历日内发放建设许可证（拒绝发放建设许可证）；

在收到修改建设许可证的申请之日起 5 个工作日内完成对建设许可证的修改，包括与该许可证延期有关的修改（拒绝修改建设许可证，包括与该许可证延期有关

的修改）；

因收到《城市建设法典》第51条第21.10款规定的通知而对建设许可证进行修改（拒绝对建设许可进行修改），在收到修改建设许可证的申请之日起5个工作日内完成；

自收到发放投入使用许可证的申请之日起5个工作日内发放投入使用许可证（拒绝发放投入使用许可证）；

自收到发放建设许可证副本的申请之日起3个工作日内发放建设许可证、投入使用许可证副本（拒绝发放建设许可证、投入使用许可证副本）。

属于提供国家服务的文件，应在本条款规定的提供相关国家服务的期限届满之日起3个工作日内签发（发送）。

规范国家服务提供的规范性法律文件清单

14. 规范国家服务提供的规范性法律文件清单（注明其详细信息和官方公布的来源）应在公司官方网站、联邦登记册和统一门户上公布。

根据规范性法律文件提供国家服务所需的详尽文件清单，以及申请人提交的提供国家服务所必需的服务，申请人获取这些文件的方法，包括电子形式等

15. 提供国家服务所需的文件的详尽清单，由申请人提交。

（1）按照本行政条例附录第1—4号的格式提出的申请（通知）（以下简称提供国家服务的申请）。

（2）证明申请人身份的文件。

当申请人亲自向公司提出提供国家服务的申请时，应以俄罗斯联邦公民的护照和其他符合俄罗斯联邦法律的身份文件确定申请人的身份。

通过统一门户申请时，在统一身份认证系统（以下简称ESIA）中确认账户时，应核实身份文件的信息。

（3）确认申请人的代表有权代表申请人的文件。

当申请人通过其代表向公司提出国家服务申请时，国家服务申请应附有根据俄罗斯联邦立法要求起草的委托书或其他确认申请人的代表有权申请国家服务的文件。

当使用统一门户向公司提交国家服务的申请时，授权书或其他文件应由该组

织的授权官员使用经认证的增强型电子签名进行认证。[①]

(4)在改建基本建设设施的情况下,需征得该设施的所有权利人的同意,但《城市建设法典》第51条第7款第6.2项所述的改建公寓楼的情况除外(在发放建设许可证的情况下,修改建设许可证,但因延长该许可证而修改建设许可证的情况除外)。

(5)改建公寓楼需要根据俄罗斯联邦住房法律由公寓楼住房和车位业主大会决议通过,如果由于这种改建将减少公寓楼的一般财产,则需要公寓楼住房和车位的所有业主同意(在发放建设许可证的情况下,修改建设许可证,但因延长该许可证而修改建设许可证的情况除外)。

(6)确认根据俄罗斯联邦关于危险设施事故伤害的危险物所有者强制民事责任保险的立法(在获得投入使用许可证的情况下),签订危险物所有者强制民事责任保险协议的文件。

根据2010年7月27日第225－FZ号联邦法律《关于危险设施所有者因危险设施事故造成的损失而购买强制性民事责任保险的联邦法》(《俄罗斯联邦法律汇编》,2010年第31号第4194条;2016年第11号第1483条)第10条,确认缔结强制性保险协议的文件是一份固定形式的保险单。

(7)在为保护文化遗产设施而对其进行修复、保护、修理及其适应现代用途的过程中,其完工验收由有关保护文化遗产的机构批准,根据2002年6月25日第73－FZ号联邦法律《俄罗斯联邦人民文化遗产(历史和文化遗迹)法》(《俄罗斯联邦法律汇编》,2002年第26号第2519条;2020年第17号第2725条)(以下简称联邦法律第73－FZ号)确认(在获得投入使用许可证的情况下)。

(8)根据2015年7月13日第218－FZ号联邦法律《国家不动产登记法》(《俄罗斯联邦法律汇编》,2015年第29号第4344条;2020年,第29号第4512条)(以下简称第218－FZ号联邦法律)的要求编制基本建设设施技术计划。技术计划应以电子文件的形式提交,并由编制该计划的制图工程师的经认证的增强型电子签名证明。技术计划可以以纸质文件的形式提交,并由编制该计划的制图工程师的签名和盖章(如果有的话)证明(在获得投入使用许可证的情况下)。

16. 申请人可以以下方式提交本行政条例第15条规定的、获得国家服务所需的

---

① 俄罗斯联邦政府2012年6月25日第634号决议(《俄罗斯联邦法律汇编》,2021年第27号第3744条;2018年第36号第5623条)批准了第3项中在申请国家和市政服务时使用的电子签名类型的规则。

文件：

直接以邮寄的方式向公司或授权的分支机构提交纸质文件；

通过统一门户以电子形式提交；

提供国家服务所需的文件以一份印刷版纸质文件的形式提交（原件或复印件）。

所提交的纸质文件应装订成册、编号、加盖印章（如有）并由申请人签字。

提交的文件文本必须字迹清晰，法人的名称不得使用缩写，并注明位置。

文件应按照 2019 年 10 月 7 日第 1294 号俄罗斯联邦政府决议《关于批准向有权发放设施建设许可证和（或）投入使用许可证的联邦行政当局、俄罗斯联邦各主体的行政当局、地方政府、国家原子能集团公司“Rosatom”公司发送文件的规则》规定的方式发送。

根据规范性法律文件的规定，申请人有权提交，并由国家机构、地方自治机构和其他参与提供国家或市政服务的机构处理的提供国家服务所需的详尽文件的清单，以及申请人获得它们的方法，包括其电子形式、提交程序

17. 发放建设许可证需要以下文件，申请人有权主动提交这些文件：

（1）地块的所有权文件，包括建立地役权的协议；建立公共地役权的决定以及根据在区域土地测量平面图上的地块及其分布示意图，在此基础上根据《城市建设法典》第 57.3 条第 1.1 款规定发布的地块的城市规划图，除非《城市建设法典》第 51 条第 7.3 款另有规定。

（2）如果在《俄罗斯联邦预算法》规定的情况下，国家权力机构（国家机构）、国家原子能集团公司“Rosatom”、国家非预算资金管理机构或地方自治国家（市）权力机构在实施预算投资时签订了权利发放协议，则需要提供该协议，以及与之签订协议的权利人的土地所有权文件。

（3）在提交建设许可证申请之日前 3 年内发布的地块城市规划图；在发放线路建设许可证的情况下，需要区域规划方案和区域土地测量方案的详细信息（除非在建设、改建线路不需要准备区域规划文件的情况下）；在发放不需要形成地块的线路的建设许可证时，需要区域规划方案的详细信息。

（4）工程勘察结果和《城市建设法典》第 48 条第 15 款批准的项目文件中的材料：

①一份解释性说明。

②根据地块的城市规划图中规定的信息制订的地块规划组织方案，在准备与线路建设有关的项目文件的情况下，还需要提供根据区域规划方案制定的土地使用方案（除非在建设、改建线路时不需要准备区域规划文件）。

③在制定适用于医疗、教育、文化、娱乐、体育和其他社会文化和公共设施的项目文件时，以及在制定交通、贸易、公共餐饮设施，商业、行政、金融、宗教设施，住房设施项目文件时，需要提供建筑和结构方案和旨在确保残疾人进入基本建设设施的方案和措施的部分。

④组织建设基本建设设施的方案（如果拆除基本建设设施及其组成部分对建设、改建其他基本建设设施是必要的，还需要提供组织拆除基本建设设施及其组成部分的方案）。

（5）在《城市建设法典》第 49 条第 3.4 款规定的情况下，项目文件国家专家审查的肯定结论（关于项目文件是否符合《城市建设法典》第 49 条 5 款第 1 项规定的要求），以及在《城市建设法典》第 49 条第 6 款规定的情况下，国家环境专家对项目文件审查的肯定结论。

（6）如果按照《城市建设法典》第 49 条第 3.8 款所列的要求对项目文件进行修改的话，需要由从事项目文件编制的人员组成的自律组织的成员提供确认修改符合《城市建设法典》第 49 条第 3.8 款所列的要求的文件，并由根据《城市建设法典》为组织建筑和施工设计而聘为项目总工程师的专家批准。

（7）在根据《城市建设法典》第 49 条第 3.9 款规定进行专家审查期间，确认对项目文件进行的修改与《城市建设法典》第 49 条第 3.9 款要求的相一致的文件，由对项目文件进行国家专家审查的权力执行机构或组织提供。

（8）偏离最大允许的建筑和改建参数的许可证（在开发商根据《城市建设法典》第 40 条规定获得这种许可的情况下）。

（9）如果国家作为发包单位（公司）对国有基本建设设施进行改建，且该设施的权利人是公司拥有发起人或所有权人的职能和权利的国有单一制企业、国家预算或自治机构，需要提供包含对上述财产造成损害的赔偿条件和程序的改建协议。

（10）如果进行文化遗产设施的保护工作影响到该文化遗产的结构和安全性时，需要提供俄罗斯联邦关于文化遗产设施的相关立法文件。

（11）根据俄罗斯联邦法律在建设需要特殊使用条件的区域时，或者将基本建设设施改建为需要特殊使用条件的区域，抑或改建之前的需要特殊使用条件的区域时，需要提供建设或者改建需要特殊使用条件区域的决定副本。

(12)如果计划在地方自治机构作出的关于发展有建筑设施的区域的决定或地方自治机构主动作出的关于区域综合发展的决定的区域范围内进行建设、改建基本建设设施,则需提供有建筑设施的区域发展协议或区域综合发展协议的副本,但地方自治机构作出独立决定实施全域综合开放的情况除外。

(13)如果计划在具有联邦或地区历史保护区的区域范围内建造或改建基本建设设施,俄罗斯联邦主体负责保护文化遗产的权力执行机构对基本建设项目设计文件中,包含建筑方案的部分是否符合联邦或地区历史保护区边界内的城市规划条例规定的历史保护区保护要求的意见。

(14)在历史保护区范围内建设或者改建基本建设设施,还需提供根据第 73 - FZ 号联邦法律批准的基本建设设施的标准建筑方案的信息。

18. 为了获得投入使用许可证,需要提供以下文件,申请人可以主动提交这些文件。

(1)地块的所有权文件,包括建立地役权的协议,建立公共地役权的决定;

(2)为获得建设许可证而提交的地块的城市规划图,或者在建设、改建线路设施的情况下,提交区域规划方案和区域土地测量方案(除非在建设、改建线路不需要准备区域规划文件的情况下),在发放不需要形成地块的线路设施的投入使用许可证时,需要提供区域规划方案;

(3)建设许可证;

(4)基本建设设施的验收证明(在依据建设合同进行建设、改建的情况下);

(5)新建、改建的基本建设设施参数符合设计文件的要求(与设计文件符合《城市建设法典》第 49 条第 5 款第 1 项规定的要求有关),包括能源效率要求和基本建设设施配备能源计量装置的要求,并由参与建设的人(在依据建设合同进行建设、改建的情况下,进行施工的人和开发商或技术人员,以及施工实际控制人)签字;

(6)确认新建或改建的基本建设设施符合技术规范的文件,并由运营工程和技术网络的组织代表签署(如果有的话);

(7)由参与建设人员(在依据建设合同进行建设、改建的情况下,进行施工的人和开发商或技术人员)签字的新建、改建基建设施位置示意图、地块范围内工程技术支持网络示意图及地块规划组织图,建设、改建线路设施的除外;

(8)国家建设监理机构对新建或改建的基本建设设施是否符合《城市建设法典》第 49 条第 5 款第 1 项提到的设计规范要求的意见(包括根据《城市建设法典》第 49 条第 3.8 款和第 3.9 款进行修改的设计文件),包括能源效率要求和基本建设设施配备能源计量装置的要求。

根据《城市建设法典》第 55 条第 4 款的规定,俄罗斯联邦政府可以在本行政条例本节规定的文件之外,要求获得设施投入使用许可所需的其他文件,以全面获得基本建设设施的国家登记所需的信息。

19. 对建设许可证进行修改时需要提供以下文件,申请人可以主动提交。

(1)如果根据土地立法,国家权力执行机构或地方自治机构通过关于形成地块的决定,在通过合并地块形成新的地块的情况下,申请对该地块或其中一个地块发放建设许可证,需要提交关于通过合并地块形成地块的决定。

(2)在给新的底土使用者重新发放底土使用许可证以进行与底土使用有关的工程,且该地块的前权利人已获得建设许可证的情况下,需要提供依据《城市建设法典》第 51 条第 21.9 款规定授予底土使用权的决定和重新发放底土使用许可证的决定。

(3)在地块的前权利人已经获得了建设许可证,现权利人申请建设许可证的情况下需要提供该地块的所有权文件。

(4)在延长建设许可证有效期的情况下需要提供以下文件:载有关于截至申请提交日在国家建筑监督范围内没有开始建设或改建设施信息的文件,关于因延长建设许可证有效期而对其进行修改的信息,或根据《城市建设法典》第 52 条第 5 款规定在需要通知才可以开工的情况下,还需提交关于没有通知开始施工的信息。

(5)与修改建设许可证有关的除本条第 1—4 项规定的情况外,本行政条例第 17 条规定的其他文件。

20. 如果申请人不能独立提交上述文件,公司应向国家机构、地方自治机构和国家机构或地方自治机构下属的组织索取本行政条例第 17—19 条规定的文件(副本或其中的信息)。

21. 如果用于建设、改建航天基础设施的地块是国家或市政当局拥有的土地和(或)地块形成的,或由没有划定国家所有权的土地和(或)地块形成的,且这些土地和(或)地块不受第三方权利的约束(地役权、公共地役权除外)(但在国家需要时根据区域规划方案和相关土地立法需收回的地块,以及根据相关土地立法和批准的区域土地测量方案,在形成指定的地块之前,已经发放了建造此类设施的建设许可证的项目和(或)根据《城市建设法典》第 57.3 条第 1.1 款规定、区域土地分布示意图、相关土地立法批准发放了建设许可证的项目除外)。在这种情况下,不需要为签发基本建设设施的建设许可证而提交地块的所有权文件。发放建设许可证的申请书中无须附产权文件,但需要附有经批准的区域土地测量方案、区域土地布局示意图和区域地籍方案的细节信息。如果为航天基础设施发放了建设许可证,其建设和改建在根据相关土地立法因国家或者市政需要可以收回的地块上进行,那么在根据土地立法规定的程序终止第三方因国家或市政需要而撤回此类地块的权利之前,不得进行建设或者改建。

22. 公司可根据按照本行政条例附录 1 和附录 2 就特定的建设和改建阶段起草的国家服务申请,为特定建设和改建阶段发放建设许可证或投入使用许可证。

如果申请人向公司提出申请,要求在建设、改建阶段将设施投入使用,则应在建设、改建的相关阶段提交本行政条例第 15 条第 6—8 款和第 18 条第 4—8 款规定的文件。与建设、改建阶段有关的设施试运行许可证的申请应包括以前发放的与建设、改建阶段有关的设施试运行许可证的信息(如果有的话)。

23. 本行政条例第 17 条第 1、4、5 款和第 18 条第 1、4—7 款规定的文件(其副本或其中的信息)在国家不动产统一登记簿或国家统一审查结论登记簿中缺失的,则应由申请人自己发送(提交)。[①]

24. 本行政条例第 17—19 条中提到的、为获得国家服务所必需的文件,应由申请人按照本行政条例第 16 条规定的方式发送(提交)。

25. 如果基本建设设施的设计文件和(或)为编制该设计文件而进行的工程勘察结果,以及对设计文件和(或)工程勘察结果进行国家专家评估所需的其他文件已以电子形式提交,则本行政条例第 15、17—19 条规定的文件应全部以电子形式提交。

26. 根据《城市建设法典》第 51 条第 10 款和第 55 条第 4.1 款的规定,俄罗斯联邦政府可以规定本行政条例第 15 条第 4—8 款和第 17—19 条中提到的文件,以及设施建设和运行许可证的发放以电子形式提交。

27. 如果申请人在签发建设许可证、签发设施运行许可证、修改建设许可证的申请中注明,则应采用签署授权部门负责人电子签名的电子文件形式签发建设许可证、设施运行许可证,修改建设许可证。

28. 严禁要求申请人:

提交与提供国家服务有关的俄罗斯联邦规范性法律文件和本行政条例第 15、17—19 项中没有规定的文件和资料,或采取上述法规中没有规定的行动。

---

① 根据《城市建设法典》第 51 条第 7.2 款和第 55 条第 3.3 款规定要求。

提交根据俄罗斯联邦、俄罗斯联邦主体规范性法律文件和市政法规规定由提供国家服务的国家机构、其他国家机构、地方自治机构和(或)参与提供国家或市政服务的国家机构和地方自治机构下属的组织负责的文件和信息,但第210－FZ号联邦法律第7条第6款规定的文件除外。

提交在最初拒绝接受提供国家服务时未注明的缺少和(或)不可靠的提供国家服务所需的文件和信息,但第210－FZ号联邦法律第7条第1款第4项"a"—"d"目规定的情况除外。

拒绝接受提供国家服务所需文件的详尽理由清单

29. 拒绝接受提供国家服务所需文件的理由:

没有提交提供国家服务的申请;

提交(发送)的申请没有提交给正确的机构;

申请人的代表在提交国家服务申请时未出示身份证明文件,或按照俄罗斯联邦法律规定的程序起草的委托书,或其他在提交申请和文件时确认代表申请人利益的文件;

以电子形式提交提供国家服务的申请但是申请人没有使用经认证的增强型电子签名;

对经认证的增强型电子签名进行核查,该签名不符合2011年4月6日第63－FZ号联邦法律《电子签名法》(《俄罗斯联邦法律汇编》,2011年第15号第2036条;2020年第24号第3755条)(以下简称第63－FZ号联邦法律)规定的承认其有效性的条件;

提交(发送)的申请和文件有擦除或添加、划掉的文字,用铅笔书写或严重损坏,无法对此类文件的内容进行明确解释;

提交(发送)不适合由电子计算机读取或通过信息和电信网络传输或在信息系统中处理的申请和文件;

申请书中的文件与实际发送(提交)的文件不一致。

30. 拒绝接受提供国家服务所需的文件,应在收到服务申请后的3个工作日内通知申请人,并说明理由。

拒绝接受文件的决定应由授权部门负责人签署(包括使用电子签名),并按申请人在申请提供国家服务时指定的方式发给申请人。

在作出上述决定的同时,应将申请人提交的所有纸质文件返还申请人,在申请人的要求下,可将这些文件交给申请人的代表并签名确认。

暂停或拒绝提供国家服务的理由的详尽清单

31. 俄罗斯联邦的立法没有规定暂停提供国家服务的理由。

32. 俄罗斯联邦的立法没有规定拒绝提供国家服务的理由。

提供国家服务所必需的和强制性服务清单,
包括参与提供国家服务的组织所发布的文件信息

33. 根据俄罗斯联邦政府 2011 年 5 月 6 日第 352 号决议《关于批准联邦权力执行机构、国家原子能集团公司提供国家服务时必要的服务清单,以及参与提供国家服务的组织应提供的服务,并确定提供这些服务的费用》(《俄罗斯联邦法律汇编》,2011 年第 20 号第 2829 条;2020 年第 1 号第 51 条)将国家专家审查项目文件列入。国家专家审查项目文件的肯定性结论是一份强制性文件。

为提供国家服务而收取国家规费或其他费用的程序、数额和理由

34. 不得为提供国家服务而征收国家规费或其他费用。

对提供国家服务所必需的服务收取费用的程序、金额和理由,
包括有关计算这些费用的方法的信息

35. 为项目文件提供国家专家审查服务的收费程序、金额和收费理由,规定在俄罗斯联邦政府 2007 年 3 月 5 日第 145 号决议《关于组织和实施项目文件和工程勘察结果国家专家审查的程序》(《俄罗斯联邦法律汇编》,2007 年第 11 号第 1336 条;2020 年第 2 号第 190 条)批准的《国家专家审查组织和实施条例》第八编“国家专家审查收费标准”中。

请求国家服务、参与提供国家服务的组织所提供的服务
以及接受提供此类服务的结果时,排队等候的最长时间

36. 申请人提交或接收文件时,排队等候的时间最长为 15 分钟。

提供国家服务和参与提供国家服务的组织所提供的服务
(包括电子形式)的申请登记的期限和程序

37. 提供国家服务的申请和《城市建设法典》第 51 条第 21.10 款规定的通知,以及所附的文件,包括使用统一门户发送的电子文件,应在收到的当天或在工作日结束后、工作时间结束后收到文件的下一个工作日,按照公司记录保存规则规定的方式在公司接收和登记。

对提供国家服务的场所、等候室、填写国家服务申请的场所、带有填写样本和提供每项国家服务所需的文件清单的信息宣传栏、提供这种服务的程序的视觉、文字和多媒体信息的放置和设计的要求,包括根据俄罗斯联邦社会保障立法确保残疾人无障碍使用上述设施的要求

38. 接待申请人的房间应设在公司大楼内,并标明负责提供国家服务的官员的职位、姓氏、名字、父名(如有)等信息。

等待室、填写提供国家服务的申请的地方应配备电话、复印设备、电脑、扫描仪和打印机。

应向申请人提供配备有桌椅的场所,以便他们能够填写申请。

39. 授权部门员工的工作场所配备电话、计算机、办公设备,连接到公司官方网站,并确保有充足耗材和办公用品以便及时提供国家服务。

40. 进入接待申请人的场所和在场所内行动不应对残疾人造成困难。

为了确保残疾人不受阻碍地进入提供国家服务的场所,应向他们提供以下服务:

不受阻碍地进入公司所在地建筑和提供国家服务的场所的条件,以及不受阻碍地使用交通工具、通信手段和信息的条件;

可以在公司建筑物和提供国家服务的场所周围独立行动以及进入和离开这些建筑物和场所、登上和离开车辆,包括使用轮椅;

陪同视力障碍和有独立行动障碍的人;

考虑到残疾人的残疾情况,需要适当安置必要的设备和信息载体,以确保残疾人不受阻碍地进入公司大楼和提供国家服务的场所;

复制残疾人所需的视听信息,以及带有盲文符号的铭文、标志和其他文字及图形信息;

提供手语翻译和盲聋人手语翻译;

导盲犬可以进入公司大楼和提供国家服务的场所;

向残疾人提供援助,帮助他们克服阻碍他们在与其他人平等的基础上接受国家服务的障碍;

如果不可能完全改造公司的建筑和提供国家服务的场所,应向残疾人提供进入提供国家服务的场所的机会，或者在可能的情况下，在残疾人的居住地或远程提供国家服务。

国家服务的可及性和质量指标，包括申请人在接受国家服务时与政府官员互动的次数和时间，接受关于提供国家服务的信息的可能性，包括信息和通信技术的使用，在提供国家和市政服务的多功能中心接受国家服务的可能性或不可能性（包括全部），以及根据第210－FZ号联邦法律《提供国家和市政服务组织法》规定，申请人（属人原则）选择在提供国家服务的机构的任何地区的分支机构提供国家和市政服务多功能中心要求提供若干国家和（或）市政服务规定的可能性和不可能性

41. 申请人与公司员工的互动是在申请人亲自申请时进行的：

在提交提供国家服务所需的文件时；

在获得有关国家服务提供进度的信息时；

在接受国家服务提供的结果时；

申请人与负责执行提供国家服务的行政程序（行动）的公司员工之间的每次互动时间不应超过10分钟；

申请人可以亲自到公司或者以电话、邮件或电子邮件的方式获得有关提供国家服务进度的信息。

42. 衡量提供国家服务的可及性和质量的指标是：

通过在公司的官方网站、统一门户、信息宣传栏上发布信息，以及通过个人互动，使用电话通信、邮件、电子邮件等方式，向申请人提供可靠和完整的信息。

在本行政条例规定的时限内，履行关于提供国家服务和提供国家服务本身的行政程序（行动）。

申请人与公司负责执行行政程序（行动）以提供国家服务的员工之间的互动次数的数据。

申请人与公司负责行政程序（行动）的员工在提供国家服务过程中的互动次数的数据。

获得有关提供国家服务进度的信息的可能性。

申请人以公民投诉的方式（包括电子形式）对公司及其员工的作为（不作为），没有遵守提供国家服务的最后期限，缺乏关于提供国家服务的信息的投诉的真实性。

43. 申请人应有权使用统一门户以电子方式进行下列活动：

获得有关提供国家服务的程序和时限的信息。

提交提供国家服务的申请和提供国家服务所需的其他文件。

了解提供国家服务的结果；

对公司及其官员在提供国家服务过程中的作为(不作为)和决定进行投诉。

44. 第 210 - FZ 号联邦法律第 15.1 条没有规定的在国家和市政服务多功能中心提供的国家服务，以及通过申请在国家和市政服务多功能中心提供的若干国家和(或)市政服务。

不存在在域外接受国家服务的可能性。

其他要求，包括考虑到根据在域外提供国家服务的特殊性（如果在域外提供国家服务）和以电子形式提供国家服务的特殊性的要求

45. 提供国家服务所需的文件可以根据俄罗斯联邦规范性法律文件规定的相关文件的格式使用统一门户以电子形式发送(提交)，或者使用可移动的 U 盘发送。

以电子形式发送(提交)的文件应根据第 63 - FZ 号联邦法律规定的要求，由授权人使用经认证的增强型电子签名签署。

授权部门的员工应根据第 63 - FZ 号联邦法律，使用公司提供的软件，检查申请人在申请国家服务时使用的经认证的增强型电子签名的有效性。

46. 如果申请人在建设许可证、设施投入使用许可证的申请中注明，则应以电子形式发送国家服务提供的结果。

如果国家服务是以电子方式提供的，相关的许可证应以电子文件的形式发放，并由授权部门的负责人使用电子签名签署。

47. 如果国家服务申请和(或)所附文件包含构成国家或其他受法律保护的秘密的信息，在处理这些文件时，应遵守俄罗斯联邦关于保护构成国家或其他受法律保护的秘密的信息的立法要求。

三、行政程序(行动)的组成、顺序和期限，对其执行程序的要求，包括以电子形式执行行政程序(行动)的具体要求

48. 一项国家服务的提供应包括以下行政程序(行动)：

发放建设许可证(拒绝发放建设许可证)；

对建设许可证进行修改(拒绝对建设许可证提出修改)；

批准修改与延长建设许可证有效期(拒绝修改与延长该许可证有效期);

在收到《城市建设法典》第 51 条第 21.10 款所规定的通知后修改建设许可证(在收到《城市建设法典》第 51 条第 21.10 款所规定的通知后拒绝修改建设许可证)

发放投入使用许可证(拒绝发放投入使用许可证)。

发放建设许可证和投入使用许可证的副本。

49. 以电子形式提供国家服务包括以下行政程序(行动):

发放建设许可证(拒绝发放建设许可证);

对建设许可证进行修改(拒绝对建设许可证提出修改);

批准修改与延长建设许可证有效期(拒绝修改与延长该许可证有效期);

在收到《城市建设法典》第 51 条第 21.10 款所规定的通知后修改建设许可证(在收到《城市建设法典》第 51 条第 21.10 款所规定的通知后拒绝修改建设许可证);

发放投入使用许可证(拒绝发放投入使用许可证);

发放建设许可证和投入使用许可证的副本(拒绝发放建设许可证和投入使用许可证的副本)。

发放建设许可证(拒绝发放建设许可证)

50. 启动行政程序(行动)的基础是在授权部门的员工收到按照本行政条例附录 1 的格式登记的发放建设许可证的申请和所附文件后,检查所提交的申请和文件是否符合本行政条例要求。

除《城市建设法典》第 51 条第 11.1 款规定的情况外,发放建设许可证(拒绝发放建设许可证)的行政程序(行动)在收到发放建设许可证的申请之日起 5 个工作日内进行。

在《城市建设法典》第 51 条第 11.1 款规定的情况下,自收到建设许可证申请之日起 30 个日历日内发放建设许可证。

51. 拒绝发放建设许可证的理由:

缺少本行政条例第 15 条第 4、5 款,第 17 条规定的文件;

截至提交建设许可证之日,所提交的文件不符合建设、改建城市规划图规定的相关地块基本建设设施的要求,或者在申请发放线路设施建设许可证的情况下,不符合区域规划方案和区域土地测量方案的要求(除非在建设、改建线路设施时不需要准备区域规划文件)；

根据俄罗斯联邦主体授权保护文化遗产的权力执行机构的通知，基本建设项目设计文件中包含建筑方案的部分不符合联邦或地区历史保护区边界内的城市规划条例规定的历史保护区保护要求(该理由仅适用于《城市建设法典》第 51 条第 11.1 款规定的情况)；

缺少根据有建筑设施的区域发展协议或区域综合发展协议批准的区域规划文件(但地方自治机构作出决定独立实施全域综合开放的情况除外)(在地方自治机构作出的关于发展有建筑设施的区域的决定或地方自治机构主动作出的关于区域综合发展的决定的区域范围内进行建设、改建基本建设设施的情况)。

52. 如果申请人没有提交本行政条例第 17 条规定的文件或没有提交完整的文件，这些文件由授权部门向管理相关文件的国家机构、地方自治机构和国家机构或地方自治机构下属的组织索取。

部门间申请的准备工作应在收到发放建设许可证的申请后的 1 个工作日内，由负责文件审查的授权部门的员工按照第 210 – FZ 号联邦法律第 7.2 条的要求进行。

部门间申请应经授权分管领导签字，由公司行政部门使用统一的部门间电子互动系统发送。如果在技术上不能使用统一的部门间电子互动系统，部门间的申请应以纸质形式邮寄。

未收到或未及时收到所要求的文件不应构成拒绝签发建设许可证的理由。

53. 在根据《城市建设法典》第 51 条第 11.1 款的规定提出申请的情况下，在联邦或地区历史保护区内进行的非线路设施的基本建设设施建设或改建，并且申请未附有《城市建设法典》第 51 条第 10.1 款规定的结论，或不包含在收到发放建设许可证国家服务申请之日起 30 个日历日内应当提供的建设或者改建基本建设设施的标准建筑方案的说明。

授权部门的员工应检查是否有发放建设许可证所需的文件，并在收到发放建设许可证申请后的 3 个工作日内，将包含建筑方案的基本建设设施设计文件部分转交给授权保护文化遗产的俄罗斯联邦主体的权力执行机构。

54. 授权部门的员工应检查所提交的文件，以确定本行政条例第 51 条规定的拒绝发放建设许可证的理由。

如果有本行政条例第 51 条规定的拒绝发放建设许可证的理由，授权部门的员工应在本行政条例第 50 条规定的时限内，准备并向申请人邮寄由授权部门负责人签署的拒绝通知，说明拒绝理由。与此通知一起，申请人提交的所有文件将被退回给申请人。

55. 如果在检查过程中没有出现本行政条例第 51 条规定的拒绝发放建设许可证的情形，授权部门的员工应按照俄罗斯联邦建设、住房和公用事业部 2015 年 2 月 19 日第 117 号命令《关于批准建设许可证和设施投入使用许可证的命令》（俄罗斯联邦司法部于 2015 年 4 月 9 日登记，注册号为 36782）批准的格式发放由授权部门负责人签字的建设许可证。

56. 建设许可证是为基本建设设施的整个建设、改建期间发放的，但为建设、改建的不同阶段发放这种许可证的情况除外。

57. 发放建设许可证的形式：

纸质材料一式两份，其中一份应交给申请人，另一份应保存在授权部门；

在申请人在建设许可证申请中注明的情况下，或在建设许可申请以及相关文件和信息由申请人以电子形式发送的情况下，以电子文件的形式由授权部门负责人使用电子签名签署并发送。

58. 纸质建设许可证的发送应通过附有上述许可证的信件进行。该信应由授权部门负责人签字，并邮寄给申请人或亲自交给申请人的代表签字。

电子文件形式的建设许可证的发送应通过统一门户进行。

59. 建设许可证发放后，申请人提交的纸质文件的复印件应保留在授权部门，原件应退还申请人。

60. 建设许可证的副本应由授权部门的员工通过邮寄或使用部门间电子互动统一系统和与之相连的区域性部门间电子互动系统，并附上授权部门负责人签署的附信，在以下期限内发送：

自建设许可证签发之日起 3 个工作日内，向授权对基本建设目标进行国家建设监督的联邦权力执行机构发送；

在根据《城市建设法典》第 51 条第 7 款第 9 项规定，为建设、改建基本建设设施的目的，决定设立或改变与该设施所在地有关的具有特殊使用条件的区域的情况下，自签发建筑许可证之日起 3 个工作日，向作出该决定的国家权力机构和地方自治机构发送。

61. 在发放建设许可证的 5 个工作日内，授权部门应确保（包括使用统一的部门间电子互动系统和与之相连的区域性部门间电子互动系统）向俄罗斯联邦各主体的国家权力机构，市政区、市镇自治机构的城市规划活动国家信息系统发送《城市建设法典》第 56 条第 5 条第 3.1—3.3 款、第 6 款规定的信息、文件和材料。

对建设许可证进行修改（拒绝对建设许可证进行修改）

62. 启动行政程序的基础是授权部门的员工收到按照本行政条例附录 3 的格式登记的修改建设许可证的申请及其所附文件。

申请人在申请对建设许可证进行修改时，应附上本行政条例第 15 条和第 19 条规定的文件，这些文件可以以电子文件的形式发送。上述文件应按照本行政条例第 16 条和第 25 条规定的规则提交。

这一行政程序（行动）应在收到修改建设许可证的申请之日起 5 个工作日内进行。

63. 授权部门的工作人员应按照本行政条例第 19 条的规定检查修改建设许可证申请书所附文件的可用性。

64. 在《城市建设法典》第 51 条规定的情况下，申请人未提交的文件应由授权部门向管理相关文件的国家权力机构或地方自治机构索取。

部门间申请的准备工作应在收到修改建设许可证的申请后的 1 个工作日内，由授权部门的员工根据第 210 – FZ 号联邦法律第 7.2 条的要求进行。

部门间申请应经授权部门负责人签署，并通过使用统一的部门间电子互动系统发送。如果在技术上不能使用统一的部门间电子互动系统，则部门间申请应以纸质形式邮寄。

65. 拒绝修改建设许可证的理由是：

没有本行政条例第 15 条第 4、5 款以及第 19 条规定的文件；

在地块权利转让、底土使用权、地块形成的通知中没有《城市建设法典》第 51 条第 21.10 条第 1— 4 款规定的文件详细信息，或在《城市建设法典》第 51 条第 21.13款规定的情况下没有地块所有权文件，或在申请变更建设许可的情况下没有本行政条例第 15 条第 4、5 项以及第 19 条规定的文件；

土地权利转让或土地形成的通知中提供的信息不准确；

在《城市建设法典》第 51 条第 21.7 款规定的情况下，基本建设设施的规划布局不符合在新形成的地块的城市规划方案发布之日确定的基本建设设施的建设和改建要求；

在这方面，该地块的城市规划方案必须在发送《城市建设法典》第 51 条第 20.10款所述通知的日期之前 3 年内发布；

在申请修改建设许可证的情况下，基本建设设施的计划地点不符合为获得建设许可证或对建设许可证进行修改而提交的地块的城市规划方案发布之日确定的基本建设设施的建设和改建要求，但专门为延长建设许可证的有效期而提出的修改建设许可证申请除外，且该地块的城市规划方案必须在提交修改建设许可证申请前3年内发布；

在《城市建设法典》第51条第21.7款规定的情况下，或在开发商申请修改建设许可证的情况下，计划中的基本建设设施不符合在修改建设许可证申请之前生效的根据俄罗斯联邦土地和其他立法规定的对地块的允许用途的限制，但专门为延长建设许可证的有效期而提出的修改建设许可证申请除外；

在开发商申请修改建设许可证的情况下，计划中的设施的位置不符合许可证规定的要求，偏离了允许的建设、改建的最大参数，但专门为延长建设许可证的有效期而提出的修改建设许可证申请除外；

在申请延长建设许可证有效期的许可时，公司收到了关于在申请延长建设许可证时没有开始施工、改建工程的信息或者根据《城市建设法典》第52条第5款的规定必须经国家建筑监督机关通知才可以开工的情况下，公司收到了关于没有通知开工的信息；

修改建设许可证的申请应在建设许可证有效期届满前10个工作日内提交。

66. 如果在文件核查过程中发现有拒绝修改建设许可证的理由，授权部门的员工会准备并向申请人邮寄一份由授权部门负责人签署的拒绝修改建设许可证的通知，说明拒绝的理由。申请人提交的所有文件应与上述通知一起返还申请人；如果申请人要求，可将文件亲自交给申请人的代表并签字确认。

67. 以下列形式颁发修改后的建设许可证：

纸质材料一式两份：一份应交给申请人；另一份应保存在授权部门。

如果申请人在修改建设许可证的申请中注明，或者修改建设许可证的申请以及文件和资料是由申请人以电子形式发送的，则由授权部门的负责人电子签名后以电子文件的形式发送。

68. 修改后的纸质建设许可证的发送应通过附有上述许可证的信件进行。该信应由授权部门负责人签字，并邮寄给申请人或亲自交给申请人的代表签字。

修改后的电子文件形式的建设许可证的发送应通过统一门户进行。

69. 自向申请人发放修改后的建设许可证之日起3个工作日内，授权部门的工作人员应将该许可证的副本邮寄给有权对修改后的建设许可证的基本建设设施进行国家建设监督的机构，并附上由授权部门负责人签署的附函。

因延长建设许可证的有效期而对其进行修改（拒绝因延长建设许可证的有效期而对其进行修改）

70. 启动行政程序(行动)的基础是授权部门的员工收到与延长建设许可证有关的、以本行政条例附录 3 的形式登记的修改建设许可证的申请及其所附文件。

申请人在申请对建设许可证进行修改以延长该许可证的有效期时，应附上本行政条例第 15 条和第 19 条规定的文件，这些文件可以电子文件的形式发送。上述文件的提交应按照本行政条例第 16 条和第 25 条的规定进行。

这一行政程序(行动)应在收到与延长建设许可证有效期有关的修改申请之日起 5 个工作日内进行。

71. 在检查文件期间，如果出现本行政条例第 65 条规定的拒绝因延长建设许可证有效期而对其进行变更的理由，授权部门的工作人员应准备并向申请人邮寄由授权部门负责人签署的拒绝因延长建设许可证有效期而对其进行变更的通知书，说明拒绝的理由。在发出上述通知的同时，应归还申请人所提交的文件，这些文件可根据申请人的要求，亲自交给申请人的代表并签字确认。

72. 如果在检查过程中，没有出现本行政条例第 65 条规定的拒绝与延长建设许可证有效期有关的建设许可证申请的理由，则授权部门的员工应组织执行与延长该建设许可证有效期有关的建设许可证的修改，并将其交给授权部门负责人签字。

73. 与延长建设许可证有效期有关的建设许可证的修改程序，将上述许可证发放给申请人的程序，以及通知有权对基本建设设施进行国家建设监督的机构的程序，按照本行政条例第 67—69 条执行。

在收到《城市建设法典》第 51 条第 21.10 款规定的通知后对建设许可证进行修改（拒绝在收到《城市建设法典》第 51 条第 21.10 款规定的通知后对建设许可证进行修改）

74. 启动行政程序(行动)的基础是授权部门的员工，收到按照本行政条例附录 4 登记的由《城市建设法典》第 51 条第 21.5—21.7 款和第 21.9 款所述人员(以下简称通知人)根据《城市建设法典》第 51 条第 21.10 款的规定发送的关于地块权利转让、底土使用权、地块形成权的通知(以下简称通知)。

这一行政程序(行动)应在收到通知之日起的 5 个工作日内进行。

通知人有权在通知中附上本行政条例第 19 条规定的文件副本。

75. 授权部门的员工应检查通知所附文件的可用性,或检查本行政条例第 19 条规定的文件细节。

76. 如果通知人没有提交本行政条例第 19 条规定的文件副本,授权部门应向有关国家权力机构或地方自治机构索取这些文件或文件中的信息。

根据本行政条例第 64 条的规定,部门间申请的准备工作应由授权部门的员工来完成。

77. 如果国家不动产统一登记册中没有关于地块产权文件的信息,则应由《城市建设法典》第 51 条第 21.5 款所述人员向公司提交此类文件的副本。

78. 拒绝在收到通知后对建设许可证进行修改,对建设许可证的修改进行登记,将上述许可证发放给申请人的程序,以及通知授权执行与基本建设设施有关的国家建设监督的机构的程序,根据本行政条例第 65—69 条进行。

发放设施投入使用许可证（拒绝发放设施投入使用许可证）

79. 启动行政程序(行动)的基础是负责检查所提交的申请和文件的人员是否为本行政条例规定的授权部门的员工,收到了按照本行政条例附录 2 的格式登记的发放设施投入使用许可证的申请和所附文件。

发放设施投入使用许可证(拒绝发放设施投入使用许可证)的行政程序(行动)在公司收到发放设施投入使用许可证的申请之日起的 5 个工作日内进行。

80. 授权部门的员工应检查本行政条例第 18 条所述文件的可用性和正确性。

81. 对新建或改建的设施进行检查,检查该设施是否符合建设许可证、地块开发计划中规定的要求,或者在建设或改建线路设施的情况下,符合区域规划方案和区域土地测量方案中规定的要求,以及项目文件的要求,包括能源效率要求和基本建设设施配备能源计量装置的要求,以上检查不由授权部门执行。

82. 如果申请人没有提交文件或没有提交全部文件,这些文件应由授权部门向管理这些文件的国家机构、地方自治机构和国家机构或地方自治机构下属的组织索取。

83. 根据第 210 – FZ 号联邦法律第 7.2 条的要求,负责文件审查的授权部门的员工在收到发放投入使用许可证的申请后的 1 个工作日内进行部门间申请的准备。

部门间申请应经授权部门负责人签署,并通过使用统一的部门间电子互动系统发送。如果在技术上不能使用统一的部门间电子互动系统,则部门间申请应以纸质形式邮寄。

84. 未收到或延迟收到本行政条例第 83 条要求的文件，不能构成拒绝签发设施投入使用许可证的理由。

85. 拒绝发放设施运行许可证的理由是：

缺少本行政条例第 15 条第 6—8 款和第 18 条规定的文件；

建设、改建基本建设设施不符合基本建设设施的要求，这些要求是为获得建设许可证时提交的地块的城市规划图，或者在建设、改建线路设施的情况下，提交的区域规划方案和区域土地测量方案（除非在建设、改建线路不需要准备区域规划文件的情况下）；

基本建设设施不符合建设许可证规定的要求，但根据《城市建设法典》第 55 条第 6.2 款的规定改变基本建设设施的面积的情况除外；

新建、改建的基本建设物的参数不符合设计文件，但根据《城市建设法典》第 55 条第 6.2 款的规定改变基本建设物的面积的情况除外；

截至发放设施投入使用许可证之日，基础建设设施与地块的允许用途和（或）俄罗斯联邦土地和其他立法规定的限制不相容，除非上述限制是根据《城市建设法典》第 51 条第 7 款第 9 条规定，由建立或改变具有特殊使用条件的区域的决定规定的并且新建或改建的基础建设设施已经改变了具有特殊使用条件的使用区域但还尚未投入使用；

该设施的技术计划中显示的基本建设设施面积数据与设计文件和（或）建设许可证中显示的该基本建设设施面积数据相差不超过 5%，不应构成拒绝签发设施投入使用许可证的理由，但技术计划中显示的楼层、房间（如有）和停车位（如有）的数量应与设计文件和（或）建设许可证相符。

86. 如果在检查文件的过程中，发现了拒绝发放投入使用许可证的理由，则由授权部门的员工准备并向申请人发送一份由授权部门负责人签署的拒绝通知，说明拒绝的理由。申请人提交的所有文件应与通知书一起返还申请人。

87. 如果在文件检查过程中没有发现本行政条例第 85 条规定的拒绝发放使用许可证的理由，则授权部门的员工应按照俄罗斯联邦建设、住房和公用事业部 2015 年 2 月 19 日第 117 号命令《关于批准建设许可证和设施投入使用许可证的命令》批准的格式发放由授权部门负责人签字的设施投入使用许可证。

88. 向授权部门提交地块范围内已建、改建的基本建设设施、工程和技术支持网络示意图以及地块规划组织方案的副本，将此类副本纳入国家城市规划信息系统后，授权部门应向申请人发放设施（线性设施除外）投入使用许可证。

89. 投入使用许可证必须包含进行国家地籍登记所需要的关于该设施的信息。这些信息的构成必须符合第 218 - FZ 号联邦法律制定的关于技术计划的图形和文字部分的信息构成要求。

90. 投入使用许可证以如下方式发放：

纸质形式一式两份：其中一份应交给申请人；另一份应保存在授权部门。

如果申请人在设施投入使用许可证申请中注明，或者设施投入使用许可证申请以及相关文件和信息是由申请人以电子形式发送的，则由授权部门的负责人电子签名后以电子文件的形式发送。

91. 投入使用许可证的发送应通过附有上述许可证的信件进行。该信件应由授权部门负责人签字，并邮寄给申请人或亲自交给申请人的代表签字。

电子文件形式的投入使用许可证的发送应通过统一门户进行。

92. 自向申请人发放投入使用许可证之日起 3 个工作日内，授权部门的工作人员应将该许可证的副本邮寄给有权对投入使用许可证的基本建设设施进行国家建设监督的机构，并附上由授权部门负责人签署的附函。

93. 在设施投入使用许可证签发之日起的 5 个工作日内，授权部门的员工应将有关不动产的国家地籍登记申请和申请所附文件（包括设施投入使用许可证）以电子形式发送至登记机关。申请书由授权部门的负责人使用经认证的增强型电子签名签署。

94. 在发放设施投入使用许可证的 5 个工作日内，授权部门的员工应确保以授权部门负责人签署的附函的形式（包括使用统一的部门间电子互动系统和与之相连的区域性部门间电子互动系统）向俄罗斯联邦各主体的国家权力机构，市政区、市镇自治机构的城市规划活动国家信息系统发送《城市建设法典》第 56 条第 5 款第 3，9—9.2，11，12 条规定的信息、文件和材料（通过统一的部门间电子互动系统传输的，附函由授权部门负责人使用电子签名签署）。

95. 在《城市建设法典》第 51 条第 7 款第 9 项规定的情况下，授权部门的员工应在签发投入使用许可证后 3 个工作日内，向作出改变投入使用许可证相关的设施所在地有关区域使用的特殊条件的国家权力机构和地方自治机构发送（包括使用统一的部门间电子互动系统和与之相连的区域性部门间电子互动系统）授权部门负责人签署（通过统一的部门间电子互动系统传输的，附函由授权部门负责人使用电子签名签署）的附函副本。

根据2010年7月27日第210－FZ号联邦法律《提供国家和市政服务组织法》第10条的规定，以电子形式执行行政程序（行动）的程序，包括通过统一门户执行的程序

96. 获得国家服务所需的文件可以由申请人以电子形式发送。

97. 为了通过统一门户接收国家服务，申请人应填写一份表格，其中应注明接收国家服务的信息，并附上本行政条例第15、17—19条规定的文件。

统一门户应提供国家服务申请的电子表格的填写样本（以下简称申请）。

98. 在申请人填写完电子申请表的每个字段后，会自动对生成的申请进行格式逻辑检查。如果发现电子申请表的某个字段填写错误，将直接在电子申请表中以信息提示的方式通知申请人所发现的错误的性质和纠正的程序。

99. 在申请时，应确保申请人：

有可能复制和保存申请书、提供国家服务所需的本行政条例第15、17—19条规定的其他文件；

有机会打印一份纸质的电子申请书副本；

根据申请人的要求，随时保存先前在电子申请表中输入的信息，包括在输入错误的情况下，返回电子申请表中重新输入信息；

在申请人开始输入信息之前，使用联邦国家信息系统"确保基础设施技术信息和用于以电子形式提供国家和市政服务的信息系统的信息相协同的统一识别和认证系统"（以下简称统一识别和认证系统）中公布的信息以及统一门户网站上公布的关于所缺信息的信息，填写电子申请表的字段；

可以返回到填写电子申请表的任何阶段，而不会丢失之前输入的信息；

申请人有可能在统一门户网站上查询一年内的申请，部分申请则只能查询3个月内的。

100. 在申请人收到公司向申请人或其代表在统一门户网站上的个人账户发出的相应电子通知后，该申请即被视为已发出。

101. 公司应确保收到提供国家服务所需的文件，并对申请进行登记，而不需要申请人重新提交这些纸质文件。

102. 国家服务的提供应从授权部门的员工收到提供国家服务所需的电子形式的登记文件时开始。

103. 最迟在收到申请之日的下一个工作日，申请人应被告知分配给该申请的登记号。

104. 在提供国家服务的过程中，如果通过统一门户提交申请和本行政条例第15、17—19条规定的其他文件，申请人应在申请人或其代表的统一门户个人账户上收到关于提供国家服务进展的信息。

105. 当国家服务是通过统一门户以电子形式提供时，应向申请人发送：

(1)收到和登记申请的通知；

(2)启动国家服务提供程序的通知；

(3)关于终止提供国家服务或主动拒绝接受提供国家服务的申请和所需要的其他文件的通知；

(4)关于提供国家服务所需文件的审查结果的通知；

(5)有理由拒绝提供国家服务的通知。

106. 当提供国家服务所需的文件通过统一门户提交时，作为提供国家服务的结果，申请人应收到本行政条例第12条规定的文件，其形式是经授权部门负责人电子签名的电子文件。

纠正因提供国家服务而签发的文件中的印刷错误和其他错误的程序

107. 纠正因提供国家服务而发放的建设许可证或投入使用许可证中的错别字和错误应该在收到许可证之日起3个工作日内向公司提交按照本行政条例附录5起草的纠正技术错误的申请，说明以前发放的许可证的细节和需要纠正的信息，并附上确认存在错误的文件（如果需要）。

108. 授权部门的员工确定存在技术错误，并对技术错误进行纠正，然后签发由授权部门负责人签署的新的建设许可证或投入使用许可证（以下简称新许可证）。

109. 新许可证应说明所发放的建设许可证或投入使用许可证的原始细节。

110. 在下列情况下发放新许可证：

纸质文件一式两份：其中一份应交给申请人；另一份应保存在授权部门；

在申请人在纠正技术错误的申请中注明的情况下，或者如果纠正技术错误的申请以及相关文件和信息是由申请人以电子形式发送的，则在由授权部门的负责人使用电子签名签署后以电子文件的形式发送。

111. 新许可证应通过以授权部门负责人签署的附函形式邮寄或亲自交给申请人的代表并签字确认。

电子文件形式的新许可证的发送应通过统一门户进行。

在向申请人发放新的许可证后,含有技术错误的原建设许可证或投入使用许可证不得退回申请人。

112. 在向申请人发放新许可证之日起的 3 个工作日内,授权部门的工作人员将该许可证的副本送交本行政条例第 60 条和第 61 条(在建设许可证出现技术错误的情况下),本行政条例第 69、73 条和第 78 条(在修改的建设许可证出现技术错误的情况下)和本行政条例第 92—95 条(在投入使用许可证出现技术错误的情况下)规定的有关机构。

113. 在下列情况下,应拒绝纠正许可证中的技术错误:

在纠正技术错误的申请中,无法识别需要更正的文件的信息;

在纠正技术错误的申请中没有说明哪些信息是需要纠正的;

没有文件证明以前发放的许可证存在印刷错误或其他错误,在没有这些文件的情况下,不可能在相应的许可证中检查和输入正确的数据;

未经授权的人提交的纠正技术错误申请。

发放建设许可证或投入使用许可证副本
(拒绝发放建设许可证或投入使用许可证副本)

114. 发放建设许可证或投入使用许可证副本(以下简称许可证副本)应依据向公司提交的按照本行政条例附录 6 的规定起草并说明以前发放许可证的细节信息的建设许可证或投入使用许可证副本申请(以下简称副本申请)。

115. 在收到副本申请后的 3 个工作日内,授权部门的员工应严格按照授权部门保存的第二份许可证签发副本。

116. 在许可证副本的正面,右上角,应贴上“副本”的标记。

117. 以以下形式发放许可证的副本:

纸质文件一式两份:其中一份应交给申请人;另一份应保存在授权部门。

如果申请人在副本申请中注明,或者如果副本申请以及相关文件和信息由申请人以电子形式发送,则在由授权部门负责人用电子签名签署后以电子文件的形式发送。

118. 许可证的副本应通过附有上述副本的信件邮寄给申请人或亲自交给申请人的代表并签字确认。该信应由授权部门负责人签字。

电子文件形式的许可证的副本应通过统一门户发放。

119. 在下列情况下，应拒绝发放许可证副本：

在副本申请中，缺乏可以识别以前签发的文件的信息；

许可证副本的申请是由未经授权的人提交的。

四、对提供国家服务进行监督的形式

对负责人员遵守和执行条例和其他规范性法律文件规定的提供国家服务和作出相关决定的程序要求

120. 对提供国家服务的行政程序（行动）的顺序和期限要求的遵守情况的日常监督，应由授权部门的负责人进行，并由公司的授权负责人员对提供国家服务的公司责任人（员工）遵守和执行本行政条例和俄罗斯联邦其他规范性法律文件的情况进行检查。

对提供国家服务的完整性和质量进行定期和不定期检查的程序和周期，包括对提供国家服务的完整性和质量进行监督的程序和形式

121. 对国家服务提供的完整性和质量的监督包括按照既定程序进行定期和不定期的检查，发现并消除对申请人权利的侵犯，审议、作出决定并准备对申请人的投诉做出回应，其中包含对公司负责人员（员工）的行为（不作为）和决定的投诉。

122. 定期检查的频率应由公司总经理或根据其指示由公司负责基本建设的副总经理确定。

在预定的检查进行期间，所有与提供国家服务有关的问题或与实施特定行政程序（行动）有关的问题都可以被审查。

123. 不定期检查是根据公司总经理或公司负责基本建设的副总经理的决定进行的，与核实消除以前发现的违反本行政条例的行为有关，也与申请人对授权部门负责人员（员工）的行为（不作为）的投诉有关。

124. 如有必要，可根据公司总经理或公司负责基本建设的副总经理的决定，成立委员会进行检查。委员会成员可以包括公司所属组织的员工。

125. 应按照第 210 - FZ 号联邦法律第 11.2 条规定的程序，将对申请人提交的投诉的检查结果以及根据检查结果作出的决定通知申请人。

提供国家服务的机构的负责人员对其在提供国家服务过程中作出（实施）的决定和行动（不作为）的责任

126. 授权部门的负责人员（员工）的个人责任应根据俄罗斯联邦立法的要求在

其工作细则中加以规定。

127. 在发现违法行为时，应根据俄罗斯联邦相关法律追究责任人的责任。

对提供国家服务进行监督的程序和形式的要求的规定，包括对公民、公民协会和组织方面的要求

128. 对国家服务提供的监督，包括公民、公民协会和组织的监督，应通过授权部门在提供国家服务时的公开性、收到关于提供国家服务程序的全部相关和可靠信息以及在接受国家服务的过程中对投诉（申诉）进行审查的可能性来实现。

公民、公民协会和组织有权向公司和授权部门提出关于提高国家服务质量的意见和建议。

五、对提供国家服务的机构及其负责人员的决定和行为（或不作为）提起审前申诉（诉讼外）的程序

为当事人提供信息，说明他们有权对国家服务提供过程中的行为（不作为）和/或决定提起审前申诉（诉讼外）

129. 当事人有权对在提供国家服务过程中的行为（不作为）和（或）决定提出审前申诉（诉讼外）（以下简称申诉）。

申请人可以在审前申诉（诉讼外）程序中向国家权力机构、组织和有权审查申诉的人进行申诉

130. 对公司在提供国家服务过程中的行为（不作为）和决定，应根据俄罗斯联邦法律逐级向其上级负责人员进行申诉。

对公司负责人员（员工）的决定和（或）行为（不作为）的投诉可以向公司提出，包括向公司总经理或公司负责基本建设的副总经理提出。

告知申请人与提起和审查申诉程序相关的信息，包括使用统一门户（功能）的信息

131. 与提起和审查申诉程序相关的信息须在统一门户上发布。

应当告知申请人以下提起和审查申诉的程序：

申请人可以通过邮寄或电子邮件提出书面申请，通过邮寄或电子邮件的方式发送；

通过电话或当面提出口头申诉；

通过官方网站；

通过统一门户。

对提供国家服务的机构及其官员的决定和行动（不作为）提起审前申诉（诉讼外）的程序进行规范的规范性法律文件清单

132. 对公司及其负责人员(员工)的决定和行动(不作为)提起的审前申诉(诉讼外),根据以下规定进行:

第 210 – FZ 号联邦法律;

俄罗斯联邦政府 2012 年 8 月 16 日第 840 号决议《关于对联邦权力执行机构及其工作人员、联邦公务员、俄罗斯联邦国家非预算基金官员、根据联邦法律有权在既定活动领域提供国家服务的国有企业及其工作人员以及〈提供国家和市政服务组织法〉第 16 条第 1.1 款规定的组织及其工作人员和国家和市政服务多功能中心及其工作人员的行为(不作为)和决定提起和审查申诉的程序的规定》(《俄罗斯联邦法律汇编》,2012 年第 35 号第 4829 条;2018 年第 25 号第 3696 条);

俄罗斯联邦政府 2012 年 11 月 20 日第 1198 号决议《关于确保对提供国家和市政服务时的决定和行为(不作为)进行审前申诉(诉讼外)的联邦国家信息系统的规定》(《俄罗斯联邦法律汇编》,2012 年第 48 号第 6706 条;2018 年第 49 号第 7600 条)。

(附录编者略)

《俄罗斯联邦交通部关于客运、特殊品、危险品、固体城市废物的铁路运输车辆配备格洛纳斯系统或格洛纳斯系统/GPS 卫星导航设备的命令》

《俄罗斯联邦交通部关于客运、特殊品、危险品、固体城市废物的铁路运输车辆配备格洛纳斯系统或格洛纳斯系统/GPS 卫星导航设备的命令》

（俄罗斯联邦交通部 2020 年 7 月 10 日第 237 号命令）

根据俄罗斯联邦政府 2008 年 8 月 25 日第 641 号决议《俄罗斯联邦政府关于为运输、技术设备和系统配备格洛纳斯系统或格洛纳斯系统/GPS 卫星导航设备的决议》第 1 条 d 项和第 2 条，以及由俄罗斯联邦政府 2004 年 7 月 30 日第 395 号决议批准的《俄罗斯联邦交通部条例》第 1 条（《俄罗斯联邦法律汇编》，2004 年第 32 号第 3342 条；2019 年第 1 号第 10 条）规定作出以下命令：

1. 批准附录中应当配备格洛纳斯系统或格洛纳斯系统/GPS 卫星导航设备且用于客运、特殊品、危险品、固体城市废物运输的铁路车辆类型。

2. 确认俄罗斯交通部 2012 年 1 月 11 日第 2 号命令《关于批准应当配备格洛纳斯系统或格洛纳斯系统/GPS 卫星导航设备用于客运、特殊品和危险品运输的铁路运输车辆类型的命令》（俄罗斯司法部 2012 年 4 月 12 日注册，注册编号 23809）无效。

3. 本命令自 2021 年 1 月 1 日起生效，有效期至 2027 年 1 月 1 日。

迪特里希部长

俄罗斯联邦交通部 2020 年 7 月 10 日第 237 号令批准

附录：

应配备格洛纳斯系统或格洛纳斯系统/GPS 卫星导航设备且用于客运、特殊品、危险品、固体城市废物运输的铁路车辆类型如下：

1. 用于客运、危险品、固体城市废物运输的机车。①
2. 多单元机车车辆的头车。②
3. 机车牵引乘用车。

① 海关联盟《关于轨道车辆的技术法规》第 4 条第 37 款“关于铁路机车车辆安全”的规定，由海关联盟委员会 2011 年 7 月 15 日第 710 号决议批准，经海关联盟委员会 2011 年 12 月 9 日第 859 号决议修订。（海关联盟委员会官方网站 http://www. tsouz. ru，2011 年 8 月 2 日；海关联盟委员会官方网站 http://www. tsouz. ru，2011 年 12 月 12 日）2014 年 5 月 29 日《欧亚经济联盟条约》（2014 年 10 月 3 日第 279 号《关于批准欧亚经济联盟条约》的联邦法律批准），对俄罗斯联邦具有约束力。以下简称 TPTC001/2001。

② TPTC001/2001 第 4 条第 37 款。

《俄罗斯联邦交通部关于客运、特殊品、危险品、固体城市废物的公路运输车辆配备格洛纳斯系统或格洛纳斯系统/GPS卫星导航设备的命令》

《俄罗斯联邦交通部关于客运、特殊品、危险品、固体城市废物的公路运输车辆配备格洛纳斯系统或格洛纳斯系统/GPS 卫星导航设备的命令》

（俄罗斯联邦交通部 2020 年 10 月 7 日第 413 号命令）

根据俄罗斯联邦政府 2008 年 8 月 25 日第 641 号决议《俄罗斯联邦政府关于为运输、技术设备和系统配备格洛纳斯系统或格洛纳斯系统/GPS 卫星导航设备的决议》第 1 条 d 项和第 2 条，以及由俄罗斯联邦政府 2004 年 7 月 30 日第 395 号决议批准的《俄罗斯联邦交通部条例》第 1 条（《俄罗斯联邦法律汇编》，2004 年第 32 号第 3342 条；2019 年第 1 号第 10 条）规定作出以下命令：

1. 批准附录中应当配备格洛纳斯系统或格洛纳斯系统/GPS 卫星导航设备的用于客运、特殊品、危险品、固体城市废物运输的机动车辆的类型。

2. 本命令自 2021 年 1 月 1 日起生效，有效期至 2027 年 1 月 1 日。

部长

S. 阿拉菲诺夫

2020 年 11 月 12 日于俄罗斯联邦司法部注册，注册号第 60892 号

2020 年 10 月 7 日由俄罗斯联邦司法部第 413 号命令批准

附录：

应当配备格洛纳斯系统或格洛纳斯系统/GPS 卫星导航设备的用于客运、特殊品、危险品、固体城市废物运输的机动车辆的类型

一、用于客运的机动车辆

1. M2 类车辆

2. M3 类车辆①

二、用于运输危险品的公路车辆

1. EX/Ⅱ或 EX/Ⅲ类车辆

2. FL 类车辆

3. AT 类车辆

4. MEMU 类车辆②

三、用于运输固体城市废物的公路车辆

1. N1 类车辆

2. N2 类车辆

3. N3 类车辆③

---

① 海关联盟关于轮式车辆的技术法规《关于轮式车辆安全》附件中第 1.1 项，由海关联盟委员会 2011 年 12 月 9 日第 877 号决议批准。（海关联盟官方网站 http://www.tsouz.ru/，2011 年 12 月 15 日）2014 年 5 月 29 日《欧亚经济联盟条约》（2014 年 10 月 3 日第 279 号联邦法律《关于批准欧亚经济联盟条约》批准），对俄罗斯联邦具有约束力。

② 1957 年 9 月 30 日《欧洲国际道路运输危险货物协定》第 9.1.1.2 款（联合国欧洲经济委员会官方网站 http://www.unece.org），1994 年 2 月 3 日俄罗斯联邦政府第 76 号决议《关于俄罗斯联邦加入〈欧洲国际道路运输危险货物协定〉的决议》（《俄罗斯联邦法律汇编》，1994 年第 7 号第 508 条），1994 年 4 月 28 日对俄罗斯联邦生效。

③ 海关联盟关于轮式车辆的技术法规《关于轮式车辆安全》附件中第 1.1 项，由海关联盟委员会 2011 年 12 月 9 日第 877 号决议批准。（海关联盟官方网站 http://www.tsouz.ru/，2011 年 12 月 15 日）2014 年 5 月 29 日《欧亚经济联盟条约》（2014 年 10 月 3 日第 279 号联邦法律《关于批准欧亚经济联盟条约》批准），对俄罗斯联邦具有约束力。

《俄罗斯联邦交通部关于为空中导航服务、航空航天搜索和救援技术设备和系统配备格洛纳斯系统或格洛纳斯系统/GPS 卫星导航设备的命令》

《俄罗斯联邦交通部关于为空中导航服务、航空航天搜索和救援技术设备和系统配备格洛纳斯系统或格洛纳斯系统/GPS 卫星导航设备的命令》

（俄罗斯联邦交通部 2010 年 2 月 1 日第 23 号命令）

根据俄罗斯联邦政府 2008 年 8 月 25 日第 641 号决议《俄罗斯联邦政府关于为运输、技术设备和系统配备格洛纳斯系统或格洛纳斯系统/GPS 卫星导航设备的决议》，并为了提高空中交通服务的安全性以及航空航天搜救组织的效率，作出以下命令。

确定以下设备必须配备格洛纳斯系统或格洛纳斯系统/GPS 卫星导航设备以确保时间同步：

用于空中交通服务的自动化系统（自动化设备综合体、自动化工作站）；

保障飞行、航空电信和目标控制的无线电技术支持系统；

保障飞行和航空电信的无线电技术支持的自动飞行控制系统；

全球卫星导航系统地面功能的辅助设备和系统；

航空航天搜救设备。

部长

I. E. 列维汀

《俄罗斯联邦经济发展部关于用于大地测量和地籍工作并配备格洛纳斯系统或格洛纳斯系统/GPS卫星导航设备的设备类型的命令》

《俄罗斯联邦经济发展部关于用于大地测量和地籍工作并配备格洛纳斯系统或格洛纳斯系统/GPS 卫星导航设备的设备类型的命令》

（俄罗斯联邦经济发展部 2010 年 4 月 1 日第 123 号命令）

根据俄罗斯联邦政府 2008 年 8 月 25 日第 641 号决议《俄罗斯联邦政府关于为运输、技术设备和系统配备格洛纳斯系统或格洛纳斯系统/GPS 卫星导航设备的决议》第 2 条规定，作出以下命令：

1. 根据附录确定用于进行大地测量和地籍工作并配备格洛纳斯系统或格洛纳斯系统/GPS 卫星导航设备的设备类型。

2. 联邦国家登记、地籍和制图局为了满足国家需要，在订购货物、执行工作、分配服务时，应以本命令第 1 项的要求为指导。

3. 本命令由副部长曼尼洛夫监督执行。

部长

E. S. 纳比乌琳娜

2010 年 5 月 13 日于俄罗斯联邦司法部注册，注册号第 17199 号

2010 年 4 月 1 日

附录：

用于进行大地测量和地籍工作并配备格洛纳斯系统或格洛纳斯系统/GPS 卫星导航设备的设备类型：

1. 移动和固定卫星差分大地测量站设备。

2. 为解决格洛纳斯系统人造地球卫星星历支持问题的永久性大地测量网点设备。

3. 地球动力学试验区设备。

4. 计量场所设备。

5. 用于创建和更新导航地图的统一移动系统设备。

6. 设计用于解决地球动力学问题并在使用绝对弹道重力仪在基本天文和大地测量网络的点上工作时确定重力水平和垂直梯度的移动重力测量系统设备。

7. 用于创建和更新数字地形图和导航图的大地测量综合设备。

《俄罗斯联邦通信和大众传媒部关于配备格洛纳斯系统或格洛纳斯系统/GPS 卫星导航设备的技术设备和系统类型的命令》

《俄罗斯联邦通信和大众传媒部关于配备格洛纳斯系统或格洛纳斯系统/GPS卫星导航设备的技术设备和系统类型的命令》

（俄罗斯联邦通信和大众传媒部2011年5月3日第92号命令）

根据2008年8月25日第641号俄罗斯联邦政府决议《俄罗斯联邦政府关于为运输、技术设备和系统配备格洛纳斯系统或格洛纳斯系统/GPS卫星导航设备的决议》第2条规定，并为了执行第5条规定，作出以下命令。

1. 确定以下类型的技术设备和系统将配备格洛纳斯系统或格洛纳斯系统/GPS卫星导航设备：

用于无线数据传输的无线电接入设备；

有线电视广播网络设备；

通过地球静止轨道上的人造地球卫星运行的卫星地面站；

时间网络同步设备；

IMT-MC-450标准的移动无线电话通信网络基站子系统。

2. 将此命令发送给俄罗斯联邦司法部进行国家登记。

部长

晓格列夫

2011年9月20日于俄罗斯联邦司法部注册，注册号第21833号

《俄罗斯联邦航空导航署关于落实俄罗斯联邦政府2008年9月12日第680号决议〈关于修订"全球卫星导航系统"联邦专项计划的决议〉的措施》

《俄罗斯联邦航空导航署关于落实俄罗斯联邦政府2008年9月12日第680号决议〈关于修订"全球卫星导航系统"联邦专项计划的决议〉的措施》*

（俄罗斯联邦航空导航署2008年11月28日第211号命令）

（2009年1月28日修订）

为了落实俄罗斯联邦政府2001年8月20日第587号决议中批准的"全球卫星导航系统"联邦专项计划（在俄罗斯联邦政府2008年9月12日第680号决议《关于修订"全球卫星导航系统"联邦专项计划的决议》中进行了修订），作出以下命令：

1. 俄罗斯联邦航空导航署各位副署长、中央机关各管理局局长、俄罗斯联邦航空导航署各区域机构负责人、俄罗斯联邦航空导航署下辖的联邦国家机构和联邦国有单一制企业的领导人，请以俄罗斯联邦政府2008年9月12日第680号决议《关于修订"全球卫星导航系统"联邦专项计划的决议》为参考和指导文件。

2. 确定由俄罗斯联邦航空导航署副署长萨维茨基（Д. В. Савицкий）对联邦航空导航署各内设机构落实《"全球卫星导航系统"联邦专项计划》（以下简称《计划》）的活动进行总体协调。

3. 2008年12月25日前，俄罗斯联邦航空导航署经济与发展计划管理局要制定一份关于确认落实《计划》措施程序规则的命令草案，并递交俄罗斯联邦航空导航署领导批准。

4. 俄罗斯联邦航空导航署飞行、电信、现代化和认证无线电技术保障管理局联合俄罗斯联邦航空导航署空域使用管理局与俄罗斯联邦航空导航署法律保障和财产关系管理局在2008年12月25日之前组织从俄罗斯联邦航空署接收科学研究和实验开发工作的报告材料。根据俄罗斯联邦政府2008年9月12日第680号决议《关于修订"全球卫星导航系统"联邦专项计划的决议》，俄罗斯联邦航空导航署被

---

* 俄罗斯联邦航空导航署2008年11月28日第211号命令发布，根据俄罗斯联邦航空导航署2009年1月28日第20号决议进行修订。

指定为国家订货商,完成上述工作的经费从2007—2008年度联邦预算中列支。

5. 在为发展航空运输而使用全球导航系统设备(国家投资)的工作框架内,俄罗斯联邦航空导航署法律保障和财产关系管理局与联邦国有单一制企业“俄罗斯国家空中交通集团公司”共同在2009年3月1日之前组织接收依靠2007—2008年度联邦预算拨款购买的设备。根据俄罗斯联邦政府2008年9月12日第680号决议《关于修订“全球卫星导航系统”联邦专项计划的决议》,俄罗斯联邦航空导航署是上述设备的国家订货商。

6. 根据《计划》批准为发展航空运输而使用全球卫星导航系统的科学研究和试验开发工作计划。根据本命令附件1,俄罗斯联邦航空导航署承担完成科学研究和实验开发工作的责任。

7. 根据《计划》批准为航空运输而采用全球卫星导航系统设备(国家投资)的工作计划。根据本命令的附件2,俄罗斯联邦航空导航署承担完成上述工作的责任。

8. 命令俄罗斯联邦航空导航署招标委员会主席别利亚科夫在2009年2月2日之前组织安排旨在开展本命令附件1和附件2所确定活动的采购程序,并在该委员会会议上研究根据现行法律签署国家间合同的问题。

9. 根据本命令附件1和附件2的规定及招标委员会的工作成果,俄罗斯联邦航空导航署法律保障和财产关系管理局联合俄罗斯联邦航空导航署飞行、电信、现代化和认证无线电技术保障管理局与俄罗斯联邦航空导航署空域使用管理局共同起草国家间合同草案。

10. 命令联邦国有单一制企业“俄罗斯国家空中交通集团公司”总经理在2009年2月15日之前起草预算外资金使用计划草案,并提交空中导航部门批准,以执行本命令附件2所规定的工作。

11. 命令联邦国有单一制企业“国家导航学科研所”总经理在2009年2月15日之前起草并向俄罗斯联邦航空导航署提交有关制定规范性法律文件草案的建议。对于按照本命令附件2采用全球导航设备来保障飞行导航而言,这些法律文件是必需的。

12. 我将亲自监督本命令的执行。

俄罗斯联邦航空导航署署长

涅拉季科

(附录编者略)

俄罗斯联邦工业和贸易部

《俄罗斯联邦无线电导航计划(2019)》

《俄罗斯联邦无线电导航计划(2019)》

（俄罗斯联邦工业和贸易部 2019 年 9 月 4 日第 3296 号命令）

1　总　　则

1.1　制订无线电导航计划的背景

现代导航和坐标时间技术对现代国家的经济发展水平及其公民福祉、国际威望以及国防能力有着直接且无可争辩的影响。

俄罗斯联邦独特的地理位置决定了其具有在欧洲国家和北大西洋地区国家之间以及在中亚、东南亚和太平洋地区国家之间开展过境运输业务的巨大潜力。

与地理位置和自然资源一样，运输能力也是俄罗斯联邦的竞争优势之一。运输服务出口是国民生产总值的重要组成部分。

如果没有可靠的导航支持，在采取各类型的运输方式（空运、水运和陆运）时就无法保障其达到所需的安全水平。

实施涉及多种运输方式的国家间多式联运，决定了需要按照国际标准向交通服务的订购商和供应商提供可靠的导航信息。

现代无线电导航系统的复杂性，导航服务订购商、执行者和用户的多样性以及导航服务资源的有限性，都决定了在解决维护、开发和使用无线电导航领域的问题时必须进行协调合作。

开发俄罗斯联邦无线电导航系统的任务超出了部门间关系和地区间关系的范围，需要在国家层面上采取综合措施。

应在国家、独联体以及全球的层面上把俄罗斯联邦无线电导航系统作为一个整体结构的统一部分进行构建和开发。

俄罗斯联邦无线电导航计划（以下简称无线电导航计划）旨在确保协调无线电导航领域的工作和协作。

《关于确定负责维护、开发和使用俄罗斯联邦统一导航时间保障系统及其主要子系统的联邦权力执行机构的部门间决议》是制订无线电导航计划的基础。该部门间决议依照俄罗斯联邦政府 2004 年 10 月 19 日命令执行。

1.2 无线电导航计划的法律地位

无线电导航计划是对俄罗斯联邦无线电导航系统和设备现状及发展前景的概括和官方说明,指明了落实该领域国家政策的方向。

无线电导航计划是在分析国家、国家间以及国际无线电导航领域规范性法律文件和标准技术文件的基础上制定的。

无线电导航计划要考虑2019—2024年独联体成员国无线电导航发展的主要方向(计划)、国际组织(国际民航组织、国际海事组织、国际航标协会、国际电信联盟)在导航领域的要求、全球卫星导航系统国际委员会的建议以及俄罗斯联邦根据国际条约承担的义务。

无线电导航计划是一份旨在保障协调相关联邦权力执行机构、工业企业、科学组织和机构间工作的文件。这些单位主要从事开发和生产无线电导航系统和设备、运行系统和设备、提供导航服务以及基于坐标时间和导航信息资源的服务。

俄罗斯联邦工业和贸易部负责修订、增补该计划,制订、批准该计划的修订版并在媒体上发布。该部与其他相关的联邦权力执行机构、科学组织、工业企业以及科学家和专家公共协会合作制定俄罗斯联邦无线电导航计划。

无线电导航计划为期5年。

该计划将发布在俄罗斯工业和贸易部的官方网站上。

在当前版本计划的有效期内,将对计划的执行情况进行持续分析,并在必要时进行更改和补充。新版本计划中相关的修改和增补将发布在国际导航科技中心股份公司的网站和《导航新闻》杂志上。

1.3 无线电导航计划的目标

制订无线电导航计划旨在通过应用现代化技术和落实既定的技术政策,发展、扩大和完善俄罗斯联邦境内的无线电导航领域。

无线电导航计划的目标是:

——协调无线电导航领域的国家技术政策;

——指定无线电导航系统,这是保障交通工具安全和高效行驶的关键;

——考虑到不同用户群体的利益和需求,确定无线电导航服务行业最有前景的发展方向;

——俄罗斯联邦导航服务开发商和用户之间的信息交互;

——使外国用户了解使用俄罗斯联邦现有和未来的无线电导航系统和设备的可行性。

1.4 无线电导航计划的任务

该计划的实施将确保完成以下任务：

——确保在太空（俄罗斯联邦境内以及全球范围内）以及俄罗斯联邦领空和沿海水域有效地形成、维持和拓展无线电导航领域；

——保障交通安全并提高运输系统的效率；

——维护和强化国家安全；

——提高使用独联体成员国地基与星基无线电导航系统和设备以及国家间联合系统的经济效益；

——考虑到不同用户群体的利益和需求以及俄罗斯联邦在这一领域的国家政策，提升本国无线电导航服务的竞争力；

——在开发、运营以及现代化改造国内外无线电导航系统的过程中确保其兼容性和整合性；

——完善（改进）坐标时间和导航保障设施，将其运行特性提高至世界上最优秀同类系统的水平；

——制定和落实既定的要求，为空中、海上、陆地和其他用户提供无线电导航保障，确认无线电导航系统和设备质量合格并开展相关认证工作；

——完善坐标时间和导航保障领域的规范性法律与技术标准，确保术语统一；

——改善俄罗斯联邦国内和国外导航服务开发人员与用户之间的信息交互；

——向俄罗斯联邦、国际社会和国际组织中不同的坐标时间和导航服务用户群体通报国家在使用现有和未来俄罗斯联邦无线电导航系统和设备方面的主要政策方向，国际联合系统的技术状态、功能和规划使用期限，以及无线电导航领域国际合作的方向；

——使外国开发商和用户了解使用俄罗斯联邦现有和正在开发的无线电导航系统和设备的可能性；

——提高俄罗斯联邦导航保障专业人才的职业水平和培训质量。

1.5 无线电导航计划的应用领域

无线电导航计划的应用领域覆盖在俄罗斯联邦境内使用的现有无线电导航系统以及民用和军民两用设备。

无线电导航计划不涉及惯性导航系统以及执行雷达测量或通信功能的无线电技术系统。特别是，该计划不包括自动识别系统和相关自动监测系统，但包括这些系统所依赖的导航系统。

无线电导航计划中关注的无线电导航系统主要分为以下几类。

(1)全球卫星导航系统及其增强系统。

(2)地基无线电导航系统:

——远距无线电导航系统;

——近距无线电导航系统;

——着陆系统和无线电信标。

在研究无线电导航系统时,该计划重点考虑到:

——技术规格;

——运行特性;

——组织特点和法律问题;

——开发和生产状况;

——用户无线电导航系统和导航设备的可使用性。

系统的精度、完好性、工作区域、可用性和运作连续性是主要的技术参数。要注意频谱的使用问题以及一些特定参数(例如抗干扰性能),这些参数不仅适用于军事系统,而且会影响民用系统的可用性和连续性。

1.6 无线电导航计划的内容

计划包括:

——使用无线电导航系统解决的任务;

——所有用户群体对无线电导航系统的要求;

——在用的和未来的无线电导航系统的基本性能;

——提高现有无线电导航系统使用效率的主要方向,其技术发展和改进的途径;

——无线电导航系统领域国际合作的主要方向;

——落实该计划的预期效果。

1.7 法律框架和文件

制订无线电导航计划时考虑到了以下立法和权力执行机构的文件,这些文件确定了坐标时间和导航保障领域内国家政策的基础:

——1993 年 8 月 20 日第 5663 – 1 号联邦法律《俄罗斯联邦航天活动法》(经修订和增补);

——2015 年 12 月 30 日第 431 号联邦法律《俄罗斯联邦大地测量、制图和空间数据法以及俄罗斯联邦某些决议修正案》;

——2003年7月7日第126号联邦法律《俄罗斯联邦通讯法》(经修订和增补);

——2009年2月14日第22号联邦法律《俄罗斯联邦导航活动法》(经修订和增补);

——2014年4月2日第60号联邦法律《〈俄罗斯联邦通讯法〉和〈俄罗斯联邦导航活动法〉修正案》;

——2008年6月26日第102号联邦法律《俄罗斯联邦保证计量统一法》;

——2011年6月3日第107号联邦法律《俄罗斯联邦时间计算法》;

——俄罗斯联邦总统2007年5月17日第638号命令《关于为俄罗斯联邦社会经济发展而使用格洛纳斯全球卫星导航系统的命令》;

——俄罗斯联邦总统2013年4月19日第906号指令《俄罗斯联邦2030年前及远期航天活动领域国家政策基础的基本原则》;

——俄罗斯联邦总统2014年1月14日第51号指令《2030年前使用航天活动成果服务俄罗斯联邦经济现代化及其区域发展国家政策总则》;

——俄罗斯联邦总统1999年2月18日第38号指令《关于将格洛纳斯全球卫星导航系统划归为军民两用航天技术的指令》;

——俄罗斯联邦总统2006年1月18日第440号指令,该指令旨在保障格洛纳斯系统在俄罗斯和全球范围内的应用,并将其性能提升至确保在世界市场上具有竞争力的水平;

——俄罗斯联邦总统2006年4月19日第1242号指令,该指令旨在确保大规模生产用户在工业生产的准备和重建中使用导航设备提供国家扶持,促进导航服务大众市场的发展;

——俄罗斯联邦政府1995年3月7日第237号决议《关于开展民用用户使用格洛纳斯全球卫星导航系统工作的决议》;

——俄罗斯联邦政府2008年4月30日第323号决议《关于批准联邦权力执行机构在为保障俄罗斯国防和国家安全、推动俄罗斯联邦社会经济发展、扩大国际合作和科学应用而维护、开发和使用格洛纳斯全球卫星导航系统领域职权的条例》;

——俄罗斯联邦政府2008年8月25日第641号决议《俄罗斯联邦政府关于为运输、技术设备和系统配备格洛纳斯系统或格洛纳斯系统/GPS卫星导航设备的决议》;

——俄罗斯联邦政府2009年7月1日第549号决议《俄罗斯联邦政府关于导

航活动领域的联邦网络运营商的决议》；

——俄罗斯联邦政府2009年7月22日第601号决议《关于修改联邦权力执行机构在为保障俄罗斯国防和国家安全、推动俄罗斯联邦社会经济发展、扩大国际合作和科学应用而维护、开发和使用格洛纳斯全球卫星导航系统领域职权的条例》；

——俄罗斯联邦政府2009年9月10日第720号决议《轮式车辆的安全技术规程》；

——俄罗斯联邦政府2016年11月26日第1240号决议《关于建立国家坐标系、国家高程系统以及国家重力系统的决议》；

——俄罗斯联邦政府2011年12月21日第1049—34号决议《关于批准俄罗斯联邦无线电业务部门间频段分配表的决议》；

——俄罗斯联邦政府2017年4月15日第451—16号决议《关于批准通过无线电电子手段预先使用无线电频谱计划的决议》；

——俄罗斯联邦政府2001年3月23日第225号决议《俄罗斯国家授时、授频及地球自转参数测定条例》（于2018年11月20日修订）；

——俄罗斯联邦政府2017年7月6日第804号决议《关于修改为保障国家和市政需求而购买并对其设置购买限制和条件的某些外国生产无线电电子产品的种类清单的决议》；

——俄罗斯联邦政府2018年4月17日第685号指令《关于批准国际电信联盟无线电规则的指令》；

——俄罗斯联邦政府2016年3月23日第230号决议批准的《2016—2025年俄罗斯联邦航天计划》；

——俄罗斯联邦政府2012年3月3日第189号决议批准的联邦专项计划《2012—2020年格洛纳斯系统的维护、开发和使用》；

——联邦专项计划《俄罗斯交通运输系统的发展（2010—2021年）》（根据俄罗斯联邦政府2017年2月8日第155号决议进行修订）；

——联邦专项计划《俄罗斯联邦统一空中交通管理系统的现代化（2009—2020年）》，该计划由俄罗斯联邦政府2008年9月1日第652号决议批准，并根据俄罗斯联邦政府2016年4月26日第357号决议《关于修改（修订）联邦专项计划〈俄罗斯联邦统一空中交通管理系统的现代化（2009—2020年）〉》进行了修订；

——联邦专项计划《发展统一的国家不动产产权登记和地籍注册系统（2014—2020年）》（根据俄罗斯联邦政府2018年12月21日第1622号决议进行了修订）；

——经俄罗斯联邦政府2008年11月22日第1734号指令批准并根据俄罗斯联邦政府2018年5月12日第893号指令修订的《俄罗斯联邦2030年前运输战略》；

——俄罗斯联邦政府2011年12月21日第1049—34号决议批准的《俄罗斯联邦无线电业务部门间频段分配表》；

——俄罗斯联邦交通部2010年3月9日第55号命令《确定应安装格洛纳斯系统或格洛纳斯/GPS卫星导航设备的运送乘客和危险物品的车型清单》；

——俄罗斯联邦交通部2012年2月13日第35号命令《为民用飞机配备格洛纳斯系统或格洛纳斯/GPS卫星导航设备的命令》；

——俄罗斯联邦政府批准的《创建和开发俄罗斯空中导航系统的构想》；

——俄罗斯联邦总统下属的经济现代化与技术发展委员会2009年10月28日第5号会议纪要；

——《关于确定负责维护、开发和使用俄罗斯联邦统一导航时间保障系统及其主要子系统的联邦权力执行机构的部门间决议》，俄罗斯联邦政府2004年10月19日批准。

2　用户对无线电导航系统的需求

2.1　使用无线电导航系统完成的任务

完成导航任务和确定物体时空位置的任务不仅成为个人生命活动过程中的日常功能，也成为运行复杂运输系统和城市经济系统、环境监测、地球和近地空间的航天研究以及在开采矿藏、铺设管道、建筑业、农业和许多其他经济领域中运用大地测量学、制图学和遥感技术等过程中的日常功能。

总地来说，无线电导航系统的性能在很大程度上取决于无线电导航系统中包含的坐标时间、频率时间、无线电技术、光学以及其他测量仪器的性能。考虑到这些测量仪器的应用范围，必须要解决保证测量统一性的问题。

政府机构、部门和其他用户实施的坐标时间和导航保障可以实现以下目标：

——经济、科学、技术、社会、信息和环境领域的国家安全；

——交通安全，特别是客运车辆的安全以及运输特殊品和危险品、海关监管货物过程中的交通安全；

——不同用途飞机和航天器的飞行安全；

——海上和内河运输的航行安全；

——协调国际运输走廊的过境运输；

——保证用户可以访问无线电导航系统生成的信息，有预先约定的特别条件除外。

依据与国家的法律关系的不同，导航和坐标时间信息的用户通常可以分为三类：

（1）国防部、内务部、紧急情况部、联邦安全委员会以及其他部门的特殊用户，其活动由特别立法和法律条例规定。

（2）其活动与保障生命安全和其他类型国家安全有关的民用客户。此类用户的坐标时间和导航保障及保障的性能受俄罗斯和国际法律规范的管制，并受有关国家机构和部门的监督。通常，此类用户的导航设备必须接受强制性的基本导航性能认证。

（3）民用客户使用坐标时间和导航保障来保障商业活动和个人活动的，其不存在造成导航活动受破坏和损失的危险。对于此类用户，国家仅管理信息安全问题。

实施坐标时间和导航保障旨在使用户获得其所需的有关时空状态、客体与过程之间关系的全部数据，这些客体和过程是用户在解决问题或实现时空限定的目标时所利用或考虑到的。

客体的时空状态用以下一组参数来描述：

——客体或是被记录特性的过程在用户所需坐标系（参考系）中的绝对和相对坐标、时间、速度和加速度；

——客体在用户所需坐标系中的角位置及其改变的速度；

——客体时间标尺相互同步，并与俄罗斯联邦协调时间连接。

客体和过程的时空关系用参数和函数的组合来说明，具体描述为：

——在给定的时间间隔内预测的客体时空状态参数；

——过程发展的时空动态；

——客体的相对位置和运动，客体相对定向或有限的时空函数或者相关用户管理和监测系统范围内指定区域进行的移动；

——追踪和记录违反指定时空条件的事例和时刻；等等。

俄罗斯联邦现有的和正在开发的无线电导航系统应当满足所有用户群体对坐标时间和导航保障的需求。

从构成看，借助俄罗斯联邦无线电导航系统完成的任务包括移动目标的导航、大地测量和同步以及一些特殊任务（见图 2.1）。

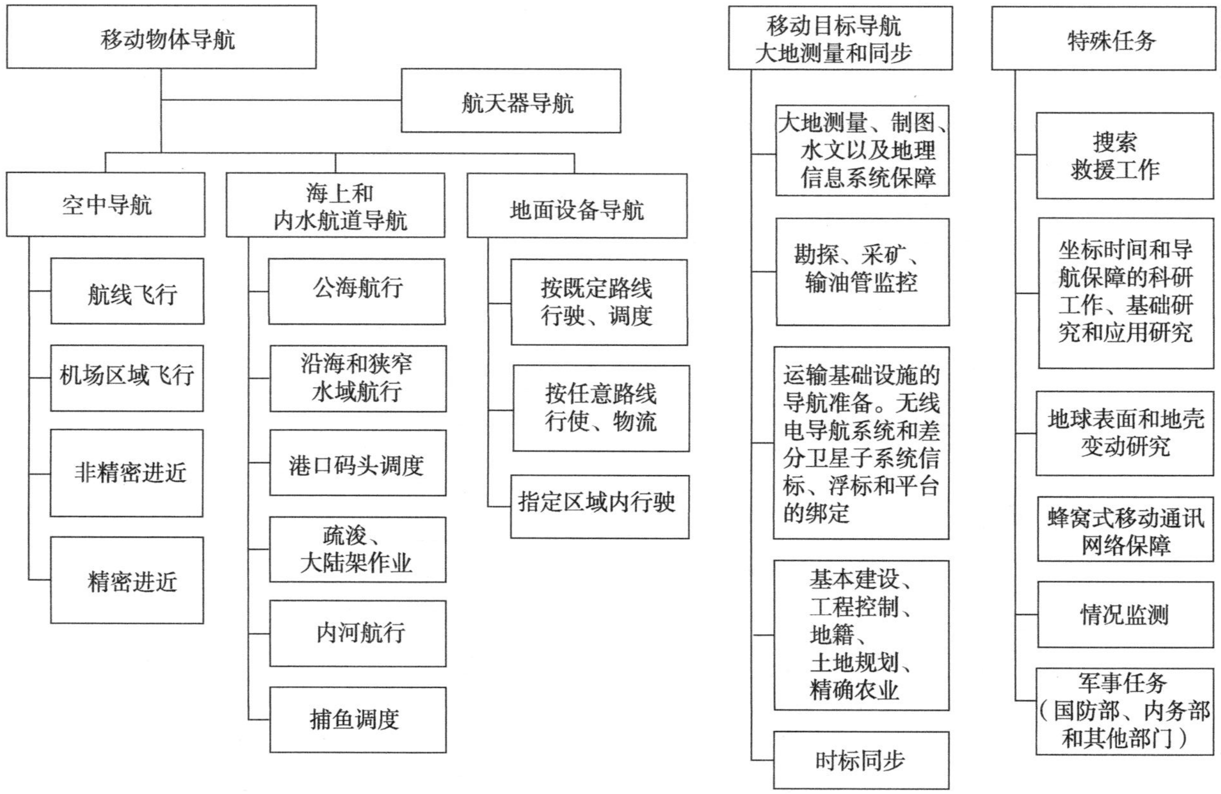

图2.1　无线电导航系统完成的任务

移动目标的导航分为以下特定领域：

——航天器的导航和制导；

——空中导航；

——海上和内水航道导航；

——地面设备的导航。

涉及航天器的导航任务为：确定航天器相对于其他航天器和空间物体的位置，对作为质点的航天器活动情况进行预测。

空中（航空）导航的主要任务是：在既定时间内，为运动物体抵达既定点或空间区域选择最优轨迹（综合考虑当前条件）。此任务的完成方式取决于飞机（飞行器）的飞行阶段，其中最重要的是：

——沿航线飞行阶段；

——机场区域飞行阶段；

——分类及未分类的进场着陆阶段。

海上和内水航线导航的目的是：确保在一天中的任何时间、各种水文气象条件下以最优航线确保船舶安全航行，包括以下特定任务：

——在公海水域航行；

——在沿海和航道狭窄区航行；

——在港口港湾机动；

——在内水航道航行；

——进行捕捞、近海作业、海上挖泥作业等。

根据用户现有不同需求，地面交通工具导航可通过以下三种基本方式实现：

——按照既定路线行进；

——在既定区域内行进；

——按任意路线行进。

对固定目标的大地测量基于以下目的：

——大地测量学、制图学、水文学和地理信息系统保障；

——地质勘探、采矿作业和输油管道监控；

——交通运输基础设施工程的航行准备；

——定位灯塔、导航浮标、平台和基准导航站；

——基础建设，沉降控制、地籍测量、土地管理和精准农业。

使用导航系统保障执行的特殊任务包括：

——搜救行动；
——坐标时间和导航保障的科学研究、基础研究和应用研究；
——对地球表面和地壳构造位移进行研究；
——为蜂窝通信系统提供保障；
——对环境进行监测；
——完成军事任务和特种行动。

2.2　用户对无线电导航系统参数的要求

用户对无线电导航系统主要参数的要求包括：
——无线电导航系统工作区范围；
——位置定位（测量）的精度；
——目标时间标度同步的准确性；
——无线电导航系统的可用性；
——无线电导航系统的完好性；
——无线电导航系统服务（功能）的连续性；
——定位的不连续性；
——无线电导航系统通信能力。

对工作区范围的要求：

工作区（覆盖区域）指导航系统允许用户在其中测定位置、测量既定速度和既定时间的空间区域（闭合表面）。

交通流量增加，现代交通工具运行边界扩大，速度、高度和航程路线（航线）的增加，对导航保障提出了越来越高的要求。为满足用户需求，需要在地球上任何一点或近地空间中任何位置（全球工作区内）为精准定位创造条件。

定位精度的要求：

定位精度是指在使用导航系统确定（测量）的用户位置与其当前真实位置的对应程度。

定位精度（坐标测量）的特征在于所测量坐标与真实坐标（控制点坐标）的偏差。精度的衡量标准在于坐标测量的误差。

目标定位精度的要求取决于用户完成任务的性质。定位精度的数值范围从几分米到几千米不等。

测定时间（同步）精度要求：

测定时间（同步）精度的特征在于无线电导航系统对目标的时间标度和标准标

度之间的校准偏差。同步精度的要求取决于用户完成任务的性质。所需精度的数值范围从几秒到几纳秒不等。

无线电导航系统的可用性要求:

可用性(运行状态)指在既定时间和特定区域内无线电导航系统保障导航定位的能力。

无线电导航系统的可用性特征是指用户在工作区域一定时间内收到精确的、可靠的导航和时间信息。

可用性的要求因使用的交通工具及用户完成的任务而异。

可用性的最高标准应当用于保证以下情况的安全:飞机飞行及海上和内水船只航行时;靠岸或按照国际民用航空组织的(各类)着陆条件着陆时;在港口机动及在内水航道行驶时。

无线电导航系统的完好性要求:

无线电导航系统的完好性指当所有导航信号均无法用于预期用途时,及时向用户发送准确的预警信息。完好性的特征在于用户收到预警信息的准确性和时间间隔。这类预警信息用于警告导航信号已经失真,且此数据不能用于保障导航安全。

海洋、河流和陆地用户的速度较慢、允许的信息时间间隔较长,同空中用户相比,其对无线电导航系统的完好性要求较低。

无线电导航系统服务(功能)的连续性要求:

服务(功能)连续性指在既定时间间隔内,导航系统向用户提供无故障、无中断导航服务的能力。其特征在于是否能够提供服务。

定位的离散度要求:

定位的离散度特征在于使用同一或相同类型的无线电导航系统进行再次定位的时间间隔。

无线电导航系统通信能力要求:

通信能力的特征在于无线电导航系统能够同时对用户提供服务的用户数量。

由于及时接收导航信息对确保安全航行和飞行非常重要,无线电导航各系统的通信应该是连续的,连续性、服务的可靠性应符合设定值。

2.3　航空用户的要求

飞机的飞行过程主要包括以下几个主要阶段:

——从飞机停放处滑行至起飞点;

——起飞并抵达路线(航线)起点;

——沿航线飞行;

——在机场区域内飞行(终端区飞行);

——未按条件(不准确)进场着陆;

——按国际民用航空组织的着陆条件进场着陆;

——降落并滑行至飞机停放处。

每个阶段对导航保障的要求都不同。根据飞机航线,确定以下地区(区域)类别:

——海洋(无地标地区);

——内陆航线(地区航线);

——执行特殊任务区域。

空中航行精度要求不仅能够为拥有导航无线电信标的航线提供导航,还能为无信标航线提供导航。

飞机的进场和着陆是飞行最重要和最关键阶段之一。

国际民用航空组织制定的着陆条件基于着陆系统仪器使用数据,在该着陆条件下,航空用户对于定位(坐标测量)精度的要求见表2.1。

表2.1　航空用户在进场和着陆时的要求

着陆等级	进行检查时距跑道上空高度(米)	精度要求(标准偏差)(米)	
		水平面上	垂面上
Ⅰ	30.0	4.5—8.5	1.5—2.0
Ⅱ	15.0	2.3—2.6	0.7—0.85
Ⅲ	2.4	2.0	0.2—0.3

目前在民用航空航线和机场区域操作中,逐渐从基于必要的导航性能(根据国际民用航空组织方案)的要求,向基于性能的导航要求过渡。基于性能的导航(PBN)是区域导航(RNAV)和所需导航性能(RNP)的总称。

在使用不同类别的区域导航(RNAV)时,在忽略95%时间内的飞行员操作误差的情况下,这时可认为是2倍标准偏差(相应的置信概率P=95%),确定飞机位置时使用以下精度:

——RNAV10表示飞机在距离航线10海里或者18.5公里范围内,无地面控制(标准偏差=9.25公里);

——RNAV5 表示飞机在距离航线 5 海里或者 9.25 公里范围内，在雷达监控范围内（标准偏差 =4.62 公里）；

——RNAV2 表示飞机在距离航线 2 海里或者 3.7 公里范围内，在雷达监控范围内（标准偏差 =1.85 公里）；

——RNAV1 表示飞机在距离航线 1 海里或者 1.85 公里范围内，在雷达监控范围内（标准偏差 =0.92 公里）。

表 2.2 和表 2.3 反映了对导航保障的要求。这种导航保障根据《国际民航组织修订全球卫星导航系统标准和建议措施》第 1 卷，附录 10（2010 年 11 月 18 日起实施），通过卫星导航系统及其增强系统完成与飞行各个阶段有关的操作来实现。

系统（见表 2.2 和表 2.3）的参数特征如下：

——精度指系统以 95% 的置信概率控制飞机沿飞行图上各点飞行，并保持在系统总误差范围内的能力；

——完好性指与整个系统发布的信息正确性有关的信任措施；

——完好性包括系统向用户提供及时合理的警告（警报）的能力；

——警报指对飞机系统发出指示或对飞行员发出警告，警告其导航系统参数已超出容许偏差；

——警报阈值指设定测量参数，超出该参数将会引起警报；

——警报延迟（告警前时间）指从系统超过允许阈值到触发警报为止所允许的最长时间；

——服务的连续性指系统在执行预期操作过程中不间断运行的能力；

——运行准备指系统在预期操作开始时完成其功能的能力。

表 2.2　对空间导航信号特性的要求

典型操作	水平精度[1-3]，2 个标准偏差/标准偏差，米	垂直精度[1-3]，2 个标准偏差/标准偏差，米	完整度[2]	告警时间[3]，秒	不间断性	运行状态
在航线上	3700/1850	未指定	$(1-10^{-7})$ 每小时	300	$(1-10^{-4})$ 至 $(1-10^{-8})$ 每小时	0.99 至 0.99999

续表

典型操作	水平精度[1-3]，2个标准偏差/标准偏差，米	垂直精度[1-3]，2个标准偏差/标准偏差，米	完整度[2]	告警时间[3]，秒	不间断性	运行状态
在航线上及在机场上空区域	740/370	未指定	$(1—10^{-7})$ 每小时	15	$(1—10^{-4})$至 $(1—10^{-8})$ 每小时	0.99至0.99999
进场起始阶段，中间进场，非精密进近，起飞阶段	220/110	未指定	$(1—10^{-7})$ 每小时	10	$(1—10^{-4})$至 $(1—10^{-8})$ 每小时	0.99至0.99999
一类垂直引导进近（APV—Ⅰ）	16/8	20/10	$1—2*10^{-7}$ 进场	10	$1—8*10^{-6}$ 每15秒	0.99至0.99999
二类垂直引导进近（APV—Ⅱ）	16/8	8/4	$1—2*10^{-7}$ 进场	6	$1—8*10^{-6}$ 每15秒	0.99至0.99999
Ⅰ类准确进场	16/8	(6-4)/(3-2)	$1—2*10^{-7}$ 进场	6	$1—8*10^{-6}$ 每15秒	0.99至0.99999

备注：

1. 为在跑道入口最低高度执行既定操作，需要通过全球卫星导航系统测量定位误差值（测量坐标），这里为2倍标准偏差。详细要求已经增列入国际民航组织标准和建议措施，指导性材料参见国际民航组织标准和建议措施附录D第3.2节。

2. 对完好性要求的定义包括警报阈值，通过警报阈值可以对完好性进行评估。对于Ⅰ类准确进场而言，垂直方向上的限制范围与垂直平面上的误差范围有关，并取决于系统控制设备的特性。警报阈值见表2.3。

3. 对精度和警报延迟的要求包括故障安全接收器的额定工作性能。

在初始进场阶段和不准确进场阶段，飞机在沿航线飞行和在机场上空区域飞行时，对于连续性的要求主要取决于以下几个因素：预期的操作、空中交通密度、空域复杂度和其他导航备用工具的运行准备，此要求由数值范围表示。较低值表示对空中交通低密度区域和空域结构简单区域的要求较低。较高值表示交通繁忙区域和空域结构复杂区域（国际民航组织标准和建议措施附录D第3.4节）。

表 2.3　完好性监控的警报阈值

典型操作	警报阈值(米)	
	水平	垂直
在海洋或大陆上空等交通低密度区的航线上	7400	未指定
在大陆上空航线上	3700	未指定
在机场上空区域航线上	1850	未指定
(NPA)	556	未指定
(APV—Ⅰ)	40	50
(APV—Ⅱ)	40	20
Ⅰ类准确进场	40	15 至 10

为满足运行状态的要求设置了范围值,因为这些要求取决于影响运行的多个因素,其中包括完成操作的频率、天气条件、故障规模和持续时间、导航备用设备的运行准备状态、雷达覆盖范围、空中交通强度和运行流程的可逆性。要求较低的值对应最低的运行准备,在这种情况下全球卫星导航系统在实际中使用,但不能完全取代其他导航设备(非全球卫星导航系统)。而要求较高的值对应将全球卫星导航系统作为某区域内唯一的导航手段的导航路线。较高的起飞和着陆值能够满足高流量机场的运行准备要求,且几条跑道上的着陆和起飞操作相互联系,但是使用单独的运行程序可以保证操作的安全性(国际民航组织标准和建议措施附录 D 第 3.5 节)。为了准确进场,设置了Ⅰ类范围值。4.0 米的值由仪表着陆系统的技术要求确定,并且是这些要求的保守版本(国际民航组织标准和建议措施附录 D 第 3.2.7 节)。APV—Ⅰ和 APV—Ⅱ属于两种不同级别的垂直引导进场和着陆,但这并不意味着必须进行强制性使用。在完成Ⅱ类和Ⅲ类准确进场时对全球卫星导航系统特性的要求目前正在审核中,将在以后介绍。

2.4　海上用户的要求

在海上交通运输中,对以下航行阶段进行了定义[2011 年 11 月 30 日国际海事组织第 1046(27)号决议]:

——远洋航行。

——在港口、通往港口和沿海地区航行。

海上用户对无线电导航系统的定位精度、可用性和完好性的国际要求由国际海事组织确定,根据船舶航行区域,在 2001 年 11 月 29 日第 A.915(22)号决议、

2011 年 11 月 30 日第 A. 1046(27)号决议中对航行速度不超过 70 节的船舶进行了规定性要求。

海上用户对无线电导航系统的要求依据航行区域而定。在远洋航行中需要保障的性能如下:

——坐标定位(测量)误差不超过 100 米,置信概率 P = 0. 95(标准偏差 = 50 米);

——可用性在 30 天内不低于 99. 8%;

——定位坐标频率至少为每 2 秒一次。

在港口、通往港口和沿海地区航行需要保障的性能如下:

——坐标定位(测量)误差不超过 10 米,置信概率 P = 0. 95(标准偏差 = 50 米);

——定位坐标频率至少为每 2 秒一次,当船舶的电子定位系统向自动识别系统设备发射坐标时,坐标的发射频率应为每 2 秒一次;

——坐标的解析度不低于 WGS—84(世界大地测量系统,1984 年版)坐标系中万分之一角分[国际海事组织海上安全委员会第 74(69)号决议,国际海事组织决议海上安全委员会第 113(73)号决议];

——差分校正值应至少每 30 秒更新一次;

——可用性不低于 99. 8%;

——系统功能连续性在 15 分钟内不低于 99. 97%;

——警告用户有关系统故障信息(可用性和/或连续性)时间不超过 10 秒。

根据国际海事组织海上安全委员会第 112 号、第 113 号、第 115 号决议,在海洋和沿海区域航行,以及在港口航行和进近港口时,坐标点数据更新速率应至少为每 1 秒一次。对于高速船舶建议定位离散度为 0. 5 秒,系统完好性指数应大于 10 秒。

对海上用户的上述要求进行分析表明,可以使用现有的格洛纳斯系统和 GPS 在最大限度上满足其需求,该系统具有功能强大的差分卫星子系统和具有发展前景的全球卫星导航系统。基于此,2001 年 11 月第 22 届国际海事组织大会批准了对未来全球卫星导航系统的要求,这些要求在第 A. 915(22)号决议《修订后的未来全球卫星导航系统的海事政策规定和要求》中进行了规定。

该决议附件规定 2010 年后获取导航信息的准确性和可靠性指标要求。

根据该文件规定,整个海洋的精度要求应提高至 10 米(P = 0. 95),港口水域的精度要求应提高至 1 米(P = 0. 95)。对于某些海上活动(水文工作、铺设水下管道等),则有必要将精度提高至1米(P=0.95),在自动进坞情况下甚至可达十分之一米(2倍标准偏差=0.1米)。随着对准确性的要求越来越严格,对获取信息的可靠性指标要求也越来越高:

——完好性为10秒;

——关于违反系统完好性的预警信号标识为0.25米—25米;

——可用性为99.8%—99.97%。

国际海事组织批准将目前正在运行的格洛纳斯和GPS卫星系统作为世界无线电导航系统的组成部分。

根据国际海事组织第A.815(19)号《关于承认和使用用于国际用途的无线电导航系统决议》,欧洲联盟伽利略卫星导航系统也被认定为世界无线电导航系统的组成部分。2014年,北斗卫星导航系统[2014年6月16日海上安全委员会第393(93)号决议]被国际海事组织认定为世界无线电导航系统的潜在组成部分。

《国际海上人命安全公约》第5章规定,无论海上船舶排水量如何,都强制要求为其配备设备搭载全球卫星导航系统或者地基无线电导航系统的接收设备或其他自动化设备以便能够在航行期间随时确定当前坐标。该船载设备型号必须符合国家标准及国际电工委员会标准(由国际海事组织制定和批准)制定的审批程序。

2.5 内水用户的要求

对于使用内陆水道(河流、湖泊等)的船舶,用于确定无线电导航系统要求的初始数据为:船舶通道尺寸和船舶主尺度的比(长度、宽度、吃水深度)。

内水用户对无线电导航系统的可用性要求依据航行区域而定,并由以下要素组成:

——对于俄罗斯欧洲部分的统一深水系统——可用性在两年内不低于99.8%;

——对于西伯利亚的主要河流——可用性在两年内不低于99.5%。

在内水航道航行时,内水用户对完好性要求为不超过5秒。

定位频率应至少为每2秒一次,差分校正值应至少每30秒更新一次。

表2.4表示:在不同的航行区域内,在不发生航行事故的概率高于0.997的情况下,内水用户对大型船只定位(测量坐标)的精度要求,以及内水用户在完成其他任务时对定位精度的要求。

对内水交通运输者的要求分析表明,使用全球卫星导航系统及其增强系统最有可能满足其要求。

表 2.4 内水用户的要求

需完成的任务	航行区域和作业区	测量坐标的精度（标准偏差）（米）
确保船舶在内水航道航行	湖泊、水库	10—17
	自由河流： 俄罗斯欧洲部分； 西伯利亚	2.5—5 2.5—7.5
	运河	1—2.5
水文工作，设置航道情况标识；保持规定的航道尺寸	湖泊和水库	2—3.5
	自由河流： 俄罗斯欧洲部分； 西伯利亚	0.5—1 0.5—1.5
	运河	0.2—0.5
掘土作业和挖深作业	自由河流和运河	0.1—0.2
铺设电缆和管道	自由河流和运河	0.5
监控调度任务	俄罗斯内河航道	50

2.6 陆地用户的要求

陆地交通工具（车辆）在行驶的不同阶段对导航保障的要求并没有原则性差别，但在沿自由路线和既定路线行进时，或者在无线电导航系统信号源受限区域内（住宅区、森林、山脉等）行进时，需要特定的导航保障。

汽车运输

使用车辆完成常规性任务对无线电导航系统的相应要求可分为以下几种形式：

——在城市交通运输条件下，包括在城市高层建筑内，对坐标定位（测量）精度指标（标准偏差）要求为 5 米，卫星可用性为 0.98—0.99，对导航服务连续性没有提出特殊要求；

——长途运输业和非公路交通运输，对坐标定位（测量）精度指标（标准偏差）要求为 10 米，卫星可用性为 0.98—0.99；

——特殊品和危险品的运输（包括为俄罗斯内务部和俄罗斯联邦安全局运输的货物），对坐标定位（测量）精度指标（标准偏差）要求为 5 米，卫星可用性高于 0.99 以及服务的高度连续性，附加要求为在可能受到干扰条件下对情况进行持续性监视；

——公路管理单位特种设备和交通工具，在城市内对坐标定位（测量）精度指标（标准偏差）要求为 5 米，在高速公路上此要求为 10 米；

——建筑和道路工程的运输车辆，在城市内和公路上对大地测量精度（标准偏差）要求为 0.02 米至 0.05 米；

——为完成精准农业作业任务的农业机械设备，其定位精度（标准偏差）要求为 0.02 米至 0.05 米。

导航信息对于有效控制交通工具至关重要，无论是在个人导航模式下还是在外部控制模式下。

个人导航通过使用专业的全球卫星导航系统用户设备实现，即导航仪。各类人员（游客、行人等）的个人导航也通过类似方式实现。

表 2.5 是未来车辆控制系统的主要操作技术要求。表 2.6 是对车辆导航保障准确性的典型要求。

为满足高度自动化的机动车辆无条件遵守道路安全法规的航行需求，在这方面对导航保障提出了新的要求。高度自动化的机动车辆概念还包括自动驾驶或无人驾驶汽车。在这种情况下，有必要考虑到在不久的将来可能出现的可交互自动驾驶汽车、智能交通运输系统，以及使用 V2X 技术的道路基础设施。导航数据应当能在任何自动车辆控制系统中使用。

表 2.5　未来车辆控制系统的主要操作技术要求

特性	城市车辆管理系统	区域运输管理系统	国际运输管理系统	单台车辆的控制系统
系统工具容量（同时维修的车辆数量）	500—1000	500	1000 *	—
数据平均交换速度，秒	30；（对于特种车辆 - 10）	60—90	900—7200	—
导航精度（标准偏差），米	在市区—2.5； 在公路上—15	10	15	20
导航保障可用性	0.99 *	0.95	0.95	0.90
提供导航数据和通信的完好性（可靠性）	0.98； （用于特种系统 - 0.99）	0.97	0.97	—
系统兼容性	用于访问无线电链路的接口的通用标准			—
* 考虑到本地导航				

因此,当高度自动化的机动车辆在道路允许的速度范围内运行时,需要大大提高定位准确性和服务连续性。在高度自动化的机动车辆行进的0.33米至3.3厘米(3倍标准偏差)范围内,必须保持其定位精度的置信概率大于0.997。

上述要求应该是强制性的,以确保在可能受到干扰的情况下,尤其是在人口稠密的城市地区,高度自动化的机动车辆导航定位的稳定性。应当指出的是,该新技术的应用领域从最初的高速公路逐渐过渡到城市环境中。

表2.6　对车辆导航保障准确性(标准偏差)的典型要求

行驶条件及地面交通工具	不同模式下定位精度的要求(米)	
	离线定位	调度控制
城市和郊区交通	15—65	7—50
在市中心导航	15—65	1.5—15
城市间中转运输	50—250	12—150

可以使用实时动态载波相位差分技术提高定位精度。这项技术指通过使用全球卫星导航系统信号和用户设备从基站接收到的差分校正,获得精度为厘米和分米的点位坐标和高度的技术方法。

精密单点定位也是解决该问题,获取高精度坐标的有效方法。但在这种情况下,用户目前需要相对昂贵的多频接收机。

但是,建议确保定位工具和高度自动化的机动车辆制造商采取的技术解决方案相互兼容。

目前,陆地用户对系统导航服务的连续性没有特殊要求。

铁路运输

铁路运输目标定位精度对卫星无线电导航系统特性的要求可分为三类。

第一类的系统和运输作业必须能够监控机车车辆(包括危险品车辆和受保护人员车辆)分布情况,确定用于诊断的机车车辆位置,确定用于完成既定监控任务、接近作业地点的养路机械位置。为完成此项功能,原则上可以通过直接使用卫星定位,通过配合使用标准配置的格洛纳斯/GPS轨道卫星星座(每组卫星星座中有24颗卫星),定位精度达到10米即可。

第二类的系统和运输作业将卫星导航信息直接应用于铁路车辆运行安全保障和控制系统。为完成此项功能的导航,需要将机车车辆精确定位至具体轨道,相应的定位精度为0.33米。

表 2.7 用户对定位准确性的技术要求

坐标信息应用范围(种类)	需要确定坐标的对象	定位精度要求	定位可靠性要求	主要技术规范资料
1. 新建铁路和对现有铁路进行大修的工程地质勘探	专用大地网站点	在平面图中,专用大地网站点相对位置的标准偏差不得超过2—3 厘米	5 厘米的误差幅度不应超过 10%	1. 比例尺(1∶5000—1∶500)的地形测量说明,GKINP-02-033-82 2. 规则代码,SP 11-104-97 3. RichtlinieDB883.0031 Fahrbahnen abstecken(野外追踪手册)
	易于辨认的地物(要素)	相对于专用大地网站点,易于辨认的地物的标准偏差在地形测绘平面图上不应超过 0.4—0.5 毫米	平面图上为 0.8 毫米的极限误差不应超过 10%	
	地形	等高线地形图的标准偏差不超过通常地形截面的 1/4	极限误差为通常地形截面的 1/2,不应超过 10%	
2. 外业选线(施工现场放样)	轨道、道岔等基本要素	相对于专用大地网站点,轨道要素放样的标准偏差在纵向上不应超过 1.5 厘米,在横向上不应超过 0.25 厘米	二倍标准偏差不应超过 5%	

续表

坐标信息应用范围(种类)	需要确定坐标的对象	定位精度要求	定位可靠性要求	主要技术规范资料
3. 通过轨道测量仪器检测轨道的几何参数,计算出轨道调整的设定数据	特别基准网的框架点	该点的位置标准偏差为25毫米;平面相对位置的标准偏差为5毫米	二倍标准偏差不应超过5%	铁路剖面和平面图中铁路状况监测的特殊基准系统,1998年3月26日俄罗斯议会批准的技术要求
	特别基准网的主要站点和中转(普通)站点	相对位置的标准偏差每隔10千米—平面距离15毫米;每隔500米—平面距离4毫米;每隔500米—高度2.5毫米		
	特别基准网工作站点	相对位置的标准偏差—平面图上为2.5毫米,高度为1.5毫米		
	轨道的几何特性	确定轨道轴线与规定位置偏差之间的相对标准偏差,在平面中不应超过0.04毫米/米,在高度中不应超过0.03毫米/米	为提高可靠性和准确性,在使用轨道测量车和转向架时,利用卫星接收机和卫星惯性系统在实践中进行冗余测量,来计算每(20—25)厘米的轨道的信息	莫斯科 - 圣彼得堡高速铁路建设投资证明材料,大地测量工程 RGDP - 077/03 - 008
4. 路基养护	路基要素、排水、加固防护结构	对路基实施监督的类型、频率、时限和程序的要求,应由路基养护说明书作出规定;确定路基的缺陷目录;路基的数字模型是使用卫星、航空航天、机载和地面勘测的方法(包括使用雷达),在专门定期勘测的基础上编制的;在精度方面,路基的数字模型对应的精度比例尺为1:1000	为强化各轨距上路基的稳定性,批准了旨在彻底消除变形的路基养护活动类型清单	铁路轨道路基养护说明书,道路管理总局544号令,俄罗斯交通部于1998年3月30日批准

续表

坐标信息应用范围(种类)	需要确定坐标的对象	定位精度要求	定位可靠性要求	主要技术规范资料
5. 桥隧的养护	桥隧的要素(桥梁、天桥、高架桥、栈桥、隧道、涵洞、引水道、坑道、铁路涵等)	对桥隧实施监督的类型、频率、时限和程序的要求,应由桥隧养护说明书作出规定;在利用卫星接收机、激光扫描系统、高精度电子全站仪、岩土传感器进行仪器周期性测量的基础上,编制桥涵的数字模型;为了实时观测到最重要、最关键的设施的动态特性,必须保证毫米波段和厘米波段空间数据的高精度实时测量	对桥涵可靠性的监督由为持续观测桥涵而创建的自动化系统实施	桥涵养护说明书,道路管理总局 628 号令,俄罗斯交通部于 1998 年 12 月 28 日批准
6. 铁路用地测量	铁路测量标石	相对于专用大地网站点,测量标石位置的标准偏差不应超过 10 厘米(1∶1000 比例尺为 0.1 毫米)	根据既定的土地测量程序,对获得的结果的准确性进行监测	土地测量说明书,由俄罗斯联邦土地资源与土地规划委员会于 1996 年 4 月 18 日批准 关于基准测量网的主要规定,由俄罗斯联邦地籍总局于 2002 年 4 月 15 日批准
7. 铁路运输安全	轨道车辆,特种轨道车辆	根据安全要求,确定火车位置的标准偏差应为 0.5 米(以识别火车所处的轨道),完好率为 99.98%,警报状态的持续时间为 1 秒	为了保证列车定位的可靠性,在“格洛纳斯”和“伽利略”差分校正和监测系统中创建服务,以提高铁路卫星导航的可靠性	“伽利略”卫星导航铁路运行项目

第三类是轨道设施和轨道施工的控制保障系统,需要厘米/毫米级的定位精度。从技术上讲,只有使用带有差分校正的格洛纳斯/GPS/伽利略全球卫星导航系统信号,并使用系统增强功能时,才能满足上述要求。

表2.7总结了当前法规和技术文件确定的铁路部门业务活动所需的定位精度。

就铁路运输系统而言,在所有作业条件下,包括在企业范围内和建有高层建筑的城市中的铁路作业、深坑作业和交叉作业,卫星导航定义数据可用性要求值应为0.98—0.99。

为了确保稳定的功能并提高铁路运输中的定位精度,必须使用广域差分校正和监测系统进行校正,并使用多系统导航设备("格洛纳斯"/GPS,以及将来的"格洛纳斯"/GPS/"伽利略"系统)。

使用本地差分子系统可以提供厘米级和更高级别的精度。

2.7　大地测量的要求

在俄罗斯联邦境内使用的坐标系为PZ—90.11(地球参数)和GSK—2011(国家坐标系)。

国家坐标参考系由国家大地测量网的点来实现,其中包括基础天文大地测量网、高精度大地测量网、1级卫星大地测量网和大地凝结网络的点。

在精度和速度方面,不同的用户对初始天文大地测量和重力测量数据的要求差异很大。

表2.8总结了用户在进行特殊任务时对初始天文大地测量和重力测量数据的准确性的要求。

使用相对测量方法可以实现测量所需的高精度。

该方法的实质是由多个接收机对差分全球卫星导航系统的卫星进行同时观测,并进行相位测量。利用这种观测方法时,其中一个接收机通常位于已知坐标的某一点,其他接收机的位置相对于第一接收器可以通过若干毫米的精度进行确定。可以在若干米到数千公里的距离上进行测量。

与传统方法相比,卫星技术在大地测量中的优势非常明显,尽管设备成本很高,但在地形和大地测量生产中的应用越来越广泛。

在后处理模式下,基于"格洛纳斯"全球卫星导航系统的高精度定位技术,使得确定(测量)全球卫星导航系统各点坐标的误差达到毫米级,保证满足用户对大地测量的最高要求。

表 2.8　用户对初始天文大地测量和重力测量数据准确性的要求

大地测量的任务	用户	误差(标准偏差)
地心坐标系的创建(针对地球质量中心的精度),米	航天研究、基础科学、导航、海洋学、航天测量学	0.05
确定地球重力场的参数: ——大地测量基准面高度,米 ——垂线偏差,角秒		0.02—0.03 0.5—1
坐标系关系的确定 ——线性要素,米 ——角要素,角秒		0.05—0.1 0.01
确定地球方位参数,角秒		0.001

2.8　对航天用户的要求

用于各种用途的未来的航天器解决目标任务的效率将大幅提高,同时,其功能的自主性也得到提高。这导致对航天器导航设备的需求急剧增加,因为依靠传统的地面导航手段无法满足要求,需要使用机载导航设备手段。

格洛纳斯全球卫星导航系统接收器已成为航天器机载控制系统不可分割的一部分,其中的信息既用于确定航天器质心运动的轨道参数,也用于完成机载控制系统中的目标任务。

表 2.9 和表 2.10 列出了对质心运动参数的精确度和未来的航天器机载导航设备判定方位的基本要求。

其他航天器、运载火箭、助推器、轨道站的导航设备要求的精度为 20—30 米。

对于航天器执行一系列关键的动态操作(接近航天器、地球上发射卫星和着陆等)以及遂行导航、大地测量、地球动力学、使用专用卫星制图(导航、大地测量学、地球遥感等)等多项高精度任务的情况下,航天器定位所需的精度应不低于 1 米。

表 2.9　对未来的航天器定向系统的精度要求

航天器类别	航天器定向系统的精度(标准偏差)要求,角分
通信和中继卫星	1—1.3
导航卫星	10
大地测量卫星	2—3.3
地球物理卫星	2

表 2.10　对未来的航天器的机载导航设备的精度要求

航天器类别	质心运动参数测定中的误差（标准偏差）	备注
通信和中继卫星	在所有坐标下不小于 200 米	
导航卫星	0.7 米—星历表的等效误差（从卫星到用户的方向上）	根据联邦专项计划《2012—2020 年“格洛纳斯系统”的维护、开发和使用》的规定，在 2014 年进一步减小了该误差
大地测量卫星	0.03 米—沿轨道和侧翼的方向 0.03 米—高度	
探测遇险物体的卫星	33 米—所有坐标	
地球物理卫星	17—50 米—所有坐标	

导航卫星和大地测量卫星的机载设备中导航设备精度的最高要求，以及通信卫星和导航卫星的机载设备中定位精度的最高要求，相对于未来的卫星的速度和方向角的精度（标准偏差）要求而言，最好分别设定为 0.01 米/秒和 0.6 角分。

2.9　统一救援服务的要求

为了探测遇险物体，目前已投入使用了 COSPAS—SARSAT 国际卫星搜救系统。该系统包括地球同步卫星和低地球轨道卫星。运行了 35 年的经验证明，该系统要比其他所有救援设备的效率都高。

但是，由于卫星系统具有以下缺点，无法充分满足现代救援服务的需求：物体定位精度低、信息传输效率不足（在低轨道系统中）以及无法对地球表面进行全覆盖（在地球静止轨道系统中）。

对用于探测遇险物体的未来的卫星系统的要求正处在制定阶段。

考虑到应急无线电浮标和第二代无线电信标的开发工作已经完成，为利用现有的航天系统来额外提供搜索和救援，在决定使用轨道全球卫星导航系统导航接收器（包括“格洛纳斯”卫星）时，应对 COSPAS—SARSAT 国际卫星搜救系统提出新的要求。

这些要求应考虑各种可能的搜救对象。从大型海上船舶、大型飞机到小型船舶和轻型飞机，以及处于紧急情况下的人员。该要求具有以下指标：

——服务区域——全球性的；

——观测物体的时效——以分钟为单位；

——观测到物体的概率——不低于 0.99；

——接待中心传输信息的效率——以分钟为单位；

——测定事故现场的坐标精度(标准偏差)——33 米；

——同时观测到的事故物体数量——150—250 个；

——确保应急无线电浮标的反馈线路正常工作,以确认收到遇险信号并控制应急无线电浮标的传输；

——形成用于搜索服务的附加编码数据。

这些需求的提出,应当确保能在空旷的地方以及崎岖不平的地方展开救援行动。

2.10 对用户的频率—时间保障的要求

联邦和部门级的法规文件中规定了对用户的频率—时间保障的要求。

频率—时间保障系统的主要用户是电信网络运营商。随着电信运营商数字网络的发展,需要建立和完善网络时钟同步系统。网络时钟同步系统是一种综合的技术手段,它确保了同步参考信号的形成,并通过网络将这些信号传输给数字传输和交换系统设备中的所有主控振荡器。当数字交换系统与同步数字分析传输系统交互时,对同步性的要求最高。

统一精确报时信号的用户为:计算机系统和计算机服务器(网络设备的控制和监测系统),网络传输和交换设备,计费和数据库服务器,数据传输和分组交换设备(路由器、交换机)等。

电力公司还可以使用精确的时间信息来测量发电站的相位差、记录事件、分析情况、测量电厂电流的相位和频率等。

精确时间的另一个应用是天文观测中时钟的同步,如利用脉冲星在超长基座的干涉仪上进行的观测。相关要求仍处在制定阶段。

在俄罗斯联邦,频率—时间保障的任务是通过频率和时间的标准信号以及专用无线电设备和网络时钟同步的方法和手段来实现的。

包括“格洛纳斯”全球卫星导航系统接收器在内的无线电导航辅助设备以及长波和超长波无线电导航系统,都是传输频率和时间的标准信号的手段。

2.11 特殊用户的导航保障要求

根据俄罗斯联邦强力部门和执法机构的用户需要,为执行以下任务提供无线电导航保障:

——兵力和兵器机动的指挥；

——遥控确定远距离物体的坐标,并输出导航目标代号；

——大地测量和制图专项任务保障；

——通信系统、局域网和执法机构控制站点中的时间刻度同步；

——公务运输监控；

——在宣布动员准备并计划在特殊的军事政治局势的情况下，所使用的车辆装备、技术设备和系统。

在执法机构的活动中，应为以下任务提供特殊导航保障：

——建立安全机动通道、实施客运和货物干线运输、特勤队城际运输、执法机构公务运输监控；

——确保重要的国家设施（关键和潜在危险设施）的安全，包括对固定建筑和结构的移位进行监控；

——侦查犯罪（对武器、毒品等的运输进行秘密监视）；

——特种部队在执行保护公共秩序任务方面的行动，在卫星能见度有限的情况下（包括在“封闭”的房间、林区和山区）开展特别行动；

——搜寻装有卫星防盗系统导航设备的被盗车辆或被抢车辆；

——使用手环跟踪受到监控的人员；

——控制无人机、气球和空气探测器以遂行特殊任务；

——遥感地球，以查明非法活动（非法伐木、播种毒品植物、故意纵火等）。

表2.11列出了针对特殊用户制定的无线电导航保障的要求。

表2.11　特殊用户对定位精度的要求

要遂行的任务	定位误差（标准偏差）（米）
调度任务	15
预防和侦查犯罪。解决城市中的问题（街道巡逻、追捕和拘留罪犯、搜查被盗的汽车，秘密监视单个的移动物等）	5—7.5
开展反恐行动、解救人质、开展作战行动，监控单兵和军人活动，监控专列和铁路列车	1.5—2.5
特种部队在特殊条件下的工作：密闭房间、充满烟雾房间、地下场所（地下室、隧道）、山地、复杂干扰情况等，在实施特种作战的区域使用监控无人机	0.5—1.5 （使用增强设备）

2.12　主要用户群体的总体要求

无线电导航系统的总体要求是根据空中、海上、河流、陆地和航天用户的需求确定的，同时考虑到大批用户对于空中和海洋无线电导航信息的国际需求，国际民用航空组织和国际海事组织的文件中规定了对飞机和海船航行提供导航的国际要求。

表2.12列出了在定位时对无线电导航保障的总体要求。

表 2.12　用户对导航保障的总体要求

用户	要遂行的任务	工作区域	定位误差（标准偏差）（米）	可用性（完好率）	完好性（概率或时间）
空中	线路（航线）中的航班	全球、区域	370—1850	0.99—0.99999	$1*10^{-7}$/小时
	机场区域飞行	机场区	370	0.99—0.99999	$1*10^{-7}$/小时
	未分类的进场着陆	机场区	（8—110）—平面 （4—10）—高度	0.99—0.99999	$1*10^{-7}$/小时
	按国际民航组织类别分列的进近和着陆	着陆区	（2.0—8.5）—平面 （0.3—2）—高度	0.99—0.99999	$1—2*10^{-7}$
	特殊任务、大地测量和地球物理观测	局部	1—10	0.999	0.999
海洋	在海洋航行区域	全球	50	0.998 30 天内	10 秒
	在船舶交通密度低的沿海航区	区域	5	0.995 2 年内	10 秒
	在港口、入港道和船舶密集的沿海地区航行时	局部	5	0.998 2 年内	10 秒
	跨世界大洋（长远需求）	全球	5	0.998—0.9997	10 秒
	在港口水域航行并实施特殊工作时（长远需求）	局部	0.05—0.5	0.998—0.9997	10 秒

续表

用户	要遂行的任务	工作区域	定位误差(标准偏差)(米)	可用性(完好率)	完好性(概率或时间)
河流	内河航道上的船舶通过量: ——湖泊,自由河流 ——运河 ——布置航标,制图等 船舶监控	湖泊、河流区域 运河区域 河流、运河区域 俄罗斯内河航道	2.5—17; 1—2.5; 0.1—3.5; 50	0.995—0.998; 0.995—0.998; 0.99; —	5 秒 5 秒 5 秒
地面	城市和郊区的地面运输 监控发生事故时呼叫汽车、救护车	局部	2.5—10	0.98—0.99	0.98—0.99
	城际交通、地区交通和国际交通 监控发生事故时呼叫汽车、救护车	区域、局部	10—15	0.95	0.97
	遂行特殊任务	局部	2.55—15	0.99	0.99
	铁路交通、建筑和农业机械的管理	区域、局部	0.05—0.5	0.9998	1 秒
	制图和大地测量学、土地管理、铁路轨道设施	全球、 区域、 局部	0.1; 0.02—0.05; 0.003—0.006	—	—
航天	通信和中继卫星		200		
	导航卫星		0.5(可能会减少)		
	大地测量卫星和地球遥感的卫星		0.02—0.3		
	探测遇险物体的卫星		33		
	地球物理卫星、运载火箭、助推器、轨道站		17—50		

3 现有和开发中的无线电导航系统的一般特征

3.1 无线电导航系统的分类

根据常规传输设备的位置，现有和开发中的无线电导航系统分为两个类别：

——星基无线电导航系统（卫星无线电导航系统）；

——地基无线电导航系统（固定式和移动式）。

图 3.1 显示了俄罗斯联邦使用的无线电导航系统的分类。

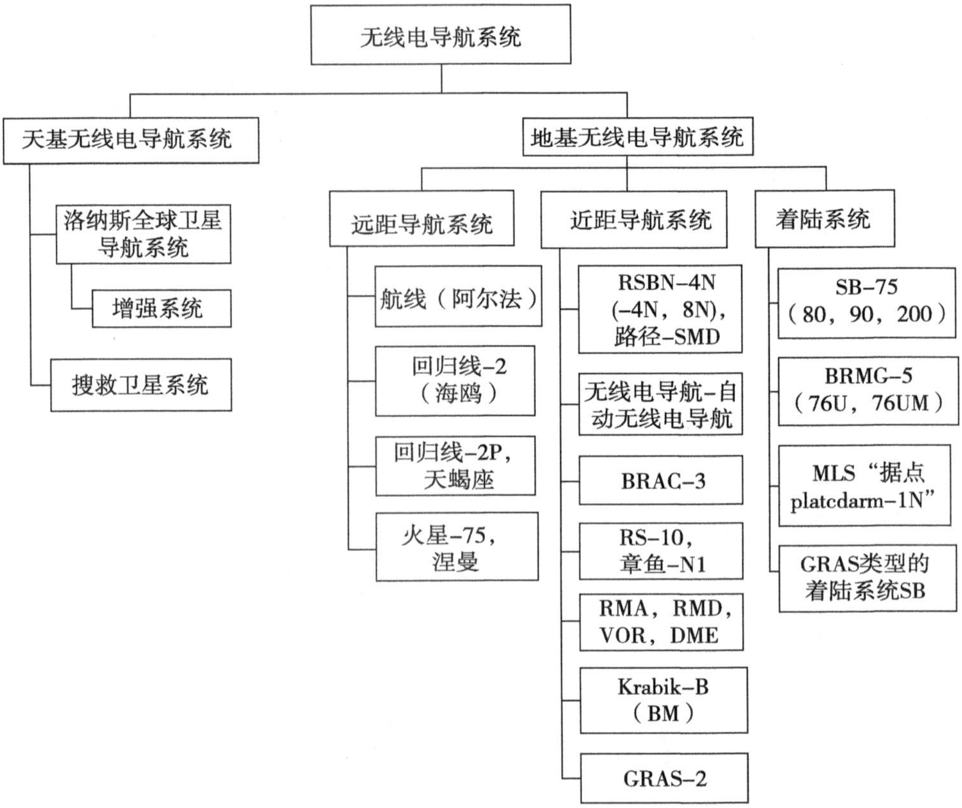

图 3.1 现有无线电导航系统的分类

无线电导航系统的无线电电子设备的无线电频段分布按照国际电信联盟《第一区无线电规则》第 5 条之规定执行。

无线电导航计划的附件 A 为无线电导航系统的现有无线电电子设备所使用的无线电频段。

3.2 卫星导航系统

3.2.1 全球卫星导航系统

当下和不久的将来,用户可以使用以下全球卫星导航系统:

——格洛纳斯(俄罗斯);

——GPS(美国);

——伽利略(欧盟);

——北斗(中华人民共和国)。

格洛纳斯和 GPS 全球卫星导航系统已经全面运行。

伽利略和北斗全球卫星导航系统正在部署中。

上述全球卫星导航系统的主要特征见表 3.1。

表 3.1 全球卫星导航系统的主要特征

L1OCd	信号			
	格洛纳斯	GPS	伽利略	北斗
轨道类型	中圆地球轨道	中圆地球轨道	中圆地球轨道	中圆地球轨道, 地球静止轨道, 倾斜地球同步轨道
轨道高度不超过,千米	19100	20181.6	23222	21527
平面数量	3	6	3	3
倾斜角,度	64	55	56	55
在平面上卫星的数量	8	5—6	10	9
编制/现有卫星的组成	24/26	32/31	27/17	31/(15+16) 3/6 5/6
旋转周期	11 小时 15 分钟	11 小时 58 分钟	14 小时 4 分钟	12 小时 53 分钟
使用的频段	L1,L2,L3	L1,L2,L5	E1,E5,E6	B1,B2,B3
载波频率,兆赫兹	L1:1600.995 L2:1248.060 L3:1202.025	L1:1575.42 L2:1227.60 L5:1176.45	E1:1575.42 E5:1191.79 E6:1278.75	B1:1575.42 B2:1191.79 B3:1268.52

续表

<table>
<tr><td rowspan="2">L1OCd</td><td colspan="4">信号</td></tr>
<tr><td>格洛纳斯</td><td>GPS</td><td>伽利略</td><td>北斗</td></tr>
<tr><td rowspan="11">C/A</td><td>E1A</td><td>B1—CD</td><td></td><td></td></tr>
<tr><td>L1OCp</td><td>P</td><td>E2B</td><td>B1—CP</td></tr>
<tr><td>L2CSI</td><td>M</td><td>E1C(导频)</td><td>B1D</td></tr>
<tr><td>L2OCp</td><td>L1CD</td><td>E5a—I</td><td>B1P</td></tr>
<tr><td>L3OCd</td><td>L1CP</td><td>E5a—Q(导频)</td><td>B2aD</td></tr>
<tr><td rowspan="6">L3OCp</td><td>L2C</td><td>E5b—I</td><td>B2aP</td></tr>
<tr><td>L5I</td><td>E5b—Q(导频)</td><td>B2bD</td></tr>
<tr><td rowspan="4">L5Q</td><td>E6A</td><td>B2bP</td></tr>
<tr><td>E6B</td><td>B3</td></tr>
<tr><td rowspan="2">E6C(导频)</td><td>B3—AD</td></tr>
<tr><td>B3—AP</td></tr>
<tr><td>调制方式</td><td>BPSK(1)
BOC(1,1)
BPSK(10)</td><td>BPSK
BOC(10,5)
BOC(1,1)
TMBOC(6,1,1/11)</td><td>BOC(15,2.5)
MBOC(6,1,1/11)
AltBOC(15,10)
BOC(10,5)
BPSK</td><td>MBOC(6,1,1/11)
BOC(14,2)
AltBOC(15,10)
QPSK(10)
BOC(15,2.5)</td></tr>
</table>

3.2.2 格洛纳斯全球卫星导航系统

俄罗斯联邦格洛纳斯全球卫星导航系统旨在确定陆地、海洋、空中、航天用户的位置、速度和准确时间,并执行其他信息功能。

格洛纳斯全球卫星导航系统可以在整个地球表面连续地为大量的固定和移动用户提供绝对模式下的坐标时间和导航保障任务的解决方案,高度为2000千米以下。也可以单独运行,高度为40,000千米以下。

配置先进的格洛纳斯系统包括以下组件:

——格洛纳斯系统航天综合体,包括一个卫星星座、运载火箭,地面控制综合体;

——增强系统,包括广域全球卫星导航系统增强系统——差分校正和监测系统,以及地区和局域监测与差分导航系统;

——高精度星历时间信息系统；

——全球卫星导航系统的基本保障设备——实时确定地球自转和定向参数的系统，协调世界时、俄罗斯联邦的大地测量的国家尺度系统；

——用户导航设备。

格洛纳斯系统是由中地球轨道上的卫星创建。格洛纳斯卫星星座包括 26 颗卫星：2 颗格洛纳斯—K 卫星和 24 颗格洛纳斯—M 卫星。中轨道导航卫星在圆形轨道上运行，标称高度为 19,100 千米，倾角为 64.8°，公转时间为 11 小时 15 分 44 秒。对导航卫星的轨道平面及其轨道运动进行选定，以确保在不超过 2000 千米的高度上连续和全域覆盖地球表面和近地空间。

预留的测距仪代码信号的数量可确保将卫星星座扩容到 64 颗导航卫星。可以通过在轨道平面内或轨道平面之间增加导航卫星，或通过在中高空、地球同步和高椭圆轨道上建立轨道增强系统来扩容卫星星座。

在格洛纳斯系统的设计阶段，采用了一种频率方法来区分不同卫星的信号，每个卫星使用一对不同的载波频率，其中一个属于 L1 频段，另一个属于 L2 频段。

在 L1、L2 分频信号使用完成之前，格洛纳斯分频信号指南中所述的基础卫星星座将一直提供支持。

该卫星星座的导航卫星将发射 L1、L2 分频信号。

卫星星座扩容的导航卫星只能发射代码信号或同时发射代码和频段信号（当有自由载频的情况时）。

在如今格洛纳斯系统的开发阶段，正在进行 L3 频段和代码划分的研制工作。

为格洛纳斯系统导航卫星的导航无线电信号分配了以下发射波段：

——L1（1592.9—1610）兆赫兹；

——L2（1237.8—1256.8）兆赫兹；

——L3（1190.35—1212.23）兆赫兹。

以下文件规定了导航卫星的信号参数：

——《格洛纳斯全球卫星导航系统》：《接口控制文件》，L1、L2 导航无线电信号的频段范围（5.1 版本）；

——《格洛纳斯全球卫星导航系统》：《接口控制文件》，开放式接入的导航无线电信号，在 L1 频段进行码分，1.0 版本；

——《格洛纳斯全球卫星导航系统》：《接口控制文件》，开放式接入的导航无线电信号，在 L2 频段进行码分，1.0 版本；

——《格洛纳斯全球卫星导航系统》:《接口控制文件》,开放式接入的导航无线电信号,在 L3 频段进行码分,1.0 版本;

——《格洛纳斯全球卫星导航系统》:《接口控制文件》,码分信号系统的概述,1.0 版本。

3.2.3 格洛纳斯全球卫星导航系统增强系统

全球卫星导航系统增强系统是一组的硬件和软件,旨在为全球卫星导航系统用户提供更多信息,以提高空间坐标(构成了速度矢量和校正时钟读数的组成部分)定位的准确性和可靠性,并保证全球卫星导航系统的完好性。

通常情况下,增强系统不属于全球卫星导航系统的硬件和软件,其目的是提高用户使用全球导航卫星系统导航信号进行导航定位的准确性。

建设全球卫星导航系统增强系统的通用原则是实现导航定位的差分模式,在此模式中,用户会收到校正信息,这是通过使用地面监测站和差分校准站在“经典”导航差分模式中进行差分校正实现的。

校正信息是对测量误差和全球卫星导航系统导航场数据完好性的评估,用户在进行导航定位时要考虑到这些数据,并消除所产生的累计误差量。

一套格洛纳斯全球卫星导航系统的增强系统已在俄罗斯联邦部署并投入运行,包括:

——广域差分校正和监测系统;

——地区和局域差分系统。

差分校正和监测系统旨在提高准确性并确保海洋、空中、陆地和航天用户定位信息的完好性。

差分校正和监测系统的工作原理是在测算当前导航参数和 L1、L2 波段的格洛纳斯和 GPS 开放信号导航信息的基础上,获得星历时间信息的实时和后验评估以及垂直电离层延迟数值图。获得的数据用于生成校正信息和完整信息。该信息通过卫星和 Internet 传输给用户。

差分校正和监测系统为用户提供:

——有关导航数据的完好性信息;

——修正的星历—时间信息;

——有关测量的校正信息;

——有关格洛纳斯、GPS 以及将来的伽利略全球卫星导航系统的可用性的信息。

该系统的主要用户是民用航空。差分校正和监测系统可提供符合国际民航组织 SBAS 标准要求的以米为单位的精度。

差分校正和监测系统提供高精度定位服务，旨在利用格洛纳斯全球卫星导航系统大基站测量系统，在用户与差分校正和监测系统最近基站的距离不超过 3000 千米时，利用星历时间信息确定固定用户的绝对坐标。用户坐标的误差不超过 1 米，并且取决于导航行动的持续时间。

差分校正和监测系统的覆盖范围是俄罗斯联邦全境和邻近的地理区域。

差分校正和监测系统观察点有 20 多个，分布于俄罗斯、南美和南极站。开发该系统可在俄罗斯部署更多的站点，并在世界 30 多个国家部署约 50 个测量收集站。

全球卫星导航系统差分子系统保障的导航活动，由局域海洋和局域航空子系统提供。

海上差分卫星子系统是由各种技术设施构成的综合体，包括监测校正站以及建有配套基础设施的海洋无线电信标。保障格洛纳斯/GPS 全球卫星导航系统的差分校正以及校正信息的传输，从而提高导航定位的准确性和可靠性。

海上差分卫星子系统旨在解决以下问题：

——提高在航道、推荐航线、船舶交通分离系统和操纵能力有限的地区航行时的导航安全性；

——向船舶交通管制系统提供船舶位置的坐标信息；

——接入自动识别系统，以监控装有危险品的船舶以及应当准确和自动监控位置的船舶的移动；

——改善保护海洋资源的条件；

——为确定船舶的操纵特性而建设试验场；

——保障专门的作业活动，包括：在新港口设施建设期间检查水域；挖泥疏浚作业和对其完成情况进行监督；水道拖测；精确设置导航标志设施；据点的高精度大地测量和新港口设施入口处的标志。

在俄罗斯联邦的内陆水道、俄罗斯联邦的海港及其通行路线以及北海路线的水域中，已经安装了 72 个格洛纳斯全球卫星导航系统差分子系统的地面差分校准、监测站和监测校正—自动识别系统基站。监测校正站的覆盖距离为 200 千米。

全球卫星导航系统海上差分卫星子系统通过高度准确地确定灾难、漏油等位置，可为事故灾害和其他紧急情况提供帮助。为了对海上差分卫星子系统台站区域外进行的搜索和救援行动及其他特殊行动提供实时保障，建立了服务范围达 100

千米的全球卫星导航系统移动式差分台站，并保留了海上差分卫星子系统的所有性能。

航空差分卫星子系统是飞机着陆卫星系统。

航空差分卫星子系统的设备组成和主要性能，针对全球卫星导航系统增强系统与地基增强系统（GBAS）根据国际民航组织标准和建议措施进行确定，适用于在第一类条件下降落的飞机。

采用频率范围为（108—118）兆赫的超短波作为GBAS无线电传输信道。

目前，在国内局域监测和校正站LKKS—A—2000的基础上已经在俄罗斯联邦的106个机场部署了地基航空差分卫星子系统GBAS的全球卫星导航系统增强系统。

LKKS—A—2000地面差分校准和监测站的任务：

——确保仪表的导航精度；

——从机场所有起飞着陆跑道的两个航行道保障非分类和分类进近，并落实标准抵达和离开计划（P—RNAV；RNPAR；RNP0.01）；

——检查格洛纳斯/GPS信号的完好性，并将着陆数据块、曲线进场数据块和差分校正数据块传输给飞机；

——在服务区内登记和存储有关格洛纳斯/GPS全球卫星导航系统状态的数据；

——向协作部门发送全球卫星导航系统的状态信息。

3.2.4 Cospas—Sarsat 系统

Cospas—Sarsat国际卫星搜索救援系统旨在确定遇险船只、飞机和人员的坐标。

系统将使用的卫星：地球同步卫星和低轨卫星。

地球同步卫星的参数：

——轨道高度为36,000千米；

——轨道倾角——0°；

——地球同步卫星星座的观测区域——地球表面的90%，不包括75°以上的极地纬度。

低轨道卫星的参数：

——轨道高度为850—1000千米；

——轨道倾角为98°—99°；

——公转时间为100—102分钟；

——瞬时可见区的半径在2500千米以内。

Cospas—Sarsat系统的增强卫星星座应确保：

——地球表面的全球调查；

——从整个地球表面瞬时转播警报；

——当被障碍物阻挡时，重新获取反射的警报。

Cospas—Sarsat系统使用范围在406.0—406.1兆赫频段工作的应急无线电浮标发射器确定遇险信号的来源并定位。应急无线电浮标发射器的另一个提供搜寻和救援服务的紧急频段是121.5兆赫。

如果有导航接收器作为应急无线电浮标的一部分，那么，应急无线电浮标的定位精度对于低轨卫星不低于5000米，对于地球同步轨道卫星不低于100米。在中纬度地区通过低轨卫星工作时，系统延时不超过1.5小时，而通过地球同步卫星工作时则不超过10分钟。应急无线电浮标坐标定位的概率不小于0.9。

对于低轨卫星星座，系统容量为至少90个信号源，对于地球同步卫星，系统容量为：窄带时至少14个信号源，宽带时至少50个信号源。

将来，为确保该系统的全球覆盖范围和精度以及信号接收效率，计划使用第二代应急无线电浮标，以及格洛纳斯、GPS和伽利略全球卫星导航系统的中轨道卫星，并在其上安装特殊的机载设备。

3.3　地基无线电导航系统

3.3.1　地基无线电导航系统的分类

在俄罗斯联邦可使用广域地面导航设备。

绝大多数空中航线和出发、到达和降落路线都是以地面的无线电导航系统的覆盖范围为基础确定的。

根据目的地和范围的不同，地基无线电导航系统可分为以下几组：

——远距无线电导航系统；

——近距无线电导航系统；

——着陆系统。

3.3.2　远距无线电导航系统

目前，正在运行的远距无线电导航系统有“海鸥”和“火星—75”。

“海鸥”系统

“海鸥”系统（“回归线—2”）为差分测距和脉冲相位无线电远距导航系统，目的是在密集移动的区域内，对所有用户的移动物体实施定位，其精度足以解决包括飞机航行、沿海水域的海船航行和地面交通监测等在内的运输任务。

该系统与“罗兰—S”地基无线电导航系统(美国)相似。

现运行的“海鸥”系统有三个链路(见图3.2)(编者略):

——欧洲部分(远距无线电导航系统—3/10),包括5个站点:位于俄罗斯联邦的卡拉切夫(主导)、彼得罗扎沃茨克、锡兹兰和辛菲罗波尔地区以及白俄罗斯共和国的斯洛尼姆市地区;

——东部(远距无线电导航系统—4),包括位于俄罗斯联邦的4个站点:亚历山大夫斯克—萨哈林(主导)、彼得罗巴甫洛夫斯克—堪察加、乌苏里斯克和鄂霍次克等城市地区;

——北部(远距无线电导航系统—5),包括位于俄罗斯联邦的4个站点:英塔市(主导)、杜丁卡市、图曼尼、新地群岛等地区。

“海鸥”系统以60—1500米的精度(标准偏差)保障定位。所有链路工作区域的总面积约为2000万平方千米。

“海鸥”系统运行时需要使用以下用户设备:

——空中设备——A—713、A—720、A—723;

——海上设备——KPI—5f、KPI—6f、KPI—7f、KPI—8f、KPI—9f(综合驾驶显示器)、RSH(配电盘);

——地面设备——“涅瓦”设备。

该系统的无线电发射台按照每年制定的时间表运行。

“海鸥”脉冲相位无线电导航系统的主要特征见表3.2。

表3.2 “海鸥”脉冲相位无线电导航系统的主要特征

特征名称	“海鸥”脉冲相位无线电导航系统		
	欧洲部分	东部	北部
基础类型	固定式		
系统原理	差分范围脉冲相位		
工作频率	100kHz		
覆盖距离(千米)	1500—1900	1600—2200	1200
定位精度(米)	0.5—2	0.5—1.51	0.5—1.5
工作区域面积(百万平方公里)	6.5	5.5	1.7

续表

特征名称	“海鸥”脉冲相位无线电导航系统		
	欧洲部分	东部	北部
容量	无限制		
台站的数量	5	4	4
可用性	0.9995	0.9995	0.9995
发射器功率 天线供电,千瓦	650	650 3000[2]	500 2500[2]
测量离散度	连续		
传输能力 统一时间信号	可用	可用	可用
传输能力 无线电导航频道上的服务信息	可用	可用	可用
天线杆数量(个)	5—6	1	1
天线杆高度(米)	250	350	460

备注:
1. 对工作区大部分地区的无线电波传播进行修正,显著提高了系统的精度,大约提高了2—3倍。
2. 取决于地面站的类型(移动或固定式)。

“火星—75”系统(涅曼—M)

“火星—75”差分测距多频相位无线电导航系统由俄罗斯国防部订购,旨在为船舶导航、水文和特别行动提供保障。一条链路的工作区域面积为80万—100万平方千米。覆盖距离达1000千米。

系统运行时需要使用KPF—5(晶体带通滤波器),RSH(配电盘)等用户设备。

“火星—75”无线电导航系统链路将继续运行,直到开发出技术资源并被新的类似于“涅曼—M”的系统所取代为止。

3.3.3　近距无线电导航系统

当前,近距无线电导航系统的运行目的在于满足航空和海上用户的利益。

空中用户的近距无线电导航系统:

——近距无线电导航系统RSBN—4N(—4NM;—8N),“路径—SMD”系统;

——方位角无线电信标RMA—90;

——测距无线电信标RMD—90;

——DVOR—2000(多普勒全向超高频无线电系统),VOR—2700(甚高频全向测角地面无线电信标)；

——DME—2000，DME—2700(测距设备)。

海洋用户的近距无线电导航系统：

——BRAS—3(差距无线电导航系统)；

——无线电导航系统 RS—10；

——格拉斯(格拉斯—2)；

——“章鱼—N1”；

——“Krabik—B”“Krabik—BM”；

——海上环射无线电信标；

——“钻石”。

表 3.3 列出了近距无线电导航系统的主要特性。

近距无线电导航 RSBN—4N(—4NM；—8N)系统，“路径—SMD”系统

测角测距近距无线电导航 RSBN—4N(—4NM)系统及其改进版近距无线电导航 RSBN—8N 系统、“路径—SMD”系统，旨在为空中航行、进入机场区域和未分类的进场降落提供导航保障。

该系统以“请求—响应”为原则运行，一次最多可保障 100 架飞机，导航信息以及坐标(距离—方位角)提供。

近距无线电导航 RSBN—4N(—4NM；—8N)系统用于军事航空，并有限用于民用航空，例如，将其引导至指定的军用机场作为备用。

计划在不久的将来，将近距无线电导航系统的无线电电子设备转换为《空中无线电导航服务无线电国际条例》推荐的无线电频段。这一程序可以通过使用“路径—SMD”方位测距无线电信标来实现。

“路径—SMD”方位测距无线电信标的设计目的是在装备有第三代及以后各代近距无线电导航技术系统设备的飞机上生成和发射信号，以测量从飞机到无线电信标位置的方位角和倾角范围，并在远程指示器上显示飞机位置的信息。

飞行高度为 250 米时，覆盖范围不少于 50 千米，飞行高度为 3 千米时，覆盖范围不少于 195 千米，飞行高度为 12 千米时，覆盖范围不少于 380 千米。

表 3.3　近距无线电导航系统的主要特征

系统名称	系统类型	工作频率范围（兆赫兹）	覆盖距离（千米）	地点定位精度（坐标测量）（标准偏差）	测量离散度	容量	可用性
现有系统							
近距无线电导航RSBN—4N(—4NM;—8N)系统	测距测角	770—812.8 873.6—935.2 939.6—1000.5	50—550	200 米 ±0.03% * D; 0.25°	连续	100	0.98
“路径—SMD”	方位测距	962.0—1000.5	50—380	35 米 0.35°	连续	30/50	0.98/0.80
无线电导航台—无线电自动测向仪	测角	0.150—1.750	50—200	(1—2.5)°	连续	无限制	0.95
BRAS—3 差距无线电导航系统	差分测距, 脉冲相位	1.6—2.2	200	(12—60)米	连续	无限制	0.9
RS—10 无线电导航系统	差分 测距,脉冲相位	1.6—2.2	250	(3.6—12)米	连续	无限制	0.95
格拉斯,GRAS - 2	测距	4100—4300 3902—4198	60	(0.5—1.5)米	0.03 分钟	5	0.93
“Krabik—B”	测距相位	321—331	100	1 米	0.03 分钟	3	0.9
方位角无线电信标RMA—90	测角	108—118	200—260	(0.5—1)°	连续	100	未定

续表

系统名称	系统类型	工作频率范围（兆赫兹）	覆盖距离（千米）	地点定位精度（坐标测量）（标准偏差）	测量离散度	容量	可用性
DVOR—2000 多普勒全向超高频无线电系统	测角	108—118	240—340	（0.5—1）°	连续	200	未定
测距无线电信标 RMD—90	测距	950—1215	200—260	150 米 （与 ILS 工作时为 75 米）	连续	100	未定
DME—2000 测距设备 DME—2700	测距	962—1213	240—340	150 米 （与 ILS 工作时为 75 米）	连续	200	未定
正在开发的系统							
“章鱼—N1”	差分测距	1.6—2.2	600	（15—20）米	连续	无限制	0.97
“Krabik—BM”	差分测距， 复合测距， 主动模式	230—332	150	（0.5—3.0）米	连续 0.03 分钟	无限制	0.9

VOR/DME 型综合体

根据其目的和操作原理,VOR/DME 型综合体类似于近距无线电导航系统的测角测距无线电技术系统。该系统用于保障飞机沿具有 RNAV5 型的导航特性地区的导航路线,或沿着使用设备的导航仪器实施进场/起飞的标准航线的飞行。

该系统在国际频率允许的范围内运行。所用设备:测方位角—方位角无线电信标 RMA—90,5850VOR,CVOR431,DVOR—2000;测距离—测距无线电信标 RMD—90,DME—2000,5960DME,DME435。

DME/DME 型综合体

DME/DME 测距综合体用于保障飞机沿具有 RNAV5 型和 RNAV2 型导航特性地区的导航路线,或使用仪器实施进场/起飞标准航线飞行,或在初始、中间阶段和间断进近期间(复飞)使用设备的仪器按计划实施降落的时候进行导航。

该系统在国际频率允许的范围内运行。所用设备:测距无线电信标 RMD—90,DME—2000,5960DME,DME435。

无线电导航台—无线电自动测向仪综合体

无线电导航台—无线电自动测向仪综合体旨在保障航线上的飞行,将飞机引导到着陆场,提供着陆前的机动并执行非精密进近(飞机滑行中,使用无导航引导的电子设备实施进近)。

该综合体由一个地面无线电导航台和一个机载自动无线电罗盘组成。

所有的机场和空中航线均配备了导航台。批量生产的各类自动无线电罗盘,配备给俄罗斯和独联体成员国的所有飞机和直升机部队。

BRAS—3 系统

BRAS—3 差距无线电导航系统旨在为沿海航行区和进港口期间提供导航。

系统链路共包括 3 个台站。

该系统运行采用 GALS、KPF—3K(晶体带通滤波器)、RS—1(无线电导航系统)和 RKS(同步电路控制继电器)机载收发设备。

BRAS—3 系统已经停止批量生产,该系统退役后由 RS—10 系统取代。

RS—10 系统

RS—10 无线电导航系统的用途类似于 BRAS—3 系统,但是具有更高的战术、技术和操作特性。

该链路包括 3—6 个台站。

为了在船舶上接收到导航信息,使用了与 BRAS—3 无线电导航系统相同类型的收发设备:GALS,KPF—3K,RS—1 和 RKS。

俄罗斯联邦交通部不使用 BRAS—3 系统和 RS—10 系统为海洋航线提供导航。

在开发出技术设备之前,计划运行现有的无线电导航系统链路,下一步由新型“章鱼—N1”系统取代。

格拉斯(格拉斯—2)系统

格拉斯测距无线电导航系统(及其改进型格拉斯—2),旨在遂行水文和其他需要高精度定位的特殊任务。

根据工作原理,该系统为双信道无线电测距仪。格拉斯系统运行时使用用户的 RNA—2 设备,格拉斯—2 系统运行时使用 RD—1 设备。

随着台站技术设备的开发,格拉斯系统(格拉斯—2)已经停止批量生产,该系统退役后由“Krabik—BM”系统取代。

“Krabik—B”系统

“Krabik—B”测距相位无线电大地测量系统旨在为沿海地区的移动和固定地面物体实施高精度的大地测量提供参考。

该系统可实现四种操作模式:差分测距,测距,组合式和主动式遥控(使用浮标无线电信标——中继器)。

该系统将在引入“Krabik—BM”无线电大地测量系统之前使用。

该系统运行时使用 AIC 用户设备。

海上环射无线电信标和“钻石”海上无线电信标

海上无线电信标是指频率范围在 300 千赫的无线电台,其信号呈环形辐射,可使用船舶上的测向仪进行测向,误差不超过 3°(2 倍标准偏差)。在俄罗斯的海岸,安装了数十个海上环射无线电信标和“钻石”海上无线电信标。

部分海上无线电信标有望在开发全球卫星导航系统功能增强系统的过程中被用来传送差分校正的信息。这与国际海事组织批准使用全球卫星导航系统,并将测向仪排除在船上强制性设备之外的做法是一致的。

3.3.4 着陆系统

着陆系统旨在接收飞机上的信息,并向机组人员和自动控制系统发送关于与既定下降轨迹发生偏离的数值和符号,以及在飞机进近和完成降落时,由既定的无线电信标(MRM—V、MRM—70、RMM—95、MRM—97、MRM—E612、“石英”MRM、MRM—734)确定飞行轨迹。

现有和正在开发的无线电信标着陆系统的主要特征见表 3.4。

表 3.4　着陆系统的主要特征

系统名称	一般特征	工作频率范围，兆赫兹	覆盖距离，不小于，千米	着陆类别	不连续性测量	容量	可用性	完好性
SP—75（—80；—90；—200）着陆系统；ILS—2700（—734）仪表着陆系统	固定式	108—112 329—335 75	46（航向波道）， 18.5（下滑线波道）	Ⅰ－Ⅲ	连续	无限制	0.986	未定
PRMG—5（—76U；—76UM）着陆系统	移动式/固定式	772—1000.5 （缩写）*	45（航向波道）， 29（下滑线波道）	Ⅰ－Ⅱ	连续	无限制	0.95	未定
“着陆点—1N”	固定式	5030—5090	高度达 6200 米	Ⅲ	连续	200 波道	0.95	未定
LKKS—A—2000	固定式	108—118	37	Ⅲ	连续	无限制	0.99	（1—2）* 10^{-7}

备注：* 移动通信系统波段是根据其释放情况加以确定的。

PRMG—5（—76U；—76UM）着陆无线电信标群系统为Ⅰ类（PRMG—5）和Ⅰ—Ⅱ类（PRMG—76U；—76UM）军事航空用户的着陆进近提供保障。

PRMG—5（—76U；—76UM）着陆无线电信标群系统运行时，使用机载无线电导航系统。

无线电信标着陆系统运行时将使用空中用户的以下设备：

——SP—75(—80;—90;—200)着陆系统；

——ILS—2700,ILS—734 仪表着陆系统；

——PRMG—5(—76U;—76UM)着陆无线电信标群系统。

SP—75(—80;—90;—200)着陆系统

SP—75(—80;—90;—200)着陆系统可生成飞机着陆轨迹，并在不利的天气条件下保障飞机着陆。这些系统在民用航空中得到了广泛使用，并根据保障类型的不同，在保障Ⅰ类、Ⅱ类和Ⅲ类降落方面满足了国际民航组织的要求。该系统类似于国际 ILS 系统(仪表着陆系统)。

该系统是固定式，并在无线电波的测量范围内运行。

SP—75(—80;—90;—200)着陆系统运行时，使用机载设备"航线—MP—2"、"航线—MP—70"、ILS—85、"轴线—1"和 VIM—95。

PRMG—5(—76U;—76UM)着陆无线电信标群系统

PRMG—5(—76U;—76UM)着陆无线电信标群系统的用途类似于 SP—75(—80;—90;—200)着陆系统的用途。该系统在无线电波的分米范围内运行，并具有两个部署方案：固定式和移动式。

PRMG—5(—76U;—76UM)着陆无线电信标群为Ⅰ类(PRMG—5)和Ⅰ—Ⅱ类(PRMG—76U;—76UM)军事航空用户的着陆进近提供保障。

PRMG—5(—76U;—76UM)着陆无线电信标群运行时，使用机载无线电导航系统。

由于部分波段已分配给移动通信系统使用(见表 3.4)，根据频率空间规划，在允许的波段范围内保障无线电导航系统的运行。

在民用飞机上，可以在着陆无线电信标群信号的模式下使用无线电导航设备，以确保在同一机场进行仪表着陆，必要时也可以在军用机场着陆。

未来民航不再使用此模式。

"着陆点—1N"系统

按照国际分类，"着陆点—1N"系统功能与 MLS 微波着陆系统类似。

民用航空未曾使用"着陆点—1N"系统，未来也不计划使用该系统。

"着陆点—1N"着陆系统可保障曲线进近着陆程序的实施。工作频率范围——5GHz。系统的仪器误差(标准偏差)为 0.02。可用性和完好性规范符合国际民航组织的标准。波道数为 200。

根据民航组织关于延长 ILS 着陆系统使用寿命和发展卫星着陆技术的决定，俄罗斯民航正计划使用包括国际航班在内的多模式机载 MMR（ILS/MLS/全球卫星导航系统）接收器。

为了确保着陆，除了传统手段外，还将与全球卫星导航系统以及 GBAS 增强系统结合起来。

GBAS 型航空局域差分卫星子系统

目前，为俄罗斯联邦的民用航空机场装配的 SPPFSpektr 公司生产的 LKKS—A—2000 地面监测和校正站已获得认证。该系统符合国际民航组织第Ⅰ类降落要求。正在评估其是否具备第Ⅱ类和第Ⅲ类降落的能力。

LKKS—A—2014 的样品已被开发并进行了测试，并分配了代号为“O1”，可供处理下一代的格洛纳斯/GPS/伽利略全球卫星导航系统信号。

3.4　无线电导航系统中使用的坐标系和时间尺度

3.4.1　坐标系

为了确保俄罗斯联邦境内无线电导航系统的运行，应用了 TRS 地面坐标系及其实际应用。

TRS 地面坐标系与地球同步参与了地球绕轴线的日常旋转，旨在量化地球表面和近地空间中物体的位置和运动。

TRS 的实际应用被命名为“ITRF”，由地球国际自转服务组织（IERS）负责，包括确定被 ITRF 固定在地球表面各点的坐标（及其随时间的变化率）。TRS 最新实际应用的准确性达到了点坐标的亚厘米级精度。

目前，国际地球自转服务组织已经获悉 TRS 的实际应用情况，并将 2010 年作为 ITRF—2014 的纪元。

在格洛纳斯全球卫星导航系统（PZ—90）和 GPS（WGS—84）中使用的地面坐标系 TRS 的实际操作，以及俄罗斯联邦的参考坐标系（SK—42；SK—95；GSK—2011）均在跨国家标准 GOST 32453—2017《全球卫星导航系统—坐标系—转换定义点坐标的方法》中作出了规定。

目前，根据俄罗斯联邦政府 2016 年 11 月 26 日第 1240 号决议《关于创建国家坐标系、国家高程系统和国家重力系统的决议》，已创建国家地心坐标系“地球参数 1990”（PZ—90），将其分配为 2010.0 时代并命名为 PZ—90.11。

PZ—90.11 用于为轨道飞行提供大地测量支持、遂行导航任务以及根据国防需要，利用空间大地测量网和俄罗斯联邦国家大地测量网开展和实施大地测量和制图工作。

根据民用用户的需要进行大地测量和制图工作时,使用2011年大地坐标系统(GSC—2011),该系统是利用俄罗斯联邦国家大地测量网创建和传输的。

2000年7月28日俄罗斯联邦政府第568号决议《关于建立统一的国家坐标系统》,将1995年大地坐标系统(SK—95)确定为统一的国家坐标系统;而1946年4月7日苏联部长会议的第760号决议《关于在苏联境内采用统一的大地坐标和高度系统》提出的1942年统一的大地坐标系统(SK—42),在2021年1月1日前适用于基于该系统生成的材料(文件)开展的大地测量和制图工作。

俄罗斯联邦政府2016年11月24日第1240号决议还规定:

——以1977年的波罗的海高程系统作为国家高程系统,其标准高程的零点从喀琅施塔得市水位标开始算起,它是刻在喀琅施塔得市的一座绕城运河桥口的加固铜板上的一条水平线;

——采用1971年重力测定系统中各个国家重力网点的重力测量结果所确定的重力系统,作为国家重力测定系统。

计划建成一个高效的国家领土大地测量保障系统,与新的ITRS国际地面参考系统进行整合,以遂行大地测量和制图工作、保障轨道飞行和导航的任务。

在使用外国无线电导航系统和保障外国车辆在俄罗斯境内的交通时,可以使用WGS—84世界大地参数系统作为辅助系统。

3.4.2 时间尺度

以俄罗斯联邦现有基准所定义的UTC(SU)协调时间尺度为基础,建立对俄罗斯境内的无线电导航活动的时间保障。

为了传输准确的时间信号,俄罗斯联邦国家时间、频率和确定地球自转参数服务局使用的频率和时间的标准信号传输设备的分支网络,其中包括:

——两个专门的长波无线电台,RBU和RTZ;

——一个专用短波无线电台RVM;

——国家统一时间和“目标”标准频率系统的超长波和长波导航无线电台;

——格洛纳斯全球卫星导航系统;

——频率和时间的标准信号与电视信号联合传输设备;

——通过全球互联网传输准确时间的设备。

格洛纳斯全球卫星导航系统向用户发送含有关于UTC(SU)时间尺度和格洛纳斯系统时间尺度信息的信号。

在使用 GPS 的全球卫星导航系统信号时,美国协调时(美国海军天文台)和 GPS—GPST 时间尺度可作为辅助时间尺度使用。

伽利略全球卫星导航系统的时间尺度(GST;Galileo System Time)相对于国际原子时 TAI 和协调世界时 UTC 是同步的。GST 时间尺度相对于 TAI 和 UTC 时间尺度产生差异的信息包含在导航消息中,并传输给用户。

北斗卫星导航系统时间(BDT)与协调世界时(UTC)相关联并同步。根据该系统的创建者介绍,北斗卫星导航系统时间与 GPS、伽利略、格洛纳斯的时间兼容。北斗卫星导航系统时间和 GPST/GST 时间尺度之间的差异,测量后传输给用户。

4　俄罗斯联邦无线电导航的发展方向

4.1　无线电导航设备开发的基本方法

在现代科技发展阶段,在地球人工无线电导航领域内使用导航技术的实际工作范围在不断扩大。

当前的主要特征是,卫星导航设备已经高度精确可靠,在数字经济的形成过程中发挥了重要作用。

坐标时间和导航保障的设备正在迅速发展,并向当前和潜在的广大用户群体提供了高精度导航的机会,并在此基础上在各种应用领域中构建了高效的系统和综合设施。在运输、能源、通信、大地测量与制图、农业和特殊用户的导航等领域完成传统的用户任务之外,又增加了对用户设备的时空状态进行管理的新任务,这些任务的开展减少了人类的参与。

在现阶段,格洛纳斯、GPS、伽利略和北斗全球卫星导航系统构成了俄罗斯用户的无线电导航保障的基础。

几乎所有用户都在使用格洛纳斯和 GPS 全球卫星导航系统,因为这两个系统都已完全部署,并且每个系统都能实现全球覆盖。这两个系统在用户导航设备的集成保证了在复杂的运行条件下导航服务具有高度的可靠性和完好性。

用户导航设备通过接收和处理伽利略和北斗全球卫星导航系统的信号,能够提高所有类别用户集成系统功能的稳定性。

为俄罗斯开发国家导航时间(协调时间)保障系统的优先领域应该是:

——建立用于各种目的的地区、局域(行业)无线电导航差分子系统;

——对脉冲相位无线电导航系统进行改造和开发,使其达到完全复制(补充)无线电导航系统的水平;

——改善短程导航网和无线电信标系统；

——开发能够生成无线电导航领域的设备，包括替代性设备；

——开发频率和时间保障的系统和设备；

——为无线电导航系统开发计量保障系统。

全球卫星导航系统标准模式应继续满足飞机在航行中、航站楼区域和非精密进近着陆，船舶导航以及公路运输方面的需求。

俄罗斯的差分校正和监测系统将确保以米为单位的定位精度。预计在使用格洛纳斯、GPS 混合卫星星座（今后将使用格洛纳斯、GPS、伽利略卫星）时，宽区校正将提高 2—3 倍定位精度，使其达到水平面 0.5—0.8 米和高度 0.7—1 米的水平。随着卫星星座数量的增加以及格洛纳斯系统、差分校正和监测系统的进一步改进，定位精度可达到 0.3—0.7 米。

对于未分类的降落和第 I 类降落，应继续接入航空局域差分卫星子系统，并持续评估使用差分校正和监测系统、地区差分卫星子系统的可能性。

在沿海和海峡地区、狭水道、港湾和港口、内水航道中航行的海船和内水船舶，将由海洋差分卫星子系统提供航行支持。

下一阶段，机动车辆将通过基准站以标准和差分模式使用来自格洛纳斯和 GPS 全球卫星导航系统的信息，这些基准站将包含相应的控制中心和基准点。

在“ERA—格洛纳斯”事故应急处置系统以及“柏拉图”重型车辆收费系统中广泛使用格洛纳斯信息，仍然是一个重要的发展方向。

无人驾驶车辆应用的密集型增长和在其基础上创造的商业产品，决定了有必要将导航时间保障完好性受损的警告信号形成的阈值从 45 米降低到 0.5 米，并在 6 秒内将信号传输至服务地区内的用户。当执行对生命安全至关重要的操作时，传输的时间应不超过 2 秒。

在俄罗斯联邦可使用广域地面导航设备。

2025 年前俄罗斯的无线电导航发展计划见表 4.1。

绝大多数空中航线和出发、到达和降落路线都是以地面的无线电导航系统的覆盖范围为基础确定的：VOR、DME、ILS 等。航空用户还使用格洛纳斯用户导航设备作为主要的导航工具进行地区导航飞行。

为了确保飞机按类别降落，将使用 SP—75（—80；—90；—200）和 PRMG 着陆无线电信标群等精密进近系统，以及 GBAS 等航空局域差分卫星子系统。

表 4.1 无线电导航系统的发展计划

<table>
<tr><th rowspan="2">系 统</th><th colspan="12">年 度</th></tr>
<tr><th>2014</th><th>2015</th><th>2016</th><th>2017</th><th>2018</th><th>2019</th><th>2020</th><th>2021</th><th>2022</th><th>2023</th><th>2024</th><th>2025</th></tr>
<tr><td>格洛纳斯全球卫星导航系统</td><td colspan="12">格洛纳斯—K 和格洛纳斯—K2 卫星发射 24 颗卫星</td></tr>
<tr><td>差分校正和监测系统</td><td colspan="12">“KFD—V”认证、运行的试验设计工作</td></tr>
<tr><td>“蝉—M”</td><td colspan="12">退役并过渡到格洛纳斯</td></tr>
<tr><td>海洋差分卫星子系统</td><td colspan="12">台站数量:72 个—运行与开发中</td></tr>
<tr><td>航空差分卫星子系统 GBAS</td><td colspan="12">台站数量:106—运行与开发中</td></tr>
<tr><td>基于脉冲相位无线电导航系统的地区差分卫星子系统</td><td colspan="12">此工作尚未列入计划</td></tr>
<tr><td>地面交通控制中心和调度点</td><td colspan="12">台站数量:110—运行与开发中</td></tr>
<tr><td>大地测量差分卫星子系统</td><td colspan="12">台站数量:530 以上—运行与开发中</td></tr>
<tr><td>全球卫星导航系统用户导航设备</td><td colspan="12">用户数量:50 万以上—运行与开发中</td></tr>
<tr><td>“阿尔法”“航线”</td><td colspan="12">台站数量:4 个台站—用于解决下一步使用的问题</td></tr>
<tr><td>“海鸥”“回归线—2P”</td><td colspan="12">“天蝎座”的试验设计工作持续运行</td></tr>
<tr><td>“火星—75”“涅曼—M”</td><td colspan="12">“火星—75”的运行,并随着“涅曼—M”无线电导航系统上的资源耗尽将其替换</td></tr>
<tr><td>近距无线电导航系统</td><td colspan="12">转换为频率范围的允许部分,作为近距导航主设备运行</td></tr>
<tr><td>方位角无线电信标 RMA—90、测距无线电信标 RMD—90,VOR/DME 型设备</td><td colspan="12">保障航线飞行和非精密进近的主要工具;只要在经济上可行,就可继续开发</td></tr>
<tr><td>无线电导航台—无线电自动测向仪综合体</td><td colspan="12">在为飞机配备下一代导航设备之前使用的主要工具。
备用和紧急工具。
系统数量逐渐减少</td></tr>
<tr><td>BRAS—3 无线电导航系统和 RS—10</td><td colspan="12">在资源耗尽之前,无线电导航系统的运行由“章鱼—N1”系统和海上差分卫星子系统取代</td></tr>
<tr><td>格拉斯(格拉斯—2),“Krabik—B”(—BM)</td><td colspan="12">随着资源的耗尽,格拉斯(格拉斯—2)、“Krabik—B”将被“Krabik—BM”取代</td></tr>
<tr><td>SP—75(—80;—90;—200)着陆系统</td><td colspan="12">只要在经济上可行即可运行。可更换航空局域差分子系统的 I 类系统</td></tr>
<tr><td>PRMG—5(—76U;—76UM)着陆无线电信标群系统</td><td colspan="12">完善和更新在频率范围内允许运行的部分系统。
替换部分航空局域差分子系统持续运行直到 2021 年及以后</td></tr>
</table>

计划在不久的将来,与全球卫星导航系统一起使用基于 RMA—90、RMD—90、DVOR—2000、DME—2000 的传统无线电导航系统和类似的地面设施,以确保飞机飞行服务所需的完好性和连续性。

根据保留中远期卫星导航系统的需要及其后续的长期运行,应建立一个代用的定位、导航和时间系统(APNT)。以与飞机上的数据传输数字线路同时运行的多位置监测系统作为地面工具,确保代用的定位、导航和时间系统与沿航线飞行期间的区域导航规范保持一致。

为了确保水文地理和特殊任务的精确测量,将使用格拉斯(格拉斯—2)、"Krabik—B"、"Krabik—BM"、"章鱼—N1"等类型的无线电导航系统。

以卫星基准站网络为基础的高精度卫星坐标系可提供实时校正,实时模式下定位精度不超过 2—3 厘米,后处理不超过 2—4 毫米。

通过提供厘米级的精度来实时确定坐标,可以遂行轨道设施建设和运营领域中的铁路运输大地测量任务。该系统相对于基准站其覆盖范围可达 200 公里,这是由传递校正信息渠道的能力决定的。

应持续监测所提供的导航服务的性能。监控的效率直接影响到安全系数。要通过固定、流动、移动等手段监控导航服务的质量。监控无线电导航领域的功能应嵌入开发的用户导航设备中。

该办法为研究制定组织和技术措施奠定了基础,以便在独联体成员国领土上建立一个共同的导航和信息空间。

4.2 格洛纳斯全球卫星导航系统

4.2.1 格洛纳斯全球卫星导航系统的发展方向

在过去的 10 年中,格洛纳斯系统的使用程度已大大提高,基于格洛纳斯系统的导航技术在所有经济部门都得到了广泛的应用,这使格洛纳斯系统成为国家基础设施的一个重要组成部分。

发展格洛纳斯系统的主要目标之一是通过实现与国外全球卫星导航系统的对接,满足各类导航数据用户的需求。

目前,格洛纳斯系统与增强系统共同提供 4 种导航服务:

——基本服务,可以在绝对模式下向所有类型的用户提供导航—时间定位。该服务由中轨道的导航卫星提供。

——生命安全服务,导航保障需要有更高的可靠性和准确性。该服务由中轨道的导航卫星以及差分模式的空间和地面(局域、地区和广域)增强系统提供。

——有限的高精度导航服务，该服务在地面增强站网络的50公里范围内实施。

——高精度导航服务，该服务通过地面和互联网渠道实施。未来，还计划通过空间通信渠道，利用地球静止轨道和高轨卫星来提供服务。

格洛纳斯系统的开发工作将根据《2012—2020年格洛纳斯系统的维护、开发和使用联邦专项计划》进行，并将持续到2030年。

2012年3月3日第189号政府令批准的《俄罗斯联邦政府关于2012—2020年格洛纳斯系统的维护、开发和使用联邦专项计划的决议》(俄罗斯联邦政府2016年7月19日第693号决议又对其进行了修订)中联邦专项计划实施措施的主要目标和指标见表4.2。

表4.2 《2012—2020年格洛纳斯系统的维护、开发和使用联邦专项计划》实施措施的主要目标和指标

目标和指标	2018年	2019年	2020年
在不使用增强系统的情况下，由于系统的空间段造成的国家坐标系的实时定位误差	1.4米	1.45米	1米
空间几何系数的平均值	2	2	2
由机载星历时间信息误差造成的伪距测量等效误差的分量	0.7米	0.7米	0.5米
在使用增强系统的情况下，由于系统的空间段造成的国家坐标系的实时定位误差			
——实时模式	0.3米	0.3米	0.1米
——实时模式下进行初始化	0.1米	0.1米	0.05米
——在后验模式下	0.05米	0.05米	0.03米
违反导航保障完整性时的用户警报时间	6秒	6秒	6秒
由于空间段的原因，造成系统时标中用户时间的误差	2.5纳秒	2.5纳秒	1.7纳秒
空间几何系数的平均值	1	1	1
系统时标与UTC(SU)国家时标的一致性误差	10纳秒	7纳秒	4纳秒
UTC(SU)国家时标与UTC国际时标的一致性误差	5纳秒	4纳秒	3纳秒

格洛纳斯系统的运行和改进将采取公私合营的机制，在格洛纳斯所有要素均衡发展的基础上，提升经济和用户的消费效益。

计划保留高精度、标准精度的格洛纳斯系统的信道，这样就可以解决两用系统固有的矛盾，既要确保遂行军事任务，又能履行向民用用户提供导航服务的国际义务。

格洛纳斯系统应根据用户的预期需求在以下方面加以改进：

——提高导航保障的准确性和可靠性；

——拓宽遂行任务的领域；

——降低运行成本并维护轨道卫星星座等。

根据《2012—2020 年格洛纳斯系统的维护、开发和使用联邦专项计划》，应确保：

——通过发射格洛纳斯—K、格洛纳斯—K2、格洛纳斯—M 卫星，将卫星的数量维持在至少 24 颗的水平，并保持在轨卫星星座的持续增长；

——确保格洛纳斯系统的竞争水平与国外同类产品持平；

——将导航定位的精准度提高 2—2.5 倍；

——使用代码划分在格洛纳斯系统 L1、L2、L3 频段内的信号；

——通过使用卫星间测量改善格洛纳斯系统主要战技术性能（TTX）；

——扩大格洛纳斯系统要遂行任务的范围，包括探测遇险物体；

——扩大卫星间无线电线路的使用，以确保卫星的完好性、运行管理和对其的监督等；

——部署对导航完好性实施全球监测的新型设施，进一步更新地面控制综合体和全球轨道卫星星座导航系统的基础设施和计量保障设施；

——地面导航系统的用户与格洛纳斯系统的交互传输；实现远距导航无线电系统与格洛纳斯系统的集成；

——为使用格洛纳斯系统实施导航服务创造有利条件；

——确保批量生产的能够使用格洛纳斯、GPS 和伽利略信号的用户导航设备具备竞争能力；

——创建开放的数字导航图；

——开发坐标时间和导航保障以及无线电导航领域的监管框架；

——确保按照全球卫星导航系统应用国际标准在全球范围内使用格洛纳斯系统。

4.2.2 格洛纳斯系统的空间段

新发射的导航卫星“格洛纳斯—M”和“格洛纳斯—K”与首次改装的“格洛纳斯”卫星的比较情况见表 4.3。

表 4.3 格洛纳斯系统航天器的性能比较

性能	卫星的类型		
	格洛纳斯—M	格洛纳斯—K	格洛纳斯—K2
部署年度	2003—2016 年	2011—2018 年	2017 年之后
状况	运行中	开展飞行试验	正在研制
活跃期	7 年	10 年	10 年
卫星质量	1415 千克	935 千克	1600 千克
卫星尺寸	2.71 米 ×3.05 米 × 2.71 米	2.53 米 ×3.01 米 × 1.43 米	2.53 米 ×6.01 米 × 1.43 米
消耗功率	1400W	1270W	4370W
卫星执行类型	密封的	非密封的	非密封的
机载同步装置的每昼夜的不稳定性 标准数据/实际数据	$1 * 10^{-13}/5 * 10^{-14}$	$1 * 10^{-13}/5 * 10^{-14}$	$1 * 10^{-14}/5 * 10^{-15}$
信号类型	主要是 FDMA(卫星上的 CDM755 - 761 号)	FDMA 和 CDMA	FDMA 和 CDMA
信号来自开放接口(中间频率值)	L1OF(1602 兆赫兹) L2OF(1246 兆赫兹) 从 755 号开始: L3OC(1202 兆赫兹)	L1OF(1602 兆赫兹) L2OF(1246 兆赫兹) L3OC(1202 兆赫兹) 从 17L 号开始: L2OC(1248 兆赫兹)	L1OF(1602 兆赫兹) L2OF(1246 兆赫兹) L1OC(1600 兆赫兹) L2OC(1248 兆赫兹) L3OC(1202 兆赫兹)
授权访问信号	L1SF(1592 兆赫兹) L2SF(1237 兆赫兹)	L1SF(1592 兆赫兹) L2SF(1237 兆赫兹) 从 17L 号开始: L2SC(1248 兆赫兹)	L1SF(1592 兆赫兹) L2SF(1237 兆赫兹) L1SC(1600 兆赫兹) L2SC(1248 兆赫兹)
有无卫星间通信线路: —无线电 —光学	+ –	+ –	+ +
有无搜索救援设备	–	+	+

重新发射的卫星具有以下主要优势:

——活跃期得以延长;

——卫星的服务系统升级；

——机载同步装置的稳定性增强；

——应用了新的控制和星历时间保障技术(EVO)；

——扩展了有效载荷,用于遂行搜索和救援任务；

——使用了新的导航信号。

控制系统降低了未经计算的导航卫星扰动轨道水平,从而提高了星历测量的定位精度和预测准确性。

“格洛纳斯—K2”卫星较为稳定的机载原子频率标准,保证了12小时预报的最大频时校正误差为2.5纳秒,24小时预报的最大误差为3.5纳秒。

“格洛纳斯—K”第一级改进型卫星于2011年在轨道上进行了飞行测试,并与频率完全相同的“格洛纳斯—M”L1和L2无线电信号进行了频率分离,另外还发射了L3频段的开放式码分无线电信号。

自2014年起,制造的“格洛纳斯—M”卫星(编号755—761)配备了L3OC信号发射器。

为了传输L2(L3)频段内测距代码,将在导航消息中发送一个附加参数,以表明L1和L2(L3)频段内测距代码的硬件延迟差异。此外,还将加入导航卫星的改进型标志和UTC(SU)时间尺度的预期校正的标志。

目前正在进行3种版本的9颗“格洛纳斯—K”卫星和2种版本的4颗“格洛纳斯—K2”卫星的制造工作,这意味着机载设备能通过多种实现方式来生成和发射L1OF、L1SF、L2OF、L2SF频分导航无线电信号以及L1OC、L1SC、L2OC、L2SC、L3OC的码分导航无线电信号。

从2017年开始研发的“格洛纳斯—KM”卫星,将在2025年补充至卫星星座轨道。

“格洛纳斯—KM”卫星将发射以下导航信号:FDMA—L1OF,L1SF,L2OF,L2SF;CDMA—L1OC,L1SC,L2OC,L2SC,L3OC,L3SC。

目前正在探索以下信号与CDMA信号兼容传输的可能性:L1OCM,L3OCM和L5OCM,在L1频段(1575.42兆赫兹)、L3频段(1207.14兆赫兹)、L5频段(1176.45兆赫兹)。预计新卫星将使用多达6个开放信号和3个加密信号的码分,其频率和调制方式将与升级的第三代GPS和伽利略/北斗的信号相一致。

可能的调制交集示例:

L1OCM信号——BOC(1,1)(基地飞行调度中心)调制,频率为1575.42兆赫,与升级后的 GPS 的 L1C 信号、伽利略系统的 E1 信号和北斗系统的 B1C 信号相一致。

L3OCM 信号——BPSK(10)(二进制移相键控)调制,频率为 1207.14 兆赫,与伽利略系统的 E5b 信号和北斗系统的 E2b 信号相一致。

L5OCM 信号——BPSK(10)调制,频率为 1176.45 兆赫,与升级后的 GPS 系统 *Safety of Life*(L5)信号以及伽利略系统的 E5a 信号和北斗系统的 E2a 信号相一致。

这种信号配置将有助于确保接收设备的广泛兼容性,提高关键应用,特别是航空和海上安全的定位精度和速度。

4.2.3 全球卫星导航系统基本保障系统

全球卫星导航系统基本保障系统是俄罗斯联邦政府 2016 年 11 月 24 日第 1240 号决议《关于建立国家坐标系统、海拔系统和重力测量系统》和《2012—2020 年格洛纳斯系统的维护、开发和使用联邦专项计划》的延续和发展。

在格洛纳斯全球卫星导航系统坐标时间保障框架下,研发基本保障系统的主要任务是:

—通过使用特长基线无线电干涉仪技术(这项技术为独联体成员国所有,独立于其他国际机构),定期对世界时间进行高精度测定;

—在"类天体"坐标时间保障无线电干涉仪综合体的观测站基础上(这类综合体通过高速光纤通信线连接,数据传输速率高达 10 千兆比特每秒,包括特长基线无线电干涉仪、GPS/格洛纳斯卫星激光测距和定位),研发托管节点;

—研发并推广通用软件综合体,使之能够综合处理各种类型的高精度坐标时间和导航测量;

—负责国家地心坐标系(PZ—90.11)和国际地球坐标系之间的相互协调;

—负责保障国家统一坐标系坐标轴的方向和角速度的协调一致,并按照国际地球自转服务和国际时间局的建议,将其作为国家统一坐标系的一部分;

—建立长距离标准基线。

4.3 全球卫星导航系统增强系统

4.3.1 差分校正和监测系统

俄罗斯联邦差分校正和监测系统的组成和覆盖范围将按计划进行扩充。差分校正和监测系统的完整站点网将包括俄罗斯联邦境内的 40 个站点及境外的 15 个站点,其中包括南极洲的 4 个站点。

空中导航保障系统的发展需要进一步研发差分校正和监测系统,进而实现带垂直导航的仪表着陆(区域导航—全球卫星导航系统),相当于 APV—IIICAO 的水平乃至 LPV—200 的水平。

因此,计划创建一个全球卫星导航系统导航场的广域差分校正和监测系统,并证明其提供的服务符合民航要求[国际民用航空组织(ICAO)和 MOPSRTCA(航空无线电技术委员会)DO—229D 的标准和建议措施]。

4.3.2 俄罗斯联邦国家精准定位网

为提供相关导航服务(包括实时导航服务),“俄罗斯航天系统”股份公司实施了“创建国家精准定位网”项目,在各类制造商、所有方和运营商的地基增强站集成网络基础上,向企业客户提供高精度卫星测量服务。国家精准定位网将确保在统一的信息场中对校正信息进行中继。为了监测和确认这项服务的质量,将使用移动综合检测设备。

4.3.3 星历时间信息精准测定系统

为实现此项高精度服务,在当前格洛纳斯联邦专项计划中建立星历时间信息精准测定系统。

星历时间信息精准测定系统应用范围很广泛,可以完成需要全球卫星导航系统高精度星历时间信息的任务:

——面向固定和移动用户提供高精度导航保障;

——大地测量和制图工作;

——各个领域的基础科学研究;

——社会经济研究。

建立在高精度星历时间信息基础上的星历时间信息精准测定系统,其辅助信息通过地面公用通信渠道(互联网)传输,协同处理用户导航专用设备的全球卫星导航系统信号,这样可以将导航精度提高一个数量级,达到厘米级。实时数据仅适用于注册用户。用户可以不受限制获得后验信息。

星历时间信息精准测定系统包括:

——系统指挥中心;

——全球卫星导航系统监测站网络;

——用户导航设备;

——信息传输子系统。

系统指挥中心负责核算全球卫星导航系统卫星的导航信息和高精度星历时间信息,在实时情况下,从收到用于测试的信息到开始进行处理之时延迟不超过 10

秒,并且自后验最新测试信息之日起延迟不超过 1 天,同时对实时星历时间信息进行短期预测,以生成高精度的实时辅助信息。

根据政府间协议,全球卫星导航系统监测站可以部署在俄罗斯境内,也可以部署在境外。监测站向星历时间信息精准测定系统指挥中心发送初始测量信息,以便对导航和星历时间信息进行高精度优化。

已开发的用户导航设备能够在两个频率范围内对全球卫星导航系统卫星实时导航参数进行代码和相位测量,并允许使用现代化算法来计算用户坐标,其中包括实时处理全球卫星导航系统卫星的信号和辅助信息。

信息传送子系统使用地面公用通信渠道(互联网)进行信息传输。未来还计划使用空间数据传输通道。为了能够通过空间通信信道向用户传输数据,将使用通信和中继卫星的机载无线电综合体部分组件,以及向卫星传输信息的地面站,这样可以确保向地球表面和近太空的全部用户提供辅助信息。

星历时间信息精准测定系统的创建是分阶段进行的,在此过程中逐步提高准确性和可操作性。

在第一阶段全球网络监测站正常运行的情况下,在俄罗斯联邦国家地心坐标系空间段中使用星历时间信息精准测定系统数据进行定位时,操作模式下定位误差不超过 0.3 米,后验模式下误差不超过 0.05 米。

在第二阶段全球网络监测站完全建成后(按照 2020 年的计划),操作模式下相关误差将不超过 0.1 米,而后验模式下误差将不超过 0.03 米。

将传送的导航信息作为高轨卫星 L3 导航无线电信号的一部分,高精度导航的服务区域范围也将扩大。

高精度导航服务的质量控制可以通过固定方式实现,但是需要研发专用操作工具,其中包括快速转移和运动工具。

4.3.4　性能监测与确认系统

根据格洛纳斯—2020 联邦专项计划,在格洛纳斯系统和其他全球卫星导航系统的无线电导航领域内,为民用用户建立包括实时模式的性能监测与确认系统。

性能监测与确认系统的主要任务在于:对格洛纳斯系统的使用技术要求和民用用户使用组件的技术要求的主要技术性能进行监测;对全球卫星导航系统的功能特性(准确性、可用性、完好性、可靠性)进行监测和预测;形成用于评估目标和计划指标的初始数据;确定格洛纳斯系统的用户特点,并结算用于格洛纳斯系统认证的初始数据。

性能监测与确认系统是一套用于监测和预测全球卫星导航系统功能特点的、系统性的硬件软件工具，由以下组件组成：

——全球卫星导航系统性能监测与确认中心；

——性能监测与确认系统站点，包括测量采集站和光学量子器材；

——评估全球卫星导航系统信号动力性能的设备。

性能监测与确认系统的设备应当依托机械工程研究所（中央机器制造科学研究所）联邦单一制企业平台。

测量采集站部署在境内外，用于收集当前导航参数的测量值，包括：码相位和导航信号载波振荡的相位伪距、斜距离，以及现有全球卫星导航系统的频率和代码划分的导航信号发送的信息。测量采集站的全面部署，融入了俄罗斯国家航天集团公司测量设备的测量信息，使其能够完成性能监测与确认系统要求的所有精度任务，但对导航信号的能量特征和频谱特征进行评估的任务除外。

光学量子器材用于完成监测格洛纳斯系统的星历和时频参数任务。

评估信号动力性能的设备的主要任务包括：

——评估现行所有全球卫星导航系统开放导航信号的能量特性，以及作为联邦专项计划框架内研发的增强系统的功能，误差不超过 1dB；

——评估卫星导航无线电信号生成器的运行质量，确定卫星发射天线的参数。

性能监测与确认系统的创建阶段计划于 2025 年底前完成。

为了测量全球卫星导航系统无线电导航领域的参数，联邦国有单一企业全俄物理技术与无线电测量科学研究院创建了综合计量系统。

作为用于监测格洛纳斯全球卫星导航系统在全球范围内完好性的新手段，性能监测与确认系统需要建立地面站，用于对格洛纳斯卫星导航信号参数进行精确监测。这类地面站需要基于较大孔径的天线，并可获得高达 90dB 的增益系数。

4.3.5 海上差分卫星子系统和内水航道差分卫星子系统

海上差分卫星子系统被认为是最有发展前景的海上导航保障手段，可用于沿海和倾泻区、港口和航道狭窄区以及内河航道的水上运输。

海上差分卫星子系统能够提高定位精度，在使用相位法确定导航参数时，完成诸如水文作业、水下管线铺设、自动进坞等任务。

目前，俄罗斯联邦有 72 个海上差分卫星子系统正在运行（见表 4.1）。

为防止部署在俄罗斯联邦和邻国海上差分卫星子系统和无线电导航站台之间

的相互干扰，在国际航标协会的指导下，对欧洲海域的无线电导航频段（283.5—325）kHz 的频率指配进行了协调。

4.3.6　航空局域差分卫星子系统地基增强系统和地区差分卫星子系统地基区域增强系统

俄罗斯联邦民航机场设立了地面监测校正站 LKKS—A—2000。该系统配置在106 个机场，符合国际民航组织Ⅰ类的着陆要求。

在国际民航组织标准和建议措施（SARPs ICAO）制定并执行后，计划对LKKS—A—2000 进行改进，使其符合国际民航组织Ⅱ类和Ⅲ类要求，并将其安装在机场区域。

LKKS—A—2014 系统原型已被研发，可用于处理格洛纳斯/GPS/伽利略全球卫星导航系统未来使用信号。

俄罗斯联邦已经研发并认证了适用于各类型飞机的地面差分修正系统（地基增强系统）机载设备。此类设备安装和使用所需的规范性法律文件和设计文件也正在制定中。

航空地区差分卫星子系统地基区域增强系统的建造工作也已经初步开展，该系统使用超短波站传输差分校正信息和完好性监测信息。

4.3.7　基于脉冲相位无线电导航系统的地区差分卫星子系统

俄罗斯联邦境内设有地面导航基地，能够使用“EUROFIX”的技术传输全球卫星导航系统地区差分卫星子系统的监测校正信息。该基地使用“海鸥”、“回归线—2V”和“回归线 - 2C”型脉冲相位无线电导航系统。部署在白俄罗斯斯洛尼姆市的脉冲相位无线电导航系统站点正在进行升级改造。

目前已经生产了一批试验型用户导航设备，可用于接收和处理格洛纳斯/GPS/伽利略全球卫星导航系统信号和“海鸥/罗兰（Loran - C）”远距无线电导航系统的信号。

为在俄罗斯联邦使用地区差分卫星子系统，必须扩大用户导航设备的范围，编写规范性法律文件和技术文件，用以对这些系统进行维护、使用和进一步升级改造。

4.4　远距无线电导航系统

“回归线 - 2”（“海鸥”）、“回归线 - 2P”、“火星 - 75”（涅曼 - M）远距无线电导航系统仍然是自动校正航位的主要设备（见表 4.1）。远距无线电导航系统具有导航系统自动备份功能。

2020 年前,将逐步实现用“天蝎座”坐标时间保障信息系统替换“回归线 - 2P”远距无线电移动导航系统。地面监测校正站作为设备系统的一部分,能够显著提高用户定位坐标的准确性。

在技术资源研发出来之前,“火星 - 75”无线电导航系统仍然按计划使用现行信道。

为了使无线电导航领域覆盖北方海域航线,“涅曼 - M”远距无线电导航系统新站点的建设问题已经解决,该系统能够同格洛纳斯全球卫星导航系统和控制校正站相互集成。2021 年前,“涅曼 - M”远距无线电导航系统计划部署至巴伦支海沿岸。

4.5 近距无线电导航系统

RSBN—4N、RSBN—4NM、RSBN—8N 近距无线电导航系统将在分配的频段内运行。2021 年前,这些系统将作为军用短程导航的主要手段(见表 4.1)。之后近距无线电导航系统将作为备用工具。

只要经济上合理,方位角无线电信标/测距无线电信标(RMA/RMD)将仍然是民用航空的主要无线电导航设备。该系统能够保障航线和机场区域的空中导航,并与外国 VOR/DME 等设备兼容。

在飞机配备更为先进的导航设备前,无线电导航台—无线电自动测向仪(PRS—ARK)将继续作为飞机导航的无线电导航设备。之后将作为备用和紧急导航设备,其数量逐渐减少。

在技术资源研发出来之前,“BRAS—3”和“RS—10”无线电导航系统仍然按计划使用现行信道。随后,这些系统将被至今仍在研发的“章鱼—N1”系统和海上差分卫星子系统取代。

GRAS(GRAS—2)和 Krabik—B 测距无线电导航系统将继续完成沿海地区移动和固定地面目标的高精度大地测量任务,以及需要完成超高精度定位的特殊任务和水文任务。随着技术资源的开发,这些系统将逐渐退役,并由 Krabik—BM 无线电测量系统替代。

4.6 着陆系统

作为确保国际民航飞机着陆的一种标准设备,在经济上可行的前提下,同仪表着陆系统(ILS)相似的着陆系统 SP—75(—80;—90;—200)将继续按照国际民航组织决议运行。

可以使用航空差分卫星子系统代替 I 类着陆系统。

着陆无线电信标群系统(PRMG—5)(—76U;—76Um)将一直运行到2021年及以后,并作为军用导航着陆的主要工具。自2017年起,将对这些系统数据进行升级,使其可以使用允许的频率范围。

4.7　大地测量差分卫星子系统

高效的大地测量系统能够顺利保障完成大地测量、地形和地籍工程、工程勘测等任务。大地测量和制图的初始数据可以作为大地特征点坐标值的基础,而通过这些特征点可以描述固定目标的空间位置。

但是,使用国家大地测量网络的坐标点作为参考依据常常会遇到很多困难。通过使用基于全球卫星导航系统基站网络的精确定位系统可以避免这些问题。因为这里的差分基站不间断运行,且这些基站位于已知空间坐标的特殊装备点上。

在差分大地测量站网络上使用的空间坐标精准测定技术——精确定位系统(STP)也极具发展前景。

根据《2012—2020年格洛纳斯系统的维护、开发和使用联邦专项计划》,基于格洛纳斯系统观察结果,在俄罗斯联邦境内创建卫星差分大地测量站(DGS)网络。

在5年内需要建立530多个参考差分站来提供大地测量、制图和土地管理服务。

在俄罗斯数字经济计划的框架下,应当于2021年创建联邦差分大地测量站网络,用于提高坐标定位的准确性,并建立差分大地测量站网络集成和接收信息处理中心。2019年该网络将有600个站点,2021年将达到1800个。联邦差分大地测量站网络的建立有利于对大地测量进行统一要求。

全球定位系统还可用于预防和监测地震频发地区的紧急情况。格洛纳斯和GPS全球卫星导航系统可以连续监视任何地区的地壳变形情况,从而为地震预测提供可靠依据。

4.8　用户导航设备的发展前景

随着用户导航设备在该领域的广泛应用,各类用户导航设备也会极具发展前景。使用全球卫星导航系统和地基无线电导航系统完成的初始任务仍然属于移动目标导航的传统领域。随着技术水平和操作性能达到了新的高度,用户设备使用范围极大扩展,并允许涵盖以下内容:

——军用和民用车辆;

——军用和民用识别管理系统;

——开展大地测量和制图工作;

——同步时钟、通信、自动识别系统等;

——土地测量和地籍工程,监测地壳状态;

——地质勘探以及燃料和能源系统的运营;

——宽体建筑和高层建筑的建造和监测;

——深层采石场和其他采矿企业的作业;

——电力系统的频率稳定系统;

——保障精准农业技术,例如土地耕种或施加农药;

——同全球海上遇险与安全系统的设备进行配对;

——信息和导航系统及综合体;

——地理信息系统。

对全球卫星导航系统和地基无线电导航系统用户设备的特性变化进行回顾性分析,对其需求进行动态研究后,我们能够确定以下发展方向:

(1)改善设备的特性:

——提升准确性;

——提高可靠性、抗干扰性和电磁兼容性;

——确保在自动模式下对系统完好性进行监测;

——扩增任务清单;

——减轻重量和缩减尺寸;

——降低用户设备成本及其可用性成本。

(2)拓展其功能:

——确定空间方位角,对航向基准系统和时间尺度进行校正;

——确保设备能够与目标的自主导航系统相交互;

——确保设备能够与自动化信息系统和运动控制系统相交互。

(3)创建标准化的系列功能元件、节点和模块。需要指出的是,有必要研发基于集成芯片的导航信息模块,使大部分用户都能够使用。

全球卫星导航系统用户导航设备的主要发展趋势如表4.4所示。

用户导航设备的技术要求应当遵循国家、国家间或国际标准以及技术法规。

表 4.4　全球卫星导航系统用户导航设备的主要发展趋势

现有设备	未来设备
使用格洛纳斯和 GPS 全球卫星导航系统	使用格洛纳斯/GPS/伽利略/北斗全球卫星导航系统
跟踪代码和频率	跟踪代码、频率和相位(已消除相位跳变)
确定天线相位中心的坐标和速度	确定给定点的坐标和速度以及船的角向
使用格洛纳斯的 L1 和 GPS 的频率范围	使用以下频率范围:格洛纳斯的 L1、L2 和 L3;GPS 的 L1、L2 和 L5;伽利略的 E1、E5 和 E6;北斗的 B1、B2 和 B3
使用格洛纳斯标准精度代码信号	使用格洛纳斯标准高精度代码信号
能够在差分模式下运行	能够在差分模式下进行海上差分卫星子系统、航空差分卫星子系统、地区差分卫星子系统、广域差分卫星子系统的操作,包括精密单点定位模式
适用于全球卫星导航系统所有类型的卫星	适用于所有类型的卫星
	对干扰进行检测,对辐射方向图进行管控,并消除其影响
	对导航测量的完好性进行自主控制
正在使用的坐标系统:SK—42;WGS—84,PZ—90.02,高斯—克鲁格	正在使用的坐标系统:SK—42,WGS—84,SK—95,GSK—2011,PZ—90.11 系统,高斯—克鲁格系统,拟坐标系统
	从外部信息系统中获取辅助导航数据(如航空全球导航信息系统、统一全球地理空间信息等)

4.9　无线电导航系统计量保障设备发展前景

如要提升无线电导航系统的精度,必须对系统的测量设备进行研发。

俄罗斯国家航天集团公司、国防部、工业和贸易部以及其他部委组织和商业企业在计量保障设备研发领域开展了大量活动。

无线电导航系统计量保障设备系统包括:

——提供导航服务的地面计量保障设备综合体;

——提供导航服务的机载计量保障设备综合体;

——用户设备导航计量保障综合体。

提供导航服务的地面计量保障设备综合体用于:

——对提供导航服务的地面计量保障设备综合体组件的计量性能(准确性)进行测量和监测,提高其准确性(通过使用测量结果),并确保其满足导航服务的精度和连续性要求;

——根据俄罗斯联邦在确保计量统一性方面的法律,对提供导航服务的地面计量设备在符合计量要求方面的合规性进行确认。

提供导航服务的机载计量保障设备综合体用于:

——对提供导航服务的机载计量保障设备综合体组件的计量性能(准确性)进行测量和监测,提高其准确性(通过使用测量结果),并确保其遵守导航服务的精度和连续性要求;

——根据俄罗斯联邦在确保计量统一性方面的法律,对提供导航服务的机载计量设备在符合计量要求方面的合规性进行确认。

用户设备导航计量保障综合体用于:

——对用户设备导航计量保障综合体的计量性能(准确性)进行测量和监测,提高其准确性(通过使用测量结果);

——根据俄罗斯联邦在确保计量统一性、实施可能性方面的法律,对用户导航设备在符合计量要求方面的合规性进行确认。

格洛纳斯系统计量保障设备的发展非常迅速。

根据《2012—2020 年格洛纳斯系统的维护、开发和使用联邦专项计划》,至 2020 年底将完成以下方面的工作:

——为实现 2020 年格洛纳斯系统在无线电技术测量方面的性能目标,对格洛纳斯系统计量保障固定式综合体进行现代化改造;

——创建坐标测量设备的计量保障固定式综合体。

在 2021 年至 2030 年继续在以下领域开展工作:

——对格洛纳斯空间导航系统的计量保障设备进行研发和现代化改造,以不断完善系统性能,并提供基本导航服务、高精度和高可靠性的导航服务;

——对使用格洛纳斯信号、辅助无线电系统和光学系统的用户辅助导航设备的计量保障设备综合体进行研发和现代化改造;

——对格洛纳斯全球卫星导航系统信号,辅助导航技术(为抗干扰导航设备提供计量保障)信号的空间导航场半实物模拟综合体进行升级改造;

——对全球卫星导航系统用户导航设备的计量保障设备综合体进行研发和现代化改造,使其能够与惯性导航系统集成;

——研发用于评估和监测地心坐标系特性的设备综合体；

——对格洛纳斯系统地球物理测量组件的计量保障设备综合体进行研发和现代化改造；

——对使用相对导航服务用户导航设备、格洛纳斯系统测距设备的计量保障综合体进行研发；

——对格洛纳斯系统的未来计量保障技术进行综合研究和科学技术论证。

5　无线电导航系统的技术研发和升级方式

5.1　无线电导航系统的一般任务和技术研发方式

随着不同类型的导航服务用户的需求不断增长，需要对现有无线电导航保障技术性能进行改进，其中包括：

——测定物体位置和运动参数的准确性；

——无线电导航系统的可用性；

——无线电导航系统的完好性；

——服务的连续性（功能）；

——系统运行的稳定性，尤其是在干扰条件下。

解决这些问题的方式是：

——对现有全球卫星导航系统进行现代化改造，研发新型全球卫星导航系统；

——对全球卫星导航系统的增强功能进行升级完善；

——对地基无线电导航系统的技术性能进行升级完善；

——研发备用的定位、导航和授时系统；

——对各类无线电导航系统进行集成使用；

——增强无线电导航系统的抗干扰性；

——建设发达的信息通信基础设施，以便基于导航资源提供导航服务；

——研发用户导航设备。

5.2　卫星无线电导航系统

通过以下措施对卫星无线电导航系统进行现代化改造，提高其服务质量：

——提高导航测量的可用性和精度；

——提高设备的可靠性和使用寿命，提高系统的完好性；

——改进与其他无线电系统的兼容性；

——改进向用户提供的服务质量。

卫星无线电导航系统可以满足广大用户对导航服务的需求。有些任务需要高精确度导航，例如飞机的起飞、进近和着陆，沿海水域的导航，机动车辆的导航等。

影响完成导航任务时目标定位的准确性的有以下因素：

——方案中使用的导航卫星的几何布局；

——导航卫星机载时间标尺的误差；

——导航卫星的星历误差；

——导航无线电信号在大气中传播而引起的误差（电离层和对流层误差）；

——导航卫星硬件故障。

提升导航测量准确性的根本方式是使用差分导航模式。该模式的本质是消除系统导航区域中的某些错误，而这些错误与局部区域的高度（达2000千米）相关。

以下因素可能严重影响导航测量的误差：

——导航卫星机载时间标尺不同步；

——导航卫星的星历误差的影响；

——导航信号在电离层和对流层中的传播。

通过硬件方法或通过计算方式获取系统误差值（称为差分校正）后，使用导航数据算法对其进行处理，能够在用户设备中对导航测量的主要系统误差进行补正。

将基于卫星无线电导航系统的标准信号，与用于提高导航测量精度的软件和硬件结合起来，称为增强系统。

5.3 卫星无线电导航系统增强系统

5.3.1 卫星无线电导航系统增强系统的主要任务及其完成方式

增强系统的主要任务：

——确保卫星无线电导航系统所需的完好性；

——确保卫星无线电导航系统所需的可用性；

——确保导航测量必要的连续性；

——将导航精度提升到所需的水平。

上述任务采取以下方式完成：

——使用差分运行模式提高导航测量的准确性；

——补充使用卫星（同步卫星）增加其可用性；

——维护地面完好性控制站及专用完好性数据传输通道，以提高完好性。

提高完好性指使用完好性控制站网络对系统性能进行不间断监测，在实时和区域计算中心处理从站点网络接收的数据并生成完整的数据，最后将其传输至用户。

关于传输全球卫星导航系统完好性信息的信道,可使用地面通信信道和同步卫星通信信道两种方式。这些信道可发送关于完好性的信息和其他无线电导航信号。使用以上方式可以提升系统的完好性和可用性。

应特别强调的是,与用户传统意义上使用的增强系统不同的是伪卫星增强系统和辅助增强系统。

伪卫星增强系统由一个或者多个伪卫星组成,使用全球卫星导航系统格式的导航信号。伪卫星指能够发出一种类似于导航卫星信号的信号并在大地测量学上精确地将其附加到所使用的坐标系上的通信系统。除了发送差分校正和警告信号外,伪卫星还提供了一个附加信道,用于测量导航对象相对于地面站距离。伪卫星在既定区域中对无线电导航系统(全球卫星导航系统)的导航场进行补充,并通常有一个局部工作区。局部工作区的范围取决于伪卫星发射机的功率和视距范围。

辅助增强系统指使用“全球卫星导航系统辅助模式”,生成未经校正的修正信息及其他辅助信息,用以加快同导航卫星的通信,并提高对用户位置定位的准确性。

提升导航测量准确性的标准方式是使用差分测量模式。

差分模式使用一个或多个基准接收器,这些接收器配置在已知的坐标点上,且和用户接收器(移动)同时从同一颗卫星接收信号。

由于用户和基准站的导航观测值的误差是相关的,可以通过这种方式提升导航测量的准确性。当测量参数存在差异时,大部分误差都可以得到补正。

基于差分方式可以获得参考点坐标——监测校正站和基准站系统的坐标值,以此为据可以计算出对导航卫星的伪距校正。如果在用户设备中应用这些校正,则可以将计算精度、尤其是坐标精度提高 10 倍。

差分模式是一种相对导航方法,能够提升地面或太空无线电导航系统标准模式的精度。当不需要绝对坐标值时,这种模式主要应用于解决使用同一无线电导航系统信号的目标相对坐标问题。在一组目标(船舶、飞机等)的相对坐标中,将其中一个目标作为参考值,将其绝对坐标作为相对坐标系的起点,并通过传输信道连接到其他目标,其他目标则根据参考目标值确定自身坐标。

在使用这种方法时,规律性误差系数将随参考目标之间距离的减少、观察时间的缩短而不断减少。在极端情况下,定位的相对误差仅限于用户接收显示设备的仪器错误。

在全球差分校正系统中,高精度绝对定位服务占有特殊的位置。当使用双频接收机接收全球卫星导航系统信号,并考虑到一阶电离层的影响后,结合准确的卫星轨道和时间数据,高精度绝对定位技术能够提供分米到厘米甚至更高的定位精度(静态处理模式)。

同其他差分定位方法相比,高精度绝对定位技术的主要特点在于:高精度绝对定位技术只需要一个接收器,并且不需要用户附近的特殊基站。

按计划将建立两级差分卫星子系统,包括广域差分卫星子系统和专用的局域差分卫星子系统。

单个差分系统的结构区分为两个层级,既能满足各类用户的要求,又具有相应增强系统的组织功能。此外,不同层级的差分卫星子系统结构和组成有很大差异,用于接收和向用户提供校正信息的方法和手段也有很大差异。

5.3.2 卫星无线电导航系统增强系统的分类

根据覆盖区域的大小,增强系统分为四种类型(见表5.1):

——全球差分校正系统;

——广域差分校正系统;

——地区差分系统;

——局域差分系统。

增强系统的覆盖区域取决于用户传输信息的信道范围。在增强系统覆盖范围内建立了服务区域,服务区的范围则由配置的基准站/控制站决定,这些站点可以确保在运行条件下完成相关操作。

表5.1 增强系统

参数	增强系统			
	局域差分系统	地区差分系统	广域差分校正系统	全球差分校正系统
组成	一个或多个测量采集站[①];数据传输信道	测量站点网络;数据传输信道;计算中心	地区测量站点网络;数据传输信道;计算中心;地面控制综合体	全球测量站点网络;数据传输信道;计算中心;地面控制综合体
覆盖范围	50—200千米	400—2000千米	2000—5000千米	覆盖全球
用户定位误差	1厘米至5厘米	5厘米至50厘米	5分米至2米	5厘米至2米
传输信道	地面数据传输线[②]	地面数据传输线	通信和中继卫星	通信和中继卫星

续表

参数	增强系统			
	局域差分系统	地区差分系统	广域差分校正系统	全球差分校正系统
校正信息	用户对导航参数的校正;系统的完好性信息③	用户对导航参数的校正;系统的完好性信息	对计算机④信息的校正;用户对导航参数的校正;系统的完好性信息	对星历时间信息的校正;为消除大气信号失真而进行的校正;用户对导航参数的校正;系统的完好性信息

备注:

①测量采集站指监测校正站,是配置在已知坐标点位上的高精度导航设备综合体。

②地面数据传输线指超短波无线电台、移动无线通信系统或者因特网网络。

③系统的完好性信息指全球卫星导航系统运行故障的信息,这些信息在运行过程中未被系统自身检测到或未被纠正。传输系统完好性信息可防止用户使用未经校正的导航数据。

④星历时间信息指用于计算卫星轨道的数据和机载时钟数据。

根据元件配置位置和解决任务方式,增强系统可以分为:

——星基增强系统(SBAS),例如差分校正和监测系统(SDCM)、广域增强系统(WAAS)、欧洲地球静止导航重叠服务(EGNOS)、GPS 辅助静地轨道增强导航系统(GAGAN)、多功能卫星星基增强系统(MSAS);

——地基增强系统(GBAS),例如差分全球定位系统(DGPS)、局域增强系统(LAAS)、地基区域增强系统(GRAS);

——机载或舰载的自主增强系统,例如,根据国际民航组织分类的机载增强系统(ABAS),这种增强系统能够使用自主模式对 RAIM&AAIM 的完好性进行监测。

星基和地基增强系统的建设需要使用其他星基和地基系统和设备。在地球上分布着专用监测校正站,这些站点可以计算并进行校正,进而提高导航精度,同时可对完好性进行监测并增强导航监测的可靠性(可用性)。用户在飞机(舰船)上收到的附加信息可以直接通过地面传输站传输(用于地基增强系统),也可通过在地球静止轨道上使用专用通信卫星传输(用于星基增强系统)。

地基增强系统和星基增强系统之间的根本区别在于接收和传递校正信息的方式以及系统的覆盖范围。星基增强系统是覆盖范围长达数千公里的全球系统,而地基增强系统是覆盖范围为 50—100 千米的区域系统。

地基增强系统主要由以下构成:

——监测校正站;

——差分校正监测站；

——用于传输差分校正和警告信号的站点。

监测校正站能够对导航信号完好性进行监测，并计算差分校正信息以提高准确性。为对信号完好性进行监测，可能会建立专用监测站。这种监测站能够对导航卫星发射的无线电导航信号和导航场的质量进行监测，如果出现事故和故障，则会生成相应卫星故障信号。

差分校正监测站用于监测其质量，然后以统一的格式生成汇总信息，并通过可用信道向飞机（舰船等）传输。

地基增强系统包括各种用途的局域和地区差分子系统：海上差分卫星子系统、航空差分卫星子系统、大地测量子系统以及专用子系统。

局域差分卫星子系统的最大覆盖范围是：差分校正监测站或者数据传输线为50—200千米范围内。局域差分卫星子系统通常包括一个监测校正站（某些版本带多个监测校正站），控制和监测设备（包括完好性监测）以及数据传输设施。

为了确保飞机在进近和着陆阶段的高精度导航，在机场安装并广泛使用航空差分卫星子系统。作为机上传输数据的一种方式，航空差分卫星子系统通常使用伪卫星。

5.3.3 全球差分校正系统

某些商用全球差分校正系统可以使用格洛纳斯和GPS全球卫星导航系统的私人参考基站网络，来提供高精度的定位服务。信息服务数据通过地球静止轨道卫星网络和互联网网络传输。

地球静止轨道卫星可以被用作增强型导航点，以进行补充性测距。在这种情况下，对完好性进行监测的主要方法是分析伪距的实测值与预测值之间的差异，以及使用测量冗余度的方法。

该服务几乎可以覆盖全球范围，但极地地区除外。

上述服务被广泛用于提高沿海地区以及石油和天然气行业的定位精度。

在OmniSTAR公司提供的服务中，差分校正信息通过L频率范围传送。这类信息接近GPS频率，并且能够使用单频天线来接收信息数据。

通过使用虚拟基站（VBS）技术，系统自动为所有用户提供最佳的定位解决方案。这种差分校正法比从单个基准站或具有固定位置的虚拟基站形成的差分校正信息更加准确。

5.3.4 广域差分校正系统

目前全球有5种广域卫星差分校正系统（图5－1编者略）：

——俄罗斯联邦的广域差分校正和监测系统；

——美国的广域增强系统；

——欧盟的欧洲地球静止导航重叠服务；

——印度的 GPS 辅助静地轨道增强导航系统；

——日本的多功能卫星星基增强系统。

星基增强系统(SBAS)的组成包括地面段和空间段。

星基增强系统的基础是广域监测站网络。信息从监测站网络发出,发送到广域主站进行联合处理,并生成通用校正信息和完好性信号。广域差分校正系统工作区的半径约为 5000—6000 千米。广域主站生成的校正信息和完好性信号通过地面数据传输站传输至国际海事组织、美国航天局的阿尔忒尼斯计划或国际道路运输联盟的地球静止轨道卫星,之后传送至用户。

5.3.5　局域差分系统

局域差分系统旨在为陆地和海洋的某些区域提供导航保障。

工作区域的直径为 400—500 千米至 2000 千米甚至更广。局域差分系统可含一个或多个监测校正站,以及相应的校正信息和完好性信号数据传输设施。这些信息由主站或监测校正站生成。

就创建以下两种类型的局域差分系统,已经开展了初步工作:

——地基区域增强系统 GRAS 型航空局域差分系统。该系统使用超短波无线电台传输通用校正信息和完好性信号。

——Eurofix 型局域差分系统。该系统使用“海鸥”脉冲相位无线电导航系统站为所有用户群组传输通用校正信息和完好性信号。

地基区域增强系统 GRAS 型航空局域差分系统与广域差分校正系统的不同之处在于,监测校正站通过地面超短波无线电台而不是地基增强系统地球静止轨道卫星发送数据。因此,与广域差分校正系统相比,GRAS 型航空局域差分系统子系统工作区域的范围要有所减少。例如,GRAS 型航空局域差分系统的工作半径约为 2000 千米。

地基区域增强系统 GRAS 型航空局域差分系统应当满足 I 类进场要求。

使用“海鸥”脉冲相位无线电导航系统基站的局域差分系统使用 Eurofix 项目的技术解决方案。该方案是在使用罗兰—C 脉冲相位无线电导航系统发射站基础上,创建格洛纳斯/GPS 区域卫星增强系统。因此,我们可以认为全球卫星导航系统的监测校正站应配置在脉冲相位无线电导航系统地面发射站的区域内。

与创建其他类型的局域差分系统相比，该方案具有许多优点：

——可以借助现有架构完成本方案；

——以较低的成本覆盖较大面积；

——能够提高城市和山区数据信道的性能和可用性；

——能够同“海鸥/罗兰—C”“格洛纳斯/GPS 系统”相互补充和备份。

全球卫星导航系统的超精确定位可用于校准远距无线电导航系统读数，并增补由于无线电传播引起的误差。同时，“海鸥/罗兰—C”系统的数据也可以用于监测卫星无线电导航系统的完好性。

“海鸥”脉冲相位无线电导航系统站在无线电长波范围内以 100kHz 的频率运行。在局域差分卫星子系统模式下，每个脉冲相位无线电导航系统站的覆盖半径为 600—2200 千米。当使用脉冲相位无线电导航系统站链时，地区差分卫星子系统的工作区将是脉冲相位无线电导航系统站各个区域叠加的结果。

针对“海鸥”脉冲相位无线电导航系统的欧洲网络，使用 Eurofix 技术进行研究，由此确认了 Eurofix 技术固有的预期误差（见表 5.2）。

表 5.2　Eurofix 技术基础上地区差分卫星子系统的特性

参数	值
太空中信号的可用性（准备程度），%： ——1 个站点 ——2 个站点 ——3 个站点	 99.8 99.9996 99.999999
精度（95%），米： ——水平层面上 ——垂直层面上	 1.5 3
完好性（警报延迟），秒	6
连续性（发生错误的可能性）	$1 * 10^{-4}$在 150 秒内

结果表明，局域差分卫星子系统的坐标定位精度不得低于 5 米（95%）。在差分全球定位系统/差分格洛纳斯的非同步模式下进行数据传输时，基于脉冲相位无线电导航系统站的数据传送线可以确保 15bit/s 到 30bit/s 的有效数据速率。

5.3.6　局域差分卫星子系统

5.3.6.1　局域差分卫星子系统的分类

局域差分卫星子系统提供距监测校正站的最大覆盖为 50—300 千米。局域差分卫星子系统通常包括监测校正站、控制和监测设备以及数据传输设备。

目前已经确定了三种局域差分卫星子系统的基本类型：

——海上差分卫星子系统，用于确保按照国际海事组织的要求在倾泻区、港口和航道狭窄区水域航行；

——航空差分卫星子系统，用于国际民航组织各类飞机的进近和着陆；

——用于大地测量、测距和其他特种工程的差分卫星子系统。

5.3.6.2　海上差分卫星子系统和用于保障内水航道的差分卫星子系统

海上差分卫星子系统的创建基于全向中波无线电信标，旨在为海上船舶传输校正信息和完好性信息。海上差分卫星子系统部署在沿海和内陆大型水体的河岸。

海上差分卫星子系统包括监测校正站、远程控制和监测设备以及数据传输设备。作为海上差分卫星子系统的信道生成设备，无线电信标在283.5—325kHz范围内运行，并以最小的相移进行操作。海上差分卫星子系统距离监测校正站的最大作用范围为250—300千米。

海上差分卫星子系统的校正信息应根据国际海运事业无线电技术委员会RTC-MSC—104标准进行传送。该标准最初由美国海事无线电技术委员会第104专业委员会为GPS开发的，并得到了国际航标协会的支持。该标准的2.2版充分考虑了使用格洛纳斯系统差分模式。

校正信息的传输速度取决于数据量和更新所需时间，可以达到25bit/s到200bit/s。在传输格洛纳斯校正信息的情况下，传输速率为25bit/s。当使用无选择性访问和有选择性访问的GPS时，传输速率分别为50bit/s和100bit/s。

所选数据传输线路的主要缺点是容易受到干扰，例如，在气象条件下产生的静电放电。抗干扰编码则使用里德—所罗门校正码。

国际航标协会建议欧洲海域的沿海国家在使用无选择性访问的GPS时，将海上差分卫星子系统发射站的作用区域限制在200千米，并且将校正信息传输速度设置为100bit/s，以此来消除可能的相互干扰。

船舶接收校正信息需通过监测校正信息接收器，该接收器有可以兼容全球卫星导航系统用户导航设备的相关接口。

使用无线电信标接收的监测校正信息进行定位的精度（坐标测量）取决于信标设备的规格，精度范围为1米到10米。

同时使用格洛纳斯和GPS时，海上差分卫星子系统覆盖区域边缘的坐标测量精度为2米到4.5米(标准偏差)。服务可靠性和可用性分别大于0.9997和0.998,且故障警告时间小于10秒。

5.3.6.3 航空差分卫星子系统

迄今为止,已经研发出几种类型的航空差分卫星子系统,用于保障各类飞行器着陆。这些系统的优点在于:

——能够在I类及更复杂着陆条件下使用;

——具有在恶劣天气条件下改进操作的能力;

——灵活的操作模式,能够完成可变的进近路径,最大限度减少飞行时间并确保对抗干扰性;

——设备的组件相对较小,可以降低经济成本并确保广泛使用于当地航空公司。

部分差分卫星子系统使用格洛纳斯/GPS卫星信号和伪卫星(或伪地面站)信号的代码和相位测量,并将其部署在跑道末端每个进场方向前。地面控制站的代码和相位测量值实时传输至机载设备。

飞机使用导航卫星、伪卫星代码和相位测量值,结合地面监测校正站的测量值,能够解决相位值不清晰的问题,进而实现更高精度。

国际民航组织对航空差分卫星子系统消息格式和无线电信道的要求反映在1999年全球卫星导航系统标准和建议措施中。该标准考虑了美国海事无线电技术委员会制定的航空系统最低性能RTCA/DO—217标准。上述众多系统已经根据该标准进行开发,并经过测试。它们可应用于保障民航航班。相应的差分卫星子系统使用超短波频率范围为112—118兆赫兹。

将地基增强系统部署在机场区域。这为扩展其功能创造了条件,并可能检测和控制位于机场区域内的所有移动目标。因此,机场车辆配备了用户导航设备,通过无线电将其位置坐标传送给调度员,并在电子地图上显示它们的位置。调度员可以对机场范围内所有车辆和飞机位置和移动情况进行整体性了解,通过对其进行操作管理提高安全性。

5.3.7 卫星无线电导航系统增强系统自主模式

空基增强系统的自主模式配置于用户的船舶或者飞机上,使用用户机载(舰载)技术设备,能够解决完好性控制问题、提高导航测量的准确性和可靠性。

空基增强系统的实质是通过使用其他机载用户系统中的信息,对导航接收机中完好性自主监控系统进行改进,这通常称为接收机自主完好性监测(RAIM)。

用户可使用以下所有方法获取所有可用的机载导航信息，以确保所需的导航保障：

——在用户导航设备中使用 RAIM 算法，可以分为故障检测算法和消除导航卫星故障法；

——使用机载自主完好性监测技术 AAIM（飞机自治完好性监控）；

——集成安装导航传感器，其中可能包括机载导航传感器和装置、高度计、惯性导航系统、陀螺仪传感器、高精度时钟、磁罗盘；

——同其他全球卫星导航系统的数据进行集成。

5.3.8 卫星无线电导航系统增强系统的互补性

需要指出的是，现行所有类型的增强系统都不是相互对立的，而是相互补充的。这样可以满足用户对导航保障精度、完好性和可用性的要求。

表 5.3 和表 5.4 显示了广域增强系统（WAAS）和局域增强系统（LAAS）的范围，以及 RAIM 自主完好性监测的方法。

表 5.3 按照要求类别使用广域增强系统（WAAS）和局域增强系统（LAAS）的范围

<table>
<tr><th>要求</th><th>Ⅰ类</th><th>Ⅱ类</th><th>Ⅲ类</th></tr>
<tr><td>高度测量精度</td><td>4 米</td><td>2.5 米</td><td>2.5 米</td></tr>
<tr><td>完好性</td><td>(1—3.3) $*10^{-7}$</td><td>(1—3.3) $*10^{-8}$</td><td>(1—1.5) $*10^{-9}$</td></tr>
<tr><td>可用性</td><td>0.9975</td><td>0.9985</td><td>0.999</td></tr>
<tr><td>检测和警告时间，不低于</td><td>6 秒</td><td>2 秒</td><td>1 秒</td></tr>
<tr><td rowspan="2">连续性</td><td>1 $*10^{-5}$在 15 秒内</td><td>(1—1.4) $*10^{-6}$
在 15 秒内</td><td rowspan="2">(1—4) $*10^{-6}$
在 30 秒内</td></tr>
<tr><td>1 $*10^{-4}$在 150 秒内</td><td>(1—1.4) $*10^{-5}$
在 165 秒内</td></tr>
<tr><td rowspan="2"></td><td>WAAS</td><td colspan="2"></td></tr>
<tr><td colspan="3">LAAS</td></tr>
</table>

表 5.4 在飞行各个阶段 WAAS、LAAS 和 RAIM 相关要求

<table>
<tr><th>飞行阶段</th><th>飞行子阶段</th><th>完好性</th><th>可用性</th><th>精度</th></tr>
<tr><td rowspan="2">航线飞行</td><td>在海上</td><td colspan="3">RAIM</td></tr>
<tr><td>在航线内</td><td colspan="2" rowspan="2">WAAS</td><td rowspan="2">RAIM</td></tr>
<tr><td rowspan="3">进场着陆</td><td>不准确进场着陆</td></tr>
<tr><td>Ⅰ类准确进场</td><td colspan="3">WAAS& LAAS</td></tr>
<tr><td>Ⅱ/Ⅲ类准确进场</td><td colspan="3" rowspan="2">LAAS</td></tr>
<tr><td>地面操作</td><td>滑行阶段</td></tr>
</table>

5.4 卫星导航系统的基本保障系统

卫星导航系统的基本保障系统主要用于建立和维护基本坐标系(天球坐标系和地面坐标系),并确定其相互定位的高精度参数。这些数据可用于任何星基无线电导航系统。

——般情况下,基础坐标时间保障系统的主要任务是:

——建立天球坐标系统,并以源坐标目录的形式在不同的波长范围内实施;

——建立地面坐标系统,并以基准站坐标目录形式实施;

——确定天球和地面坐标系统的定位参数,即地球自转参数;

——建立动态坐标系统,并以太阳系物体运动理论形式实施;

——建立并维护统一的时间和参考频率系统;

——确定地球和太阳系天体的形状参数;

——确定地球和太阳系天体的重力场参数;

——建立地球物理场(重力、地磁等)数据库;

——研究上述问题理论、模型和解决方法。

基本保障系统主要是指"类天体"坐标时间保障综合体。该综合体可以通过特长基线无线电干涉仪法进行银河外无线电发射源的观测。特长基线无线电干涉仪法是一种大地测量法。通过这种方法可确定完整参数组,用于天球和地面坐标系的相互定向。

"类天体"坐标时间保障综合体由 3 个观测站组成,每个观测站配备有:带控制系统的 32 米全向天线;时频同步、信号接收、转换和注册系统;sazhen—TM 激光测距仪;大地测量类格洛纳斯/GPS 信号接收器。

由于"类天体"坐标时间保障综合体加入了国际甚长基线干涉测量项目,因此在国际地面坐标系中能够非常精确定位天文台坐标。世界时间日常操作要求的误差为20微秒以内。

观测站还可以监测当地的大地测量网络。

5.5 无线电导航系统的集成

5.5.1 导航系统的集成目标

单一的地基无线电导航系统无法满足主要用户群体在准确性、可用性和完好性方面不断增长的要求。

随着格洛纳斯和GPS全球卫星导航系统的推广，用户对导航保障精度的要求能够得到满足。但即使在这种情况下，用户在某些复杂条件下（尤其是存在无意和故意干扰的情况下）对可用性和完好性的要求也可能无法得到满足。

将各种无线电导航设备组合到特定系统中，原则上可以完成所有类型的基本导航任务。

为了在最复杂条件下提高目标行驶的可靠性和安全性，在实际操作中可以将无线电导航系统与非无线电设备结合使用。例如，可以使用惯性导航系统，从而集成（组合）新的导航系统。

5.5.2 卫星无线电导航系统的集成

对卫星无线电导航系统进行集成意味着要建立一个联合的无线电导航领域。这个导航场由众多系统组成，并且能对每个组成的系统进行单独管控。

星基无线电导航系统的集成最有发展前景的方向之一就是确保格洛纳斯、GPS、伽利略和北斗全球卫星导航系统的兼容性和互补性。

全球卫星导航系统的集成涉及创建并使用用户接收显示设备。这种设备能够接收两个或两个以上系统的信号。因此，提高了定位的准确性和可靠性。

为了共享导航参数（伪距和伪速度），必须确保格洛纳斯、GPS、伽利略和北斗系统所用坐标系统和时间尺度系统协调一致。

格洛纳斯、GPS、伽利略和北斗系统的集成需要建立全球无线电导航系统，用以满足航空、海上、陆地和太空用户现有和未来的需求。

5.5.3 卫星导航系统与惯性导航系统的整合

格洛纳斯和GPS全球卫星导航系统实际上是最精确的全球导航手段，但它们需要接收器跟踪波道的支持，以提高抗干扰性，并在因各种原因（例如干扰、船舶机动、信号遮挡等）导致全球卫星导航系统应用中断的过程中确保导航测量的连续性。

所需的支持由坐标自动推算的方法提供:

——基于航向系统和海运船舶计程仪的数据;

——里程方式(航向系统加里程仪);

——惯性方式(惯性导航系统);

——航向—空中方式(航向系统加空中信号系统);

——航向—多普勒方式(航向系统加上多普勒速度及偏流测定器);

——多普勒—惯性方式(惯性系统和多普勒系统)。

在全球卫星导航系统的设备中断工作期间,导航测量是基于自动编号系统的数据进行的,同时考虑通过在全球卫星导航系统用户导航设备运行阶段信息综合处理过程中评估自动系统的误差源来提高数据的准确性。

惯性导航系统被认为是最有前景的自动系统,它具有高精度的潜力,并且避免了计程仪和多普勒仪在空速计算等方面的显著缺点。惯性导航系统不受风力、水流、机动、下垫面等因素的影响。

基于机械陀螺仪、静电陀螺仪、环形激光陀螺仪、光纤陀螺仪、波动陀螺仪和微机械陀螺仪的惯性导航系统已经存在,并且仍在开发。基于微机械陀螺仪的惯性导航系统被认为是将来使用最广泛的惯性导航系统(用于陆地、海上运输以及通用航空),其精度可以达到每小时 2—10 千米。在全球卫星导航系统发生故障 5 分钟后,该种惯性导航系统的标准偏差可以达到大约 60 米。

根据全球卫星导航系统设备中惯性数据的应用程度,可以将其分为以下几种主要的集成方案:开放式和松散耦合、强耦合、深度集成。

在目前最广泛使用的开放式和松散耦合方案中,集成无线电导航系统接收器中的惯性数据使用程度最低,最多不过是为了加速全球卫星导航系统信号的搜索。

在强耦合的集成方案中,来自惯性导航的数据也用于改善全球卫星导航系统跟踪信道的工作质量。

在深度集成的方案中,全球卫星导航系统和惯性导航系统的信道实际上应一同工作。

在强耦合和深度集成的惯性卫星系统中,信息初期综合处理将使全球卫星导航系统接收和测量信道的抗干扰性提高 15—20dB。

使用惯性导航系统的信息还可以大大改善全球卫星导航系统信号完好性监控算法的特性,并提高导航测量的可靠性。

5.5.4 星基和地基无线电导航系统的整合

地基和星基无线电导航系统的整合将促使创建单独的导航区,其技术性能优于其中包含的每个系统。

与星基无线电导航系统的整合一样，建立集成的地基和星基系统就意味着在消费者接收设备（或接收指示装备）的层面上进行整合，并且需要协调在用坐标系和时间标尺中的现有差异，并明确发射的无线电信号的结构。

结果，在由地基无线电导航系统站链所定义的地理区域中，可访问性和完好性将得到改善。

整合“海鸥”系统和格洛纳斯系统是实现地基和星基无线电导航系统的途径之一。

集成的“海鸥”/格洛纳斯系统可以进一步用作导航路线阶段的主要系统。

5.6　降低无线电导航系统的脆弱性

无线电导航系统在运行过程中会遭遇不稳定的因素，这些因素可能会降低系统的性能指标，在最坏的情况下，系统会处于无法工作的状态。

无线电导航系统的脆弱性由以下因素造成：

——无线电波传播条件的改变；

——电离层状态的变化；

——非蓄意干扰和蓄意干扰的影响；

——发生系统故障；

——无线电导航系统元件的物理损坏；

——网络威胁；

——其他因素。

现代的无线电导航系统在不同的无线电波波段内运作，这些无线电波的特点就是传播条件可变。

通常，无线电波的传播条件会随着日地物理摄动、地球大气层的状况以及无线电波传播路径的纬度位置发生日期变化和季节性变化。

无线电波在介质中的传播会导致以下电磁波参数的改变：

——波场振幅（通常由于耗散和吸收而减小）；

——传播的速度和方向；

——偏振面（平面旋转—法拉第效应）；

——时间延迟和相位延迟；

——传输信号（脉冲）的形式。

在地球周围的大气层中有三个区域会影响无线电波的传播：对流层、平流层和电离层。

这些区域之间的界限并不明确,取决于一年中不同的时间和地理位置。

采用带有全球卫星导航系统卫星发送的一小组系数的电离层简化理论模型来计算接收器侧的电离层校正量,可以将电离层延迟引起之伪距的测定误差降低大约一半。

通过使用双频测量的方法,可以大大减少短期电离层延迟和长期电离层延迟对全球卫星导航系统的影响。但在磁暴的情况下,即使使用双频设备,定位的可用性和精度对实际使用而言也可能是不可接受的。在电离层受到地磁扰动的情况下,使用全球卫星导航系统第二个(辅助)频率跟踪导航卫星相位和代码信号要比使用第一个频率时中断得更加频繁。

应适当控制日地物理扰动影响下电离层状态的变化(尤其是在极光区),因为这些变化可能导致在测定位置和时间时出现重大错误,特别是在意图提高定位精度和速度时;这种监测的结果应由导航服务的提供者和用户使用。

蓄意和无意的干扰对全球卫星导航系统的用户导航设备构成最大威胁,因为接收信号的强度非常小,处于160—161 dBw 的水平。干扰可以通过格洛纳斯系统、GPS、伽利略系统和北斗系统、欧洲地球静止导航重叠服务(EGNOS)系统、多功能卫星星基增强系统(MSAS),差分校正和监测系统(SDCM)和诸如卫星导航地基增强系统(GBAS)之类的局域差分卫星子系统的信道施加影响。在这种情况下,建议综合使用多种方法和方式来降低脆弱性。

与此同时,还需要制定针对人为干扰的立法措施。

对于星基无线电导航系统的基本支持系统而言,最大的威胁是甚长基线干涉测量设施所在地中频带和宽频带移动无线电通信系统设备发出的无线电干扰水平持续升高。监测国家甚长基线干涉测量设施所在地的无线电干扰水平是保障空间无线电导航系统基本支持系统可操作性的必要措施。应采取一切可能的措施,以防止国家甚长基线干涉测量设施所在地的无线电干扰水平升高。

表5.5 列出了针对格洛纳斯和 GPS 全球卫星导航系统机载设备的已记录干扰源和可能干扰源清单。

由无线电电子设备部件老化引起的间歇性和不可逆的系统故障是客观和不可避免的因素,应采取确保无线电电子设备可靠性的计划予以克服。

表 5.5　格洛纳斯和 GPS 全球卫星定位系统的干扰源

干扰信号源	干扰辐射的参数（频率，兆赫；信道号；谐波）	GPS 的频率（兆赫）：1227.6；1575.42；1176.45	格洛纳斯系统的频率（赫兹）：1242.94—1247.75；1598—1604.25；1200
第 66 频道和第 67 频道	二次谐波	+	+
第 22 频道和第 23 频道	三次谐波	+	+
超短波 157	十次谐波	+	+
超短波 131 和超短波 121	十二次谐波和十三次谐波	+	+
近距无线电导航系统的测距询问信号	二次谐波	+	+
测距仪 525 晶体频率	三次谐波	+	−
“铱星”全球卫星通信系统	>1610	−	+
数字数据传输（分组无线电）；德国 Digipeaters 公司	1240—1243.25	−	+
业余爱好者的无线电中继站	1242—1242.7	−	+
业余爱好者的电视发射器	1243—1260	−	+
空管雷达和机场雷达	1250—1259	−	+
格洛纳斯和 GPS 全球卫星导航系统工作频带内来自无线电流氓和恐怖分子分子的干扰	1176；1226—1250；1575—1604	+	+
差分卫星子系统数据传输线工作频带内来自无线电流氓和恐怖分子的干扰	108—118	+	+

对于地基无线电导航系统而言，最大的威胁是地面设备的物理故障，特别是尺寸、高度或平面长度最大的天线系统。

对于长波和中波范围内的无线电接收装置，大气干扰和飞机机体实现电气化引起的干扰等构成了重大威胁。

那些有犯罪意图的人掌握很多在民航领域实施网络攻击的方法，包括入侵飞机的导航和控制系统。尽管到目前为止大多数攻击都是在较低级别上实施，并且其负面影响已被限制，但是网络攻击仍可能会带来灾难性的后果。

陆地、海洋、空中和太空中的任何自动化和机器人系统都可能遭受网络攻击，其结果是计算装置（计算机）的信息空间受到侵袭。该信息空间内存储着直接或间接影响导航方案的数据。解决无线电导航系统脆弱性问题的主要方法如下：

（1）确定对坐标时间和导航保障质量极其重要的导航技术应用领域，并为每一类用户制定要求。

（2）改进方法和手段，以减少特定类型无线电导航系统固有脆弱性因素的影响。

（3）各种类型无线电导航系统之间以及与其他基于不同物理原理的导航系统间的集成和整合。

（4）创建既可以独立使用又可以基于综合无线电导航领域使用的替代导航系统。

（5）创建各种用途和级别（全球、地区、区域）的差分子系统。

（6）针对用于关键领域的用户导航设备，制定有关抗扰性的要求。在设计阶段采取特殊措施以提高用户导航设备的抗扰性，并强制执行用户导航设备的认证以符合抗扰性的要求。

（7）开展系统研究，以评估存在潜在危险的无线电电子设备对用户无线电导航设备的影响。

（8）组织电磁兼容性综合监测。

（9）建立监测无线电导航系统频率范围内电磁环境的地面系统，使用以下系统：专业的地面和移动式干扰源探测器、制式的无线电导航系统接收机、用户预警设备、有关干扰及其影响结果的数据库。

（10）采取以下组织措施：对员工进行有关导航设备功能故障检测规则以及备用（替代）系统和操作程序使用制度的培训，及时向相关部门通报有关检测到干扰的情况，对全球卫星导航系统信号造成潜在干扰危害的无线电发射严格控制，遵守已建立的标准。

作为保护格洛纳斯系统免受干扰的最重要方法之一，应考虑扩大信号频率的组成。根据格洛纳斯导航信号开发构想，除了 L1、L2 频段内的频分信号之外，还筹划和实施格洛纳斯系统 L1、L2、L3 以及其他频段内码分信号的使用。

同时，建议在用户导航设备的层面上整合格洛纳斯、GPS 等系统以及地面系统。

第二种方法还涉及在机载卫星设备和增强系统设备中实施抗干扰手段。这是由于地面设施可能不够可靠或无法运行。该方法与对卫星设备的看法发生重大改变有关(没有事物是绝对可靠和静止不动的),并规定:

——创建一个分析电磁环境的组件并使用内部的干扰检测器;

——创建消除干扰的特殊线路和步骤图(滤波器、去耦器等);

——在引入载波相位测量的情况下,使用平滑算法进行代码测量;

——利用综合天线系统的可控空间选择性,包括在“零干扰”的方向上。

对不同操作原理和不同部署地的导航系统进行冗余、综合和一体化是提高导航保障稳定性的一种重要方法。机载自主系统一体化是降低脆弱性的主要系统方法,该方法规定:

——使用搭载在移动设备上自动系统和其他系统的信息以缩小全球卫星导航系统接收器跟踪路径的带宽;

——根据导航体系中自控设备和全球卫星导航系统的数据确定导航参数,并利用这些数据解决所有问题。

在解决提高脉冲相位无线电导航系统生存能力的问题时,主要是通过使用可移动(流动)脉冲相位无线电导航系统和多频系统的方法。

为了提高导航测量的准确性,应使用脉冲相位无线电导航系统的渐进操作模式,例如:

——采用相同功能基站的操作模式;

——与相邻线路同时运行的模式;

——差分模式。

精度的进一步提高与减少导航参数测量中仪器误差、改进从双曲线坐标系转化成直角坐标系所获结果的算法以及创建根据下垫面起伏和状态修正无线电波传播相位速度的模型有关。

降低无线电波传播条件变化引起的错误对脉冲相位无线电导航系统总错误影响的潜在能力受到相关活动资源量的限制。

通常情况下,考虑到无线电波的具体传播条件、下垫面的状态以及使用的地理区域等,提高脉冲相位无线电导航系统工作的稳定性和准确性需要开展大量工作以校准其参数。

此外,依靠信息综合程序化处理可以显著提高全球卫星导航系统用户导航设备的性能。在信息综合程序化处理层面上集成设备和系统将促使:

——缩短测试仪器信号的搜索时间；

——减少或完全消除跟踪测试仪虚假截获的可能性，并减少跟踪无线电信号相关参数时出现中断的可能性；

——改善无线电技术测试仪在跟踪模式下的精确度和抗干扰性，消除或减少测试仪的方法误差；

——保障无线电技术信号的准相干接收和处理模式（在相应的非综合仪表中是不可能的），从而显著提高其准确性；

——对于高动态运动的物体，平衡物体运动对测试仪的影响。

必须指出，当不能或者很难接收到来自主要制式无线电导航系统的信号时，拥有替代的导航和定位方法以及保障坐标时间测定必要精度的备用导航系统就极为重要。

基于此，除使用星基和地基无线电导航系统之外，还使用信标和无线电信标导航设备以及运用自然电场和力（惯性、磁力、天文作用、重力等）的设备。

具有较高可靠性和抗扰性、可伸缩基础结构以及较低运营成本的局域地基无线电导航系统可以用作全球卫星导航系统的备用无线电导航系统。

现有的和远期的局域导航系统能够完成测定特定区域或建筑物内人员、技术设备和其他物理对象位置的任务，保障厘米级的精确度。

近年来，替代导航系统以及结合了无线电导航系统、惯性导航系统和其他坐标测定替代方法优点的集成导航系统变得越来越普及。

用于局域导航和定位的主要替代技术：

——射频技术；

——红外定位技术；

——超声波定位技术；

——利用磁场和电磁场的技术；

——使用惯性传感器的技术；

——使用数码摄像机的技术；

——使用触觉系统和经纬仪的技术；

——混合技术或综合技术。

5.7 用户设备的发展前景

5.7.1 用户设备发展的整体趋势

用户导航设备是导航保障最重要的组成部分。

通常,用户导航设备被理解为完整的产品或带有天线的接收和测量模块集合,旨在接收和处理无线电导航系统无线电信号,以解决导航问题并同步用户的时间尺度。

用户导航设备的接收指示装置是为空中、海上、河流和陆地用户开发的,可考虑要解决任务的具体情况采用各种类型的无线电导航系统。

未来,几乎所有用户都将注意力集中在机载集成设备的使用上,这些设备能够对来自多个星基和地基无线电导航系统的信号进行综合处理。

近年来,用户导航设备的种类迅速增长。得益于微处理器技术和通讯设备的发展,市场上出现了新的导航商品样式和导航服务种类。

对用户导航设备及其性能的要求取决于用户所解决任务的具体情况。

全球卫星导航系统用户导航设备是在各种活动领域中应用最广泛的技术装备。

除了专门解决导航问题外,全球卫星导航系统的功能还广泛应用于精密时间、通信、大地测量、制图、气象等系统,以及运输、城市管理、建筑、农业活动、搜救行动、旅游和旅行。

近年来,全球定位仪器和服务行业成为了增长最快的商业领域。

5.7.2　全球卫星导航系统用户的设备

5.7.2.1　全球卫星导航系统用户导航设备的分类

根据各自的用途,全球卫星导航系统用户导航设备主要分为以下几类:

——航空用途的用户导航设备;

——航海和河运用途的用户导航设备;

——陆用的用户导航设备;

——用于大地测量的用户导航设备;

——具有时间和频率同步功能的用户导航设备;

——通用的用户导航设备;

——移动无线设备的导航接收器;

——OEM 导航模块。

航空用途的用户导航设备包括安装在飞机或直升机上且能够与其他机载导航和通信系统匹配的产品。机载用户导航设备的应用范围非常广泛——从自动导航仪到通信、导航和监视统一系统(CNS 概念)的组成部件。机载导航系统的技术要求(性能)由国际和国家标准规定,并且首先必须满足确保飞行安全的要求。

航海用途的设备包括用于安装在海运或河运船舶上的无线电导航接收器。此类设备的性能由国际和国家标准规定。这样的系统允许与其他导航设备(例如与雷达站或回声测深仪)合并,从而形成能够提供指定航行参数的统一导航系统。此外,全球卫星导航系统导航传感器可以与机载信标对接,这可以显著提高搜救行动的效率。

车载和日常穿戴(携带)的无线电导航系统接收器被归类为地面设备。对于家用接收器,主要要求是:价格合理、操作简单、结构紧凑、有便捷的接口以及能够连接计算机。汽车导航接收器是一类更广泛的设备——从自动导航仪到复杂的远程信息处理模块,该模块允许在无请求模式下对车辆的运动进行实时监控,包括搜索被盗车辆。在某些情况下,远程信息处理模块可以执行附加功能,对监控车辆或货物设备状态的传感器进行跟踪。

大地测量应用的无线电导航设备旨在通过使用代码和高精度相位测量以及随后的室内处理或实时运动学模式,对基线进行大地测量。依据应用条件,大地测量级的导航接收器可以支持多种选择,选项的内容取决于消费者的要求。其中最重要的选择是:接收多个导航系统的信号、双频测量、从局域或广域增强系统接收信号、支持国际海事无线电技术委员会的协议、实时或伪实时基线解决方案。此类设备还包括提供接收、存储、处理和传输信息(包括差分校正数据)等一套标准功能的基准站。

保障系统和用户设备频率或时间同步的装置被归类为具有同步功能的用户导航设备。卫星系统是频率和时间标准的保护者,该系统保障其服务的全球覆盖范围。一个类似的用户导航设备被积极地用于远程目标(包括具有高动态的目标)的定位、通信、控制和监控中创建统一时间系统。根据使用条件和硬件解决方案的不同,在不使用其他稳定设备的情况下,时间同步精度可以达到10—30纳秒。

通用的用户导航设备包括导航接收器电路板,在此基础上,可以根据客户要求设计用于后续使用的装置。使用导航接收器的各种平台可以创建大量的远程信息处理模块,以监控地面上车辆的运动,包括防盗系统。根据平台功能和客户需求,同一产品可以在不同的系统和应用程序中使用。

用于移动无线设备(大众传播工具、智能手机、互联网平板电脑等)的导航接收器是全球定位设备市场上最有前景且发展最快的领域之一。为使全球卫星导航系统的接收器进入移动通信市场,创造了重要的技术先决条件,包括微型全球卫星导航系统芯片和带有特殊软件的多功能处理器。

OEM 导航模块的类别包括导航板或芯片组等导航接收器的元件。这些元件执行导航系统的主要功能——解决导航问题并从导航卫星接收通讯。根据开发人员活动的工具特点，OEM 模块与其他技术手段集成在一起。这些技术手段能够根据客户的具体需求实现界面、数据处理和传输。鉴于导航设备的广泛应用，各种基于 OEM 模块的产品被广泛用于交通、通信、保卫系统等的远程信息处理系统。

5.7.2.2 全球卫星导航系统客户导航设备的基本性能

卫星导航被用户认为是最可靠和最精准的定位手段之一，根据全球卫星导航系统用户导航设备的相关标准被制定出来并定期更新。

提出的标准通常包括：测定（测量）坐标、速度矢量和时间的误差，接收第一次读数的时间，存在外部干扰时用户导航设备导航测量的连续性或稳定性（导航测量的持续时间），丢失对导航信号的跟踪后恢复导航参数输出的时间。

在分析同一类别中的各种全球卫星导航系统客户导航设备时，可以采用以下性能进行比较：

——跟踪通道的数量；

——跟踪信号的类型；

——追踪卫星的最大数量；

——尺寸；

——重量；

——坐标、速度矢量和时间的测定（测量）误差；

——数据刷新率；

——冷启动的时间；

——热启动的时间；

——采集（同步）时间；

——端口数量；

——接口类型；

——数据传送速度；

——工作温度的范围和其他使用条件；

——消耗功率；

——对电源的标准；

——是否存在完好性监控的功能；

——从其他附属外部来源接收信息的能力；

——使用的天线类型。

现代型号的全球卫星导航系统用户导航设备主要具备以下性能：

接收通道的数量不少于12个。补充使用格洛纳斯、广域增强系统（WAAS）、欧洲地球静止导航重叠服务（EGNOS）、多功能卫星星基增强系统（MSAS）等系统的信号后，各种多系统用户导航设备的模型能够跟踪到20—216个甚至多达336个通道。

根据不同的工作状态，坐标定位（测量）的误差可在1m到20m，有些型号的用户导航设备可以保障厘米级的精度。

所需功率在0.03瓦到几十瓦。

采集时间为1纳秒至1000纳秒。

冷启动时间为30秒至10分钟。

热启动时间为5秒至4分钟。

工作温度为-50℃至85℃。

数据传输速度为300bps至100Mbps。

全球卫星导航系统用户导航设备的外形尺寸大小从几毫米到几十厘米。

重量为数克至数公斤。

5.7.3 地基无线电导航系统用户设备

在俄罗斯联邦境内有30多种类型的地基无线电导航系统用户设备正在运行，其中很大一部分是基于过时的元件开发的，体积大、可靠性低、过时且已经停产。

许多批量生产的设备款式不符合国际要求，并且在世界市场上没有竞争力。

目前正在开发新式的接收指示装置。

用户导航设备在专业化方面的进一步发展与其应用领域的扩展紧密相关。

5.8 无线电导航信息系统

无线电导航信息系统旨在向用户通报全球卫星导航系统及其增强系统的状态和主要性能。就用户而言，这一信息对于在行进路线中、在航站区（机场区域）内以及在海峡区和航道狭窄区航行过程中规划导航保障是必需的。

无线电导航信息系统应从格洛纳斯系统控制中心和监测设备那里获取有关格洛纳斯状态的信息，并从国外无线电导航信息系统和其自身监测设备获取有关国外全球卫星导航系统及其配套设备状态的信息。

有关格洛纳斯与GPS全球卫星导航系统状态和实际精确度特性的详细信息，可以在中央机械制造研究所坐标时间和导航保障信息分析中心的网站（http://

www. glonass – center. ru)上获取。

应通过使用航空导航信息中心和创建航空导航信息系统来为民航用户提供信息。

6　无线电导航保障领域的国际合作

俄罗斯联邦在无线电导航保障领域开展的国际合作,由在独联体成员国活动框架内签署的国家间条约和协议以及与非独联体国家签署的国际条约进行规范。

国际合作的主要目标:

——基于国家利益的考虑,协调独联体各成员国在无线电导航领域的技术政策;

——发展国际导航服务市场,并为独联体成员国境内的导航服务消费创造有利条件;

——为改善和开发导航系统和设备开展互惠互利的信息交流。

协作涵盖国际无线电导航系统的创建和使用,以及独联体成员国无线电导航系统与欧洲和世界(无线电导航)系统的互连等问题。

世界经济的全球化与航空和航海用户对交通安全日益严格的要求决定了合作的重要性。

为实现这些目标,国际合作要实现以下任务:

——完善某些独联体成员国的国家无线电导航发展计划;

——综合使用太空和地基无线电导航系统场;

——利用独联体成员国、欧洲和亚洲国家(包括远东地区)的"海鸥/罗兰 – C"系统台站和其他无线电导航保障设备创建联合的无线电导航系统;

——保障独联体成员国交通运输的关键无线电导航系统;

——为现有和未来的全球卫星导航系统(格洛纳斯、GPS、伽利略以及北斗)的消费者创造并提供综合使用的条件;

——确保格洛纳斯全球卫星导航系统与其他全球和地区(区域)导航系统的兼容性和互操作性;

——生产出使用标准精度信号的格洛纳斯全球卫星导航系统增强系统装备和用户导航设备,协助其维护、修理和操作,将民用设施引入信息网络;

——为扩大独联体成员国企业生产的用户导航设备和格洛纳斯全球卫星导航系统技术设备向国外市场出口创造条件;

——确保履行无线电导航领域的国际条约和其他国际义务；

——协调完成有关创建国际无线电导航系统和设备的研发工作；

——协调规范性法律文件和技术标准框架，确保在独联体成员国、邻国和非邻国境内开展有效的导航活动。

无线电导航领域的国际合作涉及以下方面的活动：

——在无线电导航领域国家间协议的框架内开展活动；

——制订和实施独联体成员国的国家间无线电导航计划；

——参加独联体成员国共同决定成立的"无线电导航"国家间理事会的工作；

——落实《2019—2024 年独联体成员国发展无线电导航的主要方向（计划）》；

——与独联体成员国的国家导航研究所开展合作，以便就基于格洛纳斯全球卫星导航系统和新导航技术，开发和创建国家航天导航系统的个别部件开展联合研发工作；

——参与联合国系统国际组织以及其他全球和地区协会有关全球卫星导航系统和国际无线电导航系统的工作；

——参加基础科学和应用科学领域的国家间合作计划，建立国际科学中心，开展双边科学技术合作，促进全球导航卫星系统领域的科学技术信息交流；

——参加国际无线电干涉观测会议，以解决基本的协调时间保障问题。

独联体成员国与非独联体国家通过参与以下国际组织的工作开展无线电导航领域的国际合作：

——欧洲导航研究所组织（EUGIN）；

——联合国全球卫星导航系统国际委员会（ICG）；

——国际民航组织（ICAO）；

——国际海事组织（IMO）；

——国际航标协会（IALA）；

——国际航行协会联合会（IAIN）；

——国际 GNSS 服务（IGS）；

——航空无线电技术委员会（RTCA）；

——海事无线电技术委员会（RTCM）；

——远东无线电导航服务网（FERNS）。

7 实施无线电导航计划有望产生的效益

开发俄罗斯联邦无线电导航系统旨在实现以下效益。

社会经济效益——由于以下原因降低了运输成本：

——由于缩短了车辆行驶时间而节省5%的燃油；

——运营开支降低10%；

——通过避免安装新的地基无线电导航设备和减少用户导航设备产品种类范围来节省资本投资；

——通过减少在运营地基的无线电导航设备的数量来节省电力。

社会效益：

——由于所有运输方式的安全性提高，预计发生紧急情况的概率将降低；

——为有效打击犯罪和恐怖主义创造更有利的条件；

——通过增加交通的规律性来提高旅客服务质量；

——通过增加高峰时段的交通运输量来提高劳动生产率，并减少“交通疲劳”的因素；

——通过扩大用户卫星导航设备的生产来增加就业机会；

——通过创建基于集成芯片的导航信息模块来提高公众的认识。这些模块被应用于国内开发的个人设备——移动电话和智能手机、用于远程医疗的医疗传感器以及带有紧急按钮的人身安全和社会救助（针对退休人员、残疾人、儿童）设备等。

科技效益：

——创建高精度的连续全球导航——时间场；

——提高交通运输设备和其他对象的定位（坐标测量）精度（20—50倍）；

——提高获取导航信息的可靠性；

——为大气和地球表面科学研究创造条件，提高获取预测地震以及其他不利（有害）现象和灾害的能力；

——掌握最先进的微电子和信息技术。

生态效益：

——停止退役地基无线电导航系统的无线电发射，生态环境因地面无线电导航设施中的柴油设备停止运行而得到改善；

——通过降低飞行器在飞行中的燃油消耗以及引导车辆沿最合理和最直接的路线行驶来改善环境状况。

做法治北斗追梦人

（代后记）

本书成稿之时，正值北斗全球服务开通一周年。三年前，北斗三号系统最后一颗全球组网卫星成功发射，习总书记向世界宣布北斗三号全球卫星导航系统正式开通。为北斗成就所激励，历经反复修改，书稿终于付梓出版。

20 世纪 90 年代，为了摆脱时空信息受制于人的被动局面，党中央、国务院、中央军委决策建设中国人自己的卫星导航系统。一代代北斗人披荆斩棘，克服了各种难以想象的艰难险阻，在陌生的领域从无到有、白手起家。仅用 26 年，就走完了其他卫星导航系统半个世纪走过的历程，成为世界上第三个独立拥有全球卫星导航系统的国家，终于把国家时空信息安全牢牢掌握在了自己手中。如今的北斗，已成为战略性新型基础设施，成为中国向世界贡献的全球公共服务产品，成为彰显我国综合实力的重要标志，在世界上发挥着重大影响力。

北斗系统建设发展的过程，也是不断探索实践卫星导航法治工作的过程。2016年，《中华人民共和国卫星导航条例》列入国务院立法工作计划，卫星导航立法正式启动。这是我国卫星导航法治建设的里程碑。出台专门的卫星导航法律法规，既是北斗系统发展到一定阶段的客观要求，也是我国参与卫星导航国际竞争与合作的迫切需要。孙家栋院士提出“法治护航北斗”的殷切希望，北斗卫星导航系统工程总设计师、中国工程院院士杨长风担任条例起草工作组组长。

顺应中国卫星导航事业发展要求，我们北京航空航天大学北斗政策法规研究中心开始了卫星导航立法研究工作。然而，当时国内卫星导航的法学研究尚处于空白，国内法学界对卫星导航还涉之不深，对于法学研究者而言，“北斗系统”“卫星导航”还是较陌生的术语，卫星导航立法研究任务艰巨。由于当时世界上仅有美、俄和欧拥有全球卫星导航系统，我们便将法学研究的参考借鉴对象聚焦于这些国家和地区。

撰写“卫星导航法治文库”的想法，也就在这一研究过程中萌生。通过研究，我们认识到，法治建设与卫星导航建设密不可分、相生相长。美国 1994 年全面建成了

GPS,1996 年出台了《美国全球定位系统政策》总统令,目前已形成相对完善的卫星导航法律制度体系;俄罗斯 1996 年投入使用格洛纳斯系统,1999 年年初出台专门的总统令,并制定了多部卫星导航相关法律;欧盟自伽利略系统开发建设之初,制定了规范卫星导航活动的法律。我们深切感受到,我国卫星导航法治建设应当与卫星导航大国的地位相匹配,“中国的北斗,世界的北斗,一流的北斗”,必然也是“法治的北斗”。同时深刻地意识到,未来,卫星导航领域的大国合作竞争,不仅是技术之争、服务之争、应用之争,还体现为制度之争、治理权之争、软实力之争。我感受到一种深深的使命感,那就是,作为北斗法治工作者,我们应主动作为、积极探索,让更多人开展卫星导航法治研究、参与卫星导航法治工作,为卫星导航的法治建设作贡献。

撰写书稿的过程,得到杨长风总设计师的有力支持和指导,正是这种充分的信任、严格的要求和热情的鼓励,给了我们撰写这套文库的动力和勇气。卫星导航法律制度研究,具有很强的跨专业和跨领域性,要感谢来自中国法学会、中国卫星导航系统管理办公室、北京航空航天大学、国防大学、西北政法大学等单位的专家学者的专业帮助,特别感谢王其江、陶智、王浚、杨军等院士和领导对我们工作的支持,特别感谢蒋崇文、李小历、陈谷仓、傅达林、杜英杰、毛国辉、李作虎、王慧林、郭树人、高为广、卢鋆、王莉、田苗、陈琳、舒洪水、闫欢、李立京、胡象明、蔡劲松、陈文博等专家对该套文库撰写提供的专业帮助,特别感谢王黎红、丁向荣、刘宇等有关部门的领导和同志对我们的热情鼓励和悉心指导帮带。我们这个团队是一个团结战斗的集体,主要包括北京航空航天大学北斗政策法规研究中心助理研究员杨静帆、张文清、于辰,他们承担了全书的资料搜集、整理统稿和校对工作;还有北京航空航天大学北斗政策法规研究中心硕士研究生牛琳琳、樊小萌、闻玉颖,北斗政策法规研究中心实习生北京理工大学研究生魏宇辰、对外经贸大学硕士研究生卢瑶瑶等,他们参与了本书部分的资料整理和校对工作。最后,感谢法律出版社薛晗、慕雪丹、章雯,如非得益于她们的认真、专业和细致,本书亦难以如期呈现。

本书所有收录的俄罗斯政策法规文件均通过官方网站等公开渠道获取。“卫星导航法治文库”只是开启了我们关于卫星导航法律制度研究的一个窗口,很多问题还有待更加深入的研究讨论。受限于能力水平,缺陷和不足一定存在,敬请各位同仁批评指正!

仰望星空,北斗璀璨;展望未来,征途漫漫。千淘万漉虽辛苦,吹尽狂沙始到金。道阻且长,行则将至;行而不辍,未来可期。我们将不懈努力!

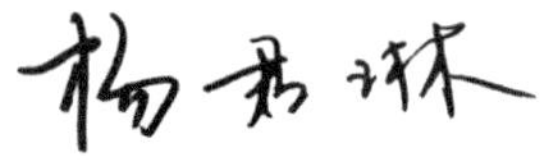

2023 年 10 月